21世纪经济管理类创新教材

电子商务创业

主编◎董志良　董晓娟　安海岗

清华大学出版社
北京

内 容 简 介

本书是第二批国家级一流本科课程"电子商务创业"精品资源共享课程的配套教材。

数字经济是加速重构经济发展与治理模式的新型经济形态，电子商务是数字经济的重要应用场景。当今社会处于一个"大众创业、万众创新"的时代，电子商务创业教材的推出恰逢其时。本书一共包括十一章，每一章的开头是学习目标、能力目标和导入案例，每一节都有一个任务及相应的基础知识。本书的主要内容包括电子商务创业导论、电子商务创业市场分析、电子商务创业团队、电子商务创业商业思维、电子商务创业商业模式、电子商务创业商业计划书、电子商务创业营销、电子商务创业风险、电子商务创业融资、行业电子商务创业案例以及电子商务创业案例——商业模式创新。

本书可作为高等院校电子商务、市场营销、工商管理、数字经济等与网络经济相关的本科与大专专业的教学教材，也可作为高等院校学生的创新创业课程教材，还可作为社会上从事电子商务创业人员的培训教材。

本书封面贴有清华大学出版社防伪标签，无标签者不得销售。
版权所有，侵权必究。举报：010-62782989，beiqinquan@tup.tsinghua.edu.cn。

图书在版编目（CIP）数据

电子商务创业 / 董志良，董晓娟，安海岗主编.
北京：清华大学出版社，2024.7. --（21世纪经济管理类创新教材）. --ISBN 978-7-302-66763-6

Ⅰ. F713.36
中国国家版本馆CIP数据核字第2024B46D22号

责任编辑：邓　婷
封面设计：刘　超
版式设计：文森时代
责任校对：马军令
责任印制：刘　菲

出版发行：清华大学出版社
网　　址：https://www.tup.com.cn, https://www.wqxuetang.com
地　　址：北京清华大学学研大厦A座　　邮　编：100084
社 总 机：010-83470000　　邮　购：010-62786544
投稿与读者服务：010-62776969, c-service@tup.tsinghua.edu.cn
质量反馈：010-62772015, zhiliang@tup.tsinghua.edu.cn

印 装 者：小森印刷霸州有限公司
经　销：全国新华书店
开　本：185mm×260mm　　印　张：18.5　　字　数：457千字
版　次：2024年8月第1版　　印　次：2024年8月第1次印刷
定　价：69.80元

产品编号：104170-01

前　　言

随着互联网的迅猛发展，电子商务已经成为推动经济增长和创造就业机会的重要力量。它不仅改变了传统商业模式，也给创业者提供了更多的机遇，同时也使其面临更大的挑战。然而，电子商务创业并不是一件简单的事情，它需要创业者具备一定的知识、技能和经验，才能在激烈的市场竞争中获得成功。本教材旨在为电子商务专业、经管类专业乃至期望学习创业知识的学生以及电子商务创业者提供一些有用的知识和实践经验，帮助他们更好地理解电子商务创业的本质和特点，掌握电子商务创业的基本技能和方法，培养其创业思维，提高其电子商务创业的成功率。

本教材的整体内容分为理论篇和实践篇两大篇章。理论篇包括九个部分，分别为电子商务创业导论、电子商务市场分析、电子商务创业团队、电子商务创业商业思维、电子商务创业商业模式、电子商务创业商业计划书、电子商务创业营销、电子商务创业风险、电子商务创业融资。实践篇包括行业电子商务创业案例和电子商务创业案例——商业模式创新等内容。理论篇主要是理论介绍，全面介绍了电子商务创业的基本概念、发展历程，电子商务的创业团队、商业思维、商业模式、创业营销、创业风险、创业融资等方面的知识。实践篇分析了电子商务创业的成功案例，帮助读者借鉴他人的经验并避免常见的错误。

在编写本教材的过程中，我们深入调研了国内外电子商务创业领域的最新发展动态，并与众多成功创业者进行了深入交流和访谈。我们秉承着"实用、系统、创新"的原则，力求将复杂的电子商务创业理论和实践经验以简明易懂的方式呈现给读者。我们汇集了众多电子商务创业领域的专家和成功创业者的智慧与经验，旨在为读者提供一本既有理论指导又有丰富实践案例的教材。我们相信本教材中的知识和经验将为读者在电子商务创业的道路上提供宝贵的指导和支持。

本教材将带领读者深入了解电子商务创业的基本概念、发展趋势和商业模式，重点介绍电子商务创业的关键要素和成功案例。对于学生，可以通过学习提高自己的创业素养，培养自己的创业思维；对于创业者，无论是初次涉足电子商务领域的创业者，还是已经在电子商务行业中打拼多年的从业者，都能从本教材中获得实用的知识和经验。

同时，我们也深知电子商务创业的艰辛和风险。创业是一条充满挑战和不确定性的道路，但只要我们抓住机遇，勇于创新，不断学习和提升自己，就能够在电子商务领域中获得成功。

由于作者水平有限，书中不足之处在所难免，恳请各位同行和读者赐教。

编　者

2024 年 3 月

目　　录

理　论　篇

第一章　电子商务创业导论 ··· 2
- 任务一　收集近两年国内电子商务创业案例 ························· 2
- 第一节　创业与电子商务创业 ······································· 3
  - 一、创业概述 ··· 3
  - 二、电子商务创业概述 ··· 8
- 任务二　通过创业故事理解创业管理 ································ 13
- 第二节　电子商务创业管理 ·· 14
  - 一、电子商务创业管理的概念 ···································· 14
  - 二、电子商务创业管理的特征 ···································· 15
  - 三、创业管理与传统企业管理的区别 ······························ 16
  - 四、电子商务创业过程 ·· 17
- 任务三　深入了解跨境电子商务平台 ································ 18
- 第三节　电子商务创业平台 ·· 19
  - 一、电子商务平台的分类 ·· 19
  - 二、国内主流的电子商务创业平台 ································ 21
- 本章概要 ·· 23
- 思考练习 ·· 24

第二章　电子商务市场分析 ··· 25
- 任务一　国内电子商务市场调研 ···································· 25
- 第一节　电子商务市场概述 ·· 26
  - 一、电子商务市场的概念与特征 ·································· 26
  - 二、全球电子商务市场的发展现状及前景展望 ······················ 27
  - 三、我国电子商务市场概况 ······································ 33
- 任务二　调研你所熟悉或关注的电子商务市场环境 ···················· 36
- 第二节　电子商务市场环境分析 ···································· 37
  - 一、政策与法规环境 ·· 37
  - 二、社会文化与消费环境 ·· 38
  - 三、技术与创新环境 ·· 40
  - 四、竞争格局 ·· 41

　　　　五、消费者需求与行为 ································ 42
　　任务三　电子商务市场用户画像分析 ···························· 42
　　第三节　电子商务市场用户画像 ································ 43
　　　　一、用户画像的概念与要素 ································ 44
　　　　二、用户画像分析的重要性 ································ 44
　　　　三、用户画像的构建流程与常用工具 ························ 45
　　　　四、用户画像分析常用方法与模型 ·························· 47
　　任务四　电子商务创业的市场痛点调研 ·························· 48
　　第四节　电子商务市场的痛点 ·································· 49
　　　　一、市场痛点概述 ·· 49
　　　　二、寻找市场痛点的原因 ·································· 51
　　　　三、寻找市场痛点，打开突破口 ···························· 51
　本章概要 ·· 52
　思考练习 ·· 52

第三章　电子商务创业团队

　　任务一　认识电子商务创业团队 ································ 53
　　第一节　电子商务创业团队概述 ································ 54
　　　　一、团队与电子商务创业团队 ······························ 54
　　　　二、电子商务创业者的素质要求和知识结构 ·················· 57
　　任务二　调研知名电子商务企业创业的团队建设情况 ·············· 60
　　第二节　电子商务创业团队建设 ································ 61
　　　　一、电子商务创业团队的组成要素和影响因素 ················ 61
　　　　二、电子商务创业团队的组织结构与构建流程 ················ 62
　　任务三　诊断分析电子商务创业团队管理问题 ···················· 69
　　第三节　电子商务创业团队管理 ································ 69
　　　　一、电子商务创业团队管理规划 ···························· 69
　　　　二、电子商务创业团队激励策略 ···························· 71
　　　　三、电子商务创业团队沟通管理 ···························· 73
　　　　四、电子商务创业团队冲突管理 ···························· 75
　本章概要 ·· 76
　思考练习 ·· 77

第四章　电子商务创业商业思维

　　任务一　认识电子商务创业商业思维 ···························· 79
　　第一节　电子商务创业商业思维概述 ···························· 80
　　　　一、商业思维与互联网商业思维 ···························· 80
　　　　二、创业商业思维的作用 ·································· 81
　　　　三、电子商务创业商业思维模型 ···························· 81
　　任务二　认识电子商务创业机会 ································ 82

第二节　电子商务创业机会 ··· 83
　　　　一、创业机会与电子商务创业机会 ··· 83
　　　　二、电子商务创业机会的来源 ·· 85
　　　　三、电子商务创业机会的类型 ·· 87
　　　　四、电子商务创业机会识别的影响因素 ······································· 88
　任务三　认识电子商务创业资源 ··· 89
　　第三节　电子商务创业资源 ·· 90
　　　　一、电子商务创业资源的分类 ·· 90
　　　　二、电子商务创业资源的整合 ·· 93
　任务四　认识电子商务创业能力 ··· 96
　　第四节　电子商务创业能力 ·· 97
　　　　一、知识能力 ·· 97
　　　　二、经验能力 ·· 98
　　　　三、智慧能力 ·· 99
本章概要 ·· 100
思考练习 ·· 100

第五章　电子商务创业商业模式 ·· 101

　任务一　初识商业模式 ·· 102
　　第一节　商业模式概述 ··· 103
　　　　一、商业模式的内涵 ··· 103
　　　　二、商业模式的逻辑 ··· 106
　　　　三、商业模式的类型 ··· 106
　　　　四、电子商务商业模式 ·· 110
　任务二　商业模式的结构原理 ··· 111
　　第二节　商业模式的构成 ·· 112
　　　　一、商业模式的基本要素 ··· 112
　　　　二、魏朱理论 ··· 113
　任务三　商业模式的构建 ·· 115
　　第三节　商业模式的构建与设计 ··· 116
　　　　一、商业模式的构建方法 ··· 116
　　　　二、商业模式画布 ·· 119
　　　　三、商业模式的设计原则 ··· 127
　　　　四、商业模式的设计步骤 ··· 129
　任务四　盈利模式的选择 ·· 131
　　第四节　盈利模式概述 ··· 132
　　　　一、盈利模式的概念 ··· 132
　　　　二、盈利模式与商业模式的联系 ·· 133
　　　　三、盈利模式分析的理论基础 ··· 133

　　　　四、盈利模式的构成要素 135
　　　　五、盈利模式的类型 137
　　　　六、电子商务背景下的企业盈利模式 140
　任务五　商业模式创新 141
　第五节　商业模式创新概述 142
　　　　一、商业模式创新的内涵 142
　　　　二、商业模式创新的必要条件 143
　　　　三、电子商务为初创企业商业模式创新提供的新机会 144
　　　　四、电子商务企业商业模式创新的方法 144
　本章概要 146
　思考练习 146

第六章　电子商务创业商业计划书 147
　任务一　创业大赛优秀项目商业计划书的搜集与分析 147
　第一节　商业计划书的内容 148
　　　　一、执行摘要 149
　　　　二、项目背景 149
　　　　三、产品（服务） 150
　　　　四、商业模式 151
　　　　五、营销策略 151
　　　　六、运营现状 152
　　　　七、竞争分析 153
　　　　八、团队介绍 153
　　　　九、财务规划 154
　　　　十、风险分析 154
　　　　十一、附录 155
　任务二　小组讨论并完成商业计划书的撰写及演示 155
　第二节　商业计划书的撰写 156
　　　　一、商业计划书的撰写原则 156
　　　　二、商业计划书的撰写流程 157
　　　　三、商业计划书的撰写技巧 158
　　　　四、商业计划书的检查和修改 159
　　　　五、商业计划书的演示 160
　任务三　分析中国国际"互联网+"大学生创新创业大赛评审规则 162
　第三节　创业机会评估 163
　　　　一、效益评估 164
　　　　二、市场评估 165
　　　　三、风险评估 166
　　　　四、资源评估 166

五、竞争评估 166
本章概要 167
思考练习 168

第七章　电子商务创业营销 169

任务一　收集电子商务创业项目营销案例 169
第一节　电子商务创业营销概述 170
　　一、营销的基本理论 170
　　二、传统营销与创业营销 174
　　三、电子商务创业营销的内涵与构成要素 176
任务二　7天连锁酒店的IT+营销策划分析 178
第二节　电子商务创业营销策划 179
　　一、电子商务创业营销的关键点 180
　　二、电子商务创业产品策划 181
　　三、电子商务创业定价策划 185
　　四、电子商务创业分销渠道策划 187
　　五、电子商务创业促销策划 190
任务三　短视频营销平台的调研 193
第三节　新媒体营销 194
　　一、新媒体概述 194
　　二、新媒体营销的概念、类型及方法 195
　　三、新媒体平台营销策略 198
本章概要 204
思考练习 204

第八章　电子商务创业风险 205

任务一　新电商赋能经济发展的价值与贡献 205
第一节　电子商务创业风险概述 206
　　一、电子商务创业风险的概念 206
　　二、电子商务创业风险的来源 207
　　三、电子商务创业风险的识别 207
　　四、电子商务创业风险的评估 208
任务二　180家公司倒下，背后的原因到底是什么 209
第二节　电子商务创业风险的类型 210
　　一、电子商务创业管理风险 211
　　二、电子商务创业市场风险 213
　　三、电子商务创业资金风险 214
　　四、电子商务创业技术风险 217
　　五、电子商务创业环境风险 217
　　六、电子商务创业平台风险 217

　　　　七、电子商务创业物流风险 218
　　任务三　创业是一段孤独而充满压力的旅程 219
　第三节　电子商务创业风险的防范 220
　　　　一、电子商务创业管理风险的防范 220
　　　　二、电子商务创业市场风险的防范 224
　　　　三、电子商务创业资金风险的防范 225
　　　　四、电子商务创业技术风险的防范 226
　　　　五、电子商务创业环境风险的防范 227
　　　　六、电子商务创业平台风险的防范 227
　　　　七、电子商务创业物流风险的防范 228
　本章概要 228
　思考练习 228

第九章　电子商务创业融资 229
　任务一　创业融资现状概述 229
　第一节　电子商务创业融资概述 230
　　　　一、创业融资的内涵 230
　　　　二、创业融资的重要性 231
　　　　三、估算创业所需资金 232
　　　　四、创业融资的基本原则 233
　　　　五、创业融资的条件 234
　任务二　融资渠道选择 235
　第二节　电子商务创业融资渠道的类型 236
　　　　一、传统融资渠道 237
　　　　二、电子商务背景下的融资渠道 242
　任务三　有效的融资方法 246
　第三节　融资方式的类型及其选择 247
　　　　一、债权融资 247
　　　　二、股权融资 248
　　　　三、创业融资方式选择 249
　　　　四、融资方式选择策略 250
　本章概要 250
　思考练习 250

实　践　篇

第十章　行业电子商务创业案例 254
　任务一　发展农村电子商务，有效助力乡村振兴 254

		第一节　农村电子商务创业 ··· 255
			一、农村电子商务行业的市场发展现状分析 ····································· 255
			二、案例分析：一亩田 ·· 257
		任务二　化妆品电子商务的营销模式 ·· 257
		第二节　化妆品电子商务创业 ··· 259
			一、中国美妆新零售店的销量现状与趋势调研 ·································· 259
			二、案例分析：聚美优品 ··· 261
		任务三　中国跨境电子商务的发展现状 ·· 261
		第三节　中国跨境电子商务创业 ··· 262
			一、跨境电子商务的行业现状与发展趋势分析 ·································· 262
			二、案例分析：Shopee平台 ·· 264
		任务四　2023年母婴商家如何破局精耕增长 ··································· 264
		第四节　我国母婴电子商务创业 ··· 265
			一、母婴电子商务的市场现状 ·· 265
			二、案例分析：妈妈网 ·· 268
		本章概要 ·· 268
		思考练习 ·· 268

第十一章　电子商务创业案例——商业模式创新 ································ 269
		任务一　共享经济——街电 ·· 269
		第一节　共享经济 ·· 270
			一、共享经济的诞生与发展阶段 ·· 270
			二、案例分析：街电 ··· 271
		任务二　人工智能——旷视科技 ··· 272
		第二节　人工智能 ·· 272
			一、人工智能的发展现状 ··· 273
			二、案例分析：旷视科技 ··· 274
		任务三　元宇宙——魔珐科技 ··· 274
		第三节　元宇宙 ··· 275
			一、元宇宙的概念 ··· 275
			二、元宇宙的起源与发展 ··· 276
			三、案例分析：魔珐科技 ··· 277
		任务四　大语言模型聊天机器人——ChatGPT ································ 277
		第四节　大语言模型 ··· 278
			一、大语言模型简介 ··· 278
			二、案例分析：ChatGPT ··· 279
		本章概要 ·· 279
		思考练习 ·· 280

参考文献 ·· 281

理 论 篇

第一章　电子商务创业导论

 学习目标

- 掌握创业的定义、类型和关键要素；
- 了解电子商务创业的概念、优势与劣势、形势与相关政策；
- 掌握电子商务创业管理的特征及其与传统企业管理的区别；
- 了解电子商务创业平台的分类与国内主流电子商务创业平台。

 能力目标

- 提高对创业的理性认识；
- 树立科学的创业观；
- 掌握创业基础知识，提高对电子商务创业现实问题的处理和应变能力。

 **导入案例**

在校大学生跨境电子商务成功创业

任务一　收集近两年国内电子商务创业案例

任务引入

党的二十大报告"九、增进民生福祉，提高人民生活品质"中指出："强化就业优先政策，健全就业促进机制，促进高质量充分就业。"其中特别强调："完善促进创业带动就业的保障制度，支持和规范发展新就业形态。"可见，创业已经成为一种重要的新型就业形态。而在电子商务行业高速发展的背景下，我国电子商务创业活动正在掀起一个又一个的高潮。电子商务创业的成功案例有很多，早期如阿里巴巴、腾讯等。在电子商务充分发展的今天，还有哪些人创业成功了？请收集近两年国内电子商务创业成功或失败的案例，数量为五个，并分析相关创业者有哪些特点、他们对创业项目的选择有何特点，以及各个新创企业未来会朝哪个方向发展。

任务目标

1. 掌握近年来电子商务创业的基本情况和特点。
2. 了解电子商务创业和创业者的特点。
3. 了解互联网发展趋势与电子商务创业发展方向的关系。

任务要求

1. 收集五个电子商务创业成功或失败的案例，掌握案例中主要创业者和创业项目的基本情况。
2. 设计表格对比五个创业者和五个电子商务创业项目的异同。可以从以下几个方面对比：创业者的教育背景、创业者的行业背景、创业者的家庭背景、创业者的个人素质、创业项目的选取与创业者自身经历之间的关系、创业项目所处行业的特征、创业项目所服务群体的特征、创业项目盈利模式特征与发展方向（对比内容包括但不限于以上几个方面，可以按照自己的想法进行设计）。

任务分析

电子商务创业是创业的一种，也是目前非常重要的创业方式之一。电子商务创业的优势是传统领域创业所不能比的。电子商务创业并不是建立空中楼阁，创业者要有一定的网络基础和行业基础。创业项目既要能服务于某一产业，还要能体现互联网的优势及其未来的发展趋势。对电子商务创业成功或失败案例的分析能够让学生切实了解电子商务创业者和电子商务创业项目的特征，为以后进行电子商务创业提供参考，能够加深学生对自我的认识，帮助学生提高专业素质，进而帮助学生提高创业、就业能力。

第一节 创业与电子商务创业

一、创业概述

创业是现代人类最基本的实践活动之一，从某种意义上说，现代人类社会发展的历史就是一部不断创业的历史。在不同时代，人们不断地创业，不断地创造新的物质财富和精神财富，以满足自身的物质需要和精神需要，从而推动社会不断进步。

（一）创业的定义

《现代汉语词典》（第7版）将"创业"解释为"创办事业"，其中的"事业"是指"人所从事的，具有一定目标、规模和系统而对社会发展有影响的经常活动"。《辞海》对"创业"的解释是"创立基业"，"基业"指的是"事业的基础"。

国内外理论研究对"创业"的定义有很多表述，具有代表性的主要有以下几种。

哈佛商学院教授斯蒂文森（H.Stevenson，1985）认为："创业是不拘泥于当前资源条件的限制，寻找机会，将不同的资源要素加以组合以利用和开发机会并创造价值的过程。"这一定义强调了察觉机会、追逐商机的意愿及获得成功的信心和可能性在创业过程中的重要性。

美国巴布森商学院教授杰弗里·蒂蒙斯（Timmons，1999）认为："创业是一种思考、推理和行动的方法，它不仅要受机会的制约，还要求创业者有完整、缜密的实施方法和讲求高度平衡技巧的领导艺术。创业不仅为企业主，也为所有的参与者和利益相关者创造、提高和实现价值，或使价值再生。"

美国鲍尔州立大学商学院教授库拉特科（Kuratko）和佛罗里达州国际大学教授霍杰茨（Hodgetts）认为："创业是一个涉及远见、改变和创新的动态过程。它需要投入精力与热情来进行创新并实施新的构想和新的解决办法。创业的必要因素包括：能承担一定风险（时间、财产或职业的风险），有能力成立一个高效的风险团队；整合所需资源的创造性技能；制订一份稳固的商业计划的基础技能；具备一种远见，能在别人认为混乱、矛盾和迷惑的地方发现机遇。"

李志能等人（2000）认为："创业是一个发现和捕获机会并由此创造出新颖的产品、服务或实现其潜在价值的过程。"

武汉科技大学创新创业学院贺尊教授认为："广义的创业，是在易变性（volatility）、不确定性（uncertainty）、复杂性（complexity）、模糊性（ambiguity）的环境趋势中，追逐不确定性机会（uncertainty opportunity），发掘'最适时'的项目（project），进行投资（investment）和管理（management）的过程。因此，创业是在基于'VUCA'的环境中，敢为人先，追求'UPIM'的过程。狭义的创业，就是为了满足客户需求，通过创建一家新企业，致力于推出新产品、新工艺、新方法、新服务，开辟新市场，获得新资源。"

简单来说，创业就是创业者及其创业搭档对他们拥有的资源或通过努力对能够拥有的资源进行优化整合，从而创造出更大的社会价值和经济价值的过程。创业是一种需要创业者及其创业搭档组织经营管理，运用服务、技术、器物作业的思考、推理和判断的行为。

（二）创业的类型

按照不同的标准，可将创业分成不同的类型。了解创业的类型是为了在创业决策中做比较，选择最适合自身条件的创业类型。我们可以基于动机、渠道、主体、项目、风险和周期这六个不同的角度对创业进行分类。

1. 机会型创业与就业型创业

基于创业动机，可将创业分为机会型创业与就业型创业。

（1）机会型创业。机会型创业的出发点并非谋生，而是抓住、利用市场机遇。它以新市场、大市场为目标，因此能创造出新的需要或满足潜在的需求。机会型创业会带动新的产业发展，而不是加剧市场竞争。世界各国的创业活动以机会型创业为主。

（2）就业型创业。就业型创业的目的在于谋生，为了谋生而自觉或被迫地走上创业之路。这类创业大多属于尾随型和模仿型，规模较小，项目多集中在服务业，并没有创造出新需求，而是在现有的市场上寻找创业机会。由于创业动机仅仅是谋生，这类创业者往往小富即安，很难做大做强。

机会型创业和就业型创业与主观选择相关，但并非完全由主观决定。创业者所处的环境及其所具备的能力，对于创业动机类型的选择有决定性作用。相对于就业型创业，机会型创业能带来更多的就业，更好地创新市场，更具成长潜力。因此，创造良好的创业环境，通过教育和培训来提高人们的创业能力，就会增加机会型创业的数量，不断增加新的市场，减少企业之间的低水平竞争，促进生活改善和经济发展。

2. 自主型创业和企业内创业

基于建立渠道，可将创业分为自主型创业和企业内创业。

(1) 自主型创业。自主型创业是指创业者个人或团队白手起家进行创业。自主型创业是不依附于某一特定组织而开展的创业活动，往往对创业者本身素质的要求更高。创业者本身需要具有商业概念，这样其个人的想象力、创造力才可得到最大限度的发挥。然而，自主型创业的风险和难度很大，个人的一次失误可能意味着整个创业项目的失败。

(2) 企业内创业。企业内创业是进入成熟期的企业为了获得持续的增长和长久的竞争优势，为了倡导创新并使其研发成果商品化，通过授权和资源保障等支持的创业活动。每一种产品都有生命周期，一个企业只有在不断变化的环境中不断创新，不断将创新的成果推向市场，不断推出新的产品和服务，才能跳出产品生命周期的桎梏，不断延伸企业的生命周期。成熟企业的增长同样离不开创业的理念、文化，需要企业内部创业者利用和整合企业内部资源开展创业活动。这种创业活动可使企业内的所有员工都有机会通过主观努力参与其中，并在这个过程中获得报酬、得到锻炼。但企业内的创业者有时会受制于团队、企业内部规则、官僚体系等阻碍，无法将个人的创新想法较好地付诸实践。

3. 大学生创业、失业者创业和兼职者创业。

基于创业主体，可将创业分为大学生创业、失业者创业和兼职者创业。

(1) 大学生创业。大学生毕业后选择自主创业，既可独立创业，也可合伙创业。独立创业的特点在于产权是创业者个人独有的，相对独立且产权清晰，企业利润归创业者独有；企业由创业者自由掌控，创业者可按自己的思路经营和发展自己的企业，无须迎合其他持股者的利益要求且免受其他人对企业经营的干扰。但是，独立创业需要创业者独自承担风险且创业资金筹备比较困难、财务压力大，还要受个人才能的限制等约束。合伙创业是指与他人共同创办企业。与独立创业相比，合伙创业具有以下优势：一是共担风险；二是融资难问题得到缓解；三是有利于优势互补，可形成一定的团队优势。其劣势有：一是合伙人易产生利益冲突；二是易出现中途退场者；三是企业内部管理交易费用较高；四是合伙人对企业发展目标可能有分歧。

(2) 失业者创业。在实践中，不少失业者通过自身努力成了创业的佼佼者。这类创业者大多选择投资少、回报快、风险低的创业项目，如服务类或电子商务类。近年来，国家出台了多项政策举措以促进劳动者失业后就业创业。

(3) 兼职者创业。兼职者创业是在已有的工作基础上进行二次工作，也就是选择一个商业项目来起步、操作。普遍来说，适合边打工边创业的项目，规模都比较小，创业者个人需要拥有相关的技能或资源。

4. 传统技能型创业、高新技术型创业和知识服务型创业

基于创业项目，可将创业分为传统技能型创业、高新技术型创业和知识服务型创业。

（1）传统技能型创业。传统技能型创业将具有永恒的生命力，因为使用传统技术、工艺，如独特的技艺或配方的创业项目具有市场优势，尤其是在酿酒业、饮料业、中药业、工艺美术品业、服装业、食品加工业、修理业等与人们日常生活紧密相关的行业中，独特的传统技能表现出经久不衰的竞争力，许多现代技术都无法与之竞争。这一点，不仅在中国是如此，在外国也是如此，不少发达国家至今尚保留着一些传统的手工生产方式。

（2）高新技术型创业。高新技术型项目就是人们常说的知识经济项目、高科技项目，知识密集度高且具有前沿性、研究开发潜质，如信息技术、生物技术、新材料技术、新能源技术、空间技术和海洋技术等。这类创业往往具有高门槛、高投入、高速度、高成长、高风险、高回报的特点。不同于一般创业，高新技术型创业成功与否与创业团队有很大的关系，而技术专家是团队的核心，他们既要在技术上把握研发的方向，在市场的需求上也具备一定的敏感度。

（3）知识服务型创业。知识服务型创业是指以知识、技能和经验为主要资源，提供各种服务的创业形式，如律师事务所、会计事务所、管理咨询公司、广告公司等。它是一种基于知识经济时代背景的新型创业方式，具有较高的灵活性和创新性，适合各种规模的企业和个人。知识服务型项目是一种投资少、见效快的创业选择，但创业者只有具备专业知识、实践经验和市场营销等方面的能力，才能够成功地开展创业活动。

5. 依附型创业、模仿型创业、独创型创业和冒险型创业

基于创业风险，创业大致可以分为依附型创业、模仿型创业、独创型创业和冒险型创业。

（1）依附型创业。这种创业可分为两种情况：一是创业企业依附于大企业或产业链而生存，在产业链中确定自己的角色，为大企业提供配套服务，如专门为某个或某类企业生产零配件或生产、印刷包装材料。二是特许经营权的使用，如麦当劳、肯德基，可利用品牌效应和成熟的经营管理模式降低经营风险。

（2）模仿型创业。这种创业是一种在借鉴现有成功企业经验基础上开展的重复性创业。在实践中，模仿型创业的比例较高且由于对前期经验的累积比较丰富，这种创业的成功率也很高。但是，在这种类型的创业活动中，创新的贡献比较小，对创业精神的要求也比较低。这类创业企业在短期内不求超过他人，只求能维持下去，后期将随着学习而不断成熟，逐步进入强者行列。它们不求独家承揽全部业务，只求在市场上分得一杯羹。

（3）独创型创业。这种创业可以是以创新的方式为人们提供具有自主知识产权的新产品、新服务，也可以是旧内容、新形式，即经营的商品并无变化，但在服务方式上扩大了，从而更具有竞争力。当然，独创型创业是一种在不熟悉的领域中开展的不确定性较大的创业。在这种创业中，创业者除面临较大的挑战，个人前途的不确定性也很大。

（4）冒险型创业。冒险型创业是一种难度很大的创业类型，有较高的失败率。尽管如此，因为这种创业的预期回报较高，所以对那些充满创业精神的人来说仍极具诱惑力。这里需要重点说明的是：创业者只有在具备超强的个人能力，拥有非常有竞争力的产品，恰逢适宜的创业时机，制定了合理的创业方案且能实施科学的创业管理的条件下，才有可能

获得创业的成功。

6. 初始创业、二次创业与连续创业

基于创业周期，创业可分为初始创业、二次创业与连续创业。

（1）初始创业。初始创业是一个从无到有的过程。创业者经过市场调查，分析自己的优势与劣势、外部环境的机会与威胁，权衡利弊，确定自己的创业类型，履行必要的法律手续，招聘员工，建立组织，设计管理模式，投入资本，营销产品或服务，不断扩大市场，由亏损到盈利的过程就是初始创业。同时，初始创业是一个学习过程，创业者往往边干边学。在初始创业阶段，企业的失败率较高，风险来自多方面，创业者要承受巨大的心理压力和经济压力。所以，初始创业要尽量缩短学习过程，善用忠实之人，减少失误，坚持到底。

（2）二次创业。传统的观念认为，新建企业为创业，老企业只存在守业问题，不存在创业问题。所谓"创业难，守业更难"是一种"小农意识"，在当代社会，特别是进入知识经济时代后，业是守不住的，纵然是存在银行里的钱，也可能贬值或遭遇金融危机。企业只有不断创新与变革，才能稳固发展。回顾我国自营式电商企业京东集团的创业历程，京东商城作为京东开辟的电子商务领域创业试验田，可以称为京东的初始创业，发展十余年后，2015年的生鲜电商被刘强东称作京东集团的二次创业，与其同步出现的商业模式"京东到家"因为消除了生鲜产品供需双方的信息障碍及食品安全问题，也取得了较大的成功。

二次创业的目的是使企业不要进入衰退期，尽可能长久地保持成长期和成熟期的良好状态，彰显出持续的竞争优势。创业是个动态的过程，伴随企业的整个生命周期，对企业的生存和发展有着至关重要的影响。企业的生命周期分为投入期、成长期、成熟期和衰退期四个阶段。创业者往往倾向于选择投入期和成熟期，投入期创业即初始创业，成熟期创业就是二次创业，需要投入新产品，包括新技术和新服务。老产品处于成熟期，新产品处于投入期；老产品进入衰退期，新产品进入成长期，这样才能保证企业长盛不衰。

（3）连续创业。随着企业和市场环境的不断变化与发展，企业还可能产生三次创业、四次创业等连续不断的创业。三次创业的企业往往有较强的实力和较大的规模，抗风险能力也比较强，不少经过三次创业的企业都走向了分权化、集团化。

（三）创业的关键要素

美国巴布森商学院创业学教授蒂蒙斯（Timmons）认为，创业的关键要素主要包括创业机会、创业团队和创业资源。

1. 创业机会

创业机会是指创业者可以利用的商业机会。机会是创业的起点，创业过程就是围绕机会进行识别、开发和利用的过程。机会是创业过程的核心驱动力。并非所有的机会都能转化为实实在在的创业项目，如果它不能为投资者带来可观的回报，就没有投资的价值。创业机会来自一定的市场需求和变化，当某种创意能够将人们潜在的需求转化为现实的需求或使得某种未能满足的需求得到满足时，这种有价值的创意往往就意味着创业机会。因此，甄别具有投资价值的创业机会相当重要，敏锐的机会识别和开发能力也就成为实践中创业者和投资者的必备素质之一。

2. 创业团队

创业团队是指在创业初期（包括企业创立前和创立早期），由一群才能互补、责任共担、愿为共同的创业目标而奋斗的人所组成的特殊群体，是创业过程的主导者。在知识经济时代，创业所要求的素质、技能往往涵盖经济、管理、技术、研发、营销、财务等多个方面，单打独斗式个体创业很难取得成功。与个体创业相比，团队创业具有团结协作、优势互补、成果共享、责任共担等多方面优势，这些对于创业成功来说至关重要。在创业过程中，创业团队成员往往处于不断调整的状态之中，这种调整取决于两个方面：一方面要看调整的方向是否有利于企业的竞争优势重构、是否有利于下一步战略的执行；另一方面要看这一调整的过程是否顺利，如果团队成员在调整过程中发生分歧，可能导致创业失败，甚至会引起团队的分裂，对企业造成极大损害。

3. 创业资源

创业资源是指与创业活动直接相关的特定资产，是企业得以创立和运营的必要条件。不同的创业活动具有不同的资源需求，任何一个创业者都不可能在创业之初就把所有创业资源备齐，优秀的创业者需要了解创业资源的重要作用，不断开发和积累创业资源。同时，创业者要善于借助企业内、外部的力量对各种创业资源进行组织和整合，这样才能实现对创业机会的有效开发与战略的有效执行。资源是创业成长的重要基础。

上述内容是创业的关键要素，然而在整个创业过程中，商业模式、战略规划、组织制度也是重要的影响因素。商业模式是企业创立之前确定的战略规划，这一战略规划在企业创立之后仍然发挥重要作用。当创业者瞄准某一个机会之后，需要进一步构建与之相适应的商业模式。机会不能脱离必要的商业模式的支撑而独立存在，成功的商业模式是一座桥梁，富有市场潜在价值的商业机会将通过这一桥梁走向真正意义上的创业企业。创业者通过对商业模式的构想，能够全面思考组织创建中的诸多问题，理性分析和定位整个创业活动。战略规划是指企业的经营规划，是公司经营的一种内在模式。这种特定的模式为企业的经营提供了可供遵循的规则，有明确经营模式的企业可以依据这种规则有效应对市场环境的变化，及时制定行之有效的应对措施。组织制度的意义体现在两个方面：一是人力资源管理方面。新员工随着企业的成长不断补充进来，客观上需要建立健全的制度来保证员工各司其职，促进企业健康发展。二是组织文化方面。旧有的模式随着企业的发展发生变化，需要新的价值观与发展理念统一企业上下的认识，保证企业朝着有利的方向发展。组织制度建设是新创企业成为稳定发展的成熟企业的必要条件，只有以规范的制度为基础保障，才能促进企业的健康发展。

二、电子商务创业概述

（一）电子商务创业的概念

随着互联网的普及和数字技术的不断发展，电子商务已经成为一种不可或缺的经济活动形式。电子商务是指在网络环境下，通过信息技术和电子支付方式实现交易和商业活动的过程。它的出现和发展彻底颠覆了传统的商业模式和营销方式，使人们的生活和经济活动发生了巨大的变化，成为现代商业的重要组成部分。电子商务不仅提供了全新的商业模式,也为创业者带来了广阔的发展前景。电子商务创业是指发现、创造和利用电子商务机会,组合生产要素并创造价值,创立自己的事业,以获得电子商务创业项目成功的过程或活动。

(二)电子商务创业的优势与劣势

1. 电子商务创业的优势

(1)成本低。相比传统的实体店铺,电子商务创业的成本要低得多。首先,电子商务创业不需要租赁一个实体店铺,也不需要储备大量的库存。其次,创业者可以通过自己的网站或第三方平台销售商品,这样就可以节省一部分雇佣员工的成本。最后,创业者可以通过社交媒体和其他在线渠道推广产品,这样就可以节省广告费用。对于许多年轻创业者和缺乏资金的创业者来讲,电子商务创业是一个比较经济的选择。

(2)市场全球化。互联网是一种不受地域限制的市场环境,互联网上的商业机会不仅限于本地区域,可以面向全国市场,甚至面向全球市场。在电子商务创业中,只要创业者拥有一个良好的网站和出色的产品,就可以吸引来自世界各地的客户。电子商务创业的市场全球化优势意味着客户群范围大,有利于增加销售额、提高品牌知名度。

(3)经营方式灵活。网上开店不受时间、地域的约束,可以全年全天不间断经营,客户可以在任何时间、任何地点购买产品,交易成功的概率也就大大提高了。商家不需要无时无刻地守着网上商店,计算机可以自动接收、处理交易信息,无论是白天还是晚上,都可照常营业,有人或无人影响不大,这对于那些兼职创业或希望享受更多业余生活的人来讲,无疑是最合适的选择。

(4)数据分析方便。由于电子商务创业是以线上交易为主要途径,因此可以比较容易地获取大量数据,如电子商务购物网站可以记录消费者的浏览、点击、评论及购买行为,收集、分析这些数据,可以较为精准地获取消费者的偏好和需求,从而更好地了解消费者、市场趋势,优化产品或服务,做出更明智的决策。此外,数据分析也可以帮助创业者优化网站和销售策略,以提高产品(服务)的转化率和销售额。

(5)投资回收较快。电子商务创业选择的创业项目往往投入资金少,也没有传统企业那么高的技术壁垒,因此筹备时间短,很快就可以投入运营,而且销售规模不受空间限制,即使是一些小网站,也可以经营成千上万种商品,因此电子商务创业的投资回收往往比较快。

2. 电子商务创业的劣势

电子商务创业固然存在很多优势,但它与别的创业并没有本质上的不同,结合自身特性,电子商务创业也存在一定劣势,具体包括创业项目选择风险大,法律与信用机制不完善,难以保证信息的准确性、实时性和安全性,流量引入成本高,创业团队管理难度大,等等。

(1)创业项目选择风险大。电子商务创业选择的产品一般依托某项创新技术,因此产品市场多是潜在且待成长的。在新产品推出后,顾客往往因为不了解而对新产品持观望态度。因此,电子商务创业者对于市场是否接受自己的产品或服务以及接受程度、接受时间如何很难做出正确估计,多数电子商务创业者往往会根据自己调查的数据做出主观的推测,推测结果如果偏差过大,就会造成产品的市场价值不能实现、创业者的投资无法收回。同时，创业者很难对所选择的产品或服务，尤其是高新技术产品的市场竞争力做出预测。一方面，由于电子商务创业的资金门槛相对较低，大量的创业者已经进入，传统企业也纷纷转型，新进的电子商务创业者会面临巨大的竞争压力。另一方面，高新技术产品或服务的研发成本较高，产品上市之初的价格会比较高，如果超出了市场的承受能力，也会导致创业失败。

（2）法律与信用机制不完善。电子商务企业在经营过程中还面临法律与信用机制方面的问题，一方面体现为电子商务立法滞后而导致的没有统一的市场规则做支撑，另一方面则体现为部分电子商务企业不熟悉甚至不了解电子商务法律。针对电子合同、在线支付、产品交付等问题虽有初步的法律规范，但还没有做到全面的法律保护，个人隐私权保护、欺诈等问题困扰着消费者，使之不敢大胆地在网上购物。特别是没有一个比较完善的网上信用评价与监控体系，致使"收货不付钱""收钱不发货"等欺诈行为时有发生，导致消费者信心减弱、经营者信誉受损。

（3）难以保证信息的准确性、实时性和安全性。网络的虚拟性使得电子商务的运作相比普通商务模式存在着更多的风险。信息的准确性和可靠性直接影响信息使用者的决策。信息的实时性反映的是事物的当前状态和属性，其影响因素有主观和客观两种。从主观上看，商家的信息发布要及时，客户需求信息的提交和更改也要及时。从客观上看，网络中断、系统检修时的补救措施也要及时，这样才能让买卖双方的信息保持一致。网上支付存在一定的安全隐患，病毒或人为攻击支付体系虽属于小概率事件，但一旦发生必将使交易双方损失惨重，因此，信息的安全性至关重要。

（4）流量引入成本高。这里的流量是指浏览量或者访客的次数，如浏览网店、网站、直播间等的次数。在移动互联网时代，流量就是力量。任何一个互联网产品都需要用户，只有当用户活跃数量达到一定程度时，才能带给商家真正的价值，这是电子商务创业成功的关键。因此，绝大部分电子商务创业者会在前期花大量费用进行推广引流或者让利引流，如淘宝的直通车、智钻等。需要注意的是，过高的推广费用可能导致电子商务企业无法顺利度过创业期。

（5）创业团队管理难度大。电子商务创业者多为富有激情、敢于创新的年轻人，他们对很多事都充满了好奇与向往，难免会出现创业设想大而不当、市场预测过于乐观、大谈"第一桶金"而不谈赚"第一分钱"等问题，造成电子商务创业团队不和谐、没有形成共同的意愿和目标、团队角色的配置不合理、团队成员不能自觉遵守规章制度等，大大增加了管理创业团队的难度。

（三）电子商务创业的形势

电子商务是国家"十二五"规划的战略性新兴产业。目前，我国电子商务创业形势大好，利好政策不断出台，电子商务创业蕴含了无限的机会。电子商务迅猛发展，不仅创造了新的消费需求，引发了新的投资热潮，开辟了就业增收新渠道，为"大众创业、万众创新"提供了新空间，而且正加速与制造业融合，推动服务业转型升级，催生新兴业态，成为提供公共产品、公共服务的新力量和经济发展新的原动力。

1. "大众创业、万众创新"形势大好

2015年《政府工作报告》提出推动"大众创业、万众创新"的口号。这是具有鲜明时代特征和强烈现实意义的。国务院于 2017 年发布的《国务院关于强化实施创新驱动发展战略 进一步推进大众创业万众创新深入发展的意见》指出："创新是社会进步的灵魂，创业是推进经济社会发展、改善民生的重要途径，创新和创业相连一体、共生共存。"李克强总理在 2018 年 9 月 6 日的国务院常务会议上强调："打造大众创业、万众创新升级版，不仅要巩固近年来快速发展的新业态、新模式，还要向更广阔的领域拓展，使创业创新在更大范围、更高层次和更深程度上蔚然成风。"

2. "互联网+"衍生大量创业机会

在"互联网+"时代背景下，互联网技术飞速发展，已经改变了人们的日常生活习惯，互联网产品已经深入人们生活的各个角落，传统的衣、食、住、行、娱、游、学等各个领域都已经或者正在被互联网产品所覆盖。互联网与政务、民生、交通、教育、医疗、金融、媒体、汽车等行业的融合也催生了大量的创业机会。2018 年李克强总理在《政府工作报告》中特别强调：打造"双创"升级版，要突出重点拓展两大空间：一是工业互联网；二是"互联网+公共服务"。对于升级"互联网+公共服务"，李克强要求重点推进"互联网+医疗健康""互联网+教育"等硬件和软件建设，使更多优质资源惠及群众。

3. 农业电子商务市场迅猛发展

2023 年 1 月中央一号文件《中共中央 国务院关于做好 2023 年全面推进乡村振兴重点工作的意见》发布，该意见提出："深入实施'数商兴农'和'互联网+'农产品出村进城工程，鼓励发展农产品电商直采、定制生产等模式，建设农副产品直播电商基地。提升净菜、中央厨房等产业标准化和规范化水平。培育发展预制菜产业。要加快完善县、乡、村电子商务和快递物流配送体系。""数商兴农"是指发展数字商务振兴农业，包括引导电子商务企业发展农村电商新基建，提升农产品物流配送、分拣加工等电子商务基础设施数字化、网络化、智能化水平，发展智慧供应链，打通农产品上行"最初一公里"和工业品下行"最后一公里"等。可以说，"数商兴农"是"农村电商"发展到当前阶段的升级转型趋势。而与电商行业关联的物流快递、供应链、数字金融等，都会受到这波红利的影响。在当前城市电商竞争如火如荼的情况下，农业产业方面的变革将为这些关联行业带来新的机会。

4. 各项有利政策促进跨境电子商务的快速发展

2011 年 10 月，商务部发布《"十二五"电子商务发展指导意见》（商电发〔2011〕第 375 号），明确提出"支持跨境电子商务平台建设，鼓励中小企业应用跨境电子商务平台拓展海外市场"。2015 年 6 月，国务院办公厅发布《关于促进跨境电子商务快速健康发展的指导意见》（国办发〔2015〕46 号），提出鼓励跨境电子商务的措施，以推动跨境电子商务的发展。2015 年 7 月，国务院办公厅印发《关于促进进出口稳定增长的若干意见》（国办发〔2015〕55 号），提出七条政策措施，并将发展跨境电子商务作为当前外贸稳定增长的重要手段之一。2023 年 2 月 1 日，财政部、海关总署、税务总局联合发布《关于跨境电子商务出口退运商品税收政策的公告》（2023 年第 4 号），规定自 2023 年 1 月 30 日起 1 年内在跨境电子商务海关监管代码（1210、9610、9710、9810）项下申报出口，因滞销、退货原因，自出口之日起 6 个月内原状退运进境的商品（不含食品）免征进口关税和进口环节增值税、消费税；出口时已征收的出口关税准予退还，出口时已征收的增值税、消费税参照内销货物发生退货有关规定执行。2023年4月，国务院办公厅印发了《关于推动外贸稳规模优结构的意见》，指出要"加快对外贸易创新发展"，"支持外贸企业通过跨境电子商务等新业态新模式拓展销售渠道、培育自主品牌"。这些政策的出台为跨境电子商务的发展提供了政策保障和支持，促进了跨境电子商务的快速发展。

5. 电子商务创业的相关政策

1）跨境电子商务企业税收优惠

2013年12月，财政部、税务总局发布《关于跨境电子商务零售出口税收政策的通知》，明确指出，对于跨境电子商务企业，除明确不予出口退税或免税品类的货物外，在符合以下四个条件的情况下，可以获得增值税、消费税退（免）税。

（1）电子商务出口企业属于增值税一般纳税人并已向主管税务机关办理出口退（免）税资格认定。

（2）出口货物取得海关出口货物报关单（出口退税专用）且与海关出口货物报关单电子信息一致。

（3）出口货物在退（免）税申报期截止之日内收汇。

（4）电子商务出口企业属于外贸企业的，购进出口货物取得相应的增值税专用发票、消费税专用缴款书（分割单）或海关进口增值税、消费税专用缴款书且上述凭证有关内容与出口货物报关单（出口退税专用）有关内容相匹配。

2）小规模纳税人税收优惠

电子商务企业中有很多小规模纳税人，此类企业也可以享受小规模纳税人的各项税收优惠。2023年8月，财政部、税务总局发布《关于增值税小规模纳税人减免增值税政策的公告》，做出如下规定。

（1）对月销售额10万元以下（含本数）的增值税小规模纳税人，免征增值税。

（2）增值税小规模纳税人适用3%征收率的应税销售收入，减按1%征收率征收增值税；适用3%预征率的预缴增值税项目，减按1%预征率预缴增值税。

3）重点人群税收优惠

除此以外，重点人群税收优惠政策也适用于增值税或企业所得税纳税人的电子商务类企业。2023年8月，财政部、税务总局、人力资源社会保障部、农业农村部发布《关于进一步支持重点群体创业就业有关税收政策的公告》，指出："在3年（36个月）内按每户每年20000元为限额依次扣减其当年实际应缴纳的增值税、城市维护建设税、教育费附加、地方教育附加和个人所得税。"根据该公告，重点人群共四类：① 纳入全国防止返贫监测和衔接推进乡村振兴信息系统的脱贫人口；② 在人力资源社会保障部门公共就业服务机构登记失业半年以上的人员；③ 零就业家庭、享受城市居民最低生活保障家庭劳动年龄内的登记失业人员；④ 毕业年度内高校毕业生。

6. 全面深化高校创新创业教育改革

2015年5月4日，国务院办公厅印发了《关于深化高等学校创新创业教育改革的实施意见》（国办发〔2015〕36号），全面部署深化高校创新创业教育改革工作。该实施意见提出，到2020年建立健全课堂教学、自主学习、结合实践、指导帮扶、文化引领融为一体的高校创新创业教育体系，人才培养质量显著提升，学生的创新精神、创业意识和创新创业能力明显增强，投身创业实践的学生显著增加。

为鼓励学生创新创业，改革教学和学籍管理制度势在必行。此次实施意见规定，高校要设置合理的创新创业学分，建立创新创业学分积累与转换制度。高校要为有意愿、有潜质的学生制订创新创业能力培养计划，建立创新创业档案和成绩单；支持参与创新创业的学生转入相关专业学习；实施弹性学制，放宽学生修业年限，允许调整学业进程，保留学籍休学创新创业。

教育部鼓励各高校根据人才培养定位和创新创业教育目标要求调整专业课程设置，面向全体学生开设创新创业教育必修课和选修课，并纳入学分管理，要求各地区、各高校加快创新创业教育优质课程信息化建设，推出慕课、视频公开课等在线开放课程，建立在线开放课程学习认证和学分认定制度。

深化高校创新创业教育改革，是国家实施创新驱动发展战略、促进经济提质增效升级的迫切需要，是推进高等教育综合改革、促进高校毕业生更高质量创业就业的重要举措。未来将把创新创业教育质量作为衡量高校办学水平、考核领导班子的重要指标。

7. 大学生创业优惠政策

为支持大学生创业，国家各级部门出台了许多优惠政策，涉及融资、开业、税收、创业培训、创业指导等诸多方面。2021年9月，国务院办公厅发布《关于进一步支持大学生创新创业的指导意见》，重点提出要提升大学生创新创业能力、优化大学生创新创业环境、加强大学生创新创业服务平台建设、推动落实大学生创新创业财税扶持政策、加强对大学生创新创业的金融政策支持、促进大学生创新创业成果转化、办好中国国际"互联网+"大学生创新创业大赛、加强大学生创新创业信息服务。

阅读材料

近年来国家助力大学生创业的政策

任务二　通过创业故事理解创业管理

任务引入

党的二十大报告提出："构建高水平社会主义市场经济体制""优化民营企业发展环境，依法保护民营企业产权和企业家权益，促进民营经济发展壮大。完善中国特色现代企业制度，弘扬企业家精神，加快建设世界一流企业"。值得骄傲的是，我国的很多电子商务企业已经走在了世界前列，这些电子商务企业的创办者用他们的创业经历诠释了企业家精神和创业者精神。近年来，越来越多的学生和年轻人选择成为电子商务创业者，希望开创新事业,实现梦想,成就辉煌的事业。很多人斗志昂扬地开始创业,却无疾而终。成功创业,仅凭一腔热情是远远不够的,它是创造力、风险和战略计划的整合过程。创业管理不同于传统管理,它主要研究企业管理层的创业行为以及企业管理层如何持续注入创业精神和创新活力,可以增强企业的战略管理柔性和竞争优势。通过学习创业案例,可以更直观、更清楚地理解创业管理过程。

任务目标

1. 通过完成任务,了解电子商务创业管理的特征。
2. 通过完成任务,掌握电子商务创业过程的四个阶段及相应阶段的创业行为。

任务要求

1. 了解刘强东的创业历程及京东的发展过程,在其创业过程的不同阶段有哪些重要事件,他是如何处理的,对你有什么启示?
2. 刘强东的创业经历了种子期、初创期、成长期与增量扩张期,总结其在每个时期有哪些战略调整,并分析调整的原因和目的。

任务分析

京东是我国最大的自营式电子商务企业之一,旗下设有京东商城、京东金融、拍拍网、京东智能、O2O(线上到线下)及海外事业部等。其创始人刘强东出生于贫困家庭,从上大学就开始打工,一直有着创业梦想。他推销过书籍、开过餐厅,到后来创办了京东公司,一路走来,起起落落、跌跌撞撞。从他的创业经历中,我们可以看到创业过程中创业管理的重要性及优秀的创业者是如何进行创业管理的。请同学们深入了解刘强东的创业故事,结合本节内容,深入理解创业管理的相关知识。

第二节 电子商务创业管理

一、电子商务创业管理的概念

戴安娜·L.戴(Diana L.Day)认为,创业管理是创业与战略管理之间的交叉。她将创业管理定义为,与新企业创建以及利用新资源或是资源重新配置进行创新开发有关的所有管理行为和决策,而无论这种行为是发生在新企业中,还是发生在已有的大型企业中。

现代管理学之父彼得·德鲁克(Peter Drucker)认为,创业需要与现行管理方式不同的管理,但和现行管理方式一样,创业也需要有系统、有组织、有目标的管理。创业的战略管理要求创业者能够将主要战略问题概念化,建立一个企业,使利益相关者的期望与资源、能力和效率相匹配,并对复杂的环境及其变化做出各种反应。从战略角度观察企业的管理,一是制度管理;二是文化管理。然而,在现在及未来很长一段时间内,企业的管理还是要分为不同的职能进行。

电子商务创业管理反映了创业视角的战略管理观点，创业是战略管理的核心。电子商务企业是一个有机体，为使企业协调而有效地运转，必须要进行统一的、高效率的管理。电子商务创业管理是一种以机会为驱动、以创新为导向的管理活动和方式，它不仅存在于新建电子商务企业，成熟企业或大公司也需要创业管理。不同的是，新企业的创业管理需要从机会导向向行为导向转变。

二、电子商务创业管理的特征

（一）企业生存是目标

在创业阶段，生存是第一位的，一切围绕生存运作。新企业的创业管理是"以生存为目标"的管理方式，首先要考虑的是如何把自己的产品或服务卖出去，在市场上找到立足点，使自己生存下来。最忌讳的是在创业阶段提出不切实际的扩大规模。在创业阶段，企业的首要任务是找到生存的来源，把盈利作为公司管理绩效最重要的考核方式。只有稳定持续地盈利，才说明公司找到了成功的商业模式，成功的商业模式一定要不断满足顾客的需求，只有具有稳定的顾客来源，把产品和服务顺利销售出去，才能顺利度过创业的"生存阶段"。完成这个过程并不容易，企业可能反复经历多次盈利、亏损，持续的时间可能也会比较长。总之，在这个阶段，"盈利""以生存为目标"是创业管理的首要目标。

（二）自由现金流是重点

自由现金流指的是真正剩余的、可自由支配的现金流量。良好的现金流可以让企业保持正常的运转；相反，如果企业的现金流发生断裂，那么企业将陷入困境甚至面临倒闭风险。因此，加强现金流管理对企业的长远战略发展具有重要意义。自由现金流是创业阶段管理的重点，也是成长阶段管理的重点。对创业管理来说，主要依靠自有资金运作来创造自由现金流，管理难度较大。首先要有良好的现金流规划，切忌主观臆断，应根据企业对预期支出的掌控能力、过往客户的支付情况、经销商的耐性等客观因素综合考虑。重视应收回款的收回，也是改善现金流的重要之举。建立健全催收制度，从出货开始就紧抓催收，同时加强责任管理，将收款工作交给专门人员负责，并进行绩效考核。在经营过程中，必须千方百计地增收节支、加速周转、控制发展节奏。

（三）团队精神是支柱

在电子商务创业管理中，尤其是在初创阶段，团队精神很重要。企业处于起步阶段，各个环节还不是很顺畅，各个部门虽然有了初步的分工，但很难完全按照正式组织方式运作。团队中的每个人需要明确组织的目标，不计较个人得失，不计较越权或越级，在努力完成职责内工作的同时，哪里需要去哪里。创业者必须培养团队成员具有团队精神和奉献精神，并将其作为创业管理的支柱，这样才能在混乱的创业初期，让工作达到一种高度有序的状态。当企业进入成熟期，组织结构规范了，人员分工明确了，仍然需要团队精神，它将延续成一种企业文化，伴随企业成长。创业者在此期间锻炼出来的团队领导能力，也为将来领导大企业高层管理班子奠定了基础。

（四）事必躬亲是方法

对于创业者来说，虽然在创业之前做了大量的市场调研，但真正运作起来，很多事情还是要"摸着石头过河"。在创业初期，创业者常常不得不事必躬亲，亲自向顾客推销产品、亲自参与商业谈判、亲自催讨货款、亲自策划营销方案、亲自制订薪酬计划等。这个过程很烦琐，对于创业者来说很辛苦，但也是很有必要的。这样可以使创业者对经营全过程的细节了如指掌，让企业更快、更好地成长起来。而在企业进入成熟期后，创业者要学会合理放权，只有最大限度地发挥团队力量，企业才能做大做强。

（五）应对风险是常态

电子商务创业过程中存在各类风险，如行业与政策风险、项目选择风险、决策风险、信息安全风险、创业团队风险、关键员工离职风险等。如果在创业过程中管理不善，很有可能会导致创业失败。在创业管理过程中，要时刻关注电子商务行业走势及相关电子商务平台政策，适时调整企业经营方向，采取平台允许的经营手段；电子商务创业在项目选择上大多以新产品、新服务或新模式等为主，而新事物要想快速地适应市场存在一定的难度，因此在创业前务必要做好全面细致的市场调查与分析，尽可能地规避风险。

三、创业管理与传统企业管理的区别

企业管理是对企业生产经营活动的计划、组织、指挥、协调和控制等一系列职能的总称，属于常态管理。创业管理主要研究企业管理层的创业行为，研究企业管理层如何继续注入创业精神和创新活力，增强企业的战略管理柔性和竞争优势，属于突破常态的创新管理。

（一）研究客体不同

传统企业管理理论是以现有的大公司为研究对象，而创业管理理论则是以不同层次的新建事业及新的创业活动为研究对象。传统企业管理理论侧重于向人们提供在现存大企业中开展管理工作所需要的知识和技能，灌输用保守的规避风险方式来运用这些理论和分析方法，目的是培养优秀的职业经理人。创业管理培养优秀的企业家，其研究客体不仅仅包括中小企业，其内容也不是一般企业管理知识在中小企业领域的翻版。

（二）研究出发点不同

传统企业管理的出发点是效率和效益；创业管理的出发点是通过寻找机会取得迅速的成功与成长。创业管理的核心问题是机会导向，即创业是在不局限于所拥有资源的前提下，识别、开发、利用机会，并产生经济价值的行为。

（三）内容体系不同

传统企业管理通过计划、组织、领导和控制来实现生产经营；而创业管理则是在不成熟的组织体制下，更多地依靠团队的力量，围绕如何识别机会、开发机会、利用机会而展开的。其中，创业过程中组织与资源之间的关联性和耦合性是其研究重点之一，包括：个人的知识准备与新机会之间的耦合性；创业过程中核心团队成员知识和性格的耦合性；现有资源和能导致事业成功的战略之间的耦合性。

（四）管理方式方法不同

创业管理要在每个环节上激发员工的主动性和创造性，迅速地对市场变化做出反应，以适应瞬息万变的外部环境，从而推动企业的成长。而传统企业管理需要通过计划、组织、领导与控制实现企业的经营管理，大多为刚性管理，企业的既定规章制度则对企业的管理起较强的约束作用。

四、电子商务创业过程

企业的成长是一个持续的过程，为了便于理解，我们把电子商务创业的过程划分成以下四个阶段：一是电子商务创业理解阶段；二是电子商务创业准备阶段；三是电子商务创业实施阶段；四是电子商务创业管理阶段。

（一）电子商务创业理解阶段

在理解"创业是什么"时，应认识到创业活动首先取决于个人是否决定成为创业者，即个人必须有创业动机。创业动机是创业机会识别的前提，是创业的原动力。由于电子商务创业的开放性和自由性，其适用群体广泛，又因其门槛较低，很多实体企业、供应商、自由职业者、大学生都希望通过电子商务平台开创自己的事业。但有了创业动机还不够，创业者还需要细心观察、广泛收集信息并谨慎分析思考，从以往的工作经验、对市场的调研或周边的事物变化中发现问题、激发创意、寻找机会。

（二）电子商务创业准备阶段

在电子商务创业准备阶段，如果没有准确识别创业机会而盲目开始创业，很大概率会导致创业失败。识别创业机会是创业过程的前提。在电子商务创业准备阶段，识别创业机会要在互联网、大数据、云计算等科技不断发展的背景下，对市场、用户、商品、企业价值链，乃至整个商业生态进行重新审视。对于自认为看到的机会，创业者必须进行分析评估，进一步围绕项目的效益、市场、风险、资源、竞争五个方面实施更为详尽的评估分析，确定商业模式，并完成高质量的创业计划。在这个阶段，创业者还应了解国家、地方出台的相关创业优惠政策，这样可以帮助创业者更好实现创业目标。

（三）电子商务创业实施阶段

将创业计划变为现实的第一步是创建一个新企业。采取的行动包括选定拟建企业的法律组织形式，按照《中华人民共和国公司法》及公司章程的有关规定组建企业的最初管理团队。在完成执照办理、税务登记、银行开户等事务性工作后，新创企业就可以开始运营了。而对于电子商务创业来说，其创业路径有很多，如在淘宝、微信、抖音等开设店铺、入驻商城、运营电子商务平台等。电子商务创业在该阶段的创业活动主要是：根据市场情况完善产品和服务，逐步确立市场营销的管理模式；形成管理体系，扩充管理团队；根据企业的实际情况及时调整企业的经营战略、募集运营资本等。例如，对于新零售电子商务创业项目来说,这个阶段的运营管理工作一般包括商品的拍摄与美化、网店的开设与装修、网店推广、网店管理等。

(四)电子商务创业管理阶段

激烈的竞争环境要求创业者对新成立的企业倍加呵护,施以科学管理,以促进其健康成长、持续发展。这是创业过程的终极目标。但新创企业从启动到成熟是一个逐步发展的过程,并不是一蹴而就的。一般而言,企业从实施阶段开始,随着产品市场占有率的上升,会出现一个快速成长的过程,但是快速成长并不会一直持续,当出现现金流时,企业会进入稳步增长时期;当企业稳定之后,产品在市场上的影响逐步扩大,形成产品品牌优势,企业便开始走向成熟。由于电子商务创业进入门槛低,每天都有大量的企业和个人涌入电子商务领域,新的商业模式层出不穷,企业要想在激烈的竞争中取胜,就要不断创新,如不断地创新产品(服务)和营销手段等。

阅读材料

企业注册流程及需要提供的相关文件

任务三 深入了解跨境电子商务平台

任务引入

党的二十大报告提出未来我国将"加快构建新发展格局""着力推动高质量发展""推进高水平对外开放"。中国商务部原副部长魏建国接受中新社记者采访时称,经过十年发展,中国现在已基本具备制度型开放的条件和环境,这是党的二十大要求稳步扩大这一更高层次的开放的最重要基础。随着跨境电子商务的兴起,全球不断涌现出众多优质的跨境电子商务平台,如亚马逊、eBay、敦煌网、中国制造网及阿里巴巴旗下的全球速卖通等。随着我国逐步建立完善跨境电子商务相关政策和规范,国内的跨境电子商务行业迎来了新发展、新机会和新利好。尤其是2022年党的二十大报告提出若干与跨境电子商务有关的举措,包括规则及标准的建立、营造一流的电子商务环境、维护多元稳定的经贸关系等,更好地推动了高质量、高水平的对外开放格局。创业者要把握时机,利用跨境电子商务平台创业,有必要深入了解各个跨境电子商务平台。

任务目标

1. 通过完成任务,理解跨境电子商务的概念。
2. 通过完成任务,了解各个跨境电子商务平台的特点与规则。

3. 通过完成任务，思考利用跨境电子商务平台创业需要注意的事项。

任务要求

1. 至少收集三个跨境电子商务平台的详细资料，深入了解其业务模式、盈利模式和优劣势。

2. 作为创业者，如果要选择一个平台入驻开启创业，你会选择哪一个？给出理由，并详细了解入驻的条件与过程。

任务分析

跨境电子商务是指分属不同关境的交易主体通过电子商务平台达成交易、支付结算，并通过跨境物流及异地仓储送达商品、完成交易的一种国际商业活动。跨境B2B平台网站的代表有阿里巴巴、环球资源网、敦煌网等，出口B2C代表网站有阿里巴巴旗下的全球速卖通、亚马逊、eBay、兰亭集势和Wish等，进口B2C的典型代表有阿里巴巴旗下的天猫国际、考拉海购、小红书等。不同的平台，其规模、市场、规则等均有不同，如果想利用跨境电子商务平台创业，必须详细了解平台信息，再根据自身的具体情况选择合适的平台，这样才能事半功倍。

第三节 电子商务创业平台

电子商务是以信息网络技术为手段、以商品交换为中心的商务活动，而电子商务创业则是以电子商务为载体开展的创业活动。随着我国计算机与网络技术的普及与发展，电子商务迅速崛起，大批电子商务平台日趋成熟，企业或个人可以利用平台提供的网络基础设施、支付平台、安全平台、管理平台等共享资源有效地、低成本地开展自己的创业活动。

一、电子商务平台的分类

（一）传统电子商务平台

传统电子商务主要通过销售商品来赚取利润，其商业模式是建立在供需关系的基础上的，即通过供应链和分销渠道来实现商品销售，从而赚取差价利润。传统电子商务平台主要以B2B（企业对企业的电子商务模式）、B2C（企业对消费者的电子商务模式）及C2C（消费者对消费者的电子商务模式）为主。传统电子商务的普遍用户需求是建立在购买商品上的，即用户需要购买商品，而传统电子商务提供了一个方便、快捷的购物平台，消费者通过搜索、浏览、比价等操作完成购买。比较有代表性的传统电子商务平台有京东、当当网等综合类电子商务平台，以及孩子王、蜜芽等垂直类电子商务平台。

（二）内容电子商务平台

内容电子商务平台主要通过提供优质内容吸引用户，以付费订阅等方式赚取利润，其商业模式是建立在内容生产和传播的基础上的，即通过提供高质量的内容吸引用户，从而获得用户流量，以付费订阅等方式赚取利润。内容电子商务主要满足用户的娱乐、学习等需求，这些用户需求是建立在内容消费上的，即用户需要消费优质的内容，内容电子商务提供了一个方便、高质量的内容平台。内容电子商务最开始出现在 BBS 社区，后来发展到小红书等相对成熟的平台，而抖音、快手等新媒体电子商务平台也属于内容电子商务平台发展的一种阶段性产物。它们通过制作高质量的短视频内容引流到直播间，在直播间销售产品，从而形成转化。很多传统电子商务平台，如淘宝、京东也逐步开展电子商务直播，这类属于当下比较流行的电子商务创业平台。

（三）社区团购电子商务平台

社区团购是真实居住社区内居民团体的一种互联网线上线下购物消费行为，是依托真实社区的一种区域化、小众化、本地化、网络化团购形式。简而言之，它是依托社区和"团长"社交关系实现生鲜商品流通的新零售模式。

利用社区团购电子商务平台创业有诸多优势，对于团购企业来说，首先是社区团购现金流好，可以以销定采，零库存、低消耗，上游账期押款，下游提前预售收款，灵活多变，方便运营。其次是流量红利、获客成本相对较低。相较于线上昂贵的流量成本，新渠道具有流量红利，可利用熟人关系链降低获客成本。最后是轻运营模式，易于规模化复制，和重运营的开店、社区柜、店+柜模式相比，省去了开店模式的高租金、高人力成本。而对于"团长"来说，团购的品类为高频消费品，其中百货品类占到 40% 以上，属于日常刚性需求，可以带来极高的复购率，进而为"团长"带来丰厚的利润。"团长"基于微信工具（社群、社交、社群团购系统）的使用，能更好、更快、更具效率地连接小区用户、触达用户，以及与用户互动，降低营销成本。对于消费者和"团长"来说，基于社区团购的 App 或小程序进行运营、管理、参与社区团购的全过程更加安全可靠、便捷实用。社区团购电子商务平台也越来越受到人们的关注和喜爱，如美团、拼多多等。

（四）社交电子商务平台

社交电子商务是指以社交媒体为载体，使社交和电子商务相结合的电子商务模式。这种模式最大程度地利用了社交媒体的用户黏性和流量，可为用户提供更加便捷、快速的购物体验。

社交电子商务平台优势明显，受到很多创业者的青睐。首先，社交电子商务平台的黏性大、互动性强。社交电子商务所利用的是人们在社交生活中更偏向于信任熟人的购物评价，对用户族群进行精准定位，并通过社交群内口碑提高用户认可与忠诚度，从而使商品获得更高的转化率与复购率。其次，社交电子商务平台的用户细分精确。社交网站是面向用户而建立的，用户通常拥有自身的群组，可在不同的讨论组中发布信息与感想，通过社交网站群组划分，商家即可轻易地接触到大量用户，对用户的兴趣、爱好和习惯等信息有所了解，进而制订更精确的营销计划。再次，社交电子商务平台的商业潜力巨大。社交网络上汇集了大量真实人群，丰富的人脉资源使社交电子商务具有巨大的商业潜力。社交网站中，用户或多或少都有好友及粉丝，在互联网中，他们都是潜在的消费群体。最后，利用社交电子商务平台创业的营销、时间成本低。社交电子商务平台可对接多个流量入口，每个入口都可以与特性消费场景对应，并匹配相应的消费群体，实现精准营销，降低消费者的时间成本。与此同时，这种"去中心化"模式还能降低电子商务营销成本。比较典型的社交电子商务平台有云集微店、小红书等。

（五）跨境电子商务平台

跨境电子商务是指分属不同关境的交易主体通过电子商务平台达成交易、支付结算，并通过跨境物流送达商品、完成交易的一种国际商业活动。跨境电子商务的出口流程是：企业在跨境电子商务平台上展示商品，买家下单并完成支付后，跨境电子商务企业将商品交付给物流企业进行投递，经过出口地、进口地两次海关通关商检后，商品送达买家手中。也有部分跨境电子商务企业通过直接与第三方综合服务平台合作，由第三方综合服务平台代理完成物流配送、通关商检等系列环节，从而完成整个跨境交易的流程。跨境电子商务进口的流程除与出口流程的方向相反之外，其他内容基本相同。

我国跨境电子商务主要分为企业对企业（即B2B）和企业对消费者（即B2C）的贸易模式。在B2B模式下，企业运用电子商务以广告和信息发布为主，成交和通关流程基本在线下完成，本质上仍属于传统贸易，纳入海关一般贸易统计。在B2C模式下，我国企业直接面对国外消费者，以销售个人消费品为主，物流方面主要采用航空小包、邮寄、快递等方式，其报关主体是邮政或快递公司，目前大多未纳入海关登记。目前全球排名比较靠前的跨境电子商务平台有亚马逊、eBay、美客多、全球速卖通等。

二、国内主流的电子商务创业平台

（一）京东商城

京东商城是综合网络零售商，是我国电子商务领域颇受消费者欢迎且具有影响力的电子商务网站之一，在线销售家电、数码通信、计算机、家居百货、服装服饰、母婴、图书、食品、在线旅游等数万个品牌的百万种优质商品。京东在2012年的中国自营B2C市场上占据49%的份额，凭借全供应链持续扩大在中国电子商务市场上的优势。京东已经建立华北、华东、华南、西南、华中、东北六大物流中心，同时在全国超过360座城市建立核心城市配送站。京东的用户以25~35岁的青年为主，而计算机、通信和消费类电子产品的主流消费人群正是他们。京东商城利用网络展示及销售产品，主要依靠销售商品实现盈利。通过自营和第三方商家的方式销售商品，从中获得销售佣金和利润，利润来自销售价格与产品成本之间的差额。这类销售盈利模式的核心竞争力表现在利用网络为企业尽可能地降低销售成本、库存成本、采购成本和管理成本，从而得到更大的盈利空间。京东商城通过自有的物流体系和仓储系统，提供快速、准确的配送服务，提高了用户的购物体验，从而增加了销售额。

那么，作为电子商务创业者，如何入驻京东商城开设企业店铺呢？首先需要进入京东官网免费注册，并填写相关信息，如企业名称、营业执照号码等；然后完善店铺的信息，如店铺logo、店铺描述、经营类目等；上传商品信息，如价格、图片、商品描述等；最后需要提交申请，京东商城会对提交的信息进行审核，审核通过后，店铺就可以正式运营了。

（二）抖音

抖音是由字节跳动孵化的一款音乐创意短视频社交软件。该软件于 2016 年 9 月 20 日上线，是一个面向全年龄段人群的短视频社区平台，用户可以通过这款软件选择歌曲、拍摄音乐作品，生成自己的作品，商家或个人可以通过发布高质量视频增加人气。在抖音上发布视频只需要符合抖音平台的审核规则，对进入门槛没有要求。如果要利用视频变现或进一步创业，可以以小黄车的形式代售产品，赚取佣金或差价，也可以在视频中挂小程序，通过视频内容吸引观众点击小程序，依据点击量及用户的停留时间赚取广告费。这些变现方式有一定的准入门槛，如抖音挂小黄车的条件是实名认证、发布作品大于或等于 10 个、粉丝数大于 1000。才艺直播的主要收入来自于观众打赏，但总体来说，抖音上最常见的创业方式仍是直播带货，不同于传统电子商务，直播带货给用户展示的不只是单调的商品图片及介绍，而是由主播对商品展开更清晰、更生动的介绍。

（三）美团

美团以"零售+科技"的战略践行"帮大家吃得更好，生活更好"的公司使命。自 2010 年 3 月成立以来，美团持续推动服务零售和商品零售在需求侧和供给侧的数字化升级，和广大合作伙伴一起努力为消费者提供高品质服务。美团的宗旨是：为消费者找到最值得信赖的商家，同时让消费者享受到超低折扣的优质服务。美团自成立以来推出了一系列产品和服务，消费者最为熟悉的就是它的团购功能。涵盖餐厅、酒吧、KTV、SPA（水疗）、美发店等的商家可以入驻美团，推出特定的物美价廉的产品或服务作为团购项目，利用平台流量大的优势吸引消费者线上下单、线下消费，从而提高商家的知名度和成交额。除此之外，更适合电子商务创业的还有美团优选服务，这是当下比较流行的社区团购功能。创业者可以申请成为美团优选的"团长"，"团长"可以自己创建社群形成订单，平台用户也会通过美团 App 自主下单，美团会安排物流完成上门对接、清点、分拣、配送到店，用户到店自取，产品售后问题由美团负责，"团长"只需要做好产品宣传，即可挣取佣金。另外，适合创业者的模式还有美团推出的"美团闪购"，也称为"线上集合店"，这种方式类似于天猫、京东等传统的新零售平台，商家可以将线下商店搬到线上，利用美团自有的天然流量池吸引用户，形成购买，"美团闪购"平台的骑手负责配送到家，这符合当下年轻人快节奏的消费模式，可帮助创业者轻松实现电子商务创业。

（四）小红书

小红书是一个分享生活方式和消费决策的入口与平台，在小红书社区，用户通过文字、图片、视频笔记的分享，记录了这个时代年轻人的正能量和美好生活，通过大数据和人工智能，将社区中的内容精准匹配给对它感兴趣的用户，从而提升用户体验。小红书旗下设有电子商务业务，其独特性在于口碑营销和结构化数据下的选品。小红书有一个真实用户口碑分享的社区，整个社区就是一个巨大的用户口碑库。用户的浏览、点赞和收藏等行为会产生大量底层数据。通过这些数据，小红书可以精准地分析出用户的需求，保证采购的商品是深受用户推崇的。

小红书作为电子商务创业平台，有其独特的运营技巧。创业者若选择这个平台创业，首先要了解小红书的用户群体。小红书的用户主要是年轻、时尚和注重生活品质的人群，因此在选品上要选择高质量、独特的商品，满足用户的需求，符合用户的品位。无论是时尚服饰、美妆护肤，还是生活家居，都要注重产品的品质和品牌的口碑。其次，小红书注重内容创作，发布高质量、有趣的内容非常重要。通过分享产品使用心得、搭配技巧、购物攻略等，可为用户提供有价值的信息和建议。同时，要结合图片和视频提升内容的吸引力和可分享性，提高用户的互动性和转化率。最后，要积极参与社区互动。小红书是一个充满社区氛围的平台，商家要积极参与社区话题和活动，与用户建立起紧密的联系，可通过回复用户的留言和评论、提供专业的购买建议、展示自身的专业能力和对用户的关注，赢得用户的信任和忠诚。有了强大的用户基础，无论是在小红书上开店、带货变现、承接广告，还是开通专栏知识收费等，都可以实现创业梦想。

（五）全球速卖通

全球速卖通是阿里巴巴面向国际市场打造的跨境电子商务平台，被广大卖家称为"国际版淘宝"。全球速卖通面向海外买家客户，通过支付宝国际账户进行担保交易，并使用国际物流渠道运输发货，是全球第三大英文在线购物网站。全球速卖通于2010年正式创立，是我国最大的跨境零售电子商务平台，目前已经开通了18个语种的站点，覆盖全球200多个国家和地区，覆盖3C（计算机、通信和消费电子产品）、服装、家居、饰品等共30个一级行业类目，其中优势行业主要有服装服饰、手机通信、鞋包、美容健康、珠宝手表、消费电子、计算机网络、家居、汽车摩托车配件、灯具等。作为商家入驻全球速卖通平台，开展跨境电子商务业务，首先需要注册全球速卖通账号，需要准备的信息有邮箱地址、手机号码、公司名称、公司地址，以及身份证或护照号码。在注册完成后，商家需要设置店铺信息，如店铺名称、店铺描述、店铺图标、店铺背景图片及公司介绍等。接下来就是添加产品，包括添加产品的名称、描述、价格、图片等。然后是设置运费和发货方式，运费需要根据国家和地区政策进行设置，旨在满足客户的需求。最后要优化店铺和产品，提高店铺和产品的搜索排名。

案例

路磊多电子商务平台创业故事

本章概要

本章从了解创业入手，逐一介绍了电子商务创业的概念、优势与劣势，解读了近年来我国电子商务创业的利好政策；然后重点介绍了电子商务创业管理的特征，并从研究客体、研究出发点、内容体系及管理方式方法上讨论了电子商务创业管理与传统企业管理的不同点，讲解了电子商务创业过程的四个阶段；最后对当下电子商务平台的主要类型及其代表性平台进行了介绍，对创业者具有一定的启发和借鉴意义。

思 考 练 习

1. 创业有哪些类型？假设你是创业者，你会选择哪种类型？
2. 电子商务创业具备哪些特征？由哪些阶段构成？
3. 如果你选择电子商务创业，你会选择哪个电子商务平台？为什么？

第二章　电子商务市场分析

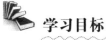

学习目标

- 理解电子商务市场的概念和特征；
- 了解电子商务市场的规模、发展趋势等；
- 掌握电子商务市场环境分析的内容，用户画像分析的方法与流程等；
- 理解市场痛点的定义、特征及其重要性。

 能力目标

- 能够收集和分析有关电子商务市场的数据和信息，运用市场调研方法开展数据分析，形成有关电子商务市场的具体研究报告；
- 能够阅读和分析相关研究和案例，结合实际情况，理解用户画像分析的流程；
- 能够完成逻辑思考和有效沟通，并将对电子商务市场的分析和见解准确、清晰地表达出来。

 导入案例

大音希声，大象无形——跨境电子商务"希音（SHEIN）"掘金全球市场

任务一　国内电子商务市场调研

任务引入

党的二十大报告指出："推动货物贸易优化升级，创新服务贸易发展机制，发展数字贸易，加快建设贸易强国。"随着互联网和移动技术的快速发展，我国电子商务市场成为全球最大的电子商务市场之一。

作为电子商务专业的学生，了解国内电子商务市场的情况对未来的职业发展至关重要。

通过本任务，学生可深入研究我国电子商务市场，了解市场现状和趋势，为将来的创业决策提供有价值的信息。

任务目标

1. 了解我国电子商务市场的背景和现状。
2. 掌握市场数据收集和分析，找到市场痛点和商机。

任务要求

1. 市场背景调研：收集和分析我国电子商务市场的背景数据，包括市场规模、增长趋势、主要行业细分等；查找相关行业分析报告、市场研究数据和新闻报道，了解我国电子商务市场的现状和未来发展趋势。
2. 目标市场调研：对电子商务创业的目标市场进行详细调研，包括对市场的识别和确定；对消费者购买习惯和品牌偏好的调研；对市场痛点的识别；对现有产品和服务的分析；对市场风险的评估；营销和推广策略的选择等。
3. 竞争对手分析：在你所选电子商务市场中选择几个具有代表性的竞争对手，分析竞争对手的产品定位、市场策略、服务特点等，同时评估它们的优势和劣势，汲取对自身创业有启发的经验。

任务分析

通过本任务，学生将通过市场调研和数据分析的方法了解我国电子商务市场的需求和痛点，并与竞争对手进行比较和分析，有助于其更好地把握市场机会，提出创新的商业解决方案。学生通过开展市场背景调研、目标市场调研和分析竞争对手，可整合和分析所得数据，提取有价值的信息，既能提升数据调研和分析能力，又能加强对电子商务市场的洞察力。

第一节　电子商务市场概述

一、电子商务市场的概念与特征

（一）电子商务市场的概念

电子商务市场是指在互联网和信息技术的支持下，通过网络平台从事商业活动和交易的市场。它基于互联网和信息技术的商业模式，通过在线购物、在线支付、物流配送等手段，实现商品和服务的销售、交易和传输。电子商务市场是一个虚拟的商业空间，它突破了地域限制，消除了传统实体店面的局限性，为创业者提供了更广阔的发展空间。创业者可以通过电子商务平台，如电子商务网站、移动应用程序等，建立自己的在线店铺，向全球范围的潜在客户展示和销售自己的产品或服务，通过充分发挥互联网的便利性和创新性，实现创业梦想并获得商业成功。

在电子商务市场中，创业者需要关注和应对各种挑战，如市场竞争、供应链管理、物流配送、在线支付安全等。同时，他们也得益于电子商务带来的机遇，如无界限的市场覆盖、直接与消费者互动、更低的运营成本和更高的销售效率等。

（二）电子商务市场的特征

1. 无地域限制

电子商务市场不受地域限制，可以消除不同地域间的商业壁垒，让创业者通过互联网与全球范围的潜在客户交流和交易。

2. 低成本、高效率

相对于传统实体商业，电子商务市场的运营成本较低，企业无须租赁实体店面，大幅度节省了设施设备和人员的开支。同时，电子商务创业者可以利用信息技术提高销售效率和客户服务水平。

3. 经营模式多样化

电子商务市场可以支持多样化经营模式，如B2C（企业对消费者）、C2C（消费者对消费者）、B2B（企业对企业）等，创业者可以根据自身定位和市场需求选择适合的经营模式。

4. 数据驱动和精准营销

在电子商务市场中，创业者可以借助数据分析和人工智能技术收集大量的用户行为数据和消费习惯，开展精准的市场定位和个性化营销活动，从而提高销售转化率和客户满意度。

5. 创新和快速迭代

电子商务市场处于不断发展和变革中，新的技术和业务模式不断涌现，创业者需要保持创新思维并快速适应，不断优化和迭代自己的产品与服务，以保持竞争力和持续增长。

二、全球电子商务市场的发展现状及前景展望

随着信息技术的发展，零售业是最早被互联网兴起所颠覆的行业之一，为防控新冠疫情而采取的封锁、隔离和关店措施使电子商务行业获得了快速发展的机会。2022年，全球零售电子商务销售额约为5.7万亿美元，预计这一数字在未来几年将持续增长，到2026年将达到约8.1万亿美元。

（一）全球电子商务市场概况[①]

1. 市场规模

近年来，由于信息技术和互联网经济发展迅猛，线上购物越来越受欢迎，此前新冠疫情的蔓延、线下实体店铺关闭和人们对在线消费需求的增加，促使越来越多的企业、品牌和新零售平台进入电子商务市场，全球电子商务市场规模持续扩大。全球零售电子商务市

---

① 全球电商市场发展现状及前景展望[EB/OL]．（2023-06-25）[2024-04-07]．https://finance.sina.com.cn/wm/2023-06-25/doc-imyynzyn6956836.shtml.

场规模在 2014—2022 年增长了三倍多。2021 年，全球零售电子商务销售额约为 5.2 万亿美元，如图 2-1 所示。eMarketer 预计这一数字在未来几年将增长 56%，到 2026 年将达到约 8.1 万亿美元。

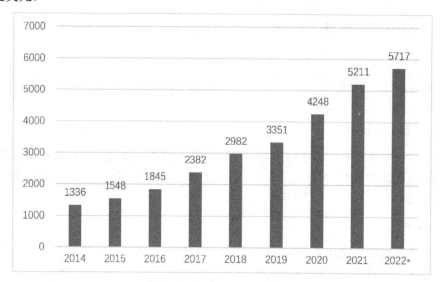

图 2-1　2014—2022 年全球零售电子商务销售额（单位：10 亿美元）

过去十几年，全球互联网用户数量快速增长，叠加新冠疫情期间流动限制和店铺关闭的影响，推动更多消费者转向了线上购物，也促使以前没有大规模开展在线业务的卖家进行线上扩张。全球零售电子商务市场增长率在 2020 年达到 25.70%，2021 年回落至 17.10%，2022 年后增速趋缓，但依旧保持增长态势，如图 2-2 所示。

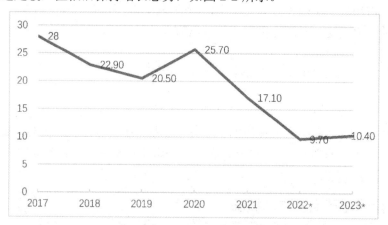

图 2-2　2017—2023 年全球零售电子商务销售额年度增长率（单位：%）

2. 市场特征

（1）电子商务占零售总额比重逐年增加。零售是几乎被互联网颠覆的行业之一，线上销售在零售业中发挥着越来越重要的作用。2020 年新冠疫情导致线下消费受到严重影响，而线上消费在一定程度上推动了电子商务行业快速发展，电子商务在零售总额中的占比快速增加至 17.80%，之后增长较为平缓；2022 年，这一占比接近 20%，如图 2-3 所示。eMarketer 预测，到 2026 年，这一占比将接近 25%。

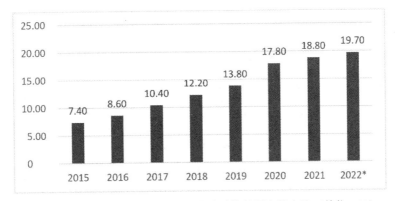

图 2-3　2015—2022 年电子商务在全球零售总额中的占比（单位：%）

（2）亚洲电子商务销售额遥遥领先。2022 年，全球电子商务市场以亚洲为中心，其中，中国、日本、韩国、印度和印度尼西亚分列第一位、第三位、第六位、第七位、第九位。据 Statista 数字市场数据显示，2022 年，我国电子商务市场产生约 15 350 亿美元的收入。美国在全球排名第二，规模约为 8750 亿美元；其次是日本，约为 2410 亿美元，如图 2-4 所示。

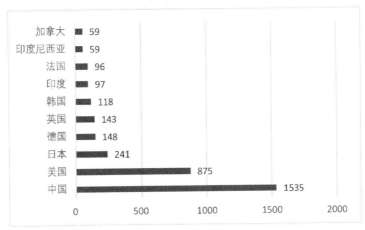

图 2-4　2022 年电子商务领域全球前十大国家的销售额（单位：10 亿美元）

（3）亚洲市场增速领先。eMarketer 报告显示，2022 年，在全球电子商务市场中，亚洲、美洲和澳大利亚的电子商务市场增长最为显著，零售电子商务增长最快的四个国家都在亚洲。从具体国别看，新加坡和印度尼西亚出现最高的增速，在线销售额分别增长 36% 和 34%。在此前的新冠疫情期间，拉丁美洲的数字经济蓬勃发展，电子商务在该地区各个经济体中呈现了前所未有的增长。其中，阿根廷线上零售市场增长 25.30%，增速高于美洲其他国家，如图 2-5 所示。

3. 市场表现

我国是最受欢迎的线上跨境购物市场之一。根据 Dynata 对全球范围内 39 个国家的跨境购物者的调查，我国是最受欢迎的线上跨境购物市场，30% 的受访者表示他们通过我国电子商务平台购物。德国以 14% 的得票率位居第二，其次是英国和美国，均为 10%，如图 2-6 所示。

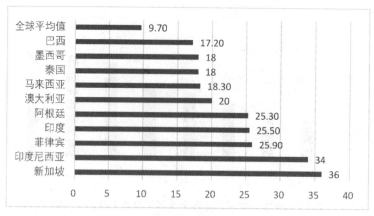

图 2-5　2022 年零售电子商务增长率领先的国家（单位：%）

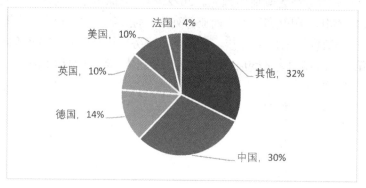

图 2-6　2022 年全球跨境在线购买领先市场（基于对跨境购物者的调查）

电子商务市场规模的主要贡献者是排名靠前的平台。世界领先的电子商务销售平台（以销售额计）为阿里巴巴、亚马逊、京东、拼多多、Apple、eBay、三星、小米、Coupang、沃尔玛等。截至 2022 年，阿里巴巴是全球最大的电子商务零售商，年在线销售额估计为 7800 亿美元。亚马逊是第二大电子商务零售商，拥有约 6900 亿美元的在线销售额。

然而，据 Edge by Ascential 预测，到 2027 年，亚马逊将超过阿里巴巴，预计年在线销售额将超过 1.2 万亿美元。Dynata 调查数据显示，超过四分之一的跨境购物者通过亚马逊进行购物，使用阿里巴巴/全球速卖通的购物人数位居第二（约占 17%），如图 2-7 所示。

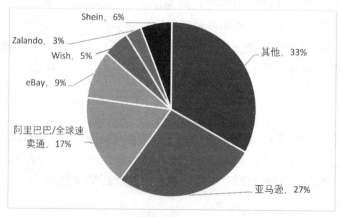

图 2-7　2022 年全球购物者使用的跨境购物平台

2022年，我国线上销售额占我国零售额的近一半，成为世界上渗透率最高的电子商务市场。英国排名第二，线上零售比例为36.30%，其次是韩国（32.20%）和丹麦（20.20%），如图2-8所示。

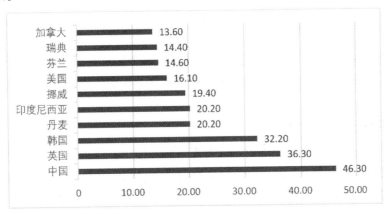

图2-8　2022年线上零售额占比最高的国家（单位：%）

（二）全球电子商务市场发展面临的挑战

1. 海外多国陆续加强电子商务税收征管

近年来，海外多国政府纷纷出台税收政策，加强对跨境电子商务的税收管理。欧洲各国自2016年开始纷纷发起"税务合规化"行动，从2021年7月1日起，欧盟增值税改革正式实施，明确电子商务平台增值税纳税义务。美国最高法院于2018年6月通过法案，规定各州政府有权对电子商务的跨州销售征收消费税，全美已有45个州全面征收电子商务税，其余5个州也正在进行新税法的协商和落地。巴西政府为保护本国的工业生产，升级了对国外进口货物的征税贸易保护政策。2019年4月，日本改变了对跨境电子商务进口商品的征税方式，取消了3000日元以下商品免税的政策，并提高了进口免税额度。自2019年7月起，韩国实施新的跨境电子商务进口税收政策，对于跨境电子商务进口商品实行普遍税率10%的消费税。马来西亚从2023年4月1日起对该国网上销售的低价值商品（low value goods，LVG）征收10%的销售税。2023年2月，印度尼西亚财政部税务总局计划指定电子商务平台、市场为"税务员"，如果此法规通过，在Shopee、Lazada、Tokopedia等平台上开展业务的卖家将被征税。

2. 竞争激烈导致跨境电子商务卖家盈利能力下降

电子商务行业竞争的进一步加剧导致跨境电子商务卖家盈利能力下降。Feedvisor和Zogby在2022年的一项调查显示，亚马逊电子商务卖家在美国面临的最大挑战是竞争日趋激烈，三分之二的亚马逊商家担心与其他卖家相比竞争力下降，而67%的商家认为亚马逊的自有品牌和独家产品阻碍他们在热门细分市场上的商业活动。另外，我国出口跨境电子商务存在商品同质化程度偏高的现象，出口商品主要以服装、鞋类等初加工产品为主，高附加值产品占比较低且存在跨境电子商务物流成本趋高、跨境支付存在风险等问题，导致企业盈利能力呈下降趋势。根据雨果跨境针对800多名我国亚马逊卖家的一项调查，约55%的受访者表示与2021年相比，2022年的利润有所下降；约34%的受访者认为利润得到增长。

3. 消费者信心和消费能力不足

新冠疫情带来的"疤痕效应"、通货膨胀及对未来的不确定性的担忧,使消费者的购买力和消费信心逐渐减弱。在过去五年中,可支配收入成为决定电子商务行业需求的一个越来越重要的因素。但随着经济不确定性的增加和失业率达到历史高位,一些消费者正在推迟非必需品的购买。此外,俄乌冲突可能产生长期、严重的后果。尽管俄罗斯和乌克兰贸易仅占全球贸易的2%左右,但两国仍是一些矿产和农产品的主要供应方,因此,俄乌冲突将引发额外的供应链压力,由此消费者预算将受到食品和燃料价格上涨的挤压,侵占其他消费支出的份额。

4. 商家面临多重欺诈风险

跨境电子商务促进了世界经济贸易的普惠共赢,带动了流通基础设施现代化建设,推动了生产和流通的深度融合。但同时,商家也面临多重欺诈风险。Qualtrics 的调研结果显示,2022年墨西哥约四分之一的电子商务公司遭遇了友好欺诈。在德国,近三分之一的商家报告称这类欺诈行为激增,而一半的商家则发现促销滥用的行为有所增加。加拿大和澳大利亚是商家报告遭遇在线支付欺诈最多的国家,约70%的受访者表示受到过此类欺诈,如表2-1所示。

表2-1 2022年全球线上零售商报告的主要欺诈类型增加情况(按国家,单位:%)

	在线支付欺诈	退货/退款滥用	促销滥用	账户接管	友好欺诈
加拿大	71	69	59	67	56
澳大利亚	70	66	63	59	58
英国和爱尔兰	65	68	55	48	38
德国	61	54	50	48	32
美国	59	57	55	48	40
意大利	56	49	46	54	39
法国	55	57	43	48	46
西班牙	54	59	54	54	33
巴西	54	44	43	54	34
墨西哥	44	44	44	38	24

数据来源:全球电商市场发展现状及前景展望[EB/OL].(2023-06-25)[2024-04-07]. https://finance.sina.com.cn/wm/2023-06-25/doc-imyynzyn6956836.shtml.

(三)全球电子商务市场的前景展望

1. 全球跨境电子商务市场规模将继续稳步增长

消费者对海外商品的需求一直不均衡,主要由供应链挑战和通货膨胀等与国内产品供应有关的因素驱动,而跨境购买本身仍具有持久性,预计未来几年将有越来越多的消费者通过跨境电子商务方式购买商品。Statista 统计显示,2023年零售电子商务总收入达6.3万亿美元,其中亚洲的零售电子商务总收入超过2万亿美元,是各区域市场中最高的;第二高的地区是美洲,约为1.1万亿美元;非洲的电子商务收入规模仍将是全球最小的,约为440亿美元。作为全球最大的电子商务市场,我国跨境电子商务的动能依然十足。随着《区域全面经济伙伴关系协定》(Regional Comprehensive Economic Partnership,RCEP)生效落地,跨境电子商务出海便利度逐渐提高,进而推动东南亚跨境电子商务经济快速发展。

2. 本土市场参与者推动电子商务市场规模快速增长

尽管在线零售巨头阿里巴巴和亚马逊在全球在线购物市场上占据主导地位,但在许多增长迅速的电子商务市场中,它们并不是最大的平台。就每月网站流量而言,新加坡电子零售商 Shopee 是新加坡当地领先的电子商务网站。在阿根廷,Mercado Libre 的流量几乎是与其最接近的竞争对手亚马逊的十倍。由于非洲市场基础设施不足、政治不稳定、网络安全风险高,导致渗透非洲电子商务市场的成本高昂,亚马逊和阿里巴巴等电子商务巨头在非洲大陆的影响力仍然较弱。因此,本土市场参与者有望发挥"后发优势",推动当地电子商务市场快速增长。

3. 新兴市场发展潜力大

新兴市场虽然起步晚,但是潜在客户数量正在增加,发展潜力巨大。Statista 预测,2023—2027 年,巴西的零售电子商务销售额增速将在全球 20 个国家中排名第一,年复合增长率可达 14.63%,如图 2-9 所示。阿根廷和土耳其也在全球增长最快的电子商务市场之列,复合年增长率均超过 14%。同期,全球零售电子商务的复合年增长率估计为 11.34%。

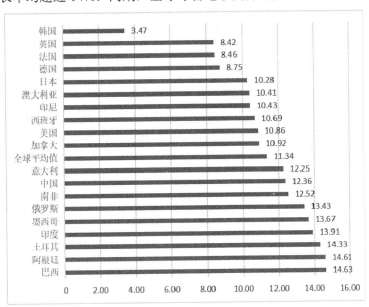

图 2-9　2023—2027 年各国零售电子商务销售额复合年增长率(单位:%)

三、我国电子商务市场概况

我国电子商务市场是全球最大的电子商务市场之一,拥有巨大的规模和不断增长的潜力。下面介绍我国电子商务市场的规模、发展趋势等。

(一)市场规模与增长

商务部电子商务和信息化司发布的《中国电子商务报告(2022)》显示,2022 年全国电子商务交易额达 43.83 万亿元,同比增长 3.5%。全国网上零售额达 13.79 万亿元,同比增长 4.0%；农村网络零售额达 2.17 万亿元，同比增长 3.6%；跨境电子商务进出口总额达 2.11 万亿元，同比增长 9.8%，占进出口总额的 5.0%。此外，电子商务服务业营业收入规模达 6.79 万亿元，同比增长 6.1%；电子商务从业人数达 6937.18 万人，同比增长 3.11%。

该报告指出，2022 年我国电子商务主要呈现出七大特点：第一，电子商务模式与业态迭代更新；第二，电子商务助力消费复苏和防疫保供；第三，电子商务与传统产业深度融合；第四，农村电商促进乡村振兴成效显著；第五，电子商务集群化发展效能不断提升；第六，电子商务国际化步伐稳步推进；第七，法规标准和治理体系持续完善。

我国电子商务市场的增长主要归功于多个因素。首先，我国庞大的互联网用户基数和不断提升的智能手机普及率为电子商务提供了庞大的消费群体和便捷的购物渠道。其次，电子商务技术的不断创新和进步，如移动支付、物流配送的快速发展，为消费者提供了更好的购物体验。此外，政府的支持和鼓励，包括电子商务法规的出台和促进农村电子商务发展等政策，也对电子商务市场的蓬勃发展起到了积极的推动作用。

（二）市场发展趋势

我国电子商务市场主要由几个重要的电子商务平台主导，如阿里巴巴集团旗下的天猫、淘宝，京东，拼多多，等等。这些电子商务平台不仅提供可靠的商品供应和便捷的支付物流服务，还注重构建良好的消费者体验和信任机制，从而赢得了广大消费者的认可和信赖。同时，传统实体零售商也积极转型，通过建设自己的电子商务平台与线上平台进行合作，实现线上与线下融合发展。

值得注意的是，我国电子商务市场出现了新兴的社交电子商务模式，主要依托于社交媒体平台和短视频平台，社交电子商务通过社交关系网络和粉丝经济，将社交关系转化为购买行为，以用户生成内容和社交分享为核心，为消费者提供个性化购物体验。

未来我国电子商务市场发展将呈现以下发展趋势。

1. 电子商务为扩内需、拓消费提供新动能

新一轮信息技术革命催生的电子商务创新发展是过去十年支撑和推动我国消费市场成长壮大的重要动力，也是未来一段时期扩大消费的重要抓手。电子商务既对传统线下消费产生一定替代（替代效应），也在不断创造和满足全新的消费需求（新增效应），激发电子商务创新动能的关键是放大新增效应。未来，应进一步建设和完善物流、信息、金融基础设施，拓展线上消费的市场边界，降低商品流通成本，促进供需高效匹配，提升消费支付便利性，有效放大线上消费的促进作用；鼓励和促进电子商务创新发展，培育直播电商、短视频电商、社交电商、内容电商等新业态新模式，打造即时零售、无人零售等新消费场景，拓展新国货品牌、智能消费、绿色消费等新型消费热点，开辟低线城市和农村等新市场空间，持续放大电子商务的新增效应，为扩大内需和促进消费注入更强劲和更持久的动能。

2. 电子商务赋能传统产业创新引领发展

电子商务作为平台经济发展的重点领域，不仅连接了生产者与消费者，同时通过重构产业链与价值链等方式创造新的价值。电子商务平台凭借自身技术优势，正在从消费端快速向生产端、供给端推进，以数字化转型为导向形成供求高效匹配的新机制和培育产业发展新动能。电子商务平台通过数据要素的深入挖掘和算法推荐技术的合理应用，可帮助企

业及时捕捉消费新需求，赋能企业创造新产品、新服务、新场景。要大力推广应用柔性化、智能化生产模式，弥补质量短板，突破标准瓶颈，融入国潮元素，提升产能灵活转换和快速响应能力，以高质量供给满足和创造新需求，推动形成供需互促、产销并进的良性循环。

随着电子商务平台数字技术能力的不断提升，其助力传统产业转型升级的能力也与日俱增，将在赋能制造业转型升级、推动农业数字化转型、促进服务业线上线下融合转型及扩大内需等方面创造更大价值。未来，随着平台经济在数字技术上不断增加投入，以及系统化、长期稳定、常态化平台经济综合监管生态的形成和完善，平台经济将加快构建以数实融合为抓手的更高水平供求匹配新机制，在促进经济高质量发展中发挥更重要的作用，更多中国电子商务平台企业也将成为创新引领实体经济发展的重要力量。

3. 电子商务助力创造就业改善民生

电子商务催生了多样化就业领域和职业类型，创造了一批新的职业形态，丰富了劳动者的职业选择。近年来，以电商主播、外卖骑手、快递员、网约车司机等为代表的新就业形态劳动者数量激增，电子商务在一定程度上成为就业的稳定器和蓄水池。随着数字经济与实体经济深度融合，产业数字化步伐加快，电子商务相关职业将更好发挥就业容量大、种类多样、层次丰富、进出灵活等优势，成为吸纳青年等重点群体创业就业的主阵地、提升居民劳动收入的新渠道，助力创造就业和改善民生。

《中华人民共和国职业分类大典（2022版）》首次标识97个数字职业，并将"电子商务服务人员"提升为职业小类，在此基础上，电子商务职业体系将逐步完善，高度专业化和细分化新职业不断涌现，相关职业标准、技能培训和能力认定服务跟进，促进更多劳动者在电子商务领域实现就业。电子商务相关新职业将进一步激发劳动者的积极性、主动性和创造性，推动劳动者学习新知识、掌握新技能、增长新本领，电子商务平台企业也将更好地发挥吸纳和拓宽灵活就业渠道的先行者作用。

有关部门将从增强群体发展的可持续性、改革现有劳动力市场制度安排，以及强化权益保障等方面实施相关举措，完善电子商务相关职业设置，加强电子商务灵活就业人员劳动保障，优化就业公共服务，为电子商务领域高质量充分就业提供有力支持。

4. 电子商务在国际合作中发挥重要作用

"丝路电商"合作先行区加快创建，对标高标准国际经贸规则，不断丰富"丝路电商"合作内涵，推动电子商务企业"走出去"和海外优质产品"引进来"，打造"一带一路"电子商务大市场。我国在推动全球数字经济发展与治理方面扮演着重要角色，为电子商务企业参与国际竞争与合作提供了更为广阔的发展空间。世界贸易组织第12届部长级会议期间，成员部长达成《关于〈电子商务工作计划〉的部长决定》，同意将电子传输临时免征关税的做法延续至下一届部长级会议。这一决定有利于降低贸易成本，并为中小企业提供了更多机会。我国积极推进并参与的《区域全面经济伙伴关系协定》于2022年生效实施，成立全球人口最多、经贸规模最大、最具发展潜力的自由贸易区，为动荡的世界经济注入了更多稳定性和确定性。我国正大力推动申请加入《数字经济伙伴关系协定》（*Digital Economy Partnership Agreement*，DEPA），积极参与数字经济国际规则制定，拓展国际经贸合作新空间。一方面，电子商务平台企业"走出去"，要引导有条件的平台企业拓展全球消费市场，向海外布局包括短视频、网络直播、网约车在内的更多数字化产品和服务，向更多国家和地区提供我国电子商务平台企业的云服务和先进技术，加速技术出海、模式出海，加快开拓海外市场。另一方面，电子商务助力实体企业"走出去"，进一步延续我国跨境电子商务良好发展态势，通过跨境电子商务赋能中国商品摆脱低价铺货模式，打造中国品牌，增强国际竞争力，推动中国制造向全球化发展，拓展参与国际贸易的空间，提升中国制造的服务增值和品牌溢价。

任务二　调研你所熟悉或关注的电子商务市场环境

任务引入

党的二十大报告指出："加快发展数字经济，促进数字经济和实体经济深度融合，打造具有国际竞争力的数字产业集群。"数字经济时代的创新创业机会之一是电子商务。数字经济时代的电子商务使全球市场变得更加紧密，创业者可以突破地域限制，通过互联网将产品或服务推向全球，全球市场的扩大为创业者提供了更多的商机和资源。

在电子商务专业的学习过程中，了解电子商务市场环境的重要性不言而喻。市场环境分析可以帮助学生深入了解电子商务创业的外部条件和竞争态势，有助于制定切实可行的创业策略。通过本任务，学生将学习和应用电子商务市场环境分析的知识，为将来的创业决策提供有价值的信息。

任务目标

1. 理解电子商务市场环境分析的重要性和应用价值。
2. 学习电子商务市场环境分析的基本概念、方法和工具。
3. 掌握电子商务市场环境分析的基本步骤和流程。

任务要求

1. 阅读相关课本和资料，了解电子商务市场环境分析的定义和重要性；分析一个电子商务创业成功的企业案例，思考其在市场环境分析方面的做法和价值。
2. 研究电子商务市场环境分析的基本概念和方法，包括 PEST 分析、SWOT 分析等；学习电子商务市场环境分析的工具和技巧，包括行业报告、市场研究数据等的获取与分析。
3. 选择一个你感兴趣的电子商务细分市场，如服装、家居、健康等；实施市场环境分析，包括宏观环境、行业竞争环境和市场需求等方面的分析；使用所学的分析方法和工具整理与归纳所获得的结果。

任务分析

通过调研，可探索所熟悉或关注的电子商务领域中的机遇与挑战，并制定有针对性的决策和战略。首先，要了解关注的电子商务市场的背景和特点。在调研过程中，要着重分析该市场的规模、增长趋势及主要参与者的情况；深入研究市场竞争格局，比较各大电子商务平台的优势和劣势，并了解消费者对不同电子商务品牌的态度和偏好。其次，要关注该市场的消费者行为和趋势。通过市场调研数据和消费者洞察，研究消费者的购物习惯、偏好和购买决策过程；关注电子商务创业公司如何利用数据分析和个性化推荐等技术手段满足消费者需求，并提高用户黏性和购买转化率。此外，还需要关注该市场的供应链和物流状况，研究电子商务创业者如何解决物流和配送问题，以确保及时和高效的商品交付；关注供应链的可持续性和透明度，以及电子商务企业如何与供应商建立合作关系，以确保产品质量和供应稳定性。最后，探讨该市场的法律法规和政策环境。具体需要研究电子商务行业所面临的监管挑战，了解相关法规对电子商务创业的影响；关注创业者需要了解的知识产权保护、消费者保护和隐私安全等方面的问题。

通过这次调研，学生可以更好地了解所关注的电子商务市场环境，获取有价值的数据并进行分析，为创业决策提供支持，进而制定适应当前市场环境的战略。

第二节 电子商务市场环境分析

电子商务市场环境分析是针对电子商务市场中的内外部因素进行评估和研究的过程。随着电子商务行业的快速发展，竞争日益激烈，市场环境日益复杂，因此了解和分析市场环境对于创业者制定战略决策、把握市场机遇及规避风险至关重要。

一、政策与法规环境

（一）电子商务行业的准入与经营

（1）《中华人民共和国电子商务法》。作为我国电子商务领域的法律框架，《中华人民共和国电子商务法》采用了全面的立法手段，明确了电子商务企业的准入条件和经营行为，规范了电子商务交易的合法性和监管要求。

（2）企业注册和登记。创业者在我国开展电子商务创业前，需按照相关规定完成企业注册、税务登记等手续。《中华人民共和国公司法》等文件规定了企业注册和登记的具体程序和要求。

（3）互联网信息服务管理。根据《互联网信息服务管理办法》等规定，电子商务平台需要进行备案注册，并承担相应的管理责任。同时，电子商务类应用程序的上线、更新等行为也需要获得相关部门的审批。

（4）跨境电子商务政策。我国政府为鼓励跨境电子商务发展，推出了一系列优惠政策。例如，《关于促进跨境电子商务健康快速发展的指导意见》等政策文件明确了跨境电子商务的注册、进出口、清关等事项。

（二）知识产权保护

（1）商标权保护。《中华人民共和国商标法》是我国商标权保护的法律基础，明确了商标的注册、使用、保护等方面的权益。此外，我国政府还加强了在线商标保护工作，通过侵权行为投诉机制，打击商标侵权行为。

（2）专利权保护。《中华人民共和国专利法》规定了专利权的获得和保护，对电子商务行业的创新予以保护。创业者可以通过获得专利权，保护其电子商务创业中的技术和设计等创新成果。

（3）著作权保护。《中华人民共和国著作权法》明确了对作品的版权保护，包括文学、音乐、美术、建筑等领域的著作。在电子商务平台创业需要尊重他人的版权，严禁未经授权使用他人作品。

（三）消费者权益保护

（1）《中华人民共和国消费者权益保护法》：这是我国保护消费者权益的基本法律，明确了消费者的权益和法律责任。电子商务平台需要遵守相关规定，保障消费者的知情权、选择权、安全权及维修保养等权益。

（2）电子合同和消费维权：《中华人民共和国电子商务法》规定了电子合同的合法性和有效性，并明确了消费者在电子商务交易中的维权途径。同时，我国政府推动了电子商务领域的互联互通和第三方电子商务维权平台的建立。

（3）不良信息和虚假宣传打击：《中华人民共和国广告法》《中华人民共和国反不正当竞争法》等文件规定了广告宣传的法律要求和技术规范，对于虚假广告、虚假促销等行为予以严厉打击，保护消费者的合法权益。

（4）数据保护和隐私权保护：《中华人民共和国网络安全法》明确了个人信息保护的原则和要求，电子商务企业需要严格遵守相关规定并保护用户的个人信息。

通过对以上政策与法规的分析可以看出，我国政府高度重视电子商务市场的规范和发展。这些政策和法规对电子商务市场的发展起到了积极的规范和推动作用，创业者应当主动了解、严格遵守相关的政策与法规，合法经营，保障消费者权益，这样才能实现可持续发展。同时，政府应继续完善和更新政策与法规，适应电子商务行业的发展需求，推动电子商务市场的持续健康发展。

二、社会文化与消费环境

随着互联网技术的快速发展，我国电子商务市场呈现出蓬勃发展的态势。在这一市场中，社会文化和消费环境是决定创业者成功的重要因素之一。

（一）社会文化环境

1. 移动互联网普及

我国是全球最大的移动互联网市场，智能手机的普及率高，人们习惯使用手机进行网购和支付。根据工信部数据，截至 2023 年年底，我国的移动互联网用户已经达到 15.17 亿。

2. 电子商务文化的形成

电子商务已经成为备受我国消费者青睐的一种生活方式，消费者对于方便、快捷、物美价廉的购物方式有着强烈的需求。根据《中国电子商务报告（2022）》，2022 年我国网络零售交易额达到了 13.79 万亿元，其中 B2C（商家直销）模式占比最大。这种电子商务文化的形成推动了电子商务创业的发展。

3. 社交媒体的影响力

近年来，社交媒体在我国特别流行，如微信、微博等已成为电子商务创业者宣传品牌、吸引粉丝等的重要渠道。根据腾讯发布的 2023 年第二季度财务报告，截至 2023 年 6 月 30 日，微信及 WeChat 的合并活跃账户数已达到 13.27 亿，这样的社交媒体影响力可以帮助电子商务创业者扩大品牌知名度，与消费者建立更亲密的关系。

4. 数字支付的普及

数字支付在我国快速普及，如支付宝、微信支付等，便于用户在线上消费的同时完成支付，提升了购物的便捷性和体验。根据中国互联网络信息中心的数据，截至 2022 年 6 月，我国移动支付用户规模已经超过 11.8 亿人，总交易额超过 600 万亿元。

（二）消费环境

1. 巨大的消费人群

我国拥有庞大的人口数量，其中中产阶级的消费能力不断提高，年轻人对品牌和新潮物品的需求也日益增长，这推动了电子商务市场的迅猛发展。根据国家统计局的数据，2021 年我国城乡居民消费支出达到了 45.8 万亿元。

2. 市场消费需求多样化

我国消费者的需求趋向多元化、个性化，对产品或服务的质量和消费体验的要求也越来越高，这种多样化消费需求为电子商务创业者的产品创新和特色服务提供了广阔的空间。根据麦肯锡咨询公司的数据，2021 年，我国电子商务市场销售额中至少有 80% 来自特色产品和小众商品。

3. 品牌消费意识的崛起

随着经济发展和社会进步，我国消费者对品牌的重视程度日益提升，更加注重产品的品质、品牌的信誉和服务的价值。根据国家知识产权局的数据，2021 年我国品牌价值增长率为 11.2%，品牌价值的提升带动了品牌消费的增长。

4. 跨境电子商务的兴起

我国消费者对海外商品的需求不断增长，跨境电子商务成为一个重要的市场。政府推出的跨境电子商务相关政策和便利的海外购物渠道，为电子商务创业者提供了更多的机遇与更大的市场空间。根据国家统计局的数据，2021 年我国跨境电子商务进出口交易额达到了 12.5 万亿元人民币。

5. 消费者权益保护意识的提高

随着《中华人民共和国消费者权益保护法》的修订，消费者的权益保护意识不断提高，更加关注商品质量、退换货政策、售后服务等方面的问题，电子商务创业者必须思考如何提供优质的产品和服务，从而保障消费者的权益。根据中国互联网络信息中心的数据，2021 年我国网络购物投诉量达到 139.4 万件，其中商品质量问题和配送问题是最常见的投诉点。

三、技术与创新环境

互联网的快速发展和 IT 技术的进步不仅为电子商务创业者提供了更为便捷的平台和工具，还推动了创新的涌现和市场的不断壮大。

（一）技术环境

1. 互联网普及率的提高

随着移动互联网的普及，我国已成为世界上最大的互联网市场之一。根据中国互联网络信息中心（CNNIC）的数据，截至 2023 年 6 月，我国的互联网用户已达到 10.79 亿人，较 2022 年 12 月新增 2480 万人，互联网普及率达 77.5%，这极大地推动了电子商务市场的发展。

2. 移动互联网的快速发展

移动互联网的普及加速了电子商务的发展。根据 CNNIC 的数据，截至 2023 年 6 月，三家基础电信企业发展蜂窝物联网终端用户 21.23 亿户，较 2022 年 12 月净增 2.79 亿户。移动设备的普及使得消费者能够随时随地购物，推动了电子商务市场的爆发式增长。

3. 大数据和人工智能的应用

应用大数据和人工智能技术对海量的用户数据进行分析，电子商务创业者可以了解消费者的喜好、购买行为和偏好，从而制定更有针对性的市场营销策略，实现精准营销。根据国家互联网信息办公室的数据，2022 年我国大数据市场规模已达到 1.57 万亿元，同比增长 18%，成为推动数字经济发展的重要力量。

4. 无人零售技术的兴起

无人零售技术（如无人货架、自助收银等）在我国电子商务市场中迅速发展。这种技术提供了更快捷、便利的购物体验，减少了人力成本，为创业者节省了经营费用。根据华经产业研究院数据，2022 年我国无人零售市场规模增至 299 亿元。

（二）创新环境

1. 创新型企业的崛起

随着我国创新创业政策的出台和支持力度的增大，越来越多的创新型企业涌现出来，这些企业在技术、产品和商业模式上具有独特的竞争优势，推动了电子商务市场的创新和升级。根据国家统计局的数据，2021 年我国高技术产业增加值占 GDP 比重为 13.3%，创新创业环境不断优化。

2. 供应链的创新

供应链在电子商务行业中占据着重要的地位，供应链创新提高了产品的交付速度和服务质量。通过引入新的技术和管理模式，如物流追踪系统、智能仓储和配送等，电子商务创业者能够提供更加高效和可靠的供应链服务。根据国家邮政局数据，2021 年全年邮政行业业务总量完成 13 698.3 亿元，同比增长 25.1%。

3. 新兴技术的应用

新兴技术的应用为电子商务创新带来了更广阔的空间。如物联网技术、区块链技术、虚拟现实（VR）和增强现实（AR）技术等，为电子商务行业创造了更多的商机和创新模式。根据中国信息通信研究院的数据，2021 年，我国物联网产业规模约达到了 2.63 万亿元。

4. 金融科技的支持

金融科技的快速发展为电子商务创业者提供了更加便捷、灵活的财务支持。如移动支付、P2P（个人对个人）借贷、供应链金融等金融科技工具，解决了传统金融机构的限制和烦琐，为电子商务创业者提供了更加便捷、灵活的资金管理和支付方式。根据中国银行业协会的数据，2021 年，我国移动支付交易规模超过了 600 万亿元人民币。

综上所述，技术创新在我国电子商务市场中发挥着重要的作用。互联网普及率的提高、移动互联网的快速发展、大数据和人工智能的应用、无人零售技术的兴起等为创业者提供了更为便捷和高效的平台与工具。同时，创新型企业的崛起、供应链的创新、新兴技术的应用和金融科技的支持也推动了电子商务创新环境的进一步优化和发展。这些技术与创新的助力将继续推动我国电子商务市场的蓬勃发展。

四、竞争格局

1. 综合电子商务平台

综合电子商务平台包括阿里巴巴、京东、苏宁易购等传统电子商务企业。这些电子商务平台覆盖广泛的商品类别，交易规模巨大，是我国电子商务发展的主力军和龙头。其中阿里巴巴长期占据领先地位，京东和苏宁易购互有竞争。

2. 垂直电子商务平台

垂直电子商务平台是指针对特定消费群体或商品领域的专业电子商务平台，如考拉海购、唯品会等母婴电子商务平台，蘑菇街等面向年轻女性的服饰电子商务平台，国美在线等家电电子商务平台，等等。这些垂直电子商务平台在各自领域占有一定的市场份额。

3. 新兴电子商务平台

新兴电子商务平台主要是指抖音、快手、西瓜视频等短视频和直播平台开展的电子商务业务。近两年，这类电子商务平台凭借其强大的用户基础和流量入口发展迅猛，交易规模增速极快，已成为电子商务新星。

4. 本地生活电子商务平台

本地生活电子商务平台以京东到家和饿了么为代表，通过在线配送实现本地零售和餐饮等生活服务，发展潜力较大。

还有一些综合型互联网企业也涉足电子商务领域，如小米有品、豆瓣电子商务平台等。这些电子商务平台正处于起步或培育阶段。总体来看，我国电子商务市场竞争激烈且快速变化，既有老牌电子商务平台持续领跑，也涌现出抖音、快手等新兴电子商务平台且已进入普及期。未来，电子商务在我国还有很大的发展空间。

五、消费者需求与行为

1. 移动互联网时代的消费习惯

随着移动互联网的普及,消费者越来越倾向于使用移动设备进行电子商务购物。根据中国互联网络信息中心(CNNIC)的数据显示,截至 2022 年 12 月,三家基础电信企业的移动电话用户总数达 16.83 亿户。移动设备的智能化及即时通信工具的发展,使得消费者在任何时间和地点都能够购物。因此,电子商务创业者需要将移动购物体验放在首位,提供方便、快捷、个性化的服务。

2. 多渠道购物与 O2O 整合

消费者在购物时经常会通过在线电子商务平台、线下实体店、社交媒体等多个渠道和途径获取产品信息,并根据个人需求和口碑做出决策。因此,创业者需要实现线上与线下的无缝对接,提供一体化购物体验,打破传统的线上与线下之间的壁垒。

3. 个性化与定制化需求

消费者的需求越来越个性化和定制化。他们追求独特性,希望能够获得符合自己个人喜好和需求的产品和服务。因此,创业者需要提供个性化推荐、定制化设计和定制化服务,满足消费者日益增长的个性化需求。

4. 信任与品牌认知

在电子商务市场中,信任是非常重要的。消费者更倾向于购买具有良好口碑和信誉的品牌的产品,并通过社交媒体分享购物体验。因此,创业者需要注重品牌建设、产品质量控制和售后服务,提高品牌认知度和信誉度。

任务三 电子商务市场用户画像分析

任务引入

随着电子商务的快速发展,了解和分析用户,即用户画像分析成为一种重要的技术和方法,可以帮助电子商务平台和企业深入了解目标用户,从而精确定位市场、优化产品,并制定精准的营销策略。为了培养学生的电子商务数据分析能力和市场洞察力,我们特别设计了这个任务,旨在让学生深入了解电子商务用户画像分析的方法及其应用。

任务目标

1. 了解电子商务用户画像分析的重要性和价值。
2. 掌握用户画像分析的基本步骤和常用工具。
3. 能够通过用户画像分析提供针对性市场推荐和服务建议。

任务要求

1. 数据收集：选择一个电子商务平台或企业作为研究对象，利用其提供的数据接口、社交媒体或其他方式收集相关的用户数据，包括用户注册信息、购买记录、浏览行为等。
2. 用户分群与分类：根据收集到的数据对用户进行分群和分类，定义不同群体的特征和需求，如年龄、性别、地理位置、购买行为等。
3. 用户画像绘制：利用统计分析工具、数据可视化软件或绘图工具，对用户画像进行可视化呈现，展示不同用户群体的关键特征、消费行为和购买习惯。
4. 用户洞察和推荐：在得出用户画像后，分析用户特征与需求的关联，并提出相应的市场推荐和服务建议。例如，为不同用户群体设计个性化的产品推荐策略、营销活动或促销策略。

任务分析

选择研究对象时，可根据以下几个因素判断其适用性：电子商务平台或企业的规模和行业地位、是否能提供丰富的用户数据，以及该平台或企业在目标市场中是否具有代表性。通过选择已知的电子商务平台或根据个人兴趣选择所熟悉的行业，可以更好地理解并分析用户的行为和特征。

在数据收集过程中可能遇到的问题包括数据获取困难、数据缺失或数据质量不高。为解决这些问题，可以从多种途径收集数据，如利用电子商务平台提供的数据接口或社交媒体，同时要谨慎考量数据采集的合法性。处理缺失数据时，可使用数据清洗技术或填充方法填补缺失值。可通过数据预处理、数据清洗和数据校验等措施提高数据质量。

用户分群和分类的方法包括聚类分析、分类算法等。特征的选择可以基于用户基本信息、购买行为、兴趣爱好等多个方面，如年龄、性别、地理位置、购买频率、购买金额等。根据不同的特征进行分组，可以更好地理解不同用户群体的消费行为和需求。

数据分析工具或软件的选择取决于个人偏好和任务要求。常用的数据分析工具如 Python 的 Pandas、NumPy 和可视化库 Matplotlib、Seaborn 等，也可以使用商业软件，如 Tableau。选择工具时，要考虑其功能、易用性和适配性，并贴合个人技能和任务需求。

通过对用户画像的分析，可以获得不同用户群体的消费习惯、兴趣偏好等信息，从而挖掘用户的需求，进一步提出针对不同用户群体的具体推荐和建议。例如，基于用户兴趣爱好的个性化推荐系统、根据用户画像设计的精准营销活动等。此外，可以借助数据挖掘方法，如关联规则挖掘、用户行为预测等，进一步深入理解用户需求和用户行为。

第三节 电子商务市场用户画像

用户画像指的是通过深入了解目标用户的特点、需求和行为，将用户划分为不同的群体，并为之设计个性化产品和服务。准确的用户画像可以帮助企业了解目标用户的喜好和购买行为，从而为用户提供更有针对性的产品和服务，提高企业的用户满意度和市场竞争力。

在电子商务市场中，企业可通过市场调研和数据分析，获取用户相关数据，如年龄、性别、教育背景、生活习惯、购买偏好等；了解用户的需求和痛点，并将其转化为创业机会。同时，应运用市场调研工具和技术，如用户调查问卷、访谈、社交媒体分析等，收集和分析用户数据，形成用户画像。

通过绘制电子商务市场用户画像，电子商务创业企业可以更好地了解目标用户的心理特点和消费习惯，为用户提供更有针对性的产品和服务，还可能发现市场机会和创业方向。在不断变化的电子商务市场中，掌握绘制用户画像的技巧是实现创业成功的重要一环。

一、用户画像的概念与要素

用户画像是对用户的个人信息、兴趣爱好、行为习惯等多维度数据进行分析和描述所形成的用户特征模型，旨在帮助企业更好地了解用户，预测用户行为，精准投放营销资源，提供个性化产品和服务。用户画像包括以下几个要素。

（1）用户特征。用户特征是用户画像的基础，包括用户的基本信息（如年龄、性别、地理位置、职业、收入水平等）、社会属性、行为习惯等，这些特征可以帮助企业了解用户的基本背景和特点，为实现个性化服务和营销奠定基础。

（2）用户行为。用户行为是指用户在产品或服务上的活动和互动行为，包括用户的购买行为、浏览行为、搜索行为、点击行为、评论行为等。通过分析用户行为，企业可以了解用户的兴趣爱好、购买偏好、行为模式等，从而为实现个性化推荐和精准营销提供依据。

（3）用户偏好。用户偏好是用户对于特定产品、内容或服务的喜好和倾向，可能涉及产品特性、品牌偏好、价格敏感度、购物习惯等方面。了解用户偏好可以帮助企业更好地定位目标用户群体，提供符合用户期望的产品和服务。

（4）用户需求。用户需求是指用户对于产品或服务的需求和期望，包括功能性需求、情感需求、社交需求等。通过了解用户需求，企业可以优化产品设计、改进服务，以满足用户的期望并提高用户满意度。

（5）用户价值。用户价值是指用户对于企业的重要性和贡献度，可以根据用户的购买金额、购买频次、忠诚度等指标来衡量。通过评估用户价值，企业可以针对不同的用户群体制定差异化营销策略，提高用户的留存率和回购率。

二、用户画像分析的重要性

电子商务市场用户画像分析的重要性主要体现在以下几个方面。

（一）目标市场定位

通过用户画像分析，创业者可以确定目标市场，并确定适合的用户群体，进而通过了解用户的特征、兴趣和需求，有针对性地开展市场调研、产品定位和品牌建设，从而更好地满足目标用户的期望，并在竞争激烈的电子商务市场中占据有利地位。

（二）产品优化

通过用户画像分析，创业者可以深入了解用户对产品的需求、偏好和使用习惯，这可以帮助创业者进行产品优化和创新，针对用户的需求进行定制化开发，提供符合用户期望的产品和服务，从而有助于提高用户的满意度和忠诚度，提高产品的竞争力。

（三）营销策略制定

用户画像分析为创业者提供了深入了解用户的基本信息、消费行为和购买决策过程的机会，这可以帮助创业者制定精准的营销策略，定位目标用户，选择合适的营销渠道和推广手段，提高用户的购买转化率和忠诚度。

（四）数据驱动决策

用户画像分析提供了丰富的用户数据，通过分析用户的行为数据和趋势，创业者可以制定更准确的市场预测、库存规划、价格定位和市场策略，以优化运营效率并提高市场竞争力。

（五）用户体验优化

用户画像分析可以帮助创业者深入了解用户的需求和痛点，从而改进产品设计、售后服务和用户界面，提升用户体验。优秀的用户体验可以提升用户满意度和口碑传播效应，吸引更多的用户购买和重复购买。

三、用户画像的构建流程与常用工具

（一）用户画像的构建流程

用户画像的原理是通过收集、整理和分析用户数据，从中提取关键信息和特征，以描绘和描述用户的综合形象和特点。以下是用户画像的详细构建流程。

1. 数据收集

用户画像的构建始于数据收集。数据包括用户注册信息、用户行为数据（如购买记录、浏览记录、搜索记录）、社交媒体数据、调查问卷、用户反馈等，可以通过企业内部的数据收集系统、第三方数据提供商、API 接口（应用程序编程接口）等方式获取。

2. 数据清洗和整理

获得的原始数据需要经过清洗和整理，以补充缺失数据、去除重复或错误的数据，并进行数据格式转换和统一化处理。这一步有助于确保数据的质量和一致性，以便后续数据分析和建模的顺利完成。

3. 特征提取

在用户数据中提取关键的特征，这些特征可以是用户的个人信息（如年龄、性别、地理位置）、行为特征（如购买频率、浏览偏好、搜索习惯）、兴趣爱好、社交关系等。特征提取的方法包括数据挖掘技术、文本分析技术、统计分析等。

4. 数据分析和建模

这一步是指通过数据分析和建模技术，对提取的特征进行统计分析、机器学习或其他相关算法的应用,有助于发现特征之间的关联和模式,进一步理解用户的行为和偏好。常用的数据分析和建模方法包括聚类分析、关联规则挖掘、预测模型、情感分析等。

5. 用户分群和画像构建

根据数据分析和建模的结果,将用户划分为不同的群体或类别(可以根据不同的特征、行为模式、购买偏好等划分)。每个群体都代表了一类具有相似特征的用户。通过综合考虑不同特征的组合,可以建立用户的综合画像。

6. 用户画像的可视化和应用

通过将用户画像转化为可视化形式,可使企业和决策者更直观地了解用户特征和行为模式。具体可以通过可视化工具、仪表板、报告等方式实现。用户画像的应用包括个性化推荐、精准营销、用户服务优化、客户关系管理等,可以提升用户体验和企业业务绩效。

(二)用户画像的常用工具

数据分析工具是指用于收集、整理、加工和分析大量数据的软件或工具。这些工具能够帮助企业将海量的用户画像数据转化为有价值的信息和见解,从而支持决策制定和业务优化。数据分析工具可以帮助整理和分析用户数据,从而更准确地形成用户画像。

下面列举几种常用的数据分析工具。

(1)Microsoft Excel:Excel 是最常用的电子表格软件,具有强大的数据处理和分析功能,可进行数据排序、筛选、计算、图表制作等操作。

(2)SQL(structured query language):SQL 是一种用于管理和分析数据库的编程语言,可以通过查询语句从数据库中提取、筛选和计算数据。

(3)Python:Python 是一种流行的编程语言,拥有丰富的数据分析库,如 NumPy、Pandas 和 Matplotlib,能够进行数据清洗、转换、统计和可视化等操作。

(4)R 语言:R 语言是一种专门针对统计分析和绘图的编程语言,具有强大的数据分析和可视化能力,广泛应用于学术和商业领域。

(5)Tableau:Tableau 是一种流行的商业智能工具,可将数据可视化为交互式仪表板、图表和地图等形式,方便用户分析和探索数据。

(6)Google Analytics:Google Analytics 是一款用于网站和移动应用分析的工具,能够跟踪和分析访问量、用户行为、转化率等指标,并提供可视化报告。

(7)Power BI:Power BI 是微软的商业智能工具,能够从不同数据源整合数据,创建丰富的报表和仪表板,并支持交互式数据分析和可视化。

(8)Apache Hadoop:Apache Hadoop 是一个开源的大数据处理框架,能够分布式存储和分析大规模数据集,对大数据进行批处理和实时分析。

(9)Apache Spark:Apache Spark 是一个快速、通用的大数据处理引擎,支持高速数据处理、机器学习和图计算等功能,具有较低的延迟和较高的性能。

(10)SAS:SAS 是一套用于数据分析和决策支持的软件套件,拥有丰富的数据处理、建模和预测功能,广泛应用于商业、金融业和科研领域。

用户画像分析是一种综合性工作,需要综合运用以上理论和方法,深入挖掘用户的特征、需求和行为,以构建准确、全面的用户画像。另外,数据的收集和分析应遵循法律和道德的要求,保护用户的隐私权。与此同时,电子商务市场用户画像分析是一个持续的过程，需要不断地更新和调整。随着市场环境和用户需求的变化，企业应及时调整用户画像，以保持与用户的紧密联系，为用户提供最佳的产品和服务。

四、用户画像分析常用方法与模型

可用于用户画像分析的方法和模型有很多种，下面详细介绍几种常见的方法和模型。

（一）RFM 模型

RFM 模型是一种常用的用户分析方法，它通过对用户的最近一次购买时间（recency）、购买频率（frequency）和购买金额（monetary）进行评估和分析，将用户划分为不同的类别。

（1）最近一次购买时间（recency）：衡量用户最后一次购买时间距离现在的时间。一般来说，最近购买的用户更有可能再次购买。

（2）购买频率（frequency）：记录用户在一段时间内的购买次数。频繁购买的用户可能是忠诚用户或者有较高的购买需求。

（3）购买金额（monetary）：计算用户在一段时间内的购买金额。高价值用户往往购买金额更高。

通过 RFM 模型，可以将用户分为不同的群组，如高价值用户、新用户、流失用户等。这有助于企业根据不同用户群体制定个性化营销策略。

（二）聚类分析

聚类分析是一种将具有相似特征的用户归为一类的方法。在用户画像中，聚类分析可以帮助企业发现用户的共同特征和行为模式，实现精细化用户细分。常用的聚类算法包括 K-means、层次聚类等。具体步骤如下。

（1）特征选择：根据用户数据选择适当的特征进行聚类分析。例如，可以选择用户的年龄、地理位置、购买偏好等特征。

（2）数据预处理：对用户数据实施标准化或归一化处理，确保不同特征之间的尺度一致。

（3）聚类算法应用：选择适当的聚类算法，并根据用户数据进行聚类计算，将用户划分为不同的群组。

（4）聚类结果分析：分析聚类结果，识别不同用户群组的特征，了解不同用户群组的行为模式和需求特点。

聚类分析可以帮助企业更好地了解用户群体，制定个性化营销策略、推荐策略或定价策略。

（三）关联规则挖掘

关联规则挖掘是通过分析用户的购买记录或浏览行为，发现不同产品或页面之间的关联关系。常用的关联规则挖掘算法包括 Apriori 算法、FP-growth 算法等。具体步骤如下。

（1）数据准备：整理用户购买记录或浏览行为的数据，构建事务数据集。

（2）频繁项集挖掘：应用关联规则挖掘算法，找出在数据集中频繁出现的项集，即经常同时出现的产品或页面组合。

（3）关联规则生成：从频繁项集中生成具有一定置信度的关联规则，以描述产品或页面之间的关联关系。

（4）规则评估和筛选：根据支持度和置信度等指标评估关联规则的质量，并筛选出具有实际应用价值的规则。

关联规则挖掘可以帮助企业发现用户之间的购买关联、交叉销售机会，从而优化推荐系统、促进交叉销售和提升用户购买转化率。

（四）文本挖掘和情感分析

文本挖掘和情感分析是通过分析用户在社交媒体、评论、评价等文本数据中的情感倾向和意见，获取用户对产品或服务的态度和反馈。主要步骤如下。

（1）数据收集和预处理：收集用户在社交媒体、评论等平台上的文本数据，并进行数据清洗和预处理，如去除噪声、分词等。

（2）特征提取：从文本数据中提取特征，可以使用词袋模型、TF-IDF 等方法。

（3）情感分析：应用情感分析算法对文本进行情感分类，判断用户的情感倾向，如积极、中性或消极。

（4）结果分析和应用：根据情感分析的结果，了解用户对产品或服务的态度和意见，帮助企业改善产品、调整营销策略或提升用户体验。

文本挖掘和情感分析可以帮助企业了解用户的情感需求、评价产品质量、监测品牌声誉等，从而改善产品，提供更好的用户体验。

以上方法和模型提供了多种角度和工具，可帮助企业深入了解用户，从而制定个性化营销策略、改善产品和提供更好的用户体验。在实际应用中，企业可根据具体业务需求和数据情况，选择适合的方法或结合多种方法，构建准确、全面的用户画像。

案例

抖音平台的两个"用户画像"：消费者画像与创作者画像

任务四　电子商务创业的市场痛点调研

任务引入

在电子商务领域创业时，寻找市场痛点是一个关键步骤，能够帮助创业者找到新的商业机会并满足消费者的需求。本任务旨在探索你所熟悉或关注的电子商务领域中存在的市场痛点。通过深入了解这些痛点，你将能够更好地定位和发展创业项目。

任务目标

本次任务的目标是调研你所熟悉或关注的电子商务领域相关的市场痛点，分析电子商务市场中的具体需求或问题，并提供相关的例子或场景来支持你的观点。

任务要求

1. 分析你所熟悉或关注的电子商务领域中的市场痛点。
2. 提供清晰的市场痛点描述和具体的例子来支持你的观点。
3. 着重关注那些尚未被有效解决或满足的需求。
4. 覆盖不同的层面，包括消费者需求、功能或服务缺失，以及行业中未解决的问题，等等。
5. 提供创新的解决方案、新兴技术或业务模式的案例，以解决这些痛点。

任务分析

为了完成这项任务，你需要对你所熟悉或关注的电子商务领域展开深入调研，并提供对与之相关的市场痛点的解释说明。以下是一些思考方向，以帮助你展开调查和描述。

（1）消费者需求和问题：分析消费者在电子商务领域中面临的常见需求和问题，如物流速度、退货政策、产品质量等。解释这些需求和问题对消费者体验和满意度的影响，以及当前市场是否满足了这些需求。

（2）功能或服务缺失：探究电子商务平台或服务中还存在哪些不足之处、消费者对哪些功能或服务的期望更高。解释这种功能/服务缺失对用户体验和购物决策的影响，以及这些问题在当前市场上是否已经获得解决。

（3）未解决的行业问题：研究并描述电子商务行业中尚未得到充分解决的问题，如假货问题、评价的真实性等。解释这些问题对整个电子商务生态系统的影响，并探讨是否存在创新解决方案或技术能解决这些问题。

（4）创新解决方案和新兴技术：提供一些创新的解决方案或新兴技术，以解决电子商务领域中的市场痛点。解释这些解决方案或技术如何改善用户体验、提高经营效率或解决行业问题。

第四节 电子商务市场的痛点

一、市场痛点概述

（一）市场痛点的定义

市场痛点是指顾客在购买产品或使用服务时遇到的问题、挑战或不满，可能涉及产品的功能、价格、可用性、便捷性、服务质量等，这些问题可能导致对顾客体验的负面影响或削弱他们对产品或服务的价值的认可。市场痛点是存在于特定市场中的困扰性问题，若得不到解决可能会对企业和用户产生负面影响。

简而言之，市场痛点是现有产品或服务无法满足的顾客需求或引起顾客不满的地方。

（二）市场痛点的特征

市场痛点具有以下特征。

1. 普遍性

市场痛点应该是广泛存在于目标市场中的问题，而不是个别情况。这些市场痛点对大多数顾客而言是普遍存在的，可以影响一大批潜在顾客。

2. 重要性

市场痛点应该是对顾客来说至关重要的问题，它们直接影响顾客对产品或服务的满意度和价值认可。顾客对解决这些问题的关注程度较高，因为它们直接影响顾客的购买决策和消费体验。

3. 潜在性

市场痛点代表着商机，意味着存在未被满足的需求或尚未被发掘的市场空缺。创业者可以通过识别并解决市场痛点来开拓新的市场空间，针对顾客没有得到满足的需求提出解决方案。

4. 可解决性

市场痛点应该是可以通过针对性方案予以解决的。创业者需要通过深入的市场研究和顾客反馈分析理解和解决市场痛点，以确保自身产品或服务能够满足顾客的真实需求。

（三）市场痛点对电子商务创业者和用户的影响

市场痛点对电子商务创业者和用户都具有重要的影响。对于电子商务创业者来说，挖掘市场痛点意味着找到商机和创造价值。通过识别出市场中的痛点问题，电子商务创业者可以开发出满足顾客需求的创新解决方案。这不仅有助于建立自己的品牌形象，也有利于电子商务创业者打造差异化竞争优势。此外，通过解决市场痛点，电子商务创业者还可以开辟新的市场空间，实现商业业务增长。

对于用户来说，市场痛点的解决意味着更好的购物体验和价值获得。当电子商务创业者能够解决用户在购买产品或使用服务中遇到的问题时，用户将获得更好的体验。这可能包括更高质量的产品、更好的客户服务、更便捷的购物过程等。通过解决市场痛点，电子商务创业者可以改善用户的生活质量，并赢得用户的忠诚度和口碑推荐。

电子商务创业者和用户对市场痛点的关注和重视进一步凸显了市场痛点的重要性和意义。对于电子商务创业者来说，市场痛点是寻找商机、创造价值和获得竞争优势的关键。对于用户来说，市场痛点的解决意味着更好的购物体验、满足更多的需求以及提高生活质量。因此，理解和解决市场痛点对于电子商务创业者和用户来说都具有重要的影响。

综上所述，市场痛点是顾客在购买产品或使用服务中遇到的问题和需求，未得到解决可能对创业者和用户产生负面影响。理解市场痛点可以帮助创业者找到商机、创造价值，并为用户提供更好的购物体验。对于电子商务创业者和用户来说，解决市场痛点都具有重要的影响，是实现商业成功的关键之一。

二、寻找市场痛点的原因

电子商务的兴起带来了前所未有的商机和挑战。创业者纷纷进入这个领域,希望能够在激烈的竞争中脱颖而出。然而,要在电子商务领域取得成功并非易事。在这个日新月异的行业中,创业者面临的最重要的挑战之一是找到市场痛点并提供解决方案。下面介绍电子商务创业中寻找市场痛点的原因。

在电子商务的世界里,市场痛点是指消费者在购买产品或使用服务过程中遇到的困扰和问题。通过寻找市场痛点,创业者们可以创造出独特的价值主张,吸引消费者的注意并打破竞争壁垒。换句话说,找到市场痛点是创业成功的关键。

首先,找到市场痛点可以帮助电子商务创业者确定创业方向。在电子商务领域中,创业者应通过对目标客户展开深入研究,了解他们的需求和欲望,通过市场调查和用户反馈,了解消费者在购物体验中面临的问题和不满。这些问题和不满是市场痛点的来源,也是创业者为消费者提供解决方案的切入点。只有通过深入的用户研究,创业者才能找到真正有市场需求的产品或服务,避免盲目投入资源和精力。

其次,解决市场痛点可以帮助电子商务创业者树立品牌形象、创造竞争优势。在电子商务行业中,只有提供独特且有价值的解决方案,创业者才能吸引消费者的关注,并建立自己的品牌形象。通过解决市场痛点,创业者可以满足消费者的需求,并提供更加便捷、高效、可靠的购物体验,这将为创业者赢得消费者的口碑推荐、忠诚度和重复购买。通过积极解决市场痛点,创业者能够在竞争激烈的市场中占据优势地位,并建立长期可持续的竞争优势。

最后,理解和解决市场痛点对电子商务创业者取得商业成功非常关键。市场痛点往往意味着商机,而创业者的任务就是挖掘市场痛点,发现新的市场空缺,并提供满足消费者需求的创新解决方案。而为了满足不断变化的市场需求,创业者们需要不断革新和颠覆传统商业模式。因此,只有不断关注并解决市场痛点,创业者才能保持竞争优势,实现商业成功。

三、寻找市场痛点,打开突破口

在电子商务市场中,成功往往取决于谁能够敏锐地捕捉到消费者的真实需求,并为其提供切实有效的解决方案。这就需要从市场痛点中寻找突破口,因为只有深入了解消费者的痛点,才能真正满足他们的需求,提供更好的产品和服务。在激烈的市场竞争中,那些能够找到市场痛点的电子商务创业者将拥有独特而有价值的优势。

通过从市场痛点中寻找突破口,电子商务创业者能够创造出与众不同的商业模式和解决方案。这种独特性能够吸引消费者的注意力并建立起强大的品牌认知度。同时,通过跳出传统思维模式,开创新的商业模式,电子商务创业者可以打破行业固有的框架,为消费者提供独特的价值主张。这样的突破口不仅能够满足消费者的需求,并且还能创造新的市场和商机,从而带来更好的商业成果。

在激烈的竞争环境中,寻找市场痛点并打开突破口不仅能有利于创业者打造差异化竞争优势,还能够帮助企业迅速适应市场变化,保持领先地位。只有通过理解消费者的痛点,开发出创新解决方案,并将其转化为有吸引力的产品或服务,电子商务创业者才能真正实现成功。因此，谁能够从市场痛点中找到新的突破口，谁就将成为市场中的赢家。

案例

叮当快药

案例

得物 App 解决假货痛点，领军国风潮玩

本章概要

本章首先介绍了电子商务市场的概念与特征、全球电子商务市场的发展现状和前景展望，以及我国电子商务市场的情况。接着，通过分析政策与法规环境、社会文化与消费环境、技术与创新环境、竞争格局、消费者需求与行为等市场环境因素，讲述了对市场环境的深入了解和分析，进而讨论了用户画像分析的重要性、流程、工具、方法与模型，以及寻找市场痛点的原因和方法。通过完成这些任务，读者可以全面了解国内电子商务市场的概况、市场环境、用户画像和市场痛点，为制定电子商务创业规划和决策提供有力支持。

思考练习

1. 当前电子商务市场的发展趋势是什么？有哪些新的商业模式和技术创新在推动电子商务市场的发展？
2. 电子商务创业者需要考虑哪些市场因素和趋势来确定他们的创业方向？
3. 电子商务创业者应如何选择目标市场和目标客户群体？
4. 在电子商务创业中，数据分析和市场调研对电子商务创业成功至关重要。电子商务创业者应如何有效地收集、分析和利用数据来支持业务决策和市场推广？

第三章　电子商务创业团队

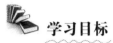 **学习目标**

- ❏ 掌握电子商务创业团队的概念和类型；
- ❏ 认识电子商务创业者的素质要求和知识结构；
- ❏ 了解电子商务创业团队的组成要素；
- ❏ 理解电子商务创业团队建设的过程；
- ❏ 掌握电子商务创业团队管理的基本内容。

 能力目标

- ❏ 正确认识电子商务创业者的素质要求和知识结构，激发大学生电子商务创业热情；
- ❏ 能够将电子商务创业团队管理策略应用于实际。

 导入案例

"小米"雷军打造顶尖的创业团队

任务一　认识电子商务创业团队

任务引入

党的二十大报告指出："加快建设国家战略人才力量，努力培养造就更多大师、战略科学家、一流科技领军人才和创新团队、青年科技人才、卓越工程师、大国工匠、高技能人才。"组建卓有成效的创业团队有助于形成企业的核心竞争力，是创业成功的重要基础，创业团队的工作绩效应大于所有成员独立工作绩效之和。没有团队的创业并不一定会失败，但要创建一个没有团队而具有高成长性的电子商务企业是极其困难的。在电子商务创业史上,腾讯创造出奇迹靠的就是团队。创业五兄弟各展所长、各管一摊,搭档形成"合理组合",在自己擅长的方面做到最好。马化腾、张志东、许晨晔、陈一丹和曾李青分别担任首席执行官、首席技术官、首席运营官、首席信息官和首席行政官。马化腾注重用户体验,长处是能够把很多事情简单化;张志东沉迷技术,更多的是把一件事情做得完美;许晨晔随和、有主见,但不轻易表达;陈一丹的严谨、张扬能激起大家的激情;曾李青性格大开大合,更像拿主意的人。本任务旨在通过分析腾讯或其他成功电子商务企业的创业团队,使学生了解电子商务创业团队的基本情况。

任务目标

1. 通过完成任务,理解构建电子商务创业团队的重要性。
2. 通过完成任务,提高电子商务创业者对电子商务创业团队的理性认识。

任务要求

1. 分析电子商务创业团队如何构成、有哪些特点。
2. 思考像马化腾这样的电子商务创业者成功创业的原因。
3. 掌握电子商务创业团队领导者应具备的创业素质和意识要求。

任务分析

创业是一项极具挑战性的社会活动,是对创业者自身智慧、能力、气魄、胆识的全方位考验。一个想获得成功的创业者,不仅要具备一般管理者的基本素质,还要具备作为创业者所应具备的创业素质和创业能力。另外,电子商务创业能否成功的关键因素在于创业团队的综合实力,一个优秀的团队是创业成功的保障,创业活动的复杂性决定了所有的事务不可能由创业者个人包揽,要通过组建分工明确的创业团队来完成。通过对本任务的学习,学生应了解对电子商务对创业者有哪些基本素质和意识要求;能够自我激励,强化创业意识,有意识地培养良好的创业品质,不断提高电子商务创业能力。

第一节 电子商务创业团队概述

一、团队与电子商务创业团队

(一)团队

1. 团队的概念

团队,英文名称为"team"。1994 年,美国圣迭戈大学的管理学教授斯蒂芬·罗宾斯(Stephen P.Robbins)首次提出了"团队"的概念,他认为团队是指为了实现某一目标而由相互协作的个体所组成的正式群体。而组织行为和人力资源管理专家、美国华盛顿大学福斯特商学院终身教授陈晓萍认为,"团队"的内涵是由两个或两个以上的人组成的集体,其成员之间在某种程度上有动态的相互关系。

综合国内外学者的观点，本书认为，团队是在一个特定的可操作范围内，为实现特定目标而建立的，由相互合作、共同努力的若干成员组成的共同体。

2. 团队与群体

团队并不等同于一般意义上的"群体"，二者的根本差别在于：团队中成员的作用是互补的，而群体中成员之间的工作在很大程度上是互换的。简单地说，在团队中，离开谁都不行；在群体中，离开谁都无所谓。具体表现在：团队的成员对能否完成团队目标一起担责任，同时承担个人责任，而群体的成员则只承担个人成败责任；团队的绩效评估以团队整体表现为依据，而群体的绩效评估则以个人表现为依据；团队的目标实现需要成员彼此协调且相互依存，而群体的目标实现不需要成员间的相互依存。此外，团队较之群体在信息共享、角色定位、参与决策等方面也更进一步。

团队是群体的特殊形态，是一种为了实现某一目标而由相互协作、依赖并共同承担责任的个体所组成的正式群体。团队由两个或两个以上拥有不同技能、知识和经验的人组成，具有特定的工作目标，成员相处愉快并乐于在一起工作，互相依赖、技能互补、成果共享、责任共担，通过成员的共同协调、支援、合作和努力完成共同目标。真正的团队不只是徒有其名的一群人，而是总能超过同样的一组以非团队模式工作的个体集合。

在一个团队中，每个成员往往具有不同的优势和劣势，扮演不同的角色，在团队中发挥的作用也不尽相同，如表 3-1 所示。把具有某些特性的成员安排在最能发挥其个人潜能的位置上，有利于实现团队功能的最大化。

表 3-1　不同成员角色及其描述

角　　色	角　色　描　述
栽培者	善于解决难题、富有创造力和想象力、不墨守成规
资源探索者	外向、热情、健谈，善于发掘机会、增进联系
协调者	成熟、自信，是称职的主事人，有助于阐明目标、促使决策的制定、合理分工
塑形者	激发人的、充满活力的，在压力下成长，有克服困难的动力和勇气
监控者	冷静、有战略眼光与识别力，善于对选择进行比较并做出正确选择
团队工作者	协作、温和、敏锐、老练、建设性的，善于倾听、防止摩擦，主张平息争端
贯彻者	纪律性强、值得信赖、有保守倾向、办事高效利索、善于把想法变为实际行动
完成者	勤勤恳恳、尽职尽责、积极投入、善于找出差错与遗漏、可准时完成任务
专家	目标专一、善于自我鞭策、甘于奉献、可提供专门的知识与经验

资料来源：BELBIN M.Team Roles at Work[M]. Oxford: Butterworth-Heinemann, 1996: 58.

（二）电子商务创业团队

1. 电子商务创业团队的概念

狭义的创业团队指的是有共同目标、共享创业收益、共担创业风险的一群创建新企业的人。广义的创业团队不仅包括狭义的创业团队，还包括与创业过程有关的各种利益相关者，如风险投资家、供应商、专家顾问等。

电子商务创业团队是指在创业初期（包括企业成立前和成立早期），由一群才能互补、责任共担、愿为共同的创业目标而奋斗的人所组成的特殊群体。该团队由两个或两个以上的人组成，成员具有共同的财务方面的义务等，对电子商务企业的未来和成功承担责任；

他们在追求共同目标和成功方面相互依赖；在企业成立前和创办时，担负相应的责任。此外，外界及他们自身都将他们视作一个社会团体。

2. 一般团队与电子商务创业团队的区别

一般团队与电子商务创业团队的区别如表 3-2 所示。

表 3-2　一般团队与电子商务创业团队的区别

比 较 项 目	一 般 团 队	电子商务创业团队
目的	解决某类或者某个具体问题	开创电子商务新企业或者拓展新事业
职位层级	成员并不局限于高层管理者职位	成员处在高层管理者职位
权益分享	并不必然拥有股份	一般在电子商务企业中拥有股份
组织依据	基于解决特定问题而临时组建	基于工作原因而经常性共事
影响范围	只影响局部性、任务性问题	影响组织决策的各个层面，涉及范围较广
关注视角	战术性、执行性问题	战略性决策问题
领导方式	受公司最高层的直接领导和指挥	以高管层的自主管理为主
成员对团队的组织承诺	较低	高
成员与团队间的心理契约	心理契约关系不正式且影响力小	心理契约关系特别重要，直接影响电子商务企业的决策

资料来源：陈忠卫. 创业团队企业家精神的动态性研究[M]. 北京：人民出版社，2007：83-85.

3. 电子商务创业团队的类型

根据不同的角度、层次和结构，电子商务创业团队可以划分为不同的类型，常见的有星状创业团队、网状创业团队和虚拟星状创业团队。

（1）星状创业团队。这种创业团队中存在一个核心人物充当领袖式角色，其掌握了较强的技术或产生较好的创意后，萌生创业想法，并据此选择相应的成员加入创业团队。团队成员在团队中大多是贯彻/完成者的角色。这种创业团队有以下几个明显特点：① 核心人物的话语权较大，权力集中，决策失败的概率较大；② 决策速度快、团队执行力强；③ 核心人物和其他团队成员意见不一致时，其他成员较为被动，可能影响团队整体积极性的发挥。

（2）网状创业团队。这种创业团队没有一个明确的领导者，是由一群基于经验、友谊和共同兴趣且有相同目标的人经过共同协商组成的团队。在初创企业中，每一个成员都要找准自己在团队中的定位，并尽到协作的义务。这种创业团队有以下几个明显特点：① 团队成员的话语权平等，容易形成多头领导；② 做决策时要经过大家讨论，决策失败的概率较小，决策效率低；③ 团队成员意见不一致时，倾向于采用平等协商的态度消除分歧，但一旦冲突升级，容易导致团队散伙。

（3）虚拟星状创业团队。这种创业团队是前两种创业团队的中间形态，团队中存在一个核心领导人物，但其领导地位的确立是团队成员协商的结果，因此在某种意义上，该核心领导者只是整个团队的代言人，并没有领袖的绝对权威，但具有一定的威信，能够主导整个团队的运行，做决策时需要充分考虑其他成员的意见。这种创业团队有以下几个明显特点：① 核心领导者大多是由团队成员投票决定的；② 因为有核心领导者，所以决策速度较快、团队执行力较强；③ 核心领导者做决策时要考虑大家的意见，决策失败的概率较小。

4. 电子商务创业团队的特征

"农业经济时期,企业家就是地主,主要工作是圈地;工业经济时期,企业家是资本家,主要工作是造厂房;网络经济时期,企业家是纺织高手,主要工作是织网"。尽管这是一种比喻,却形象地描述了当前企业面临的现实问题——必须做好互联网。纵观那些高度互联网化的企业,其团队基本上具有三大特点:网络化、虚拟化和扁平化。

(1)网络化。网络化是指通过互联网技术和客户端,将原本分散的个体组建成一个网络施以管理的一种模式。通俗地说,就是将现实的东西全部搬到网络上。电子商务业务的大量开展正是在建立运用互联网的基础上。例如,管理网络化、产品推广和营销网络化,甚至生产也逐步网络化了。在此基础上,不少企业开始追求团队的网络化。例如,有的企业实行无纸化办公,没有固定的工作场所,没有固定的员工,日常运作基本上都在网络上进行。这种经营模式不仅节约了企业的运营成本,提高了工作效率,还增强了企业与用户之间的沟通和交流。

(2)虚拟化。虚拟化也是源自互联网的特征,它是指企业在形态上突破了以往有形的界限,尽管依然履行生产、行销、财务等职能,但不会设置单独的部门。20世纪90年代末,这种组织结构首次出现,当时有人这样描述:"这种组织由跨地区、跨组织,通过通信和信息技术联结,试图完成组织共同任务的成员组成。"也有人给出了更形象的解释:"在50英尺之外进行运作,通过线上沟通进行协作,实现共同目标的团队。"这是电子商务团队的雏形,同时基本上体现了当下电子商务团队虚拟化的核心内容,对其进行总结,可以得出电子商务团队虚拟化的四个核心关键点:① 要有共同的目标;② 团队成员相互比较离散;③ 成员采用线上沟通方式相互交流;④ 宽泛型组织边界。

(3)扁平化。扁平化是电子商务团队的另一个显著特征,它是为解决层级结构组织难题而出现的一种管理模式。现代管理理论对扁平化的定义是"通过减少行政管理层次、裁减冗余人员建立一种紧凑、干练的组织结构"。

传统团队的规模扩大时,最有效的办法是增加管理层次,团队呈"金字塔状",扁平化管理的做法则是精简机构,砍掉冗余流程,拓宽管理幅度,压缩成扁平状。扁平化模式具体表现在:管理层级减少、管理幅度拓宽。在传统企业团队中,"金字塔状"结构有利于信息的处理,而在电子商务团队中,对反馈信息需要进行大量的、快速的处理,并通过互联网将企业信息"集群式"传递给经销商或者消费者。这时,"金字塔状"管理模式的局限性就显现出来了,因为其难以对众多信息进行处理,反应速度较慢。

二、电子商务创业者的素质要求和知识结构

"大众创业、万众创新",创业已然是时代的焦点。电子商务创业是极具挑战性的社会活动,是对创业者自身智慧、能力、气魄、胆识的全方位考验。成功的电子商务创业者不仅要具备一般创业者的基本素质,还要具备电子商务行业特有的思维和知识。

(一)电子商务创业者的素质要求

电子商务创业者需要具备一般创业者的基本素质,主要包括专业技能、组织能力、学习能力、创新能力、团队合作能力、领导能力等。除此之外,还必须具备互联网思维,包括用户思维、简约思维、极致思维、迭代思维、流量思维和跨界思维。

1. 基本素质

（1）专业技能：包括电子商务平台的操作、运营、营销等技能。

（2）组织能力：包括组织团队、安排工作、管理员工等。

（3）学习能力：电子商务行业变化很快，创业者需要不断学习新知识、掌握新技能，这样才能跟上行业的发展。

（4）创新能力：电子商务行业竞争激烈，创业者只有不断创新，才能在市场上获得竞争优势。

（5）团队合作能力：电子商务创业通常需要组建团队，需要有人员的协作，因此要求电子商务创业者具备良好的团队合作能力。

（6）领导能力：电子商务创业者需要领导团队，因此必须具备良好的领导能力，这样能够有效地激励和引导团队成员共同实现目标。

2. 互联网思维

互联网思维就是符合互联网时代本质特征的思维方式，即在（移动）互联网+、大数据、云计算等技术不断发展的背景下，重新审视市场、用户、产品、企业价值链乃至整个商业生态的能力。这是电子商务创业中最重要的思维方式。互联网时代的思考方式不局限于互联网产品、互联网企业，这里的互联网不单指桌面互联网或者移动互联网，而是泛指互联网，因为未来的网络形态一定是跨越各种终端设备的，如台式机、笔记本、平板、手机、手表、眼镜等。互联网思维主要包括以下内容。

（1）用户思维。互联网时代的到来使得信息生产和传播的方式发生了变化，信息不再由少数人生产，每个人都是信息的"原产地"；信息不再一点对多点地单向传播，而较为多点对多点地多向传播。更关键的是，在整个信息的产生和传播过程中，信息不再是核心，那么谁取代信息成为核心？答案是：人。

因为人是核心，所以"用户思维"成为互联网思维的核心，而其他各种思维都围绕用户思维在不同层面展开。"以用户为中心"的用户思维不仅体现在做品牌的层面，还体现在市场定位、品牌规划、产品研发、生产销售、售后服务、组织设计等各个环节。说得通俗一点，就是"用户要什么，你就给他什么；用户什么时候想要，你就什么时候给；用户没想到的，你替他想到"。

用户思维就是"以用户为中心"，针对用户的各种个性化、细分化需求，提供各种具有针对性的产品和服务，真正做到"用户至上"。用户思维已成为移动互联网时代商业逻辑的根本，这体现了从物到人的巨大转变。

（2）简约思维。简约思维是指不追求大而全，而是抓住用户的某个痛点或产品的某个价值点，针对性地做出定位明确的产品。在产品规划和品牌定位中，力求专注和简单；而对于产品设计，则力求简洁和简约，做到小而美；在功能上尽量简单明确，即便要做大、做复杂，也是慢慢地加上去；在体验上尽量做到简单、易上手。

2013 年 7 月，支付宝在不断改版中迈进了"疯狂的简洁"，把所有的功能导航化为两大部分："账户现状"和"资产动态"，这不仅仅是单纯的简约，而是深刻洞察用户需求后的实践。支付宝账户越来越接近一个资产账户，也就是大众所理解的银行账户，大部分账户拥有者最关心的是"我有多少钱"，所以最重要的位置只显示账户余额。支付宝有账户余额和余额宝两项主要账户，其他的账户保留标题靠右放置。还有的账户拥有者想知道"我赚了多少、花了多少、欠多少债"，支付宝就将密密麻麻的资产动态表简化为四个字："赚""花""省""欠"，让人一目了然。

（3）极致思维。极致思维就是把产品、服务和用户体验做到极致，超越用户预期，体现的是一种匠人精神。电子商务创业者应能够为了实现目标，以"铁人"的意志和高涨的热情，在资源、目标、时间等多个维度达到极致的平衡，最终不断地创造极致产品。

（4）迭代思维。迭代思维的核心首先是在最短的时间内推出产品，快是迭代思维的根基。其次是通过最低的成本推出产品，每一个产品的第一版本都是相对简单、有一定缺陷的。这一方面是因为大家都在争分夺秒地推出产品，谁先成功推出产品，谁就有更大的机会成为行业的老大；另一方面是因为着力打造最主要的功能可以极大地降低成本和风险，在人力、物力、财力上是一种极大的节约。

例如，微信在发布第一版本时，只有一些最基本的功能，如即时通信、更换头像等，与QQ并没有太大的区别，但就是这么一个最初看起来并不起眼的App，如今成为App开发中的标杆性应用，腾讯更是因此一举进入国际化市场，全面开启全球市场的争夺战。

（5）流量思维。流量意味着体量，体量意味着分量。无论是在传统行业，还是在互联网行业，流量都可以理解为用户访问量，有了流量，企业就可以通过其转化达到营利的目的。在互联网行业，流量的本质是用户时间，门户网站、搜索引擎、导航页是主要的流量入口。例如，360就是靠免费策略迅速收获大量用户，从而进入杀毒软件领域并站稳脚跟的。

（6）跨界思维。跨界思维是一种新型策划理念与思维模式，是指通过嫁接其他行业的价值对企业进行创新改造，制定全新的企业和品牌发展战略，让原本毫无关系甚至相互矛盾的行业相互渗透、融合，在融合的过程中碰撞出新的火花，创造商业奇迹。随着互联网和新科技的发展，很多产业的边界变得模糊，互联网企业的触角已无孔不入。同时，同一行业的竞争越来越激烈，创新空间越来越小。在此背景下，企业需要通过跨界思维发现新的机会、整合资源，打破思维的条条框框，在更广阔的领域找到新机遇，通过跨界创新找到机会。例如，电信、联通和网通三大电信运营商可能没想到会被一个叫作微信的App搅得翻天覆地；TCL、创维又何曾想过会与小米、乐视这些原本毫不相关的企业同台竞争。

（二）电子商务创业者的知识结构

电子商务创业者要做出正确决策，必须具备广博的知识，做到一专多能。具体来说，电子商务创业者应该具有以下几个方面的知识。

1. 技术趋势和目标用户

（1）技术趋势：了解当前和未来的技术趋势，如人工智能、大数据、物联网等，这样才可以把握市场的发展方向。

（2）目标用户：深入研究目标用户的需求、兴趣和消费行为，为产品定位和推广策略的制定提供参考。

2. 产品选择和供应链管理

（1）产品选择：了解产品开发流程，包括需求分析、设计、生产和品质控制等环节，从而更好地管理供应链。

（2）供应链管理：建立稳定且高效的供应链，掌握货源渠道、采购策略和库存管理等，确保产品的供应和交付能力。

3. 平台选择和运营策略

（1）平台选择：根据目标用户、产品特点和预期目标，选择适合的电子商务平台，包括大型综合电子商务平台和垂直领域电子商务平台。

（2）运营策略：制定有效的销售和推广策略，包括产品展示、促销活动和客户服务等，提升产品的曝光度和销售额。

4. 网站设计和品牌建设

（1）网站设计：关注网站的用户体验和界面设计，提供简洁明了的页面结构和导航，提升用户的浏览和购买体验。

（2）品牌建设：注重品牌定位和传播，塑造独特的品牌形象，提升品牌知名度和用户认可度。

5. 数据分析和运营优化

（1）数据分析：合理利用各种数据分析工具，收集和分析用户数据、销售数据和市场数据，了解用户需求和市场趋势。

（2）运营优化：根据数据分析的结果，及时调整运营策略，优化产品展示、促销活动和客户服务等，提高企业效益。

6. 法律法规和风险管理

（1）法律法规：了解电子商务相关法律法规，包括消费者权益保护、网络安全和知识产权等，以规避法律风险。

（2）风险管理：建立风险识别和应对机制，包括商品质量、物流配送和售后服务等，确保电子商务业务的顺利运行。

任务二　调研知名电子商务企业创业的团队建设情况

任务引入

2017年8月15日，习近平总书记给参加第三届中国"互联网+"大学生创新创业大赛"青年红色筑梦之旅"活动的大学生回信，信中写道："希望你们扎根中国大地，了解国情民情，在创新创业中增长智慧才干，在艰苦奋斗中锤炼意志品质，在亿万人民为实现中国梦而进行的伟大奋斗中实现人生价值，用青春书写无愧于时代、无愧于历史的华彩篇章。"总书记的回信坚定了青年"创客"创新创业的梦想，也为电子商务创业者建设创业团队增添了信心。

本任务通过搜集BAT（百度、阿里巴巴、腾讯）、TMD（头条、美团、滴滴出行）、PKQ（拼多多、快手、趣头条）这三类电子商务企业创业团队的资料，比较这些团队的异同之处，提炼电子商务创业团队的建设规律，分析未来电子商务创业团队领导者面临的机遇和挑战。

任务目标

1. 通过完成任务，掌握电子商务创业团队的建设要素。

2. 通过完成任务，了解电子商务创业团队的部门构成和具体职能。
3. 通过完成任务，掌握电子商务创业团队的建设过程。

任务要求

1. 比较、分析不同电子商务企业的创业团队成员变化对企业策略选择和具体方案的影响。
2. 成功的电子商务企业在创业团队组建方面有哪些特点？
3. 作为创业团队的领导者，应如何设计创业团队责、权、利的分配？
4. 在班级内尝试组建自己的电子商务创业团队，给自己的团队起一个名字，商讨团队目标并初步拟定电子商务创业项目选题，完成团队成员分工。

任务分析

构建创业团队的第一步也是最重要的一步，就是找到具有共同志向、目标和信仰的队友，也就是创业伙伴，优秀的团队是企业创业成功的关键。通过本任务的学习，学生应掌握构建电子商务创业团队需要哪些方面的人才，了解如何在创业团队中做好职责分工才能使创业团队更好地发展。

第二节　电子商务创业团队建设

一、电子商务创业团队的组成要素和影响因素

（一）电子商务创业团队的组成要素

电子商务创业团队的组成要素是完成创业任务、实现创业价值的关键，各个要素都有其不可替代的作用，同时各个要素之间是相互补充、相互依存的。成熟的电子商务创业团队应具备目标（purpose）、成员（people）、定位（place）、权限（power）、计划（plan）这五个关键要素。

1. 目标

团队应该有一个共同的既定目标，可为团队成员导航，让成员知道要向何处去。没有目标，团队就没有存在的价值。作为电子商务创业团队，应将目标分为长期目标与短期目标，长期目标是公司的愿景，短期目标则是对长期目标的分解。目标的完成过程应当是所有团队成员共同努力的过程，而不是创业者单打独斗。

2. 成员

成员是构成团队的核心要素，两个（包含两个）以上的人就可以构成团队。目标是由成员具体实现的，所以成员的选择是团队建设中非常重要的一部分。一般来说，电子商务创业者愿意选择技能最优、经验丰富的人员作为创业团队成员。当这些人员进入团队后，如何留住他们就成为摆在创业者面前的一个难题，如果处理不当，就会造成人才的流失，

这是电子商务创业过程中的普遍现象。

3. 定位

定位通常包含两个层次：一是团队在电子商务企业中的定位，即团队在企业中所扮演的角色；二是成员在电子商务团队中的定位，即团队成员在电子商务创业团队中扮演的角色。

4. 权限

权限是指电子商务初创企业中职、责、权的划分与管理。一般来说，团队的权限与企业的大小、正规程度相关。在初创企业的团队中，核心领导者的权限很大，随着团队的成熟，核心领导者的权限会缩小，这是一个团队逐渐成熟的表现。

5. 计划

计划有两层含义：一是为保证目标的实现而制定的具体实施方案；二是在实施计划过程中分解出的细节性计划，需要团队共同努力完成。

（二）电子商务创业团队建设的影响因素

一些电子商务领域的特定因素将直接影响创业团队的成功和发展。

（1）市场营销和数字推广：在电子商务中，有效的市场营销和数字推广策略能够吸引目标受众、提升品牌知名度，因此团队中需要有营销专家。

（2）数据分析与运营：在线商务产生大量数据，数据分析有助于创业者了解用户行为、市场趋势和自身业务表现，从而做出更明智的决策。

（3）用户体验设计：用户体验对于电子商务平台至关重要。拥有用户体验设计师可以确保网站界面友好、易用，并能提升用户满意度。

（4）支付和安全：电子商务平台需要确保支付安全，防止欺诈行为，因此团队需要配备专家处理支付系统和安全性问题。

（5）跨平台兼容性：考虑到用户使用不同设备和平台访问，因此团队需要确保网站在不同设备上的兼容性。

（6）电子商务相关法律和规章制度：电子商务创业团队必须了解和遵守相关法律法规，以避免产生法律问题，如用户隐私、电子合同等。

（7）客户服务和沟通：在线购物中，客户服务是至关重要的，因此需要团队具备良好的沟通能力和问题解决能力。

（8）国际化和文化适应：若团队计划进入国际市场，了解不同国家的文化、法规和市场需求将是必要的。

二、电子商务创业团队的组织结构与构建流程

（一）电子商务创业团队的组织结构

规模化、团队化是近些年电子商务发展的一大特点，电子商务企业的人才结构和工作岗位越来越完善。具体来讲，对于一家有成型团队的电子商务企业来说，岗位的设置和工作权限范围的划定是非常关键的。结构完整的电子商务创业团队除设置人力资源部和财务部外，至少还应设置五个部门，包括客服部、市场部、采购与物流部、技术部和网站运营部。

1. 客服部的组成、职能及运作

客服部的职能是客户服务、客户咨询、客服培训和客服考核等，应通过各种方式提高用户满意度、订单转化率和平均订单金额。客服部的组成、职能及运作如图 3-1 所示。

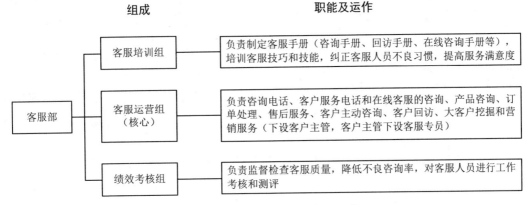

图 3-1　客服部的组成、职能及运作

2. 市场部的组成、职能及运作

市场部负责对外的合作、推广和宣传工作，包括搜索引擎营销、EMD 营销（电子邮件营销）、网站合作、媒体合作、新闻炒作、口碑合作、活动及研讨会等，负责研究分析 CRM（客户关系管理）体系，包括会员级别、积分机制、客户活跃机制、沟通机制等，优化购物流程，提高用户购物体验，制定 CRM 营销战略，分析销售数据，研究用户购买行为，最终提高订单转化率。市场部的组成、职能及运作如图 3-2 所示。

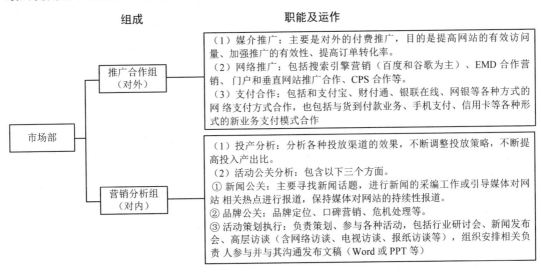

图 3-2　市场部的组成、职能及运作

3. 采购与物流部的组成、职能及运作

采购与物流部负责产品的采购，各类产品在全国的仓储布局、调整和管理，网站配送合作和订单配送工作。具体包括：与网站运营部确定采购名单，根据名单筛选供应商，争取最低采购价格；根据重点销售区域确定网站的仓储中心规划、各个仓储中心的管理、各个种类产品在不同仓储中心的调配；确定快递配送合作伙伴、制定配送标准、设计包装规格，制定订单配送管理规则。采购与物流部的组成、职能及运作如图3-3所示。

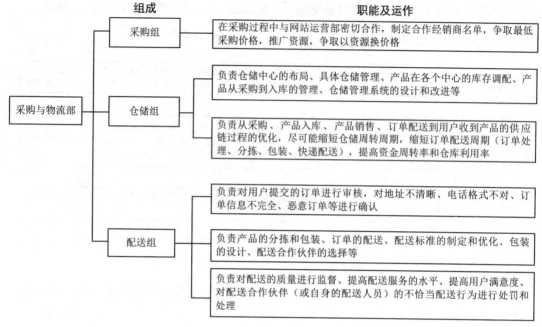

图3-3 采购与物流部的组成、职能及运作

4. 技术部的组成、职能及运作

技术部负责网站建设和系统开发，包括B2C网站的网站架构和技术开发、CRM系统、Call-Center系统、采购和仓储管理系统、订单处理系统等系统的策划、搭建和调整，服务器和网络运营商的选择与管理等。技术部的组成、职能及运作如图3-4所示。

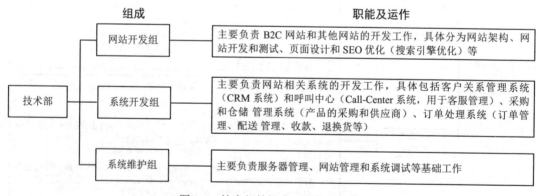

图3-4 技术部的组成、职能及运作

在网站开发组中，网站架构人员负责与网站运营部和市场部沟通网站功能策划，确定网站架构方案，并与网站开发和测试人员共同完成网站的建设和改版工作；网站开发和测试人员负责根据功能需求编写代码，完成网站技术开发和改版工作，并通过不断测试提高用户体验，根除网站漏洞；页面设计人员负责网站页面的设计和改版工作；SEO优化工作是针对搜索引擎开展页面优化，使得网站关键词得以搜索排名提前，这与网站框架、页面

设计和文案相关。

在系统开发组中，系统开发功能分为需求分析、系统设计（系统框架）和软件开发测试三个职能。其中，需求分析人员负责与各部门人员沟通，分析各系统的使用需求，完成各系统的整体需求分析工作；系统设计人员负责按照需求分析设计数据库模型和系统模型；最终由软件开发测试人员完成开发，并予以测试。

5. 网站运营部的组成、职能及运作

网站运营部负责产品的采购目录、陈列展示、促销和销售工作。如果说市场部负责外部资源的整合，那么网站运营部就是负责网站内部的资源整合。具体为分析并确定产品目录，预测和计划产品销量，确定采购量，制定销售价格，控制产品毛利润，根据销售情况确定网站各网页的陈列展示，策划设计各种促销活动（根据产品、会员、节假日等），利用EDM系统、电话客服、网站展示位、网络推广资源等各种方式提高促销效果。网站运营部的组成、职能及运作如图3-5所示。

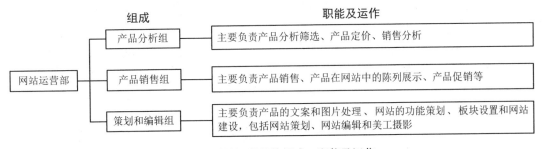

图3-5 网站运营部的组成、职能及运作

在产品分析组中，产品分析筛选是分析各个种类的产品，确定网站主推产品名单，预测产品销售额，与采购部协商确定采购量，并根据销售情况不断调整；产品定价是根据传统渠道价格、竞争对手价格、采购成本等各种因素确定网站产品定价，保持产品的竞争力和毛利润；销售分析是分析网站各种产品的销售情况，将产品分为若干等级：畅销品、滞销品、潜力产品和不确定产品，寻找并确定畅销品的品种，尽快用促销等方式消化滞销品的库存，通过内外部资源提升潜力产品的销量，分析研究不确定产品的缺陷或不足。

产品销售组负责与市场部联络，确定在推广过程中的策略，确定搜索引擎关键词和描述，以及EMD营销策略，负责与营销分析组确定产品促销方案、促销产品和促销资源的调配。

在策划和编辑组中，网站策划人员负责全站的网站建设、改版、功能设计、购物流程优化等；网站编辑人员负责产品文案撰写、促销文案撰写、网站各频道的内容编写、专题策划和编辑等；美工摄影人员负责产品的图片拍摄和处理、网站页面设计、促销和产品展示页面、Flash的设计等。

（二）电子商务创业团队的构建流程

电子商务创业团队的构建流程如图3-6所示。

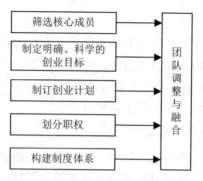

图 3-6　电子商务创业团队的构建流程

1. 筛选核心成员

构建电子商务创业团队的关键一点是找到团队的负责人，这个人是整个团队的核心，他不仅要具备电子商务知识，包括电子商务战略规划、商城建设与运营、互联网营销、网站建设、SEO 优化等，还要具备传统商业运作知识，如品牌规划、营销策略、渠道建设等。

组建电子商务创业团队的第一步是筛选核心成员。当企业刚创立时，需要找到一些志同道合、有创业意愿的人才作为核心成员，共同发起创业并建立初步的团队模式。这一过程是十分关键的，因为团队的核心成员将共同承担创业初期所面临的巨大挑战。他们的经验、技能和意愿对于企业的发展至关重要。找到志同道合的人，可以建立起共同的价值观和目标，形成紧密的合作关系。他们将共同面对创业的风险和压力，并共同努力迈向成功。在选择核心成员时，要注意确保他们具备互补的能力和专长。每个人应该在团队中承担不同的角色和责任，以便实现最佳的团队合作。团队成员之间的专业知识和技能的互补将为企业的发展提供更多的可能性，并提高成功的概率。

一个完备的创业团队该有哪些人？这个问题没有标准答案，但至少应包括下面四种角色。

（1）product visionary：熟悉市场需求的人。

（2）designer：能打造良好用户体验的人。

（3）hacker：能快速解决计算机技术问题的人。

（4）hustler：能快速解决一切其他问题的人。

2. 制定明确、科学的创业目标

团队目标对于团队的发展有着重要意义，明确、科学的团队目标往往遵循 SMART 原则："S"代表"specific"，即明确性；"M"代表"measurable"，即可衡量性；"A"代表"attainable"，即可实现性；"R"代表"relevant"，即相关性；"T"代表"time-based"，即时限性。

（1）S（specific）：明确性。明确性是指要用具体的语言清楚地说明要达成的行为标准。

延伸阅读

什么样的目标才明确

（2）M（measurable）：可衡量性。可衡量性是指以一组明确的数据表述目标，作为衡量目标是否达成的标准。

目标的衡量标准遵循"能量化的量化，不能量化的质化"原则，使目标制定人与考核人有一个统一的、标准的、清晰的、可度量的标尺，杜绝在目标设置中使用形容词等概念模糊、无法衡量的描述。对于目标的可衡量性，首先应该从数量、质量、成本、时间、上级或客户的满意程度五个方面进行；如果不能衡量，可考虑将目标细化为子目标后，再从以上五个方面衡量；如果仍然不能衡量，还可以将完成目标的工作流程化，通过流程化使目标可衡量。

延伸阅读

什么样的目标才可衡量

（3）A（attainable）：可实现性。可实现性是指制定的目标要可实现，既不能定得太高，也不能定得太低，具体可从以下三个维度考虑：① 科学评估团队现有内部资源、能力及条件，形成清晰的团队资源清单；② 合理评估团队成员的潜能，即合理界定团队成员的最大能力范畴，为目标设定一个上限；③ 准确评估团队的外部资源、条件，以梳理团队的外部支撑力量。团队要结合上述三个维度的评估结果，设定科学合理的团队目标，既要给予团队成员实现目标的希望，又要给予他们实现目标的压力，从而提高目标的可实现性和有效性。

（4）R（relevant）：相关性。相关性是指实现团队所制定的目标与其他目标的关联情况。如果制定的目标与其他目标完全不相关或者相关度很低，即使这个目标被完成了，意义也不是很大。工作目标的设定要和岗位职责相关联。例如，某电话营销公司为提高客户满意度，要求前台工作人员学习英语以便接待外宾，这时提升英语水平和前台接待服务质量是有关联的，即学习英语这一目标与提高前台工作水准这一目标直接相关。

（5）T（time-based）：时限性。时限性是指制定目标要有时间限制，根据工作任务的权重、事情的轻重缓急拟定出完成目标项目的时间要求，以便定期检查项目的完成进度，及时掌握项目进展的变化情况，对下属进行及时的工作指导，根据目标执行过程中的异常情况及时调整工作计划。没有时间限制的目标就没有办法考核。上下级之间对目标轻重缓急程度的认识可能完全不同，没有明确时间限定的目标设定有时会带来考核的不公正，伤害工作关系，打击员工的工作热情。因此，团队在设定目标时必须有明确的时间限制。例如，"××将于5月31日之前完成××"，那么"5月31日之前"就是一个明确的时间限制，5月31日之后的任何一天都可以检查这个目标是否完成。

3. 制订创业计划

组建电子商务创业团队的第三步是制订创业计划。有了明确的目标，但没有制订科学的计划，创业成功的概率将大大降低。制订切实可行的创业计划应注意以下一些关键步骤。

（1）市场调研和分析：了解目标市场的需求、竞争状况和趋势；分析目标受众的特点、行为和偏好，从中获取关键信息。

(2）商业模式制定：包括产品定位、收入来源、定价策略等，应确保所制定的商业模式可行且能盈利。

（3）目标市场定位：定位目标受众，描述他们的特征、需求和问题；明确自身产品如何满足他们的需求。

（4）市场营销策略制定：制定详细的市场营销策略，包括品牌建设、推广渠道、广告计划等，确保产品能够被目标市场注意到。

（5）制定财务规划和预算：包括资金需求、预算分配、收入预测等，确保有足够的资源支持业务的启动和运营。

此外，在制订创业计划时，务必保持灵活性，以便随时根据市场反馈和实际情况做出调整和优化。

4. 划分职权

组建电子商务创业团队的第四步是划分职权。所有成员各司其职、权责相当是创业团队保持高效运作的关键。整体运作、生产管理、行政人事等各个部门应实现条块管理，做到既有分工又有合作。有条不紊地管理是创业团队有效工作的基础，有利于团队携手共进，实现创业目标。

5. 构建制度体系

组建电子商务创业团队的第五步是构建制度体系。一个完善的制度体系是确保创业团队有效实施管理的关键。在创业过程中，有效地管理团队成员并建立健全制度体系是非常有必要的。具体包括以下内容。

（1）明确的职责分工和工作流程。完善的制度体系应使每个团队成员都清楚自己的职责和任务，并在工作流程中明确各个环节的责任与协作关系，这有助于减少重复劳动、提高工作效率，确保团队成员之间的合作和协调。

（2）绩效评估机制和奖惩制度。通过建立合理、有效的绩效评估机制，可以对团队成员的工作表现进行客观评价，并据此予以奖励或惩罚，这有助于激发团队成员的积极性和竞争力，促使他们更加专注地为团队的共同目标而努力。

（3）沟通和协作机制。良好的内部沟通和团队协作机制是保持创业团队和谐的关键，可召开定期的团队会议，建立信息共享平台和沟通渠道，促进团队成员之间的交流和合作，加强团队的凝聚力和协作能力。

（4）风险管理制度和决策机制。在创业过程中，各种风险和挑战是不可避免的，建立完善的风险管理制度和决策机制可以帮助团队有效地应对风险，做出明智的决策，并及时调整创业策略。

6. 团队调整与融合

在有效实施前面五步的基础上，团队就进入了一个调整与融合的阶段。由于团队成员的背景、性格、需求和工作方式存在差异，难免会出现一定的矛盾和利益冲突，因此要进行有效的沟通、磨合，以促进团队成员之间的和谐共处，从而共同达到创业目标。

在团队调整与融合阶段，团队成员应该坦诚地表达自己的观点和需求，学会欣赏和尊重彼此的差异，善于利用各自的优势和专长，通过相互配合、协同工作和优势互补，更好地完成任务和实现团队的目标。团队领导者在这个阶段起着重要的作用，他们应该引导团队成员理解团队的整体利益，并协调团队内部的关系，以营造一种和谐的工作氛围。

任务三　诊断分析电子商务创业团队管理问题

任务引入

以小组为单位，选择一家中小微电子商务企业或其某一部门为调研对象，分析其团队建设发展与管理现状存在的问题，提出相应的对策或建议，完成"××电子商务企业创业团队管理诊断分析报告"。本任务旨在考查学生对电子商务创业团队管理相关知识的实践应用能力，锻炼其发展思维，提高其分析问题和提出对策的能力。

任务目标

1. 通过完成任务，掌握电子商务创业团队管理的理论与方法。
2. 通过完成任务，理解成员沟通的重要意义。

任务要求

1. 该创业团队是否制定了创业管理规划？该规划有何不足，应如何改进解决？
2. 该创业团队使用的激励方法是什么？思考如何对团队成员进行有效激励。
3. 如果该创业团队中出现沟通问题，应该怎样合理地解决这个问题？
4. 该创业团队管理中有哪些冲突，应如何解决？
5. 制定自己的团队管理规划、激励措施以及人员管理办法。

任务分析

为了确保创业目标的实现，实施科学合理的团队管理至关重要。首先，清晰而及时的沟通是建立强大团队的基石，而激励员工是成功管理团队的关键因素之一。团队成员在达成创业目标的过程中需要持续的动力和激励，通过有效地促进员工沟通和激励员工，创业者可以建立一个凝聚力强大、高效协作的团队，为创业成功铺平道路。通过本任务的学习，要求学生理解沟通和激励的重要性，掌握沟通和激励的方法。

第三节　电子商务创业团队管理

一、电子商务创业团队管理规划

（一）电子商务创业团队管理规划的原则

1. 目标明确化原则

电子商务创业团队组织结构设置的出发点和归宿只能是完成团队的任务和目标，故衡量电子商务创业团队组织结构设置是否合理的最终标准是：组织结构是否促进了任务目标的实现。

2. 专业分工和协作原则

电子商务企业管理工作专业性强、工作量大，应分别设置不同的专业管理部门，以提高管理质量和效率。同时，由于各部门专业管理之间有密切的联系，因此需要分工与协作，加强横向协调，以发挥整体最佳效益。

3. 统一指挥和分级管理原则

（1）实行首脑负责制。每一级管理层次必须确定一个人负全责并全权指挥，避免多头指挥或无人负责。

（2）正职领导副职制。正副职间不是共同分工负责的关系，而是上下级的领导关系，由正职确定副职的分工范围并授予必要职权。

（3）逐级管理，即"管理链"制。各个管理层次应当实行逐级指挥、逐级负责，一般情况下不应越级指挥。

（4）集权和分权相结合制，该制度可使各级管理层次在规定的职责范围之内根据实际情况迅速而正确地做出决策，这不仅有利于高层领导摆脱日常事务，集中精力处理重大经营问题，还有利于调动下级人员的主动性和积极性。

4. 责权利对等原则

为了建立正常的管理工作秩序，应该明确一定职位、职务应当承担的责任，还应规定其在相应的范围内应具有的指挥和执行的权利。这种责任和权利要对等，防止有责无权或者权利太小、有权无责或者权利过大形成的偏差。前两种偏差将影响管理人员的积极性、主动性，使责任制形同虚设，后两种偏差将助长滥用权利和瞎指挥的不正之风。同时，责任制的贯彻还必须同相应的经济利益相结合，以调动管理人员尽责用权的积极性，否则责任制将缺少必要的动力，无法持久贯彻。

5. 有效管理幅度和合理管理层次原则

管理幅度又称为管理强度、管理跨度，是指上司所直接管理的下属的人数。上司能够有效地领导下属的人数就称为有效管理幅度。有效管理幅度受管理层次、管理内容、管理人员工作能力、组织机构健全程度和信息传递反馈速度等因素的影响。

管理层次是指管理组织系统分级管理的各个层次。一般来说，管理层次与管理幅度成反比关系，管理层次越多，管理的中间环节越多，信息传递速度越慢，信息失真越严重，办事效率越低。而管理层次过少也会导致指挥不力，甚至造成管理真空。因此，在设计组织结构时，必须妥善处理好有效管理幅度和合理管理层次的关系，以提高管理效率。

6. 稳定性与适应性相结合原则

电子商务创业团队首先必须具有一定的稳定性，这样才能使组织中每个人的工作相对稳定，相互之间的关系也相对稳定，这是正常开展电子商务活动的必要条件。同时，管理组织必须具有一定的适应性，因为企业的外部环境和内部条件是不断变化的，如果管理组织、管理职责不能适应这种变化，企业就缺乏生命力、经营活力。应该强调：贯彻这一原则时，应该在保持管理组织稳定性的基础上进一步加强和提高其适应性。

（二）电子商务创业团队管理规划的内容

1. 明确职责权限

明确团队各成员的职责权限是使团队进入良好运作状态的第一步。设置职责权限是建立团队的一个环节，对于电子商务创业团队的整体提升会有所帮助。如果团队人员职责不明确或者权限设置不当，就达不到预期的效果。

2. 明确任务

明确团队是做什么的，明确团队的长期任务和短期任务，这些任务可能是创业团队需要优化提升的问题，也可能是领导交派的任务，还可能是其他部门要求协助的任务，团队必须明确这些任务，做好记录，不要有遗漏。

3. 明确重点

明确了任务，还应当明确这些任务中的重点，分清主次和轻重缓急。对于一个电子商务创业企业来说，如果分不清主次，就可能导致后面的工作推翻前面的工作，所以，一定要对整个创业项目做出统筹，有全局观念，有对轻重缓急的考量。

4. 明确分工

大家都知道了工作的重点，但是不可能每个人都去做同样的事情，这样会浪费很多的时间，也不能完全靠大家的自觉性，这样会出现有的人太忙，而有的人太闲，太忙的人什么都在做，太闲的人不知道去做什么。这就需要团队统一分配好工作，让每个人都有自己的职责、任务和重点，都知道自己应该做什么、当前的重点是做什么。

团队是个人力量的延伸，一个人不能实现的事情，通过团队来做，也许就变得简单了。这也是为什么个人发展到一定阶段，如果想进入下一个发展"快车道"，很多时候是需要组建团队的。因为即使个人的想法、策划很到位，但是一个人的力量实在是太有限了，借助于团队的力量，借助于对工作的合理分工，一个人就成了一个巨人。

5. 明确目标

即使已经明确分工，团队中的每个人都清楚自己做什么，并且已经投入工作，但是还是不够的，因为大多数人对工作的要求是不够苛刻的。在互联网竞争激烈的背景下，我们要比用户更挑剔、比用户更苛刻，只有制定和明确一个"近乎苛求"的目标，团队的工作成效才能不断提升。

6. 明确进度

明确了目标，还要明确什么时候完成目标。如果不能规定一个准确的完成时间，那么一个项目就可能会无限期地拖延下去。同时，还要明确项目的进度，不能快要到时间了，大家再手忙脚乱，应当随时明确进度，即每一个时间段能完成多少，并且随时关注项目的进展。

二、电子商务创业团队激励策略

（一）认识激励

激励是指激发、鼓励、调动人的热情、积极性与主动性，以社会需要和人的内在期冀、愿望、动力的结合为特征，表现为一种普遍的、共性的、积极向上的行为导向。也就是说，凡是能够调动、激发人的积极性、主动性、创造性的行为都属于激励范畴。

激励的核心问题是动机是否被激发，所以激励又可以被称作动机激发。通常，人们的动机被激发得越强烈，激励的程度就越高，为实现目标，也就越努力工作。因此，为了提高团队成员的绩效，需要在管理中善用激励。

（二）激励方式

1. 物质激励

物质激励就是从满足人的物质需要出发，对物质利益关系进行调节，从而激发人的向上动机并控制其行为的趋向。物质激励多以加薪、奖金、福利等形式出现。在目前社会经济条件下，物质激励是不可或缺的重要激励手段，它对强化按劳取酬的分配原则和调动团队成员的劳动热情有很大的作用。例如，合理而有竞争力的薪酬是激发团队成员热情和积极主动性的屡试不爽的有效方式之一。能者多劳、多劳多得、上不封顶等能让有能力者得到最大的发挥，从而为电子商务企业创造最大的效益。

2. 精神和情感激励

不要认为所有团队成员都会因同一件事而受到激励，分别调查分析不同团队成员的需求，有助于企业确定以什么方式激励团队成员。可使用评估记录表及简历表分析团队成员的个体需求，同时要真心实意地关心团队成员（工作及生活中的问题），每个人都难免会因一些私人问题影响工作的积极性，使他们很难全身心地投入工作，可尽量安排与团队成员定期面谈，加深与团队成员的接触与沟通。

3. 信任激励

相互理解和信任是一种强大的精神力量，它有助于团队精神和凝聚力的形成。信任激励就是上司要充分相信下属，放手让其在职权范围内独立地处理问题，使其有职有权，创造性地做好工作。

4. 晋升机会和发展空间

团队成员在职业理想方面有四种类型：① 事业型，即认为自己的工作符合自己的志向，有事业可干、工作有前途；② 福利型，即工作岗位福利好、收入多；③ 轻闲型，图上班方便、工作轻闲；④ 声誉型，所担任职业在社会上声誉好。这些都反映了团队成员不同层次的需要。为了满足他们的这些需要，必须运用行为科学的有关强化理论，尽可能地为团队成员提供实现自身价值的舞台，为团队成员创造进一步拓展的空间和施展才华的机会。

5. 参与机制

尽量使团队成员了解公司的发展计划，以及公司内部正在推进的工作，让团队成员参与到计划和变革工作中，鼓励其提出建议，并适当予以斟酌采纳，这是一种激励团队成员的有效方式。

三、电子商务创业团队沟通管理

（一）沟通的过程与条件

沟通是指两个人或者两个主体之间对某种信息的传递、接收和理解过程。电子商务创业团队沟通即团队内外部发生的所有形式的沟通。

1. 沟通过程

沟通过程是指沟通主体对沟通客体进行有目的、有计划、有组织的思想、观念、信息交流，使沟通成为双向互动的过程。沟通是一个复杂的过程，具体如图3-7所示。

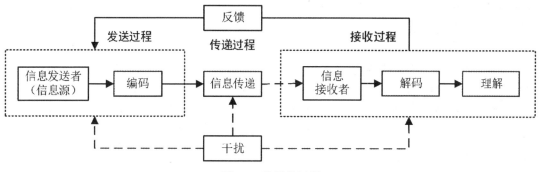

图 3-7　沟通的过程

沟通过程包括五个要素，即沟通主体、沟通客体、沟通介体、沟通环境和沟通渠道。

（1）沟通主体。沟通主体是指有目的地对沟通客体施加影响的个人或团体。沟通主体可以选择和决定沟通客体、沟通介体、沟通环境和沟通渠道，在沟通过程中处于主导地位。

（2）沟通客体。沟通客体即沟通对象，包括个体沟通对象和团体沟通对象。其中，团体沟通对象又分为正式群体和非正式群体。沟通对象是沟通过程的落脚点，因而在沟通过程中具有积极的能动作用。

（3）沟通介体。沟通介体是指沟通主体用以影响、作用于沟通客体的中介，它负责将沟通的主体与客体联系起来，从而保证沟通过程的正常开展。

（4）沟通环境。沟通环境既包括与个体有着间接联系的社会整体环境（政治制度、经济制度、道德风尚、群体结构等），又包括与个体有着直接联系的区域环境（学习、工作、企业、家庭等），以及对个体直接施加影响的社会情境和小型人际群落。

（5）沟通渠道。沟通渠道是指沟通介体从沟通主体传达至沟通客体的途径。沟通渠道不仅能使正确的思想观念尽可能全、准、快地传达至沟通客体，而且能广泛、及时、准确地收集客体的思想动态及其反馈的信息，因而沟通渠道是实施沟通过程、提高沟通效果的重要环节。实际中的沟通渠道有很多，如座谈、拜访等。

2. 沟通条件

（1）有信息发送者和信息接收者。信息发送者作为信息的编辑及发送主体，是必不可少的。信息接收者作为信息的理解及接收客体，往往与信息发送者相互对应。信息接收者不仅能解码信息发送者所发送的信息，还能再次反馈给信息发送者新的信息，实现沟通的循环。

（2）有信息内容。沟通过程中一个必不可少的环节就是传递信息，而信息也必然要有内容才得以存在。信息内容是包容万象的，可以是语言、肢体动作，也可以是图片等静态物体所附属的内容。

（3）有传递信息的渠道和方法。只有信息发送者、信息接收者和信息内容，还不能进行沟通，因为信息需要通过一定的渠道和方法得以传递。沟通的渠道和方法多种多样，如口头表达、书写文字、动作展示等。在实际生活中，不同的信息内容或不同的主客体的沟通需要不同的传递渠道。例如，公司的战略决策就不宜采用口头形式传递，而应采用书面正式文件作为沟通渠道。同时，在实际沟通过程中，往往存在多种沟通渠道或方法共同使用的情况。例如，沟通双方在进行口头沟通时，往往还会运用表情、肢体动作等方式，以达到更好的沟通效果。

（二）沟通的作用

沟通不仅与人们的日常生活密切相关，在团队管理的各个方面也得到了广泛的运用。良好的团队沟通与团队管理者的工作密切相关，随着管理层次的递增，团队管理者用于沟通的时间也会增多。一项研究表明，基层团队管理者工作时间的 20%～50%用于言语沟通；而中、高层团队管理者工作时间的 66%～87%用于面对面沟通和电话沟通。一般来说，团队沟通的作用体现在以下几个方面。

1. 提高团队目标的执行效率

团队中的个体、群体为了实现一定的目标，在完成各种具体工作时需要相互交流、统一思想，并自觉协调。信息沟通可使团队成员团结起来，把抽象的团队目标转化为团队中每个成员的具体行动。没有沟通，一个团队的工作就无法开展，特别是团队管理者通过与团队成员的沟通，可使他们了解和明确自己的工作任务，以保证目标实现。

2. 形成积极向上的团队氛围

团队沟通有利于团队管理者激励下属，建立良好的人际关系，营造和谐的团队氛围。除技术性和协调性信息外，团队成员还需要鼓励性信息。团队沟通可以使团队管理者了解成员的需要、关心成员的状态，并在决策中适当考虑成员的要求，以提高他们的工作热情。同时，团队内部良好的人际关系也离不开沟通。思想和感情上的沟通可以增进成员对彼此的了解，消除误解、隔阂和猜忌，即使不能达到完全理解，至少也可取得谅解，从而形成和谐、积极的团队氛围。

3. 提高团队的整体绩效

团队沟通不仅有助于改进个人所做出的决策，而且能够促进团队成员参与团队管理，完善团队决策。任何决策都会涉及干什么、怎么干、何时干等问题，每当遇到这些亟待解决的问题，团队管理者就需要从团队内部沟通中获取大量的信息情报，然后做出决策或建议有关人员做出决策，以便迅速解决问题。团队成员也可以主动与团队管理者沟通，提出自己的建议，供领导者做决策时参考或经过沟通取得领导者的认可，自行决策。团队内部的沟通可以为团队成员制定决策提供更多信息，增强其判断能力，也可以催生新的创意或解决问题的新路径，从而提高团队的工作绩效。

四、电子商务创业团队冲突管理

（一）冲突的含义

冲突的发生是团队内外部某些关系不协调的结果，表现为冲突行为主体之间的矛盾激化和行为对抗。高效的团队知道如何实施冲突管理，从而使冲突对组织绩效的改善产生积极影响。在无效或低效的创业团队中，团队成员在一起总是极力避免冲突的形成，默认或者允许冲突对团队有效性和组织绩效的提高产生消极影响。团队内的冲突可分为两大类，即认知冲突与情感冲突。

1. 认知冲突

认知冲突是指团队成员对有关电子商务经营管理过程中出现的问题的意见、观点和看法不一致。通俗地讲，认知冲突是论事不论人。客观地说，只要是团队，团队成员之间就难免对经营管理过程的相关问题产生分歧，这是一种正常现象，而且在一般情况下，这种认知冲突有助于改善团队决策质量、提高组织绩效。

认知冲突是有益的。因为它与影响团队有效性的最基本的活动相关，集中于经常被忽视的问题背后的假设。通过推动不同选择方案的坦率沟通和开放式交流，认知冲突鼓励创造性思维，促成创造性方案。作为冲突管理的一种结果，认知冲突有助于决策质量的提高。事实上，没有认知冲突，团队决策不过是一个团队里最能自由表达的或者最有影响力的个别成员的决策。

除提高决策质量以外，认知冲突能够促进团队成员对决策的接受程度。通过鼓励开放和坦率的沟通，以及对团队成员的不同技术和能力加以整合，认知冲突必定推动成员对团队目标和决策方案的理解，增强其责任感，从而有助于执行团队所形成的创业决策。

2. 情感冲突

冲突有时是极其有害的。当创业团队内的冲突导致团队成员间产生个人仇恨时，冲突将极大地降低团队决策质量，并影响创业团队成员在履行义务时的投入程度，影响对决策成功执行的必要性的理解。与认知冲突不同，基于人格化、关系个人导向的不一致性情感冲突往往会降低团队绩效。通俗地讲，情感冲突是论人不论事。

由于情感冲突会在成员间挑起敌对、不信任、冷嘲热讽、冷漠等表现，所以会极大地降低团队有效性。这是因为情感冲突会阻止人们参与影响团队有效性的关键性活动，团队成员普遍不愿意就问题背后的假设进行探讨，从而降低了团队绩效。情感冲突引起的冷嘲热讽、不信任和回避等问题一旦发生，不仅方案质量会下降，团队本身的业务也会不断地受到侵蚀，因为团队成员不再把自己与团队活动联系起来。

有效的团队能够把团队成员的多种技能结合起来，相反，那些彼此不信任或冷嘲热讽的团队成员不会愿意参与必须整合不同观点的讨论中，结果势必造成在集体创新、分享认知、共担风险、协作进取等创业团队企业家精神方面的压制，从而创业团队逐渐变得保守，创业决策质量也大受影响。

同样，那些敌对的或者冷漠的团队成员不可能理解决策，也很难根据他们并没有参与的决策履行相关义务。因此，在多数情况下，团队成员不会很好地执行决策，因为他们没有很好地理解决策。在最坏的情况下，这些团队成员甚至不愿意按照创业团队所设计的思路执行决策，从而降低团队在未来有效运作的能力。

> **延伸阅读**
>
> 团队不和谐？没关系，90%的创新都来自于想法不一致
>
>

综合上述分析，对团队绩效来说，冲突既可能是有益的，也可能是有害的，主要取决于它是认知冲突还是情感冲突。认知冲突可以通过改善决策质量和提高成功执行决策的概率提高团队绩效；情感冲突却会降低决策质量，阻碍决策的顺利执行，甚至使成员不愿意履行作为团队成员的义务，进而导致团队绩效下降。

（二）冲突管理

冲突管理是创业团队领导者必须具备的能力之一。在冲突管理中，创业团队领导者要注意利用激励手段鼓励正面冲突，让团队成员感觉到在通过知识分享实现创业成功后，能获得相应的收益和价值。在制定激励方案时，需要注意以下几个方面的内容。

（1）差异化。虽然民主方案可能行得通，但是与根据个人贡献价值不同而实行的差异化方案相比，它的风险更大，缺陷也更多。一般情况下，不同的团队成员很难对企业做出同等大小的贡献，因此合理的激励方案应该反映出这种差异。

（2）关注业绩。报酬应该与业绩挂钩，而且该业绩指的是每个在电子商务企业早期生命的整个过程中所表现出来的业绩，而不仅仅是此过程中某个阶段的业绩。有许多团队成员在企业成立后几年内所做出的贡献程度变化很大，但报酬没有多大变化，这种不合理的薪酬制度会对企业造成危害。

（3）灵活性。无论哪个团队成员在哪个既定时间段的贡献多大或多小，这种情况都很可能随着时间的改变而发生变化，而且团队成员的业绩也会和预期的有很大出入。另外，团队成员很可能会由于种种原因而必须被替换，这样的话就需要再另外招聘新成员，填补到现有团队中。灵活的薪酬制度包括年金补助、提取一定份额的股票以备日后调整等，这些机制有助于让团队成员产生一种公平感。

（4）开放心态。要塑造创业团队是个整体而不是特意突出某个人的集体印象，这样有助于把团队成员之间的观点争论控制在可管理的范畴之内，而不是演化为团队成员之间的矛盾。一旦发生情感冲突，管理者应该理性地判断团队存续的可能性，通过替换新成员及时化解情感冲突往往比维持旧成员并处理其情感冲突更加有效。

本章概要

本章从电子商务创业团队的内涵、构建和管理三个方面阐述了电子商务创业团队的相

关知识。在电子商务创业团队概述部分，阐述了电子商务创业团队的概念、类型和特征，以及电子商务创业者的素质要求和知识结构；在电子商务创业团队建设部分，阐述了团队建设的组成要素、影响因素与构建过程；在电子商务创业团队管理部分，阐述了管理规划、激励策略、沟通管理和冲突管理四部分内容。

思考练习

1. 什么是电子商务创业团队？电子商务创业团队的特点有哪些？
2. 怎样寻找电子商务创业团队成员？团队成员的角色有哪些？
3. 电子商务创业团队的类型有哪些？
4. 试讨论并制定电子商务创业团队建设方案。
   （1）按照4～5人进行分组，开展头脑风暴并构建一个虚拟电子商务公司。
   （2）分配角色。
   （3）讨论并进行团队制度建设，并形成文字稿。
   （4）讨论并进行团队文化建设，并形成文字稿。
   （5）讨论并制定好每个岗位的职责，并形成文字稿。
5. 如何组建高效的电子商务创业团队？你认为组建过程中最难的是哪一步？
6. 当电子商务创业团队发生冲突时，你会如何调节团队冲突？
7. 实训练习

某公司对员工的考核制度是年初制定目标、年底进行测评，考核结果共分五档：A为优秀；B为良好；C为及格；D为需要辅导；E为不及格。员工只有在连续两个年度中至少获得一次A才有晋升的希望。

但该公司的财务部门不像业务部门那样完成工作有极其明确的客观指标，财务部门有两个团队，其主管在员工考核上的做法完全不同。

甲团队的主管在考核时会完全保密地独自进行，每到年底就要通宵达旦地伏案为如何安排员工等级绞尽脑汁，也不通知成员评选的结果，大家只能通过私下交换消息才能知道一点，很多被评为B级以下的成员愤愤不平。因而一有机会，大家纷纷离去，主管为此还哭过几次。由于人员不稳定，该团队年年进入很多新人，新人配合起来生疏，自然要辛苦许多，甲团队也因此被称为"人才培训基地"。

乙团队的主管在收到测评文件后，随即转发给团队的每一位成员，并告诉大家规则，团队中获得A的成员的总数与团队的总体评级挂钩，大约占1/3。团队提供的是初步意见，最后还要由部门总体平衡，然后让大家互评（包括自己）。这样虽然仍有人会不甘心，但是过程基本透明，不会损伤团队凝聚力。

（1）实训前准备。要求学生提前阅读团队沟通的相关理论知识。
（2）以6～8人为一个小组，对案例进行分析，填写实训表，如表3-3所示。

表 3-3　实训表

从上述案例中可以看出甲团队主管的做法有哪些优点和缺点	
从上述案例中可以看出乙团队主管的做法有哪些优点和缺点	
通过甲、乙团队主管的对比，你有哪些启示	
对于该公司财务部门的两个团队，你能够提供哪些建议	

（3）教师对各小组成员的观点进行点评、分析，总结团队沟通的重要性。

第四章　电子商务创业商业思维

 学习目标

- 认识电子商务创业商业思维；
- 理解电子商务创业商业思维与管理思维的不同之处；
- 认识电子商务创业机会；
- 认识电子商务创业资源；
- 认识电子商务创业能力。

 能力目标

- 正确认识电子商务创业商业思维；
- 能够结合电子商务创业机会、资源、能力进行创业思考。

导入案例

AI 大模型到底是不是创业者的乐土

任务一　认识电子商务创业商业思维

任务引入

2023年5月，习近平总书记再次把"提升思维能力""提升政治能力""提升实践能力"一起作为"以学增智"的要求提了出来，强调"提升思维能力"是要把新时代中国特色社会主义思想的世界观、方法论和贯穿其中的立场观点方法转化为自己的科学思想方法，使之成为我们研究问题、解决问题的"总钥匙"。具体到电子商务创业中，提升思维能力就是要遵循互联网商业的基本运行规律，培养互联网商业思维。在此方面，抖音集团无疑是最好的代表。

2023年5月，抖音电商公布了一组官方数据，其2022年GMV（商品交易总额）同比增长超过80%，直播场观日均达29亿次，共售出了300亿件商品。抖音集团，更名前叫字节跳动，成立于2012年，是其创始人张一鸣的第五次创业，从作为移动互联网新闻客户端的今日头条，到最开始专攻短视频的抖音，字节跳动的一系列产品都瞄准了移动互联网。而字节跳动从未停止过对电子商务的尝试，从2014年的"今日特卖"、2017年的"放心购"到2018年的"值点商城"，以及一直为人津津乐道的短视频带货，字节跳动一直在努力拓展自身的电子商务业务。直到2020年，抖音高调布局直播电子商务赛道，并发布了"抖音电商"品牌，自此电子商务成为字节跳动的战略级业务。而事实证明，字节跳动最初的商业思考也就是商业思维决定了其后的一路高歌猛进。类似的创业成功案例均源自卓越的商业思维，即怎么发现市场机会，并利用自身资源创造价值。

任务目标

1. 通过完成任务，了解创业商业思维模型。
2. 通过完成任务，了解创业机会思维、创业资源思维、创业能力思维的内涵。

任务要求

1. 通过网络调查一个创业成功企业，分析该企业是如何发现市场机会的。
2. 针对该企业，分析其现有资源及其利用资源创造价值的过程。
3. 尝试绘制出自己团队项目的电子商务创业商业思维模型。

任务分析

做什么样的工作，对于每个人的创业具有相当大的影响。也可以说，工作也是在创业，是在为今后真正意义上的创业蓄势。事实上，创业商业思维和管理思维是有区别的。管理思维是一种先计划、后行动（准备好资源后再开始行动）的思维方式，而创业商业思维则是一种先行动、后计划（从拥有的资源出发，在行动中学习和创造）的思维方式。理解创业商业思维对于创业的成功有重要的促进作用。

第一节 电子商务创业商业思维概述

一、商业思维与互联网商业思维

关于商业思维，人们并没有完全统一的认识。很多人将"商业思维"简单地定性为只在商业交易中存在的，甚至认为"商业思维"就是与买卖活动相关的。但是，商业思维的应用范畴远远不止商业活动这么简单，它是生活中的重要内容，在日常的经济行为、个人的事业发展、人际交往中都有着非常重要的作用。美国管理学家拉姆·查兰在《客户说》中提出："商业思维就是把握经营本质的能力，包括利润率、投资回报率以及增长率等。"简单来说，商业思维就是一种"以利益为先"的思维。它既是在商业活动中产生、运用与创新的一整套思考模式，也是通过商业的角度去认知问题、解决问题和创造价值的思维方式。这种思考模式或者思维方式可以帮助我们以创新的视角观察世界，发现并抓住市场机会，获得成功。

在当今社会，商业思维往往决定了创业的成败。本书认为，商业思维是在深刻认识创业市场的基础上，站在商业角度发现市场机会，并且运用自身及外界资源创造价值并确定最终商业模式的思考过程。

在互联网经济模式下，商业思维发生了很多变化，这主要是因为互联网是一个公平、开放的平台，传统的垄断生产、销售模式等已经不再适用，而应该掌握互联网商业思维方式。关于互联网商业思维有多种不同的理解，本书将其定义为：在（移动）互联网、大数据、云计算等技术背景下，基于对创业市场环境的深入分析，发现市场机会，对用户、产品、企业价值链，乃至对整个商业生态进行重新审视，运用内、外部资源创造价值并确定商业模式的思考过程。

与电子商务创业相关的最重要的商业思维是电子商务创业机会思维、电子商务创业资源思维、电子商务创业能力思维。

二、创业商业思维的作用

商业思维往往决定了创业的成败，其在创业中的作用表现在以下方面。

首先，商业思维可以帮助我们发现商业机会。商业机会是指那些可以带来商业利益的机会。这些商业机会可能来自于市场的需求、技术的进步、竞争对手的不足等。商业思维可以让我们更加敏锐地发现这些商业机会，并且能够从中找到切入点。例如，我们可以通过观察市场需求，发现某个领域的市场缺口，从而开发出一种新产品或者服务。

其次，商业思维可以帮助我们利用商业机会获得成功。商业机会只有被利用起来，才能够带来商业利益。商业思维可以让我们更加清晰地认识到商业机会的价值，并且能够从中找到获得商业利益的方法。例如，我们可以通过不断改进产品质量提高客户满意度，从而获得更多的客户和业务。

最后，商业思维可以让我们在行业中保持竞争优势。在商业社会中，竞争是不可避免的；只有保持竞争优势，才能够在激烈的竞争中获得成功。商业思维可以让我们更加敏锐地发现竞争对手的弱点，同时打造自己的优势。例如，我们可以通过不断创新，提高产品的性能和质量，从而在行业中保持领先地位。

三、电子商务创业商业思维模型

电子商务创业商业思维模型是指创业者在电子商务创业过程中所采用的一种商业思维模式。该模型可以帮助创业者更好地理解市场需求，找到商业机会，并有效挖掘自身及外部资源，利用自身拥有的能力，制订出可行的商业计划，最终获取商业价值，如图4-1所示。

电子商务创业商业思维包括创业机会、创业资源和创业能力。要想获得创业成功，机会、资源和能力缺一不可，这也是创业过程中必须解决的三个重要问题。商海浮沉，在网络创业的群体中不乏意气风发的成功者，也有黯然离场的失败者。抖音的创始人张一鸣、美团的创始人王兴、拼多多的创始人黄峥均属于前者。他们除了能审时度势发现市场上独有的商业机会,还有一些共同的特点,那就是他们均毕业于计算机相关专业,拥有相似的学科背景,同时大多有互联网相关的从业背景。这说明除发现创业机会之外,创业资源、创业能力也是必不可少的。

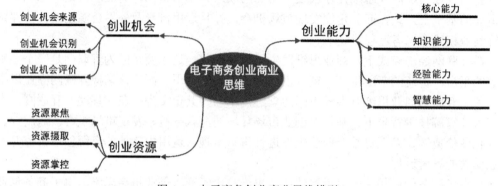

图 4-1　电子商务创业商业思维模型

案例

印奇：微软打造的 AI 尖兵

阅读材料

AI 大模型相关创业

任务二　认识电子商务创业机会

任务引入

党的二十大报告指出:"完善促进创业带动就业的保障制度,支持和规范发展新就业形态。"截至目前,国家出台了多项政策和计划以支持创业就业。政府鼓励自主创业政策的主要对象为大学毕业生,相关优惠政策主要有:可选择多种市场主体类型进行创业,包括个人独资企业、个体工商户、有限责任公司、合伙企业、农民专业合作社等;持人力资源和社会保障部门发放的《就业创业证》的毕业生在毕业年度内创办个体工商户、个人独资企业的，享受税收优惠政策；符合条件的大学生自主创业的，可在创业地按规定申请小额担保贷款；免收有关行政事业性收费；享受创业培训补贴等。政府还针对失业人员、返乡农民工等群体提出了"百万创业计划"，鼓励创业就业。根据数据显示，截至 2022 年年底，已有超过 100 万人通过该计划成功创业。怎样发现创业机会呢？哪些创业机会是可以利用的呢？

任务目标

1. 通过完成任务，了解创业机会的主要来源。
2. 通过完成任务，了解如何识别创业机会。
3. 通过完成任务，了解如何评价创业机会。

任务要求

1. 调查分析技术变革、市场需求变化、制度和政策变化。
2. 针对这些变化，分析可利用的创业机会有哪些。
3. 讨论自己团队项目有哪些商业机会。

任务分析

在电子商务创业中，创业机会是创业管理的核心要素，对创业机会的评价贯穿于创业机会的识别与选择的整个动态过程中。创业过程就是围绕着机会进行识别、开发、利用的过程。创业机会是一个广义的商业机会范畴，但并不是一般意义上的商业机会，借助于价值创造流程中的目的、手段，可以更好地理解创业机会的独特性。所谓目的，指的是计划服务的市场或要满足的需求，表现为最终产品或服务；所谓手段，指的是服务市场或满足需求的方式，表现为用来提供最终产品或服务的价值创造活动的流程和体系。搭配好目的与手段，才能确保商业组织良性运转并获得利润。在商业实践中，无论是目的还是手段，都并非一成不变，商业机会的范畴更为广泛，代表着所有优化现有目的、手段的潜力或可能性。换句话说，商业机会蕴含于目的、手段的局部或全盘变化之中，而创业机会则表现为对目的、手段的全盘或者颠覆性否定，是一种独特的商业机会。

第二节　电子商务创业机会

一、创业机会与电子商务创业机会

马克·吐温曾说："我极少能看到机会，往往在我看到机会的时候，它已经不再是机会了。"在创业中，能够发现创业机会是成功的前提。不同的学者对创业机会做出了不同的表述。

熊彼特（1934）指出，创业机会是通过把资源创造性地结合起来以满足市场的需要、创造价值的一种可能性。由于技术、政治、社会以及其他因素的各种变化，市场时刻处在不稳定、不平衡的状态，为人们发现新的盈利机会提供了可能。

柯兹纳（1979）认为，创业机会是一系列市场不完全（market imperferctions）。因为市场参与者是基于信念、偏好、直觉以及准确或不准确的信息来决策的，他们对可能的市场初期的价格以及将来可能产生的新的市场有不同的推断。机会代表着一种通过资源整合、满足市场需求以实现市场价值的可能性。

巴林格、爱尔兰（2019）认为，创业机会是一组有利于创造新产品、新服务或新需求的环境因素。

沙恩和文卡塔拉曼（2019）认为，创业机会是创造目前市场所缺乏的物品或服务的创意、信念和行动。

蒂蒙斯（1994）提出"机会窗口"的概念，如图 4-2 所示。所谓机会窗口，即特定商机存在于市场之中一定的时间跨度。蒂蒙斯认为，一个创业机会的典型特征有三个：吸引力、持久性和适时性。而机会窗口用来解释持久性和适时性的具体特点，机会的时间跨度越大，市场规模越大，机会窗口越大，创业者越有可能抓住这个机会，否则创业者可能无法抓住这个机会。创业者只有在机会窗口中创业，才有望获得相应的投资回报，否则就可能血本无归。

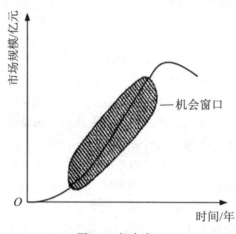

图 4-2　机会窗口

电子商务创业机会则是指在电子商务领域中，通过创新和创业，发现并利用商业机会，实现商业价值和利润的过程。电子商务创业机会可以包括新产品、新服务、新市场、新技术等方面的创新。自称为新电子商务开创者的拼多多将娱乐社交元素融入电子商务运营，这种新的服务模式为其带来了新的创业机会。

案例

瀛海威：失败在黎明到来之前

二、电子商务创业机会的来源

关于电子商务创业机会的来源，不同的学者有不同的认识。

（一）德鲁克的七种创业机会来源

德鲁克在《创新与创业精神》中提出有七种机会来源，分别是：意外事件；不协调事件；程序需求；行业和市场结构；人口统计数据；认知的变化；新知识。

1. 意外事件

意外事件背后蕴含了过去不知道的信息，利用这些信息可以看到商业上新的可能。而利用意外事件的创业过程有三个步骤：发现意外、分析意外、落实行动。2003 年，SARS 的出现让京东不得不尝试线上销售这种新的方式。但是没想到的是，京东通过线上销售发现了"新大陆"，最终成为今天的京东集团。而新东方转型做"东方甄选"电子商务直播源于"双减"政策的实施，却取得了 2023 财年矩阵账号（抖音矩阵账号就是批量运营账号）带货 GMV（商品交易总额）101.83 亿元、年度日均 GMV 约 2790 万元的惊人成绩。

2. 不协调事件

不协调事件包括三种类型：市场供应和需求不协调；市场现状和客户预期不协调；在某个行业或者生产体系、流程中存在不协调。2021 年 5 月 28 日，京东物流集团正式在香港交易所挂牌上市，开盘后股价一路大涨，最高时较发行价 40.36 港元上涨超 18%，市值最高到达 2900 亿港元。京东物流用了 14 年，成功地从一家"企业物流"成长为一家"物流企业"。服务的客户除京东零售之外，还有 19 万企业客户，满足从小件物流到特殊需求物流的多种物流需求。2007 年京东决定自建物流的原因则是当时京东收到的投诉中，一半以上是运输速度慢及货物损坏等与物流相关的问题，而当时的第三方物流服务水平与客户的需求之间出现了极大的不协调。可见，不协调事件中也蕴含着商机。

3. 程序需求

程序需求是指寻找现有流程中所存在的弱点，从而发现商业机会。如在航空服务中，有时虽然机票的价格很低，但是乘客的数量不是很多，调查后发现乘客到机场的路程不是很方便，坐出租车很贵，公交车和地铁也没有合适的路线，故有企业通过建立拼车群提供拼车服务解决了现有问题，取得了成功。

4. 行业和市场结构

电子商务市场发展迅猛，尤其是 B2C 行业的市场规模占比不断扩大，农村网络零售额不断增大，直播电子商务规模不断扩大，这些都属于行业和市场结构的变化。行业和市场结构的变化会带来新的创新机会。2016 年被认为是"直播元年"，国内涌现出了 300 多家网络直播平台，直播用户数迅猛增长。当绝大多数平台都专注于游戏直播、娱乐直播时，蘑菇街第一个把直播引入了电子商务带货领域，成为国内直播电子商务的首创者，蘑菇街也逐渐成为一个"直播+内容+电子商务"的平台。

5. 人口统计数据

创业的机会主要来自于人口结构的变化情况，包括人口的数量、年龄的结构、性别的数量、受教育情况等，这些都能够为创业带来新的机遇。这个比较好理解，如现在的老龄化就带来了很多的创业机会。

6. 认知的变化

在自己意料之外的成功和失败可能会产生新的创新，这是因为它可能会引起认知方面的变化，如最早的时候人们认为只有大企业才用计算机，后来意识到家庭也能用，于是便有了家庭计算机的创新。

7. 新知识

利用新知识创业主要是指知识、技术创新创造新的商业机会。零数科技（原"能链科技"）的创业正是区块链技术在新能源汽车领域应用的结果，该企业目前推出了汽车数据溯源与存证平台（ADTC）和汽车大数据区块链交易平台（VDBP）。

（二）技术机会来源、市场机会来源和政策机会来源

有学者把机会的来源划分为技术机会来源、市场机会来源和政策机会来源。

1. 技术机会来源

技术机会来源于科技进步或现有技术的缺陷，即通过创造提供新产品、新服务，更好地满足顾客需求。例如，随着计算机的诞生，计算机维修、软件开发、计算机操作的培训、图文制作、信息服务、网上开店等创业机会随之而来。人工智能技术的发展带来了创业机会，如成立于 2016 年的寒武纪公司正是一家生产人工智能领域核心处理器芯片的创业公司，已于 2020 年 7 月 20 日在上海证券交易所科创板上市。

2. 市场机会来源

市场机会主要来源于市场变化或现存市场缺陷。例如，高峰时期打车难、出行不方便是城市交通的一大痛点，而滴滴出行创立的初衷是为我国的城市交通问题找到可行的解决方案。滴滴出行设立了一个简单的在线平台，为需要打车的乘客和愿意提供接送服务的车主提供了一个高效的沟通渠道，后来还推出了多种专业的服务，如网约车、顺风车、快车等，还通过与其他公司合作为用户提供更完善的出行服务。作为我国出行市场的领军企业，滴滴出行不断依靠市场机遇开拓新的业务领域。随着移动支付和大数据技术的成熟，以及消费者出行方式的转变，滴滴出行取得了快速增长的市场份额。它在在线支付和解决实际出行问题方面的卓越表现，为滴滴出行带来了庞大的用户群体，让滴滴出行成为市场引领者。

3. 政策机会来源

政策机会主要来源于国家法律和政府政策调整。例如，国家的"双减政策"使整个教育行业面临着形势的巨大转变，而新东方逐渐走出了"微笑曲线"。新东方重新出发，转战直播领域，其旗下直播业务东方甄选 2023 财年上半年（截至 2022 年 11 月 30 日）财报显示，公司总营业收入为 20.8 亿元，同比增长 262.7%；净利润为 5.85 亿元。其中自营产品及直播电子商务营业收入约 17.66 亿元，占总营业收入的 84.9%。浙商证券调研数据显示，

2022年6月14日以后，东方甄选粉丝数扶摇直上，截至2023年2月，抖音平台粉丝数已逼近3000万。俞敏洪分享新东方转型的思考时提到"大势不可违"，任何环境下都必须顺势而为去寻找机会。在政策调整下，如何寻找创业机会？新东方的转型二次创业给我们带来了启发。

三、电子商务创业机会的类型

电子商务创业机会可以分为问题型机会、趋势型机会和组合型机会。

（一）问题型机会

问题型机会指的是由现实中存在的未被解决的问题所产生的一类机会，在人们的日常生活和企业实践中大量存在。例如，消费者购买不便，大量的退货，消费者抱怨无法买到称心如意的商品、服务质量差，等等。这些问题的解决过程中存在价值或大或小的创业机会，需要创业者用心发掘。例如，共享单车企业正是由于发掘并满足了用户"最后一公里"的通行需求而获得了成功。

（二）趋势型机会

趋势型机会主要来源于技术变革、政治和制度变革、社会和人口结构变革、产业结构变革。变革是创业机会的重要来源，没有变革，就没有创业机会。例如，2023年深圳文博会上，一家名为数伴（dipal）的初创科技企业带来的创新裸眼3D新方案受到了广泛关注。数伴用三块巨型屏幕让观众沉浸在上海的风光中，而观众无须佩戴任何设备。在这个虚拟的世界中，观众可以漫步在上海街头，甚至可以与SMG（上海广播电视台）的虚拟主播申芯雅愉快地交流。这种全新的视觉体验让观众仿佛踏入了一个现实与虚拟交织的奇妙世界。数伴演示了可交互的数字人物、跳舞的游戏角色，还计划为玩家提供上传内容的平台、大语言模型驱动的交互和对话功能，以及打造出多种尺寸的产品，以满足不同的场景需求。

（三）组合型机会

组合型机会就是将现有的两项以上的技术、产品、服务等因素组合起来，实现新的用途和价值而获得的创业机会。据联合国世界卫生组织数据，全球每年有6.63亿人口因为缺乏最基础的净水设备而喝不到纯净的饮用水，由此导致了各种疾病甚至造成死亡。面对这种情况，美国卡耐基-梅隆大学公民与环境工程专业博士后特丽萨·丹科维斯基（Theresa Dankovich）想用自己掌握的知识改变触手可及的真实世界。她在实验室埋首钻研8年，历经上千次的试验，终于成功将纳米银离子嵌入纸张，做出了抗菌性极强、质地优良的黄色滤纸。随后，她带着自己研发的纳米银纸张跑到南非、肯尼亚、海地、印度等国家，测试了25种受到严重污染的水源，并完全融入当地的居民生活，和他们一起试用这些滤纸。但在和当地居民聊天的过程中，她惊讶地发觉：最可怕的不是水源受到污染，而是当地居民缺乏最基本的饮用干净水的意识。因此她认为，知识的传播远比这张滤纸重要。于是，她又产生了一个绝妙的主意，即用食用级的墨水将安全卫生饮水的知识印在滤纸上，做成一本"可以喝的书"，如图4-3所示。

图 4-3 可以喝的书

四、电子商务创业机会识别的影响因素

影响电子商务创业机会识别的因素主要有行业经验、认知因素、创造性、社会联系。

（一）行业经验

具有行业经验的人可以更加敏锐地识别出机会、未被满足的利基市场，从而大大缩短创业周期，同时有行业经验的人创立公司后善于将自己意识到的机会变得更加清晰。

（二）认知因素

认知因素属于创业者的个性特征，也叫作创业警觉。创业警觉是指不必周密调查便可觉察事物的能力。具有创业警觉的创业者更能发现别人不能发现的机会。创业警觉是可以通过训练习得的一种习惯性行为。

（三）创造性

机会识别可以描述为一种创造性思维过程。创造是产生新奇或有用创意的过程，可以分为五个阶段：准备、孵化、洞察、评价、阐述。

（四）社会联系

创业者的社会联系决定了其对机会的判断力。有更多的社会联系的创业者比那些没有或社会联系比较少的创业者更容易识别创业机会。因为广泛的社会联系可以让创业者了解更多的商业方法，也可以让创业者掌握更丰富的外部资源。

> **案例**
>
> **美颜拍摄类 App 的创业机会识别**
>
>

阅读材料

Timmons 的创业机会评价框架

任务三　认识电子商务创业资源

任务引入

党的二十大报告指出："依托我国超大规模市场优势,以国内大循环吸引全球资源要素,增强国内国际两个市场两种资源联动效应,提升贸易投资合作质量和水平。"可见,资源整合能力对于经济发展具有非常重要的作用。而对于一个创业企业来说,其整合资源的能力则决定了最终的成败。例如,互联网医院医联的成功就离不开其对医疗资源的整合能力。数据显示,2022 年,我国互联网医疗用户规模达 3.63 亿人,与 2021 年相比增长了 6466 万人,占网民整体的 34%。成立于 2014 年的医联是国内领先的互联网医院之一,它运营的重要基础就是整合优质医疗资源。同时,医联还获得了红杉中国、腾讯、中国生物制药等顶级资本的投资。由此可见,创业资源思维对于创业成功起着非常重要的作用。

那么主要创业资源都有什么?

任务目标

1. 通过完成任务,理解创业资源的构成。
2. 通过完成任务,了解如何整合创业资源。

任务要求

1. 调查创业企业案例,分析其掌握了哪些创业资源。
2. 假设你要创业,思考应该怎样有效地整合现有创业资源。
3. 讨论项目团队成员拥有哪些创业资源、缺少哪些创业资源,如何有效地整合现有创业资源。

任务分析

对于每一个创业者而言,永远要面对的困难就是资源的匮乏。成功的创业者总是能够利用自己仅有的资源巧妙地与其他资源整合。人们在创业时需要具备一定的资源才能顺利启动项目并且逐渐走向经营正轨。若是没有做好充分准备就冲动创业,不仅会处处碰壁,还很容易赔得血本无归。所谓的创业资源,其实就是为创业提供一种武器和依靠,资源越多，能力越强，在市场上的竞争力就会越强，企业或项目越能够顺利地发展壮大，走向更大的舞台。

第三节 电子商务创业资源

彼得·德鲁克提出："企业家就是赋予资源以生产财富的能力的人。"所谓资源，是指对于某一主体具有支持作用的各种要素的总和。对于创业者来说，只要是对其创业项目和创业企业的发展有所帮助的要素，都可以归入创业资源的范畴。创业资源是企业创立以及成长过程中所需要的各种生产要素和支撑条件。创业本身也是一种资源的重新整合。

并非所有的资源都能转化为竞争优势。企业资源基础理论（resource-based view，RBV）是由美国管理学者伯格·沃纳菲尔特于1984年正式提出的，其主要观点是：企业是一个资源集合体，企业所拥有或控制的资源影响企业的竞争优势和收益水平，而企业成长战略的实质就是在运用现有的资源与培育新的资源之间寻求平衡。美国管理学者杰伊·巴尼则在1991年指出，组织绩效主要取决于三类重要的内部资源：物质资源、人力资源以及组织资源。同时，他还明确提出了成为异质性资源所必须具备的四个特性（VRIN），即价值性（valuable）、稀缺性（rare）、难以模仿性（imperfectly imitable）和无法替代性（non-substitutable），并且指出，这四个特性是这些异质性资源创造组织的基础，构成了企业竞争优势的内生来源。当资源达到以下四个标准时，它们便可能成为企业核心竞争优势的基础：① 价值性——只有当你可以借助某种资源或能力挖掘外部机会或避免威胁时，它才是具有价值的；② 稀缺性——现有的或潜在的少数竞争者掌握它们时，它们便是稀缺的；③ 难以模仿性——其他公司无法获取这种资源时或需要付出更多的成本才能得到时，它便是难以模仿的；④ 无法替代性——没有与其类似的资源或能力时，它便是无法替代的。

一、电子商务创业资源的分类

电子商务创业资源是指电子商务创业过程中所有能够提供帮助和支持的资源，按照不同的分类依据，可以划分为多种类型。

（一）按照归属权划分

从所谓"归属权"的角度来看，可以把电子商务创业资源划分为内部资源和外部资源。

1. 内部资源

内部资源是指创业企业或者创业团队自己所拥有的，能够自由配置和使用的各种资源，如企业的创业者、员工、自营网站、自营App、企业公众号、企业网站注册用户、土地、厂房、机器设备、材料、资金、技术等，甚至可以包括创业者及其员工的时间。只要这种配置和使用不违反现行的法律法规，基本上就不会受到阻止和反对。

2. 外部资源

外部资源是指创业者或者创业企业并不具有"归属权"，但通过某些利益共同点而可能在一定程度上加以配置和利用的各种资源。常见的外部资源如原材料供应商、技术供给者、销售商、广告商以及相关政府部门等。对于一些借助于第三方平台的电子商务创业者来说，平台也是重要的外部资源。在有些情况下，创业企业为了减少交易或者沟通的成本，可以考虑把某些外部资源转化为内部资源。

（二）按照资源"认知度"划分

实际上，对创业项目和创业企业的发展有所助益的要素是很多的，其中有些是创业者已经看到的，但还有更多的是创业者没有看到的，至少是没有完全看到的。因此，从创业资源的"认知度"角度来说，可以把创业资源分为现实资源、潜力资源和潜在资源。

1. 现实资源

现实资源是指那些创业者已经完全认识到其作用的方面和程度的创业资源，如网站、App、公众号、注册用户、机器设备、原材料、厂房、资金等。

2. 潜力资源

潜力资源是指那些已经被创业者关注，但创业者可能还没有完全认识其作用的方面和程度的创业资源。例如，人员（无论内部还是外部）就是一种典型的潜力资源，一个平时不太被关注的人最终可能为创业做出重大贡献。

3. 潜在资源

潜在资源是指那些创业者可以利用却还没有发现的创业资源。从某种意义上说，这种资源所占的比例可能是最大的，但其作用的不确定性往往也是很大的。

（三）按资源类别划分

按资源类别划分，电子商务创业资源可以分为人力资源、财务资源、物质资源、信息资源、社会资源、组织资源和技术资源。

1. 人力资源

人力资源是企业最重要的资源之一，也是电子商务创业过程中的关键资源之一。在创业初期，创业者需要建立一支高素质的团队，这样才能有更大的概率取得成功。一个高效的团队需要成员具备不同的专业技能，协同作战，共同完成创业任务。乔布斯曾经说过："刚创业时，最先录用的 10 个人将决定公司成败，而每一个人都是这家公司的十分之一。如果 10 个人中有 3 个人不是那么好，那你为什么要让你公司里 30% 的人不够好呢？小公司对于优秀人才的依赖要比大公司强得多。"

2. 财务资源

财务资源是电子商务创业过程中必不可少的资源之一。购买物资、雇用人员、购买或租用服务器、注册域名、开设公众号、建立网站、推广产品等需要大量的资金。因此，财务资源非常重要。创业者可以通过银行贷款、天使投资、风险投资等方式获得财务资源。

2021 年 10 月 12 日，国务院办公厅印发了《关于进一步支持大学生创新创业的指导意见》，这是第一个由国务院出台的专门针对支持大学生创新创业的政策文件，明确提出要加大对大学生创新创业的财税扶持和金融政策的支持力度，落实落细减税降费政策，做好纳税服务，强化精准支持；鼓励金融机构按照市场化、商业可持续原则对大学生创业项目提供金融服务，解决大学生创业融资难题；引导创新创业平台投资基金和社会资本参与大学生创业项目早期投资与投智等。在财税、金融等政策扶持下，大学生创新创业成果转化将有效落地。

3. 物质资源

物质资源是指电子商务创业过程中需要的各种物资，如生产设备、写字楼、仓库等。这些资源对于创业者来说是不可或缺的，创业者需要考虑如何在最短时间内获得所需物资，以便尽快开始创业。

2020年7月30日，国务院办公厅发布《关于提升大众创业万众创新示范基地带动作用 进一步促改革稳就业强动能的实施意见》，提出进一步提升双创示范基地对促改革、稳就业、强动能的带动作用。在此意见指导下，各地对符合政策要求的创业孵化基地进行扶持，这些创业基地除了为创业者提供资金支持、法律咨询等方面的服务，最重要的是为创业者提供舒适的工作空间，包括办公设备、会议室等设施。这些设施有助于提高创业团队工作效率，促进团队协作。

4. 信息资源

信息资源是指电子商务创业过程中需要的各种信息。相比传统创业，电子商务创业非常依赖于信息资源，创业者需要获取市场信息、行业信息、政策信息等，以便更好地制定创业策略，规划未来的发展方向。

谋事文化作为国内商业、创业领域的头部MCN（多频道网络）机构，在百余位达人的配置下，成功在全网斩获1.8亿粉丝的关注。为了将"解决普通人干点啥的问题"的企业使命践行到底，更是在2016年打造了一个商业知识付费平台——谋事App。谋事App作为一款专注于商业、创业领域的知识付费平台，致力于为广大用户提供最新、最实用的商业资讯和创业指导，从行业动态、市场分析到管理策略、创新思维，涵盖了创业者和企业家所关注的各个方面。谋事App的诞生也说明了创业中信息资源是非常重要的，也是创业中的刚需。

5. 社会资源

社会资源是指由于人际和社会关系网络形成的关系资源。从我国的电子商务创业环境来看，创业企业的活动需要相应的政治法律环境、经济环境和社会自然环境，只有在正确地处理好与各个组织之间的关系的条件下，企业才能获得更多的国内外人才、贷款和投资、各种服务与优惠等。伯利认为，创业者利用网络关系来获得可利用的信息、好的建议、经营担保、设备、土地和资金。德科宁证明了机会根植于社会环境。许多研究关注于机会识别过程中特定社会角色的作用，如风险投资家的作用、大学的作用、区域发展代理机构或孵化器的作用。

据天眼查数据，截至2024年3月，雷军在59家企业担任股东，在14家企业担任法人，在48家企业担任高管。雷军做天使投资有三条原则：一是不熟不投；二是只投人，不投项目；三是帮忙、不添乱。因此，在创业中，社会关系是非常重要的资源。

6. 组织资源

组织资源包括组织结构、作业流程、工作规范、质量系统，通常是指组织内部的正式管理系统,包括信息沟通、决策系统,以及组织内正式和非正式的计划。

2023年"1+6+N"组织调整是阿里巴巴"24年来最重要的一次组织变革",六大业务集团及业务公司可以独立融资或独立上市,意味着阿里巴巴的整体估值将得到大幅提升。马云回国、阿里巴巴宣布启动"1+6+N"组织调整、具备条件的业务集团和公司将独立上市……一系列有关阿里巴巴的消息在市场中流传,让阿里巴巴股价反应积极。对于企业来说,组织结构也是决定组织创业成败的关键。

7. 技术资源

技术资源包括关键技术、制造流程、作业系统、专用生产设备等。

计算机视觉技术应用领域是人工智能最大的细分领域。人工智能软件公司商汤科技自成立以来在各项全球竞赛中已获得70多项冠军、发表了600多篇顶级学术论文。截至2021年年末,商汤科技拥有的全球专利资产(包括已申请了专利的技术及已获批的专利技术)累计11 494件,较2020年年底增长了96%,其中发明专利占比78%。在11 494件专利中,包括国内的5653件及海外的5841件;全球累计获授权专利2020件,其中国内授权1487件,海外授权533件。此外,商汤科技还拥有注册商标及商标申请4478件、软件版权登记569件、作品版权登记66件以及560件注册域名。截至2022年6月末,商汤科技的专利资产达到11 447件,而另一家行业龙头科大讯飞的专利资产为5138件,商汤科技的专利数量是科大讯飞的两倍多。在专利数量上,商汤科技已较国内对手建立起了明显的领先优势,未来业绩可期。由此可见,技术资源在创业中起着非常重要的作用。

二、电子商务创业资源的整合

所谓电子商务创业资源整合,是指寻找并有效利用各种电子商务创业资源的过程,这一过程应当符合两个基本原则:尽量多地发现有利的创业资源;以效率最高的方式配置、开发和使用这些创业资源。

(一)内部创业资源整合

内部创业资源基本上涉及人力资源、财务资源、物质资源和技术资源这四个主要的方面(见表4-1),除人力资源以外,其他企业资源的作用都相对明确,只要配置合理就能很好地发挥作用。

表4-1 内部创业资源

资源名称	对资源的认知
创业者	素质与能力、社会关系网络、需求特征
创业企业员工	素质与能力、社会关系网络、需求特征
创业企业的固定资产	寿命周期、使用成本、有效配置
创业企业的流动资产	使用成本、有效配置
创业企业的资金	使用成本、有效配置
创业企业的技术资产	后续研发、拓展应用

1. 内部创业资源整合的原则

与外部创业资源相比,内部创业资源具有很强的明确性,因此内部创业资源整合最根本的目标就是更有效地配置和使用这些资源,而不是像外部创业资源整合那样需要不断地发掘各种新的资源主体。因此,我们可以把内部创业资源整合形象地比喻为"内部挖潜"。鉴于内部创业资源的特点,在内部创业资源整合的过程中应当遵循如下基本原则。

(1) 公平原则。创业资源的整合要体现双赢,因此,对于具有相对独立的利益主体特征的资源,在整合的过程中要体现不同资源主体之间的公平。尤其是对于内部的人的资源,由于创业者或者创业企业员工之间平时都有沟通,所以不公平的现象很容易浮现出来,给资源整合带来负面的影响。

(2) 当前利益与长远利益相结合的原则。创业资源整合的根本目的就是实现创业企业利益的最大化,但这一利益还有当前和长远之分。因此,在内部创业资源整合时,要充分协调好当前利益与长远利益之间的冲突。任何基于当前利益而对创业资源的过度开发都会给企业的长远发展带来隐患。

(3) 缓冲原则。困难和挫折是创业企业常会遇到的事情,而应对这些困难和挫折更多的是依靠创业企业的自有资源,因为任何一个利益主体都不会愿意冒太大的风险去帮助一个新创建的企业渡过难关。因此,在内部创业资源整合的过程中一定要留有余地,以满足不时之需。例如,在资金方面适当地储备资金是有一定必要性的,因为当创业企业处于困境时,二次融资是非常困难的。

2. 内部创业资源整合的基本方法

(1) 人力资源整合。在电子商务创业企业或创业团队当中,创业者和员工作为一个个独立的利益主体能够集合在一起,是因为具有共同的目标和需求。但不可忽视的是,每个人都有自身的独特需求和目标,这些独特需求和目标既为整合提供了可能,也对整合发起了挑战。基于人的趋利性,对人的整合必须与激励机制结合起来,在成本适当的前提下,使所有内部人的利益(不一定是经济利益)总和最大化,这应当是人力资源整合的根本目标。除经济利益以外,企业及个人的发展前景和企业文化(或团队文化)的渲染也是整合人力资源的有效措施。此外,给内部人以展示的机会和场合,也是实现人力资源有效整合的重要前提,因为只有这样才能了解每个人的素质和能力,才能更好地进行人员分工。

(2) 资产性资源整合。资产性资源是指创业企业内部的固定资产、流动资产和资金等。除不具备利益主体的特性以外,资产性资源还具有很强的可度量性。因此,强化财务管理是实现资产性资源有效整合的重要工具。具体来说,就是要建立完善的财务管理和决策的相关体系与制度,对资产性资源的配置和使用展开财务核算,以经济效益作为选择整合手段和方法的重要标准。

(3) 注重时间对资源整合的影响。实际上,时间也可以看作创业企业的一种重要的内部资源。时间的效益主要是通过影响其他资源的配置来实现的。以机器设备为例,很多技术含量较高的生产设备的报废并不是因为物理磨损,而是因为技术磨损。也就是说,尽管这些机器设备还可以运转,但其技术水平已经落后了,已经被新的机器设备所取代了。这样,就可以通过这些机器设备的更多连续运转来尽量降低技术进步带来的风险,这也就体现了时间对资源整合的影响。

（二）外部创业资源整合

与内部创业资源相比，外部创业资源更加复杂：首先，这些外部创业资源都是相对独立的利益主体；其次，这些外部创业资源与创业者或者创业企业的关系更加复杂，创业者或者创业企业开发、配置和使用这些资源的难度更大；最后，很多外部创业资源不是直接摆在创业者和创业企业面前的，需要去寻找、发掘或选择，因此具有相当大的不确定性，如表 4-2 所示。

表 4-2　外部创业资源

资 源 类 别	具 体 资 源
相关政府机构	园区管理委员会、工商行政管理部门、税务管理部门……
商业化服务组织	ISP（网络业务提供商）、ICP（网络内容服务商）、银行、技术市场、管理咨询公司、会计师事务所、律师事务所、投资机构、广告公司
非营利性服务组织	慈善基金会、公益组织
产业链相关组织	原材料供应商、机器设备供应商、潜在顾客、批发商、零售商、代理商
可能的合作伙伴	高校、科研院所等研究机构
竞争者（竞合）	竞争者
创业团队的个人社会网络	与创业者存在人际关联的单个人

1. 外部创业资源整合的原则

由于电子商务创业者或者创业企业对外部创业资源缺乏控制权和支配权，所以外部创业资源整合无论是在难度上还是在进展的缓慢程度上，都超过对内部创业资源的整合。或者可以说，对内部创业资源进行整合的目的是提高效率，不存在不可利用这些资源的问题，而在外部创业资源整合方面，基本的目标是保证可以利用这些外部创业资源，然后才能谈到效率问题。在外部创业资源整合上，应当遵循如下几个基本原则。

（1）比选原则。由于外部创业资源的多样性，所以有助于某一创业项目的外部创业资源可能有很多，利用不同外部创业资源都具有不同的收益、成本和不确定性。因此，创业者要根据创业项目发展的需要、自身的实力及资源的特点，选择最适合的外部创业资源。

（2）信用原则。可以说，与外部创业资源打交道，实际上就是在与人打交道。因此，在外部创业资源的整合过程中，信用和信誉将是决定能否长期利用某些资源的关键因素。

（3）提前原则。由于外部创业资源整合的难度较大、进展相对较慢，并且外部创业资源的挖掘也需要一定的过程，所以创业者和创业企业不能等到需要时再去考虑外部创业资源整合，而是应当具有一定的超前意识，适当提前实施对某些外部创业资源的整合。

2. 外部创业资源整合的方法

（1）重视信息的作用。对于很多外部创业资源，创业者首先要去找，找得到才能谈得上利用问题。因此，信息就成为外部创业资源整合的基本要素。要想获得良好的外部创业资源整合效果，就必须找到尽量多的能够满足某一具体创业目标的资源要素，然后再选择最适合的。

（2）适当引入竞争。在某些情况下，有些外部创业资源可能会主动参与创业企业的资源整合。例如，对于一个非常有前景的创业项目，可能会有很多机构愿意作为其产品的代理。此时，创业企业或创业者就可以通过引入竞争的方法获得对自己更为有利的代理条件。

（3）注重成本分析和不确定性分析。外部创业资源整合不仅在效果上，甚至在成本上都存在着很强的不确定性。如何看待和处理这些不确定性将是影响外部创业资源整合的重要因素。

案例

作业帮二合一学习机上线：海量教学资源是核心优势

任务四　认识电子商务创业能力

任务引入

2021年8月17日，习近平总书记在中央财经委员会第十次会议上指出："提升全社会人力资本和专业技能，提高就业创业能力，增强致富本领。"在创业中，能力与创业成功关系紧密。新创企业能否实现市场的生存与成长，关键在于能否从机会管理转向能力管理，实现能力的不断增强——能力增强需要积小成大、积少成多。核心能力除"价值性、异质性、稀缺性、难以被模仿性、难以替代性"等特征以外，还有一个重要特征，即组织性。一般认为，组织的核心能力主要是指企业文化、心智模式、组织视野等。

任务目标

通过完成任务，理解电子商务创业能力的主要内容。

任务要求

1. 通过网络调研，调查各种创业能力是如何应用于创业中的。
2. 分析项目团队成员各自具备哪些创业能力，以及他们在项目中如何发挥各自的能力。

任务分析

创业能力是指拥有发现或创造一个新的领域，致力于理解创造新事物（新产品，新市场，新生产过程或原材料，组织现有技术的新方法）的能力，能运用各种方法利用和开发它们，然后产生各种新的结果。具有什么样的能力才可能创业成功？应该如何掌握各种创业能力，从而获得创业成功？这是每一个创业者都必须面对的问题。

第四节　电子商务创业能力

关于电子商务创业能力的内涵，至今没有形成统一的认知。从创业逻辑来分析，电子商务创业能力可以分为知识能力、经验能力和智慧能力。

一、知识能力

德鲁克提出："无论在西方还是在东方，知识一直被视为'道'的存在，但几乎一夜之间它就变为'器'的存在，从而成为一种资源，一种实用利器。"企业一定要拥有知识管理能力，很多企业号称数字化、信息化，但是它们所拥有的知识是很机械、很传统，甚至很落后的。

（一）认识知识时代

德鲁克认为，知识驱动变革共分为以下三个阶段。

（1）知识被运用于生产工具、生产流程和产品的创新，从而产生了工业革命。

（2）知识被赋予新的含义并应用于工作之中，引发生产力革命。

（3）知识被应用于知识本身，这就是"管理革命"。

当前，知识已经成为重要的生产力要素，决定了创业企业最终的发展高度。因此，对管理知识的能力是创业者首先应具备的能力。

与工业时代相比，知识时代的经济价值链与核心资源发生了重大变化。工业时代向知识时代的发展改变了商品制造和服务的基本过程与价值取向，其间的价值链发生了根本性变化。在工业时代，其价值链是提取—制造—流水线生产—市场—销售—产品（服务）；而在知识时代，其价值链是数据—信息—知识—专门知识—市场—服务（产品）。

（二）知识能力的组成

与电子商务创业有关的知识包括技术知识、业务知识和市场知识。要将知识应用于创业并取得价值，需要具备以下几个方面的能力。

1. 对知识进行"资本运作"的能力

只有经过资本运作的知识、能带来增值（创造出比自身价值更多的价值）的知识，才有可能成为创业者的知识资本。知识本身不会产生财富，除非加以组织，并以实际的行动计划精心引导，才能达成累积财富的确切目标。"知识就是力量"，只不过对于创业来说，知识是"潜在的"力量而已。只有经过"资本运作"，人们才能将知识转变为创业的基础。

2. 对知识进行创新的能力

所谓创新，按熊彼特的观点，是把一种从来没有过的关于生产要素的"新组合"引入生产体系，并给企业家带来利润。创业通常要将各种知识的组合引入生产体系，将知识转化为新产品、新工艺或新服务。创新既是创业的基础，又是创业的手段。任何创业都需要创新，需要创新精神和创新能力。比尔·盖茨就是以创新为依托创办实业而取得成功的。

3. 对知识进行管理的能力

研究表明，知识是决定组织能力的关键要素。哈默尔和普拉哈拉德（1990）最初提出了核心能力的概念，指出："核心能力是组织的积累性学识"。从这个最初的概念中可以提炼出企业核心能力的三个关键之处：知识性、整合性、积累性。哈默和赫尼（1994）共同主编的《核心能力概念：在能力基础的竞争中》一书的序言中进一步指出："毫无疑问的一种核心能力包含隐性知识与显性知识。"这里的隐性知识包含技能知识（know-how）和人力知识（know-who），显性知识包含事实知识（know-what）和原理知识（know-why）。对于核心能力，巴顿（1992）明确指出，组织的核心能力是使组织独具特色并为组织带来竞争优势的知识体系，它包括四个维度：员工的知识和技能、物理的技术系统、管理系统，以及价值和规范。在以上四个维度中，前两者构成重要的知识储备库，后两者构成管理和控制知识系统。组织知识是组织能力的基础，通过对组织知识的有效管理可以改变组织的能力。而知识管理的关键环节是知识的整合与分享，通过知识分享可以实现知识的有效转移，使个人知识、隐性知识转化为组织知识和团队知识。有学者提出，知识管理的流程主要包括六个环节，包括知识的定义、获取、创造、分享传递、利用和存储。一个有效的知识管理流程能让知识存量快速地积累，而流量也能畅通无阻。

二、经验能力

经验能力主要强调对于事物的观察，它主要包括四个方面的经验：专业经验、项目管理经验、领导经验、跨文化的经验。

（一）专业经验

专业经验指的是针对电子商务创业方向相关专业的工作经验。基于自身专业创业的创业者较为普遍。例如，字节跳动的创始人张一鸣、美团的创始人王兴、拼多多的创始人黄峥均有计算机相关专业的学习背景，大疆的创始人汪滔则毕业于香港科技大学电子及计算机工程学系，他们的创业方向均与自己的专业背景有一定关联。

（二）项目管理经验

创业项目成功与否与创业团队的项目管理经验关系密切。创业中的项目管理体制是一种基于团队管理的个人负责制，其要点是提供一种针对创业的指导思想，使得创业项目有顺利实施的环境。创业中项目管理的范围是创业项目的整个生命周期。创业项目生命周期由需求分析、方案设计、项目搭建执行及运营维护四个阶段构成。概括地说，项目管理就是对项目整个生命周期各个阶段所面临问题的组织、计划、协调与控制，以保证创业项目预期目标的顺利实现。不同类型的创业项目有着不同的阶段性管理任务，但基本都具有以下几项主要任务：项目建立、费用支出、进度控制、质量监控与信息管理。很多成功的互联网创业者均有在其他企业管理项目的经验，如网络安全企业赛博昆仑的创始人郑文彬在创业前曾担任360首席技术官兼首席安全技术官，拼多多的创始人黄峥创业前曾供职于谷歌并参与谷歌中国办公室的创立。

(三）领导经验

一个成功的创业者，除了要具备专业经验、项目管理经验，领导经验也是必不可少的。创业者是初创企业的掌舵人，需要为企业制定战略规划并督促、管理该规划的执行。他们不仅被看作某种经济体的所有者或管理者，也被视为某个团体的领导者。从创业者所承担工作的本质来看，创业者必须是领导者。成功的领导者要依靠他人来实现目标。创业者如何看待自己的员工将决定他们的领导风格。拥有领导经验的创业者能够更好地把控企业。

（四）跨文化的经验

跨文化的经验是指个人在从一个组织或公司转移到另一个组织或公司时所获得的经验。在不同的企业文化中工作，可以帮助个人了解和适应不同的工作环境和价值观。例如，个人可以学习和理解不同公司的价值观和目标，并将其与自己的工作和职业发展目标相匹配。另外，个人可以学习并适应不同的工作流程、层级结构和沟通渠道，以更好地与团队合作和协作，还可以学习并了解不同领导者的管理风格和偏好，以更好地与领导者合作和发展。

三、智慧能力

（一）智慧能力的内涵

智慧能力是指思考分析、通情达理或寻求真理的能力。它和智力、聪明不同，更重视哲学思维上的能力。要成为一个有智慧的创业者，需要有不断学习的意识。通过学习和实践，创业者可以有效地提高自身的综合能力，特别是领导力和决策能力。只有将经验与思想结合起来，才能取得创业的成功。

在心理学领域，所谓"智慧"（wisdom），就是"明智的推理"（wise reasoning）。这里的推理与"逻辑推理"不同，不是指做数学题或者案情推理，它的内涵更广泛一些，是指通过理性思考，对生活中遇到的挑战做出正确的选择和判断。

智慧都需要什么能力呢？要对周围环境非常敏感，能以更阔的视野看待问题；要保持灵活，能同时考虑不同的观点；要善于自我反省，承认自己的认识是有限的。有研究表明，这种能够具体问题具体分析的能力，对提高个人的生活水平来说，比智商更有用。

（二）电子商务创业者应拥有的智慧能力

电子商务创业者应该拥有以下三个方面的智慧能力。

1. 智识上的谦逊

创业者智识上的谦逊表现在以下几个方面：愿意接纳和学习新知识；了解自我知识能力的局限性，不着急做出主观判断；愿意与持对立观点的人沟通；没有"非此即彼"的想法；善于从多个角度考虑问题；尽可能多地收集信息；放下能控制一切的执念和想法；等等。

2. 超越自我的理性

超越自我的理性意味着创业者不能刚愎自用，要对事物保持理性的认知，对自身所处的位置及"当局者迷"的可能性有足够的预判,善于从旁观者的视角看待问题。

3. 考虑他人的观点

创业者需要坚持自己的观点,不能随意被他人左右,同时要善于接纳别人的意见,能了解不同观点的利弊,能理解事件参与各方的想法和立场。电子商务创业者不仅要考虑自己的利益,也要考虑与他人的观点。尤其要注意,成功的电子商务创业都是用户导向的,因此倾听用户的声音是必不可少的。

案例

赛博昆仑是如何理解网络安全需求的

本章概要

本章从分析电子商务创业商业思维出发,首先对商业思维的基本概念进行了阐述,在此基础上分析了创业机会、创业资源和创业能力,进而认识了电子商务创业商业思维的运用过程。

思考练习

1. 结合案例论述商业思维的作用。
2. 目前市场变化给我们带来了什么样的创业机会?
3. 你认为在电子商务创业中,最重要的资源是什么?为什么?

第五章　电子商务创业商业模式

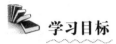 **学习目标**

- 理解商业模式的内涵；
- 理解商业模式的逻辑；
- 掌握商业模式的类型；
- 了解商业模式的基本要素；
- 理解并掌握魏朱六要素模型；
- 掌握商业模式画布的构成要素；
- 掌握商业模式设计的原则及步骤；
- 了解商业模式与盈利模式的联系与区别；
- 了解盈利模式的类型；
- 掌握商业模式创新的方法。

 能力目标

- 正确认识商业模式的逻辑；
- 能够运用魏朱六要素模型分析企业的商业模式；
- 能够用商业模式画布分析成功企业的商业模式，并设计小组项目的商业模式；
- 能够分析企业的盈利模式，并设计小组项目的盈利模式；
- 能够挖掘商业模式创新的新方法。

 导入案例

新华文轩的商业模式创新

任务一 初识商业模式

任务引入

党的二十大报告指出:"构建优质高效的服务业新体系,推动现代服务业同先进制造业、现代农业深度融合""加快发展数字经济,促进数字经济和实体经济深度融合"。习近平总书记强调:"我们要把握数字化、网络化、智能化融合发展的契机,以信息化、智能化为杠杆培育新动能"。本任务旨在让学生感悟数字技术对商业模式的影响,理解并思考新时代商业模式对高质量发展的重要性,树立创新强国理念。

美国高原资本的合伙人希金斯说过:"回顾我们公司的发展,我们认为每次失败都归于技术,每次成功都归于商业模式。"哈佛大学著名学者玛格丽特在《商业模式为什么重要》中指出:商业模式说到底就是创新者如何赚钱的故事,就是对创业者拟开展的商业创新活动进行的设想编排。企业就其某项业务如何持续赚钱的设想编排,就是这家企业为该项业务设计的商业模式。最简单的说法就是企业关于持续赚钱的方案安排就是商业模式。可见,重视商业模式、打造适应时代特点的商业模式、尊重商业逻辑至关重要。对于初创企业来说,要想设计出适合自身企业的商业模式,需要从学习、分析成功商业模式开始,从模仿开始,从深入挖掘自身产品或服务的潜能并思考其是否能顺应时代发展需要、是否能满足顾客需求开始。

从案例"新华文轩的商业模式创新"中可以看到商业模式的创新发展给新华文轩带来了新的机遇。请结合案例思考什么是商业模式、新华文轩是如何改变原有商业模式实现成功的。

任务目标

1. 通过完成任务,理解商业模式的内涵。
2. 通过完成任务,理解商业模式的逻辑。
3. 通过完成任务,了解电子商务商业模式的类型。

任务要求

1. 从新华文轩的案例中提炼关键词,思考什么是商业模式,以及新华文轩商业模式的成功之处表现在哪些方面。
2. 在网络上搜索至少两个商业模式案例,要求至少有一个是失败的案例,应用对比分析法,以小组形式探讨成功或失败的原因。
3. 模仿成功案例,试着设计一下自己团队项目预计采用的商业模式。

任务分析

商业模式对企业的创立、发展有着举足轻重的作用。面对复杂多变的市场环境,创业者需要掌握商业模式的设计理念和方法。通过这一节的学习,能够帮助创业者建立起构建商业模式的意识，并为设计适宜的商业模式奠定基础。

商业模式是伴随着企业的诞生而诞生的，无论是市值千亿美元的苹果、亚马逊，还是街边的奶茶店，都有着各自的商业模式。商业模式是企业运营和管理的指南，合理的商业模式可以帮助企业明确自己的目标和战略，指导各项运营和管理决策，确保企业始终朝着正确的方向前进；也可以帮助创业者厘清商业逻辑，明确产品、用户、推广和盈利模式等关键问题，从而更好地制定决策和规划。

对于初创企业来说，商业模式不仅可以帮助企业获得资源和支持，指导企业的运营和管理，还可以帮助企业实现可持续发展。因此，企业在创立之初应该充分重视商业模式的设计和验证，不断优化和改进商业模式，以强化企业的竞争力和可持续性。

第一节 商业模式概述

一、商业模式的内涵

商业模式最初是商业创意，商业创意又来自商业机会的丰富和逻辑化，有可能最终演变为商业模式。商业模式最早出现在 20 世纪 50 年代，到 20 世纪 90 年代才得到广泛使用和传播。关于商业模式的内涵，不同的学者从不同的角度出发，做出了不同的解释，如表 5-1 所示。

表 5-1 商业模式的内涵

学　者	商业模式的内涵
蒂蒙斯（1998）	商业模式是产品、服务和信息流的一个体系架构，包括说明各种不同的参与者及其角色和潜在利益，以及企业收入的来源
阿米特和佐特（2001）	商业模式描述了企业的交易内容、结构和规则，用来开发商业机会，从而创造价值
玛格丽特（2002）	商业模式是用以说明企业如何运营的概念，它必须回答管理者关心的一些基本问题：谁是顾客、顾客价值何在、如何在这个领域中获得收益，以及如何以适当的成本为顾客提供价值
沃尔佩尔等（2004）	商业模式表现为一定业务领域中顾客的核心价值主张和价值网络配置，包括企业的领导能力和价值网络内其他成员（战略联盟及合作者）的能力，以及对这些能力的领导和管理，以持续不断地改造自己来达成包括股东在内的各种利益相关者的多重目标
赛等和莱尼斯（2004）	商业模式是在组织单位中对一组活动所进行的配置，这些单位通过企业内部和外部的活动在特定的产品市场上创造价值
奥斯瓦特尔德等（2005）	商业模式是一个概念性工具。它借助一组要素及各要素之间的联系，说明一个企业的商业逻辑。它描述了企业向一个或多个顾客群提供的价值、企业为产生持续的盈利所建立的架构，以及为传递价值所运用的合作网络关系与关系资本

续表

学　者	商业模式的内涵
罗珉等（2005）	商业模式可被视为一个组织在明确外部假设条件、内部能力和资源的前提下，通过整合组织本身、供应链伙伴、员工、顾客、股东或其他利益相关者，以获取超额利润的一种战略创新意图，是可实现的结构体系以及制度安排的集合
夏弗等（2005）	商业模式是企业在一个价值网络中创造和获取价值的潜在核心逻辑和战略选择
佐特和阿米特（2007）	商业模式是以超越核心企业为目的并跨越其边界的一系列相互依存的运营系统
蒂斯（2010）	商业模式阐述了支撑顾客价值主张、收入结构可行性与价值传递成本的逻辑原因、数据与其他依据。简而言之，商业模式即描述企业如何向顾客传递价值，并从中获取收益的概念
塞拉特（2012）	商业模式是使组织通过满足明确或隐藏需求，在捕捉、创造、传递顾客价值的同时获取利润的一种设计逻辑
魏江等（2012）	商业模式是描述客户价值主张、价值创造和价值获取等活动的架构，涵盖企业为满足客户价值主张而创造价值，最终获取利润的概念化模式
赛比和福斯（2015）	商业模式包含公司内部和外部合作者之间的内容、结构和交易的治理，支撑着公司创造、传递和捕捉价值
李巍、吴朝彦（2021）	商业模式是以创业愿景为指引，旨在实现顾客、创业者和投资者或股东等利益相关方共生共赢的价值创造系统

资料来源：李巍，吴朝彦. 创业基础[M]. 2版·数字教材版. 北京：中国人民大学出版社，2021：4.

上述学者从不同视角对商业模式进行了探讨，可谓仁者见仁，智者见智。但从目前的研究成果来看，专门针对初创企业，尤其是电子商务类型的初创企业的商业模式还没有形成一套成熟的研究体系。初创企业仅有简单的组织结构和经营内容，没有相对固定的合作伙伴，也没有成熟的交易方式，更没有系统化的产品或服务组合。

由于初创企业面临的内外部环境非常复杂，其对商业模式内涵的理解应该更加简洁和更具操作性。这里引用管理学家彼得·德鲁克的观点：企业之间的竞争就是商业模式的竞争。他提出的"经典五问"从创业者视角对商业模式的内涵做出了深刻的阐述。

1. 我们的使命是什么

企业在制定战略之前，必须先确定企业使命。企业使命是指企业在社会进步和社会经济发展中所应担当的角色和责任。它是企业的根本性质和存在的理由，说明了企业的经营领域、经营思想，为企业目标的确立与战略的制定提供依据。企业使命实际上是企业生存目的的定位，是企业存在的原因或者理由。德鲁克对企业提出的忠告是："什么样的组织使命是无用的，最终的检验标准不是华丽的辞藻，而是正确恰当的行动"。例如，华为的发展历程充满坎坷，目前在全球范围内享有良好声誉，处于全球瞩目地位，成为众多企业学习的榜样，不仅是因为它拥有强大的技术实力，更重要的是它把自己的使命确定为"聚焦客户关注的挑战和压力，提供有竞争力的通信解决方案和服务，持续为客户创造最大价值"。

2. 我们的顾客是谁

德鲁克认为，一个企业的目标就是创造顾客，因此公司的唯一利润中心就是顾客。企业需要明确三个问题：企业的主要顾客是谁？次要顾客是谁？顾客是如何变化的？主要顾客是那些生活会因为企业的服务而发生变化的人。次要顾客通常包括企业的合伙人、出资人、事业合伙人、经销商、分销商、代理商等。他们可能是志愿者、会员、合作伙伴、投资者。要想真正了解自己的顾客，就要经常和顾客接触，倾听他们的声音，同时要亲自使用自己提供的产品或服务，把自己变成产品的超级用户，通过亲自体验不断地优化它。例如，中国母婴童行业的龙头品牌——孩子王高度重视消费者体验，其门店有 1/3 的面积用于商品零售（准妈妈及 0~14 岁孩子的玩具、食品、用品、服装等），1/3 的面积为互动场所（新妈妈课堂、产后恢复、儿童游乐等），剩余 1/3 的面积则用于整合异业资源（与早教、培训等相关婴童产业合作），会员到店即可享受购物、育婴、娱乐等一站式综合服务。它在 150 多个城市整合万家异业商户，汇聚全国各行业的优质老师和机构，打造出涵盖摄影、才艺、运动、英语培训、月嫂、育儿嫂等 2.8 万个服务品类的、多产业融合发展的"成长+""孕产+"生态圈。汇集用户、机构、平台、中小创业者，通过打造"孕妈课堂""成长在线""成长学院"等产品，为用户提供商品、工具、服务、内容和活动。

3. 我们的顾客重视什么

只有时刻研究和关注主要顾客、次要顾客重视什么，才能真正把握顾客需求，进而满足并创造顾客价值。例如，小米公司通过收集顾客的反馈和调查问卷等信息，了解顾客的需求和偏好，并不断改进产品；通过提供在线社区和论坛等方式，与顾客互动和交流，不断满足顾客的需求。又如，美团点评通过分析顾客在平台上的消费行为和评价反馈，了解顾客的需求和偏好，并提供个性化推荐和优惠。此外，美团点评还通过提供多种服务方式和顾客服务，满足顾客的需求。

4. 我们追求的成果是什么

德鲁克认为，成果是生存的关键，应关注短期成果，追求长期改善。领导者必须从组织和个人价值的角度对成果做出检验。衡量成果的标准分为定量标准和定性标准。例如，阿里巴巴不仅在提高平台交易量和用户数方面大量投入，以追求短期业绩和营利性，还注重平台规则和用户体验的改进，以提高平台的长期竞争力和用户忠诚度。华为不仅在研发和创新方面大量投入，以追求技术上的领先和产品品质的提升，还注重市场开拓和客户服务，以提高公司的长期竞争力。

5. 我们的计划是什么

德鲁克认为，计划从明确使命开始到形成整体目标、阶段性目标，形成行动方案、预算方案，最后是评估。整体目标是企业使命落地的具体方式，要简洁清晰；阶段性目标要具体可量化，而且要成为管理者的职责。计划始于使命，终于行动方案和预算方案。行动方案的目的在于实现组织的具体目标，到底由谁执行、如何执行、何时执行，这都在计划范畴内。例如，腾讯通过不断推出新的产品和服务，如微信、腾讯云等，以扩大市场份额和实现长期的发展目标；注重研发和创新，以提高公司的技术实力和市场竞争力。阿里巴巴从成立之初就确立了"让天下没有难做的生意"的使命。在此基础上，阿里巴巴制定了"全球最大的数字经济体"的战略目标，并细化为"为世界创造 1 亿就业机会""服务 20

亿用户""为 1000 万家企业创造盈利"等阶段性目标。为了实现这些目标，阿里巴巴制定了一系列行动方案，如推进云计算、人工智能、大数据等技术的研发和应用，拓展电子商务、支付、文娱、医疗、物流等领域的业务，同时制定财务和投资预算，形成预算方案。此外，阿里巴巴通过评估阶段性目标的完成情况和市场反馈，不断优化和调整战略规划。

二、商业模式的逻辑

商业模式是企业整合资源和能力、制定战略规划，以充分开发创业机会、实现利润目标的内在逻辑。这一逻辑主要表现为三个方面，如图 5-1 所示。

图 5-1　商业模式的逻辑

（1）价值发现。价值发现明确了价值创造的来源，这是对机会识别的延伸。创业者所认定的创新性产品和技术只是创建新企业的手段，企业最终能否盈利取决于是否拥有顾客。创业者在识别创新产品和技术的基础上，进一步明确和细化顾客价值所在，确定价值命题，是商业模式核心逻辑的起点，也是商业模式开发的关键环节。例如，腾讯公司通过微信、腾讯云、腾讯游戏等业务获得了大量用户和数据，并以此为基础不断挖掘和开发新的商业模式，如社交电子商务、在线教育等，成为互联网领域的巨头之一。

（2）价值匹配。价值匹配就是寻找合作伙伴、整合社会资源，以实现价值创造。创业者发现了新的商业机会，然而新企业不可能拥有满足顾客需要的所有资源和能力，即便初创企业愿意亲自打造和构建客户需要的所有功能，也常常面临着很高的成本和很大的风险。因此，为了在"机会窗口"内取得先发优势，最大限度地控制机会开发的风险，几乎所有初创企业都要与其他企业形成合作关系，整合价值网络资源，使自身商业模式有效运行。例如，爱奇艺通过与内容提供商、制作公司、版权拥有者等合作伙伴的合作，打造了国内最大的视频内容平台；瑞幸咖啡通过与咖啡制造商、加盟商、金融机构等合作伙伴的合作，打造了国内最大的咖啡连锁品牌，为消费者提供了高品质、高性价比的咖啡产品和服务。

（3）价值创造。价值创造包括制定竞争策略、实现创新价值，这是价值创造的目标，是初创企业能够生存下来并获取竞争优势的关键，因此是有效商业模式的核心逻辑之一。例如，作为我国新兴电子商务巨头之一的拼多多，创新性地推出了拼单模式，通过社交电子商务的方式让消费者购买到更便宜的商品；饿了么创新性地推出了蜂鸟配送服务，通过智能调度和众包模式实现了更高效、更便捷的配送服务。

总的来看，价值发现、价值匹配和价值创造是有效商业模式的三个逻辑性原则，在其开发过程中，每一项都不能忽略。初创企业只有认真遵循这些原则，才能真正开发出同时为顾客、企业及合作伙伴创造经济价值的商业模式。

三、商业模式的类型

（一）多边平台式商业模式

多边平台式商业模式是一种连接两个或两个以上有明显区别但又相互依赖的客户群体

的商业模式。这种模式通常由平台运营商主导，通过促进各方客户群体之间的互动创造价值。多边平台是连接各方客户的中介，其成功的关键是必须同时吸引和服务所有客户群体并以此创造价值。例如，淘宝网连接了商家、消费者、广告商、金融机构等多方参与者，能够同时满足这些参与者的交易需要、资金安全需要、信息分析需要，因而获得了巨大的成功。多边平台需要不断吸引更多用户的参与以使平台价值得到提升，从而吸引更多的参与者加入，提升平台价值。

多边平台式商业模式是一种具有普遍性的商业模式，沃尔玛、家乐福、大润发、永辉超市、物美等超级市场的商业模式就属于这种类型。超市供应商包括生产商、批发商、零售商等，它们为超市提供各种商品，消费者则是超市的目标客户群体。超市的价值在于连接供应商和消费者两个客户群体，并促进他们之间的互动。超市通过提供销售渠道、物流配送、促销活动等服务，为供应商吸引更多的消费者，同时为消费者提供更多的商品选择和更好的购物体验。再如，人们经常用到的银行卡同样采用的是多边平台式商业模式。银行卡主要连接了持卡人、商家、银行等多个客户群体。首先，银行卡为持卡人提供服务，包括支付、结算、积分、优惠等，持卡人可以通过银行卡在商家消费，并享受相应的折扣和优惠。同时，银行卡还为持卡人提供安全保障服务，如消费限额、失卡保障等。其次，银行卡为商家提供服务，包括收款、客户管理、统计分析等功能，商家可以通过银行卡收款，提高交易效率和客户满意度。同时，银行卡还为商家提供营销服务，如积分兑换、优惠活动等，吸引更多消费者。最后，银行卡为银行提供服务，包括支付通道、风险管理、资金清算等功能，银行可以通过银行卡收取手续费和交易费用，并开展相关的金融业务。银行卡的盈利模式主要是向商家收取交易手续费，向持卡人收取年费、手续费等费用，以及提供相关的金融产品和服务等。同时，银行卡还通过数据分析和挖掘提供商业分析和营销服务，为商家和持卡人提供更加个性化的服务和商业决策支持。伴随着互联网迅猛发展，多边平台式商业模式日益成为当下重要的商业模式。微软Windows操作系统、百度、微信、淘宝、京东商城、大众点评、亚马逊、当当网等都是利用现代信息技术发展成功的多边平台式商业模式的经典案例。

> **案例**
>
> **多边平台式商业模式**
>
>

（二）长尾式商业模式

"长尾"这一概念最早在2004年10月由《连线》杂志主编安德森在《长尾理论》一书中提出。长尾式商业模式（long tail business model）也被称为"长尾理论"（long tail theory），是指在传统商业领域中，大型主流产品占据市场主要份额，而一些小众化、个性化、非主流的产品只能占据市场的一小部分份额。然而,随着互联网技术的不断发展,这些小众化、个性化、非主流的产品也能够通过网络平台进行销售,从而形成一个庞大的市场。

长尾式商业模式的核心在于通过互联网平台将大量小众化、个性化、非主流的产品集合在一起,形成一个庞大的市场,并且通过低成本、高效率的方式进行销售和推广。这种模式既能满足消费者对于个性化、差异化、多样化的需求,又能降低传统商业模式的成本和风险。

案例

长尾式商业模式

(三)免费式商业模式

免费式商业模式是在某个市场上,至少有一个庞大的客户群可以持续享受到免费产品或服务,通过交叉补贴(即以其他细分客户付费的方式给免费客户提供补贴)支撑企业运营并实现盈利的商业模式。这种模式的核心理念是通过提供免费服务来吸引消费者,然后通过升级免费服务或者添加其他付费服务获得利润。在传统市场中,许多商家赠送礼品和试用品等现象就是典型的免费式商业模式。在电子商务背景下这种模式的应用更为普遍。

免费式商业模式可以分为以下四种类型。

(1)体验型免费模式:通过提供免费的产品或服务吸引消费者,使其产生购买欲望和消费行为。例如,苹果公司提供了免费的苹果商店应用程序试用服务,消费者可以在购买前免费试用应用程序,以了解应用程序的功能、性能和用户体验等。脸书(Facebook)公司提供了免费的试用服务,消费者可以免费使用 Facebook 社交媒体平台,了解用户体验、社交功能等。这种体验型免费模式可以帮助消费者更好地了解产品和服务,从而促进使用和广告投放。

(2)内容型免费模式:通过提供免费的信息、内容或服务吸引消费者,从而吸引广告主进行投放。例如,知乎是一个以知识分享为主题的社区,它提供了大量的免费内容,包括问题、回答、文章等,通过广告和付费会员制度来获得收入。

(3)功能型免费模式:将一些收费的功能免费化,吸引消费者并增强用户黏性,然后通过其他功能或服务获利。例如,360 安全卫士是一款免费的杀毒软件,它提供了免费的病毒扫描、清除和防护功能。此外,它还提供了一些额外的功能,如系统优化、数据恢复等,需要付费才能使用。

(4)赠品型免费模式:让消费者将注意力集中在赠品上,而忽略主产品的价格,从而引导消费者购买。例如,星巴克提供了购买中杯以上的咖啡可以获得星享俱乐部会员积分或者兑换券等赠品活动。这样做可以吸引消费者购买指定商品,提高销售额和用户忠诚度。

支付宝用户的支付笔数达到一定数量可以获得蚂蚁积分或者优惠券等赠品。这种模式可吸引消费者使用支付宝支付，提高支付笔数，增强用户黏性，提高品牌知名度，从而实现商业价值。

知识小贴士

免费式商业模式

（四）非绑定式商业模式

企业有三种不同的基本业务类型：产品创新型业务、客户关系型业务、基础设施型业务。产品创新型业务的职责是开发新的、有吸引力的产品或服务；客户关系型业务的职责是寻找和获取客户，并与他们建立联系；基础设施型业务的职责是构建和管理平台，以支持大量重复性工作。这些业务类型包含不同的经济驱动因素、竞争驱动因素和文化驱动因素，可以同时存在于一家企业内。但理论上，这些业务类型是相互分离的独立实体，以避免彼此之间的冲突或不利影响。同时专注于两项或者三项基本业务的商业模式被称为绑定式商业模式。非绑定式商业模式则是指某企业在三者中专注于某一项业务：产品创新型业务、客户关系型业务以及基础设施型业务。

案例

非绑定式商业模式

（五）开放式商业模式

开放式商业模式是一种基于外部资源和合作伙伴关系的商业策略，通过与外部企业和组织合作，可以将外部的价值引入公司，也可以将公司内部低效或者闲置的内容提供给外部伙伴，进而扩展自己的业务范围，提高创新能力和竞争力。开放式商业模式是企业在现代商业环境下的必然选择。通过与外部合作伙伴的开放合作，企业可以提高效率、加强创新能力、扩大市场。企业在实施开放式商业模式时，需要建立信任关系、建立共同的价值观、制定合理的分配机制，加强沟通和协作，这样才能取得成功。

案例

开放式商业模式

四、电子商务商业模式

电子商务商业模式是指企业在网络环境和大数据环境中基于一定技术基础的商务运作方式和盈利模式。

传统的电子商务商业模式主要包括以下几种。

（1）B2B：企业与企业之间通过互联网开展各种商务活动，如谈判、订货、签约、付款及索赔处理等，典型代表如中国制造网、中国化工网。

（2）B2C：通过信息网络及电子数据信息的方式实现企业或商家机构与消费者之间的各种商务活动、交易活动、金融活动和综合服务活动，是消费者利用互联网直接参与经济活动的形式，典型代表如京东到家、小米有品。

（3）C2C：通过互联网为消费者提供网上拍卖、在线竞价等方式的购物环境，典型代表如闲鱼、转转等。

（4）O2O：通过线上平台将消费者与本地商家连接起来，提供线上预订或支付、线下消费的服务，典型代表如美团、大众点评等。

新兴的电子商务商业模式包括以下几种。

（1）共享经济模式：通过共享平台共享闲置物品或服务，典型代表如滴滴出行、爱彼迎（Airbnb）等。

（2）社交电子商务模式：通过社交媒体平台将社交关系转化为商业价值，典型代表如拼多多、小红书等。

（3）内容电子商务模式：通过优质的数字内容吸引用户购买商品或服务，典型代表如抖音电商、微信公众号等。

（4）短视频电子商务模式：通过短视频平台展示商品或服务，吸引用户购买，典型代表如快手小店、抖音电商等。

（5）新零售模式：通过线上线下融合实现商品和服务的全渠道销售，典型代表如阿里巴巴、京东新通路等。

（6）跨境电子商务模式：通过互联网平台实现跨境贸易，典型代表如亚马逊、eBay等。

（7）人工智能技术驱动的电子商务模式：通过人工智能技术提高电子商务平台的效率、精度和用户体验，典型代表如智能客服、个性化推荐等。

知识扩展

餐饮业的经典商业模式

案例

快手的商业模式分析

任务二　商业模式的结构原理

任务引入

2020年4月7日，国家发展和改革委员会、中央网络安全和信息化委员会办公室印发了《关于推进"上云用数赋智"行动 培育新经济发展实施方案》，强调要大力培育数字经济新业态，形成产业链上下游和跨行业融合的数字化生态体系。2020年9月21日，国务院办公厅印发了《关于以新业态新模式引领新型消费加快发展的意见》，提出了加力推动线上线下消费有机融合、优化新型消费发展环境等方面的政策举措。2022年1月12日，国务院印发了《"十四五"数字经济发展规划》，明确将"以数字技术与实体经济深度融合为主线"纳入"十四五"规划时期推动数字经济健康发展的指导思想。本任务旨在引导学生理解并思考如何在推动数字技术发展、利用数字化与商业模式相结合过程中，助力科技与企业共同创新行为。

魏朱理论由定位、业务系统、关键资源能力、盈利模式、自由现金流结构和企业价值六个方面构成。该模型充分反映了商业模式的内在特征，是利益相关者之间的交易结构。具体来说，就是企业需要明确商业模式"定位"是什么，建立什么样的"业务系统"，需要哪些"关键资源能力"，选择了什么样的"盈利模式"，构成什么样的"自由现金流结构"，最后实现了什么"企业价值"。

任务目标

1. 通过完成任务，了解商业模式的基本要素。

2. 通过完成任务，掌握魏朱理论。

任务要求

1. 分析上述案例中快手的商业模式构成及各要素的应用。
2. 应用魏朱理论分析自己的团队项目。

任务分析

无论是成熟企业还是初创企业，都需要明确企业商业模式是什么样的。成熟企业的现有商业模式需要不断地更新或者迭代，初创企业需要在确定怎样满足客户需求、怎样创造客户价值，从而实现不断盈利的基础上，设计一套完整、清晰的商业模式。由于商业模式各要素之间具有关联性，需要整合各要素以建立完整的体系，因此需要逐一列举商业模式的基本要素，然后进行整合。

第二节 商业模式的构成

一、商业模式的基本要素

关于商业模式组成要素的研究相对比较丰富，但目前仍没有形成一致意见。表 5-2 汇总了商业模式组成要素研究中的代表性观点。

表5-2 商业模式组成要素研究中的代表性观点

学者	组成要素	要素数量	电子商务或一般企业
霍洛维茨	价格、产品、分销、组织特征、技术	5	一般企业
维西奥和帕斯特纳克	全球化核心、治理、业务单位、服务、关系	5	一般企业
蒂蒙斯	产品、服务、信息流结构、业务参与者及作用、参与者利益、收入来源、市场营销战略	7	电子商务企业
马克里迪斯	产品创新、顾客关系、基础设施管理、财力	4	一般企业
多纳特	理解顾客、营销战术、公司治理、内部网络能力、外部网络能力	5	电子商务企业
戈尔吉恩等	参与者、市场细分、价值提供、价值活动、利益相关者网络、价值界面、价值点、价值交换	8	电子商务企业
林德尔和卡恩特雷尔	定价模型、收入模式、渠道模式、商业过程模式、由网络加强的商业关系、组织类型、价值主张	7	一般企业
切斯布劳和鲁斯伯恩	价值主张、目标市场、内部价值链结构、成本结构与利润模式、价值网络、竞争战略	6	一般企业
卡弗	市场供应、能力、核心技术投资、盈亏平衡	4	电子商务企业

续表

学　　者	组成要素	要素数量	电子商务或一般企业
哈梅尔	核心战略、战略资源、价值网络、顾客界面	4	一般企业
佩特罗维奇等	价值模式、资源模式、生产模式、顾客关系模式、收入模式、资本模式、市场模式	7	电子商务企业
杜德克索姆·托尔莱等	产品、顾客关系、合作伙伴、网络与基础设施、财务界面	5	电子商务企业
阿夫阿和图塞	顾客价值、业务范围、价格、收入、相关活动、互补性、能力、可持续性	8	电子商务企业
威尔和维塔莱	战略目标、价值主张、收入来源、成功因素、渠道、核心能力、顾客细分、IT基础设施	8	电子商务企业
阿普尔盖特	观念、能力、价值	3	一般企业
阿米特和佐特	交易内容、交易结构、交易治理	3	电子商务企业
阿尔特和齐默尔曼	使命、结构、流程、收入、合法性、技术	6	电子商务企业
雷波特和齐沃斯基	价值集、资源系统、财务模式、市场空间	4	电子商务企业
贝茨	资源、销售、利润、资本	4	一般企业

资料来源：王伟毅，李乾文. 创业视角下的商业模式研究[J]. 外国经济与管理，2005，27（11）：32-40.

二、魏朱理论

魏朱理论是魏炜、朱武祥两位教授联手在经典著作《发现商业模式》（2009）中推出的原创管理理论。魏朱理论认为，商业模式是利益相关者的交易结构，包括定位、业务系统、关键资源能力、盈利模式、自由现金流结构和企业价值六个方面的内容。这六个方面相互影响，构成有机的商业模式体系，如图5-2所示。如今该理论已成为企业设计优秀商业模式的一套工具和方法论。

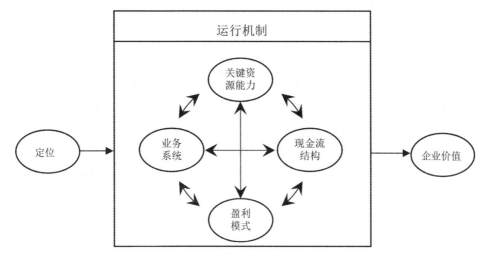

图5-2　魏朱（Wei-Zhu）六要素商业模式模型

1. 定位

定位就是企业应该做什么。它决定了企业应该提供什么样的产品和服务来实现客户的价值。定位是企业战略选择的结果，也是商业模式体系中其他有机部分的起点。魏朱理论认为，定位是在战略层面和执行层面建立更直接和具体的联系，即企业的定位直接体现在商业模式所需要实现的客户价值上，强调的是商业模式构建的目的。企业对于自身的定位直接影响（而非决定）企业需要构筑何种商业模式。例如，曹操出行的定位为"提供高品质、安全的出行服务，通过新能源汽车和智能驾驶技术打造绿色出行新方式"；Keep 的定位为"提供简单、有效、个性化的健身指导，帮助用户在家中轻松锻炼身体，保持健康"。

2. 业务系统

业务系统是企业达成定位所需要的业务环节、各合作伙伴扮演的角色，以及利益相关者合作与交易的方式和内容。业务系统是商业模式的核心。高效运营的业务系统不仅仅是企业赢得竞争优势的必要条件，也有可能成为企业竞争优势本身。一个高效的业务系统首先需要根据企业的定位识别相关的活动并将其整合为一个系统，然后根据企业的资源能力分配利益相关者的角色，确定与企业相关价值链活动的关系和结构。例如，曹操出行目前拥有网约车、顺风车、曹操企业版等业务。它是以新能源汽车涉入并建立起个人/企业用户自愿碳减排量积分账户的低碳出行品牌；Keep 的业务系统主要包括自由品牌健身产品、会员订阅与线上付费内容、广告和其他服务，Keep 的线上运动场景已经基本建设完成，并开始进军线下健身房。

3. 关键资源能力

关键资源能力是维持业务系统运转所需要的重要资源和能力。例如，曹操出行具备的关键资源能力包括：① 丰富的专车运营经验，以技术驱动进行司乘匹配，为用户提供更加安全、舒适、经济、便捷的新出行选择；② 拥有经过成熟运营专车业务所打磨出来的技术系统，包括司机端和乘客端，以及完善的平台运营经验和管理体系；③ 拥有较为丰富的汽车制造资源及颇为成熟的车主服务生态，能够较为轻松地进入新能源汽车市场。Keep 的关键资源能力包括：运动规划功能；训练计划和饮食计划；健身产品和线下健身房；等等。

4. 盈利模式

盈利模式是指企业如何获得收入、分配成本、赚取利润。盈利模式是在给定业务系统中各价值链所有权和价值链结构已确定的前提下，企业利益相关者之间利益分配格局中企业利益的表现。良好的盈利模式不仅能够为企业带来收益，更能为企业编织一张稳定共赢的价值网。例如，曹操出行的盈利模式主要包括佣金、广告、优惠和促销、车辆租赁和销售、金融和保险服务等部分；Keep 的盈利是通过付费内容、广告、电子商务、数据服务和线下活动等多个方面来实现的。

5. 自由现金流结构

自由现金流结构是指这个交易结构在时间点上的流入、流出的结构、比例和在时间序列上的分布。例如，曹操出行的自由现金流结构主要包括购车款支出、运营成本支出、平台技术支出、市场营销支出和行政管理与研发支出等方面；Keep 的自由现金流结构主要包括付费内容收入、广告收入、电子商务收入、线下活动收入和其他收入等方面。

6. 企业价值

企业价值即企业的投资价值，是企业预期未来可以产生的自由现金流的贴现值。

魏朱理论认为，定位是商业模式的起点，企业价值是商业模式的归宿，是评判商业模式优劣的标准。定位影响企业的成长空间、业务系统，关键资源能力影响企业的成长能力和效率，加上盈利模式，就会影响企业的自由现金流结构。不同的商业模式有不同的结果。商业模式的这六个要素是互相作用、互相决定的。相同的企业定位可以通过不同的业务系统实现；同样的业务系统也可以有不同的关键资源能力、不同的盈利模式和不同的自由现金流结构。例如，业务系统相同的家电企业，有的可能擅长制造，有的可能擅长研发，还有的可能更擅长渠道建设；同样是门户网站，有些是收费的，有些不直接收费；等等。商业模式的构成要素中只要有一个要素不同，就意味着不同的商业模式。一个能对企业各个利益相关者有贡献的商业模式，需要企业家反复推敲、实验、调整和实践以上六个要素才能产生。

因此从这六个要素解析企业的商业模式，无论是对传统企业还是对电子商务下的初创企业，都适用。

任务三　商业模式的构建

任务引入

党的二十大报告指出："互联网上网人数达十亿三千万人。"随着我国互联网经济的快速发展，互联网已逐步融入人民生活的方方面面，人民群众获得感提升，以网络购物、直播电商、粉丝经济为代表的互联网新经济的出现，推动了我国上网人数的不断提升。我国拥有规模庞大的网民数量，成为发展数字经济的重要基础。互联网是数字经济的重要载体，围绕互联网实现的生产和生活需求必然进一步增加。因此，未来围绕互联网发展的相关数字经济活动具有巨大的发展潜力。本任务旨在引导学生理解并思考新时代商业模式构建的新思路。成功的企业均是从一个好的商业思维开始的。

任务目标

1. 通过完成任务，了解商业模式的构建方法。
2. 通过完成任务，熟悉商业模式画布的构成及设计。

任务要求

1. 列举三家熟悉的电子商务企业，模仿新华文轩的案例，用商业模式画布分析它们各自的商业模式。
2. 分析这三家电子商务企业的商业模式的优势和劣势，并提出相应的完善建议。

3. 选择身边的同学、朋友、家人等的创业案例，运用商业模式画布分析其商业模式。

4. 用商业模式画布对自己团队的创业项目进行设计、分析，并不断完善，直到团队内成员都满意。

任务分析

再次阅读案例"新华文轩的商业模式创新"，请继续思考商业模式包括哪些模块？这些模块是如何运作的？仿照案例从分析知名企业开始熟悉商业模式画布的使用方法；再从身边熟悉的案例进行分析，进一步体会商业模式画布的关键构成要素；最后应用商业模式画布设计完善自己小组项目的商业模式。

商业模式的本质是描述企业如何以系统化方式创造价值。商业模式构建是指企业用商业语言与逻辑表达实现价值创造的路径、流程，以及相关资源配置等关键商业模式要素及其组合方式。商业模式构建是跨领域团队通过发散和聚集创造出一个新商业模式的过程。初创企业需要设计商业模式，成熟企业也需要创新与设计商业模式。通常商业模式的构建不是一次性行为，而是多次迭代的过程，直至找到一种可持续的、可行的商业模式。

第三节　商业模式的构建与设计

一、商业模式的构建方法

1. 全盘复制法

全盘复制法比较简单，是指对经营状况良好的企业的商业模式进行简单复制，根据企业自身状况稍加修正。该方法主要适用于同行业的企业，特别是细分市场、目标客户、主要产品相近或相同的企业，甚至可以直接对竞争对手的商业模式进行复制。

全盘复制法需要注意以下三点。

（1）复制不是生搬硬套。复制前需要深入分析成功企业的商业模式，理解其核心竞争力和成功要素，并考察企业自身所处的市场环境和资源能力是否与成功企业相似。如果存在较大差异，可能需要针对成功企业的商业模式做出一定的调整和优化，以适应自身特定情况。

（2）要注重对商业模式细节的观察和分析，不仅要在形式上进行复制，更要在流程和细节上注重学习。

（3）为避免和复制对象形成正面竞争，可在不同的时间和区域对其商业模式进行复制。这时需要快速捕捉到商业模式的相关信息，在新区域中，谁先复制，谁就可能具备先发优势。

但需要注意的是，全盘复制法应注意避免侵犯知识产权和合法性问题，确保所复制的商业模式是合法、合规的。同时，在复制过程中需要考虑商业模式的可持续性和可扩展性，以便企业在未来的发展中能够持续保持竞争力并拓展业务范围。不同企业所处的行业、市场、竞争环境、资源能力等都有所不同，因此全盘复制法并不一定适用于所有企业。

案例

全盘复制法

2. 借鉴提升法

在理解优秀商业模式的本质后，需要根据自身情况对其加以调整和优化，包括调整市场定位、优化价值链、改进利润模式等，以更好地适应市场需求和自身情况。在借鉴提升法中，创新是非常重要的。企业需要不断引入创新因素，如新技术、新模式、新理念等，以保持领先地位和竞争优势。这种通过引用创新点来学习优秀商业模式的方法，适用范围最为广泛，对不同行业、不同定位的企业均适用。

案例

借鉴提升法

3. 逆向思维法

逆向思维法是指通过对行业领导者商业模式或行业内主流商业模式的研究学习，有意识地实施反向学习。

采用逆向思维方式，需要思考如何打破现有的商业模式，寻找新的商业机会和模式。可以通过思考"如果相反会怎么样""如果颠覆现有的做法会怎么样""如果完全重新设计会怎么样"等问题来启发思路。在逆向思考的基础上，需要探索和提出新的商业模式和商业策略，这可以通过引入创新因素、优化价值链、改进利润模式等方式来实现。之后，需要测试和验证新的商业模式和商业策略的有效性与可持续性。通过在小范围内试验、跟踪数据和用户反馈等方式来验证和优化新的商业模式。

采用逆向思维法学习商业模式时有三个关键点：① 找到行业领导者或行业主流商业模式的核心点，并据此制定逆向商业模式；② 企业在选择逆向制定商业模式时，不能简单地追求反向，需要确保能够为消费者提供更高的价值，并能够塑造新的商业模式；③ 防范行业领导者的报复行动，评估领导者可能采取的反击措施，并制定相应的对策。

案例

逆向思维法

4. 相关分析法

相关分析法是在分析某个问题或因素时，对与该问题或因素相关的其他问题或因素进行对比，分析其相互关系或相关程度的一种分析方法。利用相关分析法，可以找出相关因素之间的规律性联系，研究如何降低成本，达到价值创造的目的。

案例

相关分析法

5. 关键因素法

关键因素法是以关键因素为依据确定商业模式设计的方法。它可以帮助企业深入了解其商业模式的运作方式，并明确哪些因素对其成功最为关键，这有助于企业制定有效的商业策略，提高自身的竞争力和盈利能力。

具体操作方法如下。

（1）确定企业所采用的商业模式类型，如电子商务、社交媒体、制造业等，这有助于企业将注意力集中在与该商业模式相关的关键因素上。

（2）分析该商业模式的各个要素，如客户群体、价值主张、渠道、关键资源、关键业务、合作伙伴、成本结构等，分析这些要素可以帮助企业了解其商业模式的运作方式。

（3）对于每个商业模式，需要确定其中对企业成功最为关键的因素。这些关键因素可能是客户群体的大小和特点、渠道的覆盖范围和效率、关键资源的种类和获取方式、关键业务的核心流程和竞争优势等。

（4）对于每个关键因素，需要对其进行评估，以了解各个因素对企业成功的影响程度。具体可以采用定量或定性评估方法，如数据分析法、市场调研法、专家意见法等。

（5）根据关键因素的评估结果，企业可以制定相应的策略，以优化商业模式。这些策略可能包括调整产品和服务、改进销售和营销策略、加强合作伙伴关系、优化供应链管理等。

（6）持续监控关键因素的变动情况，并及时调整商业模式以适应市场变化。这可能需要定期评估商业模式的关键因素，并进行相应的调整和优化。

案例

关键因素法

6. 价值创新法

价值创新法是通过创造新的价值来满足客户需求，并在市场上获得竞争优势。价值创新法的核心思想是提供超越客户期望的产品或服务，以创造新的价值，从而获得市场份额和利润。价值创新法在电子商务领域中的应用较为普遍，重点关注如何创造和传递客户价值，同时打造新的竞争优势。

案例

价值创新法

二、商业模式画布

商业模式画布被定义为：一种用来描述商业模式、可视化商业模式、评估商业模式以及改变商业模式的通用语言。瑞士洛桑大学博士亚历山大·奥斯特瓦是商业模式创新领域的专家，他在 2008 年与伊夫·皮尼厄合作撰写《商业模式新生代》，提出了商业模式画布模型（the business model canvas，简称 BMC）。他们认为，商业模式描述的是一个组织创造价值、传递价值以及获得价值的基本原理，并将商业模式分为九大模块，具体包括客户细分、价值主张、渠道通路、客户关系、收入来源、核心资源、关键业务、重要伙伴、成本结构，如图 5-3 所示。这九大模块涵盖了一个企业的四大功能：客户、产品/服务、基础设施、金融能力，可以很好地描述并定义企业的商业模式。整个商业模式画布以价值主张模块为分隔线，其左侧的四个模块更重视"效率"，其右侧的四个模块更重视"价值"。

商业模式画布最大的特点是：它是一个视觉化商业模型架构和分析工具，可以让人们用统一的语言、九大模块来描述和讨论一个商业模式，操作性很强。另外，创造价值、传递价值以及获得价值的描述也体现了一个商业模式的核心内涵。

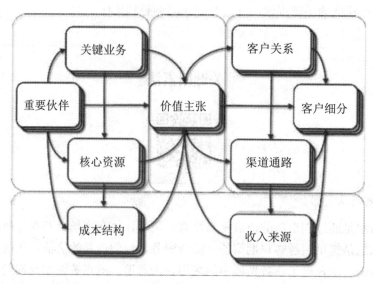

图 5-3　商业模式画布

商业模式画布九大模块的内涵具体如下。

（一）客户细分（customer segmentation，CS）

客户构成了商业模式的核心，是企业存在的理由和价值，没有客户就没有企业的生存和发展。客户细分主要描述企业的目标客户群体是谁、如何细分目标客户群体、每个细分目标客户群体有什么共同特征。企业需要对细分的客户群体进行深入分析，并在此基础上设计相应的商业模式。在此模块中，企业应回答以下两个问题。

（1）我们在为谁创造价值？

（2）谁是我们最重要的客户群体？

为了更好地满足客户需求，企业可以把客户分入不同的细分市场。每个细分市场中的客户具有共同需求和共同行为，以及其他共同属性。一般来说，可以分出以下五种市场类型。

（1）大众市场：价值主张、渠道通路和客户关系全都聚集于一个大范围的客户群组，客户具有大致相同的需求和问题。例如，碳酸饮料是一种消费广泛的饮料，价格相对较低，客户群体包括学生、上班族等广大消费者。在电影市场中，不同类型、不同语言的电影都有自己的受众群体，客户可以通过电影院的设施享受各种电影的视听效果。服装市场价格定位从高到低不等，客户可以根据自己的需求和预算选择适合自己的服装。快餐市场价格相对较低、方便快捷，能够满足广大客户的快餐需求。以上这些市场都是典型的大众市场，它们的共同特点是产品或服务的价格相对较低，能够被广大消费者接受且有着庞大的市场规模和消费群体。

（2）利基市场：价值主张、渠道通路和客户关系都针对某一利基市场的特定需求定制，常常可以在供应商—采购商的关系中找到。例如，游戏手柄是一种专门为游戏玩家设计的产品，游戏玩家对游戏手柄的手感、功能、耐用性等有特定的需求和偏好；不同类型的运动鞋，如篮球鞋、足球鞋、跑步鞋等需要不同的设计和技术；婴儿用品在安全、柔软、易清洁等方面需要特殊的设计和材料；老年人需要辅助器具、康复用品、护理服务特殊的产品和服务等,所以这几个市场都属于利基市场。利基市场的规模相对较小,但是消费者对产品或服务有特殊的需求和偏好,需要提供特殊的设计和技术。利基市场可以通过满足消费者特定的需求来获得市场份额和利润。

(3)区隔化市场:客户需求略有不同,细分群体之间的市场区隔有所不同,所提供的价值主张也略有不同。例如,银行根据客户的需求和偏好提供存款、贷款、投资、保险等不同的产品和服务;消费者在品牌、功效、价格等方面对化妆品有不同的需求和偏好;手机、计算机、相机等不同类型的电子产品需要满足不同消费者的需求和偏好,这些市场都属于典型的区隔化市场,市场规模相对较大,消费者对产品或服务有不同的需求和偏好,需要提供不同的产品和服务。区隔化市场可以通过满足消费者特定的需求来获得市场份额和利润。

(4)多元化市场:经营业务多样化,以完全不同的价值主张迎合需求完全不同的客户细分群体。例如,华润集团涉足了零售、啤酒、电力、地产等多个行业;汇丰控股涉足了个人银行业务、企业银行业务、投资银行业务等多个领域;华为公司涉足了通信设备、智能手机、云计算等多个领域;阿里巴巴集团涉足了电子商务、支付、云计算、文娱等多个领域,这些市场都属于多元化市场。企业通过在不同行业或领域的发展来分散风险,获取多元化利润来源,从而实现企业的可持续发展。多元化市场可以通过在不同的市场领域中发展来增加企业的灵活性和稳定性,并提高企业的竞争力。

(5)多边平台或多边市场:服务于两个或更多的相互依存的客户细分群体。例如,淘宝连接了消费者和商家,消费者可以在淘宝上购买各种商品,商家则可以在淘宝上销售商品并获取利润;微信连接了用户和公众号,用户可以在微信上与好友聊天、分享生活,公众号则可以在微信上推广自己的品牌和内容;支付宝连接了用户和商家,用户可以在支付宝上购物、转账、投资等,商家则可以在支付宝上收款、营销等;知乎连接了用户和内容创作者,用户可以在知乎上提问、回答、评论等,内容创作者则可以在知乎上分享自己的知识和经验,这些都属于多边平台或多边市场,市场规模相对较大,能够满足两个或多个群体之间的需求和互动。多边平台或多边市场可以通过满足不同群体之间的需求来获得市场份额和利润。

(二)价值主张(value proposition,VP)

价值主张用来描绘为特定客户细分群体创造价值的系列产品和服务,它是客户转向一个企业而非另一个企业的原因,解决了客户的困扰或者满足了客户的需求。从价值输出的角度看,价值主张是企业提供给客户的收益集合或收益系列。在此模块中,企业应主要回答以下几个问题。

(1)我们应该向客户传递什么样的价值?
(2)我们需要帮助客户解决哪一类难题?客户面对哪些痛点?
(3)我们需要满足哪些客户需求?
(4)我们需要提供给客户细分群体哪些系列的产品和服务?

价值主张通过满足细分客户群体需求的独特组合来创造价值。价值可以是定量的(如价格、服务速度等),也可以是定性的(如顾客体验、品牌形象等)。有效的价值主要包括以下几个方面的内容。

（1）新颖：产品或服务满足客户从未感受和体验过的全新需求。
（2）性能：改善产品和服务性能是传统意义上创造价值的普遍方法。
（3）定制化：以满足个别客户或客户细分群体的特定需求来创造价值。
（4）把事情做好：可通过帮客户把某些事情做好而简单地创造价值。
（5）设计：产品因优秀的设计脱颖而出。
（6）品牌、身份地位：客户可以通过使用某一特定品牌而发现价值。
（7）价格：以更低的价格提供更高的价值，满足价格敏感型客户细分群体。
（8）成本削减：帮助客户削减成本是创造价值的重要方法。
（9）风险抑制：通过帮助客户抑制风险也可以创造价值。
（10）可达性：把产品和服务提供给以前接触不到的客户。
（11）便利性、可用性：通过使产品更方便或更易于使用，可以创造客户所需要的价值。

案例

价值主张

（三）渠道通路（channels，CH）

渠道通路用来描述企业通过什么方式或渠道与细分客户群体接触、沟通，并传递自身价值主张。分销和销售构成了企业面向客户的接口界面。渠道通路是客户接触点，是客户知晓和了解企业及其产品的通路，在客户体验中扮演着重要角色。在此模块中，企业应主要回答以下几个问题。

（1）可以通过哪些渠道接触客户细分群体？
（2）如何接触他们？如何整合渠道？
（3）哪些渠道最有效？
（4）哪些渠道的成本效益最好？
（5）如何对渠道与客户的例行程序进行整合？

企业可以选择通过自有渠道、合作渠道或两者的混合来接触客户。其中，自有渠道可以是直接的（如内部销售团队或网站），也可以是间接的（如零售商店）；合作渠道是间接的（如分销批发、零售等）。有效的渠道通路是基于客户行为及组织资源的科学选择，是线上与线下渠道、传统和新兴渠道的有机组合，是客户价值传递的重要前提和基础。例如，亚马逊、淘宝、京东等电子商务企业通过在线销售渠道将生产者和消费者联系在一起。生产者可以在平台上发布产品，消费者可以通过平台购买产品。企业还提供物流、支付、售后服务等一系列服务，以方便消费者并促进交易。例如，沃尔玛等连锁超市通过实体店铺将生产者和消费者联系在一起。生产者可以将产品送到超市的货架上，消费者可以在超市购物。超市提供品质保证、便利性、售后服务等一系列服务，以吸引消费者并促进销售。

又如，微博、微信、抖音等社交媒体通过社交网络将生产者和消费者联系在一起。生产者可以通过媒体发布内容，消费者可以通过媒体了解产品并和生产者互动。媒体提供传播、互动、交易等一系列服务，以帮助生产者和消费者实现互动和交易。我国大多数商业银行通过分支机构、网上银行、移动银行和电话银行等渠道与客户联系在一起。客户可以在分支机构开设账户、通过网上银行转账或查看账户余额，或在移动银行上进行移动支付等操作。

（四）客户关系（customer relationship，CR）

客户关系用来描绘企业如何沟通、联系特定客户细分群体并建立关系，是企业与客户联系的纽带。在此模块中，企业应主要回答以下几个问题。

（1）每个客户细分群体希望我们与其建立和保持何种关系？
（2）哪些关系我们已经建立了？
（3）这些关系的成本如何？
（4）如何把它们与商业模式的其余部分进行整合？

商业模式所要求的客户关系深刻地影响着客户体验。一般来说，可以将客户关系分为以下六种类型。

（1）个人助理：基于人与人之间的互动，可以借助呼叫中心、电子邮件与其他销售方式等个人自助手段。

（2）专用个人助理：企业为单一客户安排专门的销售代表，是层次最深、最亲密的关系类型，通常是向高净值个人客户提供这类服务。

（3）自助服务：企业与客户不存在直接关系，而是为客户提供自助服务所需要的所有条件。

（4）自动化服务：整合了更加精细的自动化过程，可以识别不同客户及其特点，并提供与客户订单或交易相关的服务。

（5）社区：利用用户社区或与潜在客户建立更为深入的联系。

（6）共同创造：与客户共同创造价值，鼓励客户参与企业产品改进和新产品设计。

案例

客户关系

（五）收入来源（revenue streams，RS）

收入来源用来描述企业从每个客户群体中获取现金收入（需要从收入中扣除成本）的方式和数额，它决定着企业的盈利能力。从商业的本质看，稳定的能覆盖成本的收入是商业模式得以最终成立的基础，也是创业企业持续成长的前提。在此模块中，企业应主要回答以下几个问题。

（1）什么样的价值能让客户愿意付费？
（2）客户现在付费买什么？
（3）客户是如何支付费用的？
（4）客户更愿意如何支付费用？
（5）每项收入来源占总收入的比例是多少？

面对不同的客户群体，企业收入来源的定价机制有所差异。一般来说，收入来源可分为以下七种类型。

（1）产品销售：销售实体产品的所有权。
（2）使用收费：通过特定的服务收费。
（3）订阅收费：销售重复使用的服务。
（4）租赁收费：针对某个特定资产在固定时间内的暂时性排他使用权的授权。
（5）授权收费：将受保护的知识产权授权给客户使用，并换取授权费用。
（6）经纪收费：为双方或多方之间的利益所提供的中介服务而收取佣金。
（7）广告收费：为特定产品、服务或品牌提供广告宣传而获得的服务收入。

案例

收入来源

（六）核心资源（key resources，KR）

核心资源用来描述企业需要哪些资源才能让目前的商业模式有效运转起来，每个商业模式都需要核心资源，这些资源使企业能够创造和提供价值主张、接触市场、与客户细分群体建立关系并赚取利润。在此模块中，企业应主要回答以下几个问题。

（1）价值主张需要什么样的核心资源？
（2）我们的渠道通路需要什么样的核心资源？
（3）我们的客户关系需要什么样的核心资源？
（4）我们的收入来源需要什么样的核心资源？

不同的商业模式所需要的核心资源有所不同。核心资源可以分为以下几类。

（1）实体资源：包括实体的资产，如生产设备、不动产、机器、销售网点和分销网络等。
（2）知识产权：包括品牌、专有知识、专利、版权及客户数据库。
（3）人力资源：包括研发团队、销售队伍等，在知识密集型产业和创意产业中，人力资源至关重要。
（4）金融资产：金融资源或财务担保，如现金、信贷额度、股票期权池。

> **案例**

核心资源

(七) 关键业务 (key activities, KA)

关键业务用来描述企业在有了核心资源后应该开展什么样的业务活动才能确保目前的商业模式能够有效运转起来。它是企业必须做的最重要的事情,是企业创造和提供价值主张、接触市场、维系客户关系并获取收益的基础。在此模块中,企业应主要回答以下几个问题。

(1) 我们的价值主张需要哪些关键业务?
(2) 我们的渠道通路需要哪些关键业务?
(3) 我们的客户关系需要哪些关键业务?
(4) 我们的收入来源需要哪些关键业务?

一般来说,关键业务可以分为以下三种类型。

(1) 制造产品与设计、制造及交付产品有关,是企业商业模式的核心。
(2) 平台/网络:网络服务、交易平台、软件甚至品牌都可看作平台,与平台管理、服务提供和平台推广有关。
(3) 问题解决:为客户提供新的解决方案,需要知识管理和持续培训业务。

> **案例**

关键业务

(八) 重要伙伴 (key partnerships, KP)

重要伙伴描述与企业相关的产业链上下游的合作伙伴有哪些、企业和他们的关系网络如何、合作如何影响企业等。它是让商业模式有效运转所需要的供应商与合作伙伴的网络。合作关系日益成为许多商业模式的基础。初创企业基于多种原因需要打造合作关系,以更好地利用创业机会;也可通过建立联盟来优化商业模式、降低风险或获取资源。在此模块中,企业应主要回答以下几个问题。

(1) 谁是我们的重要伙伴?
(2) 谁是我们的重要供应商?

(3)我们正在从合作伙伴那里获取哪些核心资源?
(4)合作伙伴都执行哪些关键业务?
(5)我们为合作伙伴带来了什么价值?

一般来说,重要伙伴可以分为以下四种类型。
(1)非竞争者之间的战略联盟关系。
(2)竞争者之间的战略合作关系。
(3)为开发新业务而构建的合资关系。
(4)确保可靠供应的购买方与供应商的关系。

案例

重要伙伴

(九)成本结构(cost structure,CS)

成本结构用来描述企业有效运转所需要的所有成本。企业在创造价值、提供价值、维系客户关系,以及实施业务活动时会产生成本,成本水平及结构是评价商业模式有效性的重要指标。在此模块中,企业应主要回答以下几个问题。
(1)什么是商业模式中最重要的固定成本?
(2)哪些核心资源花费最多?
(3)哪些关键业务花费最多?

一般来说,商业模式都应该追求成本最小化,但并不是最低成本结构对每个商业模式都具有相同的价值。商业模式的差异导致对低成本结构的追求存在不同。

商业模式的成本结构可以分为以下两种类型。
(1)成本驱动:创造和维持最经济的成本结构,采用低价的价值主张,最大限度地实现自动化和广泛外包。
(2)价值驱动:专注于创造价值,增值型价值主张和高度个性化服务通常以价值驱动型商业模式为特征。

案例

成本结构

将上述九个要素的关键点加入商业模式画布,即形成商业模式画布模型,如图 5-4 所示。绘制企业自身的商业模式画布有助于企业较为清晰地理解并进行自我剖析。

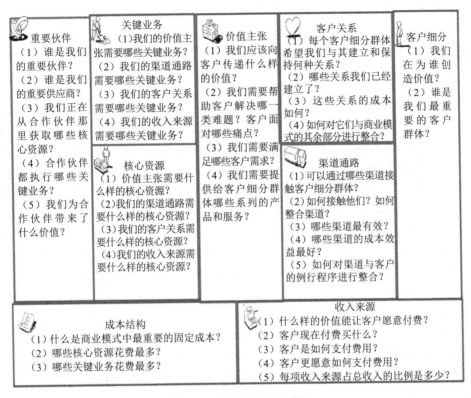

图 5-4　商业模式画布模型

案例

印象笔记的商业模式

三、商业模式的设计原则

1. 持续盈利原则

企业能否持续盈利是判断其商业模式是否成功的唯一的外在标准。因此,在设计商业模式时,持续盈利自然成为重要的原则。

持续盈利是指既要盈利,又要有发展后劲,具有可持续性,而不是一时的偶然盈利。持续盈利是对一个企业是否具有可持续发展能力的最有效的考量标准,盈利模式越隐蔽,越能收获出人意料的效果。

2. 客户价值最大化原则

一个商业模式能否持续盈利，与该模式能否使客户价值最大化是有必然联系的。一个不能实现客户价值的商业模式，即使盈利也一定是暂时的、偶然的，是不具有持续性的；反之，一个能使客户价值最大化的商业模式，即使暂时不盈利，终究也会走向盈利。所以，企业应把对客户价值的实现再实现、满足再满足当作始终追求的主观目标。

3. 资源整合原则

资源整合就是要优化资源配置，做到有进有退、有取有舍，从而获得整体最优。

（1）优化企业内部价值链，获得专业化集中优势。企业应集中于产业链的一个或几个环节，不断优化内部价值链，获得专业化优势和核心竞争力，同时以多种方式与产业链中的其他环节的专业性企业进行高度协同和紧密合作。

（2）深化与产业价值链上下游企业的协同关系。整体化通过投资、协同、合作等战略手段，深化与产业价值链上下游企业的关系，在开发、生产和营销等环节上进行密切协作，使自身的产品和服务进一步融入客户企业的价值链运行当中，提高产业链的整体竞争能力。

（3）强化产业价值链的薄弱环节，释放整体效能。具体的做法包括：由强势的高效率企业对低效率企业进行控制或建立战略合作伙伴关系，也可由产业链主导环节的领袖企业对产业链进行系统整合。

（4）把握关键环节，重新组织产业价值链。企业必须识别和发展所在产业价值链的核心价值环节，即高利润区，并将企业资源集中于此环节，培育核心能力，构建集中的竞争优势，然后借助这种关键环节的竞争优势，获得对其他环节协同的主动性和资源整合的杠杆效益，使企业成为产业链的主导，获得其他环节的利润或价值的转移，构建起基于产业链协同的竞争优势。

（5）构建管理型产业价值链，不断提高系统协同效率。作为行业领袖的领先企业，不能仅仅满足于已取得的行业内的竞争优势和领先地位，还需要通过对产业链竞争模式的动态运用，应对产业价值链上价值重心的不断转移和变化，使自己始终处在高价值的关键环节中，保持竞争优势。同时，要密切关注所在行业的发展和演进，主动承担起管理整个产业链的责任，这样才能使产业链结构合理、协同效率高，引领整个行业应对其他相关行业的竞争冲击或发展要求，以保持整个行业的竞争力，谋求产业链的利益最大化。

4. 创新原则

时代华纳前首席执行官迈克尔·邓恩说："在经营企业的过程中，商业模式比高技术更重要，因为前者是企业能够立足的先决条件。"一个成功的商业模式不一定是在技术上的突破，也可以是对某一个环节的改造，或是对原有模式的重组、创新，甚至是对整个游戏规则的颠覆。

商业模式的创新形式贯穿于企业经营的整个过程之中，贯穿于企业资源开发、研发模式、制造方式、营销体系、市场流通等各个环节。也就是说，在企业经营的每一个环节上的创新都可能变成一种成功的商业模式。

5. 融资有效性原则

融资模式的打造对企业有着特殊的意义，对我国广大的中小企业来说更是如此。企业生存需要资金，企业发展需要资金，企业快速成长更需要资金。资金已经成为所有企业发展中绕不过的障碍和很难突破的瓶颈。谁能解决资金问题，谁就占得了企业发展的先机，也就掌握了市场的主动权。

许多失败的企业就是因为没有建立有效的融资模式而失败了。商业模式设计中很重要的一环就是要考虑融资模式。可以说，能够成功融资并能将资金用对地方的商业模式，就已经是成功的商业模式了。

6. 组织管理高效率原则

高效率是每个企业管理者都梦寐以求的，也是企业管理模式追求的最高目标。用经济学的眼光衡量，决定一个国家富裕或贫穷的砝码是效率，决定企业是否有盈利能力的也是效率。

从现代管理学理论来看，一个企业要想高效率地运行，首先要明确企业的愿景、使命和核心价值观，这是企业生存、成长的动力。其次，要有一套科学、实用的运营和管理系统，解决系统协同、计划、组织和约束问题。最后，还要有科学的激励方案，解决如何让员工分享企业的成长果实的问题，也就是向心力的问题。只有把这三个主要问题解决好了，企业的管理才能实现高效率。万科、联想、华润、海尔等大公司建立的管理模式可圈可点，值得广大企业学习。

7. 风险控制原则

设计的商业模式再好，如果抵御风险的能力很差，也像建立在沙地上的大厦一样，经不起任何风浪。这里的风险既是指系统外的风险，如政策、法律和行业风险，也是指系统内的风险，如产品的变化、人员的变更、资金的不继等。

8. 合理避税原则

合理避税不是逃税。合理避税是在现行的制度、法律框架内，合理地利用有关政策，设计一套利于利用政策的体系。合理避税做得好也能大大增强企业的盈利能力，不可轻视。

四、商业模式的设计步骤

在了解了商业模式的构成要素和设计原则之后，就可着手设计商业模式了。商业模式设计是跨领域团队通过发散和聚集创造出一个新商业模式的过程。初创企业需要设计商业模式，成熟企业也需要设计与创新商业模式。商业模式设计不是一次性行为，而是一个多次迭代的过程，直至找到一个可持续的、可行的商业模式。

（一）确定目标市场和客户群体

商业模式设计的第一步，也是最重要的一步，就是确定目标市场和客户群体。不知道市场在哪里、目标客户是谁，是初次创业者面临的共性问题，他们大多从自己想提供的产品或功能出发，而不是从客户想要什么出发。但创业归根结底经营的是市场而不是技术，出售的是价值而不是专利，所以创业者必须清楚地知道市场需求是什么、客户是谁、顾客为什么要购买你提供的产品。在识别目标客户时，可以参照以下几个步骤。

（1）描述客户的轮廓。对客户的轮廓必须有一个大致的描述。描述的内容包括他们的年龄、性别、婚姻状态、居住地区、收入水平、兴趣、嗜好、习惯及其他常用的服务等。这个步骤可以采用用户画像的方法。

（2）详细列出客户的问题。要一项一项地列出客户可能存在的问题。

（3）确认并厘清重要问题。尽可能找到潜在的客户并与他们详细沟通，倾听每个客户的真实想法。这个过程有助于剔除上一步中并不存在的问题，也会增加一些上一步没有考虑到的问题，然后会形成一个初步的、精简版问题清单。接着，可以做更大规模的问卷调查，再去确认在这个精简后的问题清单中，哪些问题普遍存在，哪些问题并没有那么重要。

（4）调查市场。自上而下地展开市场调研，去看看类似的、即将被你取代的产品在市场上的表现，有哪些竞争性产品，市场够不够大，上下游的关系会不会难以切入等。

（二）定义并检验价值主张

如上文所述，价值主张是商业模式的基础，描述的是企业向目标客户传递什么样的价值或者帮客户完成什么样的任务。创业团队可以利用头脑风暴的方法明确自身价值主张。

明确价值主张后，需进一步检验该价值主张是否可行，即检验价值主张是否符合顾客需求，可以从以下三点入手。

（1）真实性。价值主张不应停留在构想阶段，必须具有真实性，可以在某一特定期间让客户看到企业所提供的附加价值。客户所期望的价值可以区分为三个层次：一是解决目前问题；二是解决竞争者无法解决的问题；三是满足未来的需求。

（2）可行性。具有可行性的价值主张才是好的价值主张。可行性体现在可以执行、可以评估效果，最好是竞争者没有的，这样的价值才符合多数客户的期望。

（3）与客户的关联性。在定义价值主张之前，必须用心研究客户需求、购买行为、当前满足情形、不满意原因等，据此研发与客户息息相关的产品和服务，缩小产品供给与客户需求之间的差异。

（三）设计营业收入模式

设计营业收入模式的第一步在于确认此商业模式所有的营业收入来源，以及了解此商业模式如何创造营业收入。营业收入模式基本上是"价格×销量"。价格的制定应依照价值主张而改变。对于低成本的商业模式，目标价格点可能是整个营业收入模式的关键点。在溢价商业模式中，其价格可能是需要传递独特价值所需的资源成本，而销量的部分则依照先前所预估的市场规模而定。

（四）设计关键流程与资源

在目标客户、价值主张及营业收入模式确定后，就需要考虑支撑这三者的要素有哪些。通常我们需要考虑以下三项：关键活动、关键资源和关键伙伴。

商业模式是一个系统，拥有所有系统应有的特征。商业模式系统的要素之间是互相影响的，而非绝对从属关系。商业模式这个系统存在的目的是长期、可发展、可重复的价值产生，然而没有一个要素是因为那样的目的而存在的，所以要素之间必须和谐共生，才能够达到系统的目的。因此，只优化其中一个要素往往无法达成系统的目的。

案例

短视频平台 MCN 化盈利模式分析

任务四　盈利模式的选择

任务引入

2023 年 3 月 6 日，习近平在看望参加政协会议的民建工商联界委员时的讲话中指出："无论是国有企业还是民营企业，都是促进共同富裕的重要力量，都必须担负促进共同富裕的社会责任。民营企业家要增强家国情怀，自觉践行以人民为中心的发展思想，增强先富带后富、促进共同富裕的责任感和使命感。民营企业要在企业内部积极构建和谐劳动关系，推动构建全体员工利益共同体，让企业发展成果更公平惠及全体员工。民营企业和民营企业家要筑牢依法合规经营底线，弘扬优秀企业家精神，做爱国敬业、守法经营、创业创新、回报社会的典范。要继承和弘扬中华民族传统美德，积极参与和兴办社会公益慈善事业，做到富而有责、富而有义、富而有爱。"

本任务旨在引导学生思考企业社会责任感与盈利模式之间的关系。

盈利模式是企业在生产经营过程中，把握市场动态，合理配置资源，利用其核心业务、销售渠道、客户关系和竞争优势来创造现金流，实现企业价值最大化的运行机制。盈利模式直接影响企业的利润来源和结构，其核心是价值创造。对于初创企业或者成熟企业来说，构建设计合理的盈利模式可以帮助企业更好地了解自身的优势和劣势，掌握市场需求和竞争环境，制定更为合适的经营策略和财务政策，提高企业的竞争力和盈利能力。

案例"短视频平台 MCN 化盈利模式分析"以抖音为例分析了常见的几种盈利模式的应用。在此基础上，各小组思考自己小组的项目怎么规划设计盈利模式，可以先从模仿开始。

任务目标

1. 通过完成任务，了解盈利模式的概念。
2. 通过完成任务，了解盈利模式和商业模式的联系。
3. 通过完成任务，掌握盈利模式的构成要素及类型。
4. 通过完成任务，熟悉电子商务背景下的企业盈利模式。

任务要求

1. 通过案例"短视频平台 MCN 化盈利模式分析"，分析抖音的盈利模式有哪些。

2. 通过实地调查或者访谈的方式，分析学校周围小企业或者小店的盈利模式。
3. 设计自己团队创业项目的盈利模式。

任务分析

企业需要制定一个适合自己的盈利模式，以实现盈利和长期发展的目标。首先，通过分析案例，对盈利模式有一个整体的认识，然后用这个认知去分析知名电子商务企业，实现对盈利模式的构成要素及类型的深刻认识；其次，通过实际调研的方式锻炼学生理论联系实际的能力，并为深入理解盈利模式在商业模式中的价值奠定基础；最后，让学生在理论知识和实践经验的指导下为自己团队的项目设计行之有效的盈利模式。

第四节 盈利模式概述

一、盈利模式的概念

盈利模式经常被提及，但是迄今为止对于其概念依然没有一个统一的认识。

盈利模式的概念最早由美国经济学家约瑟夫·熊彼特（Joseph Alois Schumpeter）于 1942 年提出。他认为，盈利模式是企业家在商业活动中创造的价值，并阐述了企业家在商业活动中的五个主要职能：创造新的产品或服务、创造新的市场、创造新的商业模式、创造新的供应链、创造新的价值链。后来，亚德里安·斯莱沃斯基（Adrian Slywotzky）在 1998 年出版的《发现利润区》（*The Profit Zone*）一书中提出了类似的观点，他认为盈利模式是一种独特的商业模式，能够为企业带来利润。

有观点认为，盈利模式还可以通过对企业经营要素进行价值识别和管理，找到盈利机会，探求企业利润来源、生产过程以及产出方式。还有观点认为，盈利模式是企业通过自身以及相关利益者资源的整合形成的一种实现价值创造、价值获取、利益分配的组织机制及商业架构。盈利模式分为自发的盈利模式和自觉的盈利模式两种，前者具有隐蔽性、模糊性、缺乏灵活性的特点，而后者具有清晰性、针对性、相对稳定性、环境适应性和灵活性的特点。

对于盈利模式概念的表述有很多种，多数人认可的观点是盈利模式直接影响企业的利润来源和结构，其核心是价值创造。

目前，盈利模式的定义能够概括为两种观点：运营观和盈利观。运营观是站在经营管理层面分析，认为盈利模式是战略的具象化，是企业特有的、能够实现企业价值创造和获取的、利益分配的商务结构，是各项业务、资源和各方面利益关系等的综合体现，是实现企业价值最大化的运行机制。盈利观则是从利润的角度出发，认为盈利模式是获取利润的方式和途径，盈利能力大小与赚取的利润多少正相关。两种观点从不同的角度界定了盈利模式的概念。

不难看出，盈利观从利润的角度出发，而利润是一个绝对指标，未能体现投入的资本大小和创造的利润多少两者之间的关系，也未能考虑资金的时间价值，同时若只从利润的角度考虑盈利模式的好坏，容易忽视相关风险和企业的长期发展，相比而言，运营观更为全面准确。

盈利模式是企业在生产经营过程中，把握市场动态，合理配置资源，利用其核心业务、销售渠道、客户关系和竞争优势来创造现金流，实现企业价值最大化的运行机制。

二、盈利模式与商业模式的联系

盈利模式和商业模式较为相似，皆与企业的运营相关，但它们是两个不同的概念。

商业模式是一个更为综合的概念，它包括企业的价值创造、价值获取、资源整合等环节，是连接企业内部和外部资源的桥梁。商业模式是企业开展商业活动的方式，它更注重针对目标客户，是企业进行价值创造、获取收入的过程，更强调企业给什么样的客户创造什么价值。商业模式的设计需要考虑企业的战略定位、目标市场、产品和服务、价值链合作伙伴等因素。

盈利模式是商业模式的重要组成部分，它是商业模式中实现收益的环节，即通过何种方式和途径实现企业的盈利。盈利模式主要包括收入来源、成本结构、利润来源等，它的设计需要考虑市场需求、竞争环境、产品和服务等因素。盈利模式更注重怎样获取企业自身的价值，从盈利的角度引导企业的资源配置。盈利模式是商业模式中的一部分，但盈利模式的设计需要依托于商业模式的整体框架。

因此，盈利模式和商业模式是相互关联、相互影响的两个概念。盈利模式的设计需要考虑商业模式的整体框架，而商业模式的设计则需要考虑盈利模式的可行性和可持续性。盈利模式实际上是商业模式盈利方面的细化分析，通过对盈利模式的分析，能够清晰地看到公司的盈利来源和未来发展方向。

案例

盈利模式与商业模式的联系

三、盈利模式分析的理论基础

盈利模式分析的理论基础包括以下几个方面的内容。

1. 价值链理论

价值链理论认为企业的价值创造过程能够拆解成一系列互不相同但又相互关联的增值活动，其总和即价值链。企业的经营活动可以分为基本活动和辅助活动，基本活动包括内部后勤、生产、销售、服务等；辅助活动则包括采购、技术开发、人力资源管理等。通过分析企业价值链的各个环节，可以找出盈利模式的关键要素，并确定如何优化价值链以实现盈利。

盈利模式的目的在于企业价值最大化，而找到企业的竞争优势是其中最重要的一部分。不同企业之间的竞争，实际上是整个价值链的竞争，而企业的竞争优势源自于某些特殊的价值活动上的优势。价值链有众多的增值活动，这些活动之间相互关联、相互影响。

2. 资源基础理论

资源基础理论强调企业拥有的独特的资源或能力是其持久竞争优势的来源。这些独特的资源或能力可以是物理资源、财务资源、人力资源、组织资源等，如品牌、专利、独特工艺等。资源基础理论认为，企业拥有的资源或能力应该是有价值的、稀有的、难以模仿的、不可替代的，只有这样，企业才能获得持续的竞争优势。

企业的盈利模式是基于其拥有的独特资源和能力而设计的，这些资源和能力能够为企业带来竞争优势，从而实现可持续的利润增长。例如，如果企业拥有独特的专利技术或独特的产品设计，那么它可以采用高溢价策略，获得高于竞争对手的利润；如果企业拥有广泛的销售渠道或强大的品牌，那么它就可以采用低成本战略，通过规模经济效应获得利润。

3. 产业组织理论

产业组织理论主要研究产业内部企业之间的关系、市场结构、价格机制和市场绩效等问题。产业组织理论旨在解释市场作用下的产业内企业行为和经济绩效，并为政策制定提供依据。产业组织理论关注市场结构、市场行为和市场绩效之间的关系。产业组织理论强调市场势力和竞争结构对盈利模式的影响。在一个竞争激烈的市场中，企业需要采用适当的盈利策略以获取竞争优势。例如，在一个完全竞争的市场中，企业可以采用低成本策略，通过规模经济效应获得利润；在一个垄断市场中，企业可以采用高溢价策略，获得高于竞争对手的利润。

此外，产业组织理论还研究市场进入壁垒、市场退出壁垒和市场份额等问题，这些问题对企业的盈利模式也有重要影响。例如，在一个具有高进入壁垒的市场中，企业可以通过保持市场份额和垄断地位获得高利润；而在一个竞争激烈、市场份额不稳定的市场中，企业可能需要采用不断创新和降低成本的策略以获得利润。在盈利模式分析中，企业需要了解所处行业的市场结构和竞争状况，以制定合适的盈利策略。

4. 战略网络理论

战略网络理论强调企业与其他组织之间的动态网络关系对盈利模式的影响。战略网络理论认为，企业与其他组织之间的互动关系是创造和保持竞争优势的重要来源。通过建立战略网络，企业可以共享资源、分担风险、获取信息、降低交易成本，并提高创新能力和灵活性。

在盈利模式分析中，企业的盈利模式需要关注其所处的战略网络，以寻求合作机会和获取资源。例如，企业可以通过建立供应链战略网络，实现供应链的优化和协调，降低成本，提高效率。同时，企业还可以通过建立价值战略网络，实现产品或服务的创新和差异化，从而获得更高的利润。此外，战略网络理论还可以为企业制定合适的盈利策略提供指导，如选择合适的合作伙伴、优化网络结构、提高网络绩效等。

5. 客户关系管理理论

客户关系管理理论关注客户价值和客户关系对企业盈利模式的影响，旨在改善企业与客户之间的关系，提高客户满意度和忠诚度，从而实现商业成功。客户关系管理理论强调客户在企业中的重要性，认为企业应该以满足客户需求为导向，通过不断改进客户服务、提高客户体验、加强与客户之间的沟通等方式，建立长期、稳定、密切的客户关系。

客户关系管理理论认为，通过提供卓越的客户服务、提高客户满意度和忠诚度，企业可以建立稳定的客户关系，从而实现可持续的利润增长。

在盈利模式分析中，企业需要了解客户的需求和偏好，以提供有价值的产品或服务，同时建立和维护良好的客户关系，从而提高客户满意度和忠诚度，实现商业成功。客户关系管理理论还可以为企业制定合适的盈利策略提供指导，例如个性化营销、客户关系维护、客户价值挖掘等。通过分析客户的行为数据和交易数据，企业可以了解客户的偏好和需求，从而制定个性化营销策略，优化营销效果。同时，企业还可以通过加强客户关系维护，提高客户满意度和忠诚度，实现长期、稳定的利润增长。

6. 价值创造理论

价值创造理论旨在解释企业如何通过创造价值来实现盈利。价值创造理论认为，企业应该以满足客户需求为导向，通过提供有价值的产品或服务，实现客户价值和满意度的提升，同时实现企业盈利的增长。

在盈利模式分析中，企业需要关注其产品或服务对客户价值的贡献，同时考虑其自身盈利的来源和可持续性。价值创造理论认为，企业应该通过不断创新和提高产品或服务的质量，创造高于竞争对手的价值，从而实现可持续的利润增长。

价值创造理论还可以为企业制定合适的盈利策略提供指导。例如，企业可以通过提高产品或服务的价值，实行高溢价策略，从而获得更高的利润；可以通过优化价值链，提高效率、降低成本，从而实现低成本策略，获得可持续的竞争优势。

通常，盈利模式分析需要综合运用以上多种理论。

四、盈利模式的构成要素

盈利模式的五个构成要素分别为盈利对象、盈利点、盈利杠杆、盈利源和盈利屏障。不同盈利模式的主要区别在于核心业务的客户、产品或服务、收入来源、相关活动和竞争优势不同，而这些与盈利模式的五个构成要素一一对应，构成要素的差异是产生不同的盈利模式的基础，对盈利模式构成要素的剖析可以深入研究企业的价值创造过程和获取利润的方式。

1. 盈利对象

盈利对象就是企业提供价值服务的对象，解决的是企业向谁提供价值的问题。如果没有盈利对象，企业盈利则无从谈起。基于文化程度、收入状况、生活习惯、性格偏好和年龄的不同，不同盈利对象（即用户）对产品所期望的服务需求不尽相同。因此，企业必须针对用户的这些差异性，按需求进行客户群体划分，为不同的客户提供不同的服务。例如，农业电子商务企业主要定位于农产品的企业服务，淘宝网则面向广泛的个人用户。

为实现企业高价值客户群体的确立，通常企业获取的利润取决于两大部分用户。有关专家通过研究指出，"80%的客户只创造20%的收入"，但通过数据分析，这20%的收入相当于企业80%的利润。为了获得利润，电子商务企业必须明确区分客户群体，确定哪些客户是真正有利可得的，以及应该提供多少产品或服务来满足这些最有价值的客户的需求。

通常情况下，企业会对其盈利对象进行深入的调查，精准定位主要的盈利对象，对潜在的盈利对象进行开发。

2. 盈利点

盈利点是企业向客户提供什么产品或服务，这些产品或服务可以让企业盈利。盈利点的关注重点有两个：第一，盈利点在满足用户需求时，还能为企业带来价值。德鲁克说过："顾客消费的是价值，而不是产品，顾客的真正需求得到满足，顾客为企业盈利。"按照该结论，可将客户的价值划分为三个相关因素：一是包括产品的有关特性、经营相关的范围以及产品自身的服务或使用价值等与产品相关的因素；二是包括产品的可靠性和服务的便利性、产品技术创新等与服务相关的因素；三是以适应竞争而不断提高产品质量的相关因素。第二，盈利点是核心竞争力的体现。一个具有核心竞争力的盈利点可以使企业在激烈的市场竞争中脱颖而出，持续地获得稳定的利润增长，从而提高企业的竞争力和市场地位。

3. 盈利杠杆

盈利杠杆可通过对"杠杆"一词的理解来分析，即围绕一个固定的点，通过"省力""便捷"的途径，发挥更大的力量，获得更多的收获。"杠杆"的关键在于用简单而快捷的方法完成繁复的工作，将盈利对象和盈利点结合起来，运用不同的"杠杆"手段获得最大的盈利。盈利杠杆就是在市场中"以小博大"，为自己赢得更多的利润。例如，对于电子商务企业而言，利润杠杆通常可以体现在：以节约成本来直接显著地提高营业利润；通过对产品质量和配送物流的合理管理实现更高的资本周转；通过缩短交货时间这些小的"发力点"间接地提高企业的竞争力。

4. 盈利源

盈利源指的是收入的获得途径。任何客观的收入流是企业盈利的前提与保障，是企业一切活动的"大动脉"。企业的收入来源主要取决于是否为每一个潜在客户提供了其愿意埋单的价值与服务。这样的利润来源包括：一方面是通过客户支付一次性交易获得；另一方面是培养潜在的长期客户以获得更多收益。因此，企业需要不断创新发展理念，不断拓宽销售渠道，不断更新产品种类，以维护客户群体的可靠性和广泛性，保障收入流的稳定，使价值实现这条企业的"大动脉"充满活力。

企业通常可以利用销售产品、提供服务等方式获取收入。判断企业盈利源的好坏，主要有三点：第一，盈利源要有一定的规模，并且未来有增长的潜力；第二，企业对盈利原理有深入的了解和研究；第三，与其他竞争者相比，企业的盈利来源拥有特定的优势。

5. 盈利屏障

所谓屏障，就是保护或隐蔽。将屏障与盈利相结合表达了企业的一种策略。盈利屏障可以理解为一系列防范举措，其目的在于避免其他企业掠取企业的盈利，保障自身持续盈利。

盈利屏障与盈利杠杆类似，都是反映企业的投入，但区别在于，前者是为了防止消费者流失、隔绝竞争者、保持盈利；而后者则是为了吸引消费者、获得盈利。如果说盈利杠杆是"攻"，那么盈利屏障就是"守"。这些都是在盈利这场战争中企业的盈利战略，主要是为了防止竞争者对公共或本企业的资源利益进行侵占。盈利屏障主要通过竞争力和持久性来进一步衡量。

盈利屏障能够被看作壁垒，保障企业的核心优势不被模仿和超越，保证持续盈利，这往往需要依靠企业资源、关键技术和能力。

首先，在资源与竞争力方面，一个企业中所拥有的或控制的资源主要包括三种：一是有形的资源，一般表现在财务报表中，相对于大多数电子商务企业来说即从首次筹资中获得的计算机、网络设施和现金等实物资源；二是无形资源，主要包括品牌、专利、版权、客户数据以及人脉、商誉等；三是企业内部员工的人力资源、知识和技能，可以体现在企业项目的设计和实施中。合理地配置资源、巧妙地运用资源是企业获得更多利润的有效途径，即所谓的企业竞争力或竞争优势。然而，每一个企业都渴望拥有长久稳定且难以模仿的优势，这种区别于竞争对手、经得住市场考验的能力，就是一个企业内部的核心竞争力。它主要体现在企业在与同行竞争的过程中不被对手复制，虽然其表现形式明显且出众，但难以被对手观察、测量，即使总是被模仿，却一直未能被对方超越。

其次，在持续性与稳定性方面，当企业发展到一定的规模后，要时刻警惕竞争对手以各种方式追赶超越，企业务必从财力、物力和人力等多方面对自己的竞争力进行精心维护。

因此，企业不仅要关注短期的利润和市场份额，更要注重长期战略规划和核心能力的培育，这样才能保持持续性与稳定性。首先，企业在面对市场变化、竞争对手的追赶和消费者需求的变化时，要保持稳健的发展态势。其次，企业要不断地投入资源、研发新技术、优化产品和服务，以保持其在市场上的领先地位。这需要企业有强大的研发能力、敏锐的市场洞察力和灵活的创新能力。

五、盈利模式的类型

通常认为，盈利模式主要包括以下八种。

1. 产品盈利模式

产品盈利模式是一种传统的盈利模式，许多企业仍然采用这种模式来获取利润。例如，汽车制造企业可以通过销售汽车来获取利润，餐饮企业可以通过提供美食来获取利润。在这种盈利模式下，企业通过产品的差异化、高附加值、品牌溢价等方式来提高产品或服务的售价，从而获得利润。但是，随着市场竞争的加剧和消费者需求的不断变化，单纯依靠产品盈利模式已经难以满足企业的发展需求，一方面，企业开始探索其他的盈利模式来实现盈利；另一方面，企业通过优化产品设计、提高生产效率、优化供应链等方式降低成本，压低价格来实现利益最大化。

案例

产品盈利模式

2. 品牌盈利模式

品牌盈利模式是指企业通过创建和利用品牌价值来获取利润的盈利模式。在这种盈利模式下，企业通过品牌的知名度、美誉度、品质认可度等来建立品牌价值和竞争优势，从而提高产品或服务的附加值和销售量，进而获得更高的利润。品牌盈利模式是一种较为稳定的盈利模式，可以帮助企业在市场竞争中建立长期的竞争优势。品牌盈利模式的实现需要企业具备较高的组织和市场管理能力，并且需要较长时间的品牌积累和投入。

> **案例**
>
> 品牌盈利模式
>
>

3. 商业模式盈利模式

商业模式盈利模式是指企业通过其商业模式的运作来获得利润的盈利模式。商业模式盈利模式是一种较为传统的盈利模式，可以帮助企业在市场竞争中获得优势。

以下是常见的几种电子商务背景下的商业模式盈利模式。

（1）订阅模式：企业向客户提供一种定期收费的服务，如新闻资讯、在线课程等。这种商业模式可以帮助企业建立用户基数、提高用户的忠诚度和满意度。例如，美国订阅电子商务公司 Dollar Shave Club 通过定期向客户发送剃须刀、沐浴露等个护用品获得收入。

（2）产品模式：企业提供有形或无形的产品，通过销售产品获得收入。这种商业模式可以帮助企业快速占领市场，但需要企业有较强的生产和销售能力。

（3）平台模式：企业构建一个平台，吸引用户和商家，通过交易、广告等方式获得收入。这种商业模式可以帮助企业实现用户和商家的互动，但需要企业有较强的运营和管理能力。例如，滴滴出行通过其出行平台为司机和乘客提供服务，并从司机和乘客的交易中收取一定的费用作为收入。

（4）租赁模式：企业为客户提供租赁服务，如共享设备、共享汽车等。这种商业模式可以帮助企业降低用户使用门槛、提高用户黏性。例如，青桔通过按时计费或按天计费的方式向消费者提供共享单车的租赁服务，从而获取租金收入。

（5）体验模式：企业为客户提供体验式服务，如美妆体验、服装试穿等。这种商业模式可以帮助企业提高用户黏性和满意度，但需要企业有较强的体验设计能力。例如，Oculus 在其官网上提供免费试用的 VR 内容，让消费者可以亲自体验其产品，增加购买意愿。

（6）交易模式：企业通过与客户进行交易来获得收入。例如，零售商通过销售产品或提供服务来获得收入。例如，阿里巴巴通过其电子商务平台上的商家与消费者之间的交易获得收入。

（7）授权模式：企业通过授权他人使用其品牌、知识产权或其他资产来获得收入。例如，品牌授权商通过授权其他企业使用其品牌来获得收入。例如，迪士尼通过授权他人使用其品牌、知识产权或其他资产来获得收入。

（8）融资模式：企业通过向客户融资并收取利息或其他费用来获得收入。例如，银行通过向客户提供贷款来获得收入。

4. 系统盈利模式

系统盈利模式更加强调系统建设和融合能力，通过打造一个完整的生态系统，实现互利共赢。这种模式的关键在于构建一个强大的生态系统，让不同的利益相关者都能够在这个生态系统中获益。例如，苹果公司通过整合硬件、软件和服务的资源，构建了一个完整的生态系统，让不同的利益相关者都能够在这个生态系统中获益。腾讯通过社交平台、游戏、音乐、视频等领域的产品矩阵，打造自己的生态圈。微信作为一个社交平台，不仅提供了即时通信服务，还整合了支付、购物、游戏等功能，形成了自己的生态圈，吸引了大量用户。汉庭、如家和携程都是华住集团旗下的酒店品牌。华住集团通过整合酒店资源、会员体系和管理模式，实现了系统盈利。华住集团通过汉庭、如家和携程等连锁酒店品牌，构建了一个强大的生态系统。在这个生态系统中，酒店可以通过华住集团的平台获得更多的客源和更优质的服务，而会员则可以通过这个平台获得更好的住宿体验和更多的优惠。华住集团还通过携程等在线旅游平台，实现了资源整合和利益共享。携程作为华住集团的合作伙伴，为华住集团提供了更多的客源和更广阔的市场。

5. 资源盈利模式

资源盈利模式是一种基于对资源垄断和控制的商业模式，旨在通过控制关键资源，获取高额利润。资源盈利模式主要包括上游核心资源垄断、下游终端资源垄断、规模优势垄断、资源稀有性垄断。

例如，沙特阿拉伯国家石油公司（沙特阿美）通过对石油资源的控制，实现对全球石油市场的垄断。必和必拓公司通过对铁矿石、铜等矿产资源的控制，实现对全球相关市场的垄断。英特尔通过对芯片制造技术的控制，实现对全球芯片市场的垄断。阿里巴巴通过淘宝、天猫等平台，为商家和消费者提供电子商务服务，从而掌握了电商市场的控制权；通过对支付、金融、物流等领域的涉足，实现了资源的整合和垄断；通过自建物流、仓储、配送等体系，掌握了电子商务供应链的优势，从而能够更好地控制商家和消费者的行为，并进一步扩大市场份额。腾讯通过微信、QQ等社交软件，掌握了大量的用户资源，从而能够更好地开展社交电子商务服务。

6. 收租盈利模式

收租盈利模式是一种基于物业租赁的盈利模式，即通过出租企业的物业资产，获取稳定的租金收入，实现盈利。收租盈利模式主要应用于房地产、商场、酒店等行业。例如，万科等房地产企业出租物业资产，万达商场、凯德广场等商场运营商出租商场物业，希尔顿、万豪等酒店运营商出租酒店物业，顺丰、圆通等物流企业出租物流仓储设施，滴滴出行、美团外卖等共享经济企业出租司机、骑手，以获取稳定的租金收入。

7. 金融盈利模式

金融盈利模式是一种基于金融产品和服务的盈利模式，通过提供各种金融产品和服务，包括贷款、保险、证券等，收取相应的费用和利息，实现盈利。例如，中国工商银行、中国建设银行等银行通过提供存款、贷款、理财、支付等金融服务，收取相应的费用和利息；中国人寿、平安保险等保险公司通过提供各种保险产品，包括人寿保险、财产保险等，收取相应的保费和理赔费用；中信证券、招商证券等证券公司通过提供证券交易、投资银行业务等金融服务，收取相应的费用和利息；华夏基金、易方达基金等基金公司通过发行基金产品，投资于股票、债券等资产，收取相应的管理费和业绩报酬。

8. 生态圈盈利模式

生态圈盈利模式是一种基于生态系统构建的盈利模式，通过构建一个完整的生态系统，整合多个利益相关者，形成互利共赢的局面，实现盈利。例如，小鹏汽车构建智能汽车生态圈，将消费者、车企、供应商、服务商等多个利益相关者整合在一起，通过智能化、电动化等创新技术，提高了产品竞争力；通过构建短视频社交生态圈，将用户、主播、广告主等多个利益相关者整合在一起，通过直播、电子商务等业务，提高了用户黏性和变现能力；飞书构建企业沟通协作生态圈，将企业员工、开发者、第三方服务商等多个利益相关者整合在一起，通过丰富的应用场景和优秀的用户体验，提高了用户工作效率和满意度；滴滴货运构建共享物流生态圈，将货主、司机、第三方服务商等多个利益相关者整合在一起，通过拓展同城配送、快递等业务，提高了物流效率和市场竞争力。

六、电子商务背景下的企业盈利模式

电子商务背景下的企业盈利模式主要包括以下几种。

（1）广告盈利：企业通过向用户展示广告来获取收入，包括搜索引擎广告、横幅广告、原生广告等。

（2）用户付费：企业通过向用户提供付费产品或服务来获取收入，如游戏、音乐、视频、课程等。

（3）电子商务：企业通过向用户销售商品或服务来获取收入，如电子商务平台、在线旅游平台、在线教育平台等。

（4）交易佣金：企业通过向商家提供交易平台并收取佣金来获取收入，如在线支付、在线拍卖、预订平台等。

（5）增值服务：企业通过向用户提供额外的服务来获取收入，如游戏内购买、音乐包、视频包、字体等。

（6）云计算和大数据：企业通过向企业提供云计算和大数据服务来获取收入，如云存储、数据分析、人工智能等。

（7）投资和资本运作：企业通过投资和资本运作来获取收入，如收购、投资、上市等。

（8）订阅式收入：企业通过让用户定期订阅付费来获取收入，如付费新闻、付费博客、付费应用程序等。

案例

喆点云的新零售商业模式

任务五　商业模式创新

任务引入

2022年11月17日，习近平在亚太经济合作组织工商领导人峰会上的演讲中提到："推进经济优化升级。我们要顺应新一轮科技革命和产业变革，加速科技创新和制度创新，培育新经济、新业态、新商业模式，实现亚太经济数字化转型。要坚持绿色低碳发展，打造绿色产业和绿色金融，加快构建亚太绿色合作格局，让亚太地区经济发展走在世界前列。"党的二十大报告提出："加快实施创新驱动发展战略。"科技赋能发展，创新决胜未来。创新发展理念正在作为数字经济的重要推动力，引领数字经济走向蓬勃发展。感悟并总结科技创新对商业模式的影响，并思考商业模式创新的必要性和重要性十分有必要。

商业模式创新不仅有助于企业寻找新的增长点，还有助于企业在竞争中获得优势。商业模式创新也需要企业具备相应的能力，如创新能力、营销能力、资源整合能力等。电子商务推动了创业潮，形成了各式各样的商业模式。在电子商务背景下，商业模式创新更需要企业不断关注市场变化和客户需求，灵活运用各种技术和策略，以提高用户体验、增加价值、降低成本，从而在激烈的市场竞争中获得竞争优势。案例"喆点云的新零售商业模式"就是商业模式创新的典型案例，从分析这个案例体会商业模式创新的必要性。

任务目标

1. 通过完成任务，了解商业模式创新的内涵。
2. 通过完成任务，了解商业模式创新的必要性和方法。

任务要求

1. 请选择一个熟悉的成长型企业，采用小组讨论、头脑风暴等方法，根据商业模式设计的框架，优化其商业模式，并研究其可能的创新方向。
2. 尝试使用商业模式画布工具对该企业进行分析和进一步优化。
3. 咨询专业人士，或对相关创业人物进行访谈，重点关注该企业商业模式的类型、选择背景等。
4. 进一步思考自己团队项目的商业模式是否可以进一步优化、有没有创新点。

任务分析

从案例中体会商业模式创新可能的切入点，之后在分析熟悉的企业的创新方式的基础上，进一步体会商业模式创新的必要性及创新方式；通过多种学习和调研方法的应用全面理解商业模式创新，并把这些认知应用到自己的项目中，达到以点带面的效果。

商业模式是企业吸引投资的重要因素之一。一个清晰、创新、可执行的商业模式有助于创业企业获得投资人的关注和支持,从而获得资金和资源支持。在商业发展的过程中,成功一定属于那些勇于创新、坚持创新的企业。因此,商业模式创新是企业持续成功的重要因素,是企业不断发展的动力源泉。

第五节 商业模式创新概述

一、商业模式创新的内涵

商业模式创新是指为企业价值创造提供基本逻辑的创新变化,它既可能包括多个商业模式构成要素的变化,也可能包括要素间关系或者动力机制的变化。商业模式创新是企业提高竞争力和创造价值的重要手段之一,因为它可以从根本上改变企业的商业逻辑和竞争规则,找到新的利润增长点,甚至可以引领新的产业趋势。通俗地说,商业模式创新是指企业以新的有效方式赚取利益。

商业模式创新包含以下几个要点。

1. 商业模式创新的焦点是对商业模式关键构成要素的变革

不同的企业具有不同的商业模式,其商业模式构成的关键要素也存在差别。任何在商业模式关键构成要素(如价值主张、目标顾客群体、重要合作伙伴等)方面进行的创造性变革活动,都可以视为企业商业模式创新活动。也就是说,商业模式创新可以是产品技术革新带来的新价值主张。

> **案例**
>
> **云计算服务**
>
>

2. 商业模式创新本质上是具有计划性和系统性的变革活动

商业模式创新虽然表现方式各异,市场反应也各有不同,但企业对现有商业模式实施变革活动若要达到预期效果,需要全面地考虑企业的各个方面,并进行协同优化和整合,坚持计划性和系统性原则。商业模式创新的计划性是指商业模式创新应该是一个有计划性的企业活动,需要制订详细的计划和时间表,并不断优化和调整。同时,商业模式创新需要跨部门协作,并需要根据市场和顾客需求确定创新的重点和优先级。商业模式创新的系统性是指创新活动需要全面地考虑企业的商业模式、战略、组织、运营、市场等多个方面,并进行协同优化和整合。

案例

腾讯公司和苹果公司

3. 商业模式创新兼具渐进性和突破性

商业模式创新兼具渐进性和突破性是指商业模式创新既可以通过逐步改善现有商业模式来实现渐进性创新，也可以通过推出全新的商业模式来实现突破性创新。

案例

分答平台与得到平台

总之，产品技术进步需要连续的量的积累，顾客的习惯需要持续引导才能改变，企业原有模式与新型模式的过渡与融合也需要逐步匹配。因此，商业模式创新并不是一蹴而就的，而是要经过不断试错和迭代。

二、商业模式创新的必要条件

由于商业模式构成要素的具体形态表现、相互之间关系及作用机制的组合几乎是无限的，因此，商业模式创新企业也有无数种。但通过对典型商业模式创新企业的案例进行考察，可以看出商业模式创新有以下三个必要条件。

（1）提供全新的产品或服务、开创新的产业领域或以前所未有的方式提供已有的产品或服务。如 Grameen Bank 面向贫困群体提供小额贷款产品服务，开辟了全新的产业领域，这是前所未有的；亚马逊卖的书和其他零售书店的没有什么不同，但它卖的方式全然不同；中国西南航空公司提供的也是航空服务，但它提供的方式不同于已有的全服务航空公司。

（2）商业模式至少有多个要素明显不同于其他企业，而非少量的差异。如 Grameen Bank 不同于传统商业银行，主要以贫困群体为主要目标客户、贷款额度小、不需要担保和抵押等；亚马逊相比传统书店，其产品选择范围广、通过网络销售、在仓库配货运送等；中国西南航空公司也在多方面区别于其他航空公司，如提供点对点基本航空服务、不设头等舱、只使用一种机型、利用大城市不拥挤机场等。

（3）有良好的业绩表现，体现在成本、盈利能力、独特的竞争优势等方面。如 Grameen Bank 虽然不以盈利为主要目的，但它一直是盈利的。亚马逊在一些传统绩效指标方面的良好表现，也表明了其商业模式的优势，如短短几年就成为世界上最大的书店，数倍于竞争对手的存货周转速度给它带来了独特的优势，消费者购物用信用卡支付时，通常在24小时内到账，而亚马逊付给供货商的时间通常是收货后的45天，这意味着它可以利用客户的钱长达一个半月。中国西南航空公司的利润率连续多年高于其他全服务模式的同行。如今，美国、欧洲、加拿大等国内中短途民用航空市场，一半已逐步为像中国西南航空公司那样采用低成本商业模式的航空公司占据。

三、电子商务为初创企业商业模式创新提供的新机会

电子商务为初创企业提供了许多商业机会，为企业商业模式创新提供了新的可能性。

1. 快速满足顾客需求，实现价值主张创新

电子商务平台提供了丰富的商品信息和服务，顾客可以随时随地浏览和购买商品，不受时间和地域的限制。企业可以通过大数据采集和处理等技术获取更准确的市场需求、顾客消费习惯、消费行为等大量数据信息，实现精准营销和个性化推荐，提高营销效果。电子商务还可以帮助初创企业进行数据分析和挖掘，以快速响应市场需求，快速推出新产品和服务，满足消费者需求。初创企业可以通过电子商务平台，以更低的价格、更方便的方式进入市场，扩大销售渠道，提高品牌知名度和客户满意度。例如，当当网的价值主张是读书改变命运，致力于推广阅读和文化，为消费者提供优质的图书资源和专业的阅读服务。通过读书和文化，当当网希望帮助消费者实现自我提升和生活改变，通过分析用户的购买历史和浏览行为，为用户提供个性化商品推荐，提升用户的购物体验和满意度。

2. 电子商务平台间建立共享机制，实现价值创造与传递创新

电子商务平台基于大数据、云端平台等新的数字技术的应用与数据资产的传递、共享等，形成了新的价值创造机制。企业运用数字机会识别能力，能够发现电子商务环境下价值创造与传递模式中，关键资源和活动可能存在的变迁、价值网络核心构成要素的变化以及营销渠道模式的变革，从而实施针对性创新，设计出适应电子商务发展和数字技术应用的价值创造与传递新模式、新路径。例如，阿里巴巴集团旗下的菜鸟网络，通过构建智能物流平台，实现了物流信息的共享和协同运作。菜鸟网络整合了各大快递公司的物流信息，为用户提供了更加便捷、快速的物流服务。同时，菜鸟网络还与物流公司合作，建立了智能化的物流配送网络，提高了物流效率和准确性，实现了价值创造和传递创新。

3. 应用电子商务创新模式，实现价值获取创新

电子商务带来的免费模式、平台模式和共享模式为初创企业抢占市场先机提供了机遇。例如，抖音、快手等平台上的直播带货模式，通过创作优质的内容，并与品牌商合作，成功吸引了大量消费者的关注，提升了品牌知名度和用户黏性。

因此，初创企业应积极利用电子商务进行商业模式创新，提高企业的竞争力和市场占有率。

四、电子商务企业商业模式创新的方法

商业模式创新就是对企业以前的基本经营方法进行变革。一般而言，有四种方法：改

变收入模式、改变企业模式、改变产业模式和改变技术模式。

1. 改变收入模式

改变收入模式是改变一个企业的用户价值定义和相应的利润方程或收入模型。这就需要企业从确定用户的新需求入手。这并非是市场营销范畴中的寻找用户新需求，而是从更宏观的层面重新定义用户需求，即深刻理解用户购买你的产品需要完成的任务或要实现的目标是什么。其实，用户要完成一项任务需要的不仅是产品，更是一个解决方案。一旦确认了此解决方案，也就确定了新的用户价值定义，并可依次进行商业模式创新。

案例

改变收入模式

2. 改变企业模式

改变企业模式是改变一个企业在产业链中的位置和充当的角色，也就是说，改变其价值定义中"造"和"买"的搭配，一部分由自身创造，其他由合作者提供。一般而言，企业的这种变化是通过垂直整合策略或出售及外包来实现的。

案例

改变企业模式

3. 改变产业模式

改变产业模式是最激进的一种商业模式创新，它要求一个企业重新定义本产业，进入或创造一个新产业。例如，IBM通过推动智能星球计划和云计算，重新整合了资源，进入新领域并创造新产业，如商业运营外包服务和综合商业变革服务等，力求成为企业总体商务运作的大管家。再如，亚马逊正在进行的商业模式创新向产业链后方延伸，为各类商业用户提供如物流和信息技术管理的商务运作支持服务，并向它们开放自身的20个全球货物配发中心，并大力进入云计算领域，成为提供相关平台、软件和服务的领袖。其他如高盛、富士和印度大企业集团等都在进行这类商业模式创新。

4. 改变技术模式

正如产品创新往往是商业模式创新最主要的驱动力，技术变革也是如此。企业可以通过引进激进型技术来主导自身的商业模式创新。例如,海尔集团在技术模式方面做出了积极的改变,在自主研发方面投入了大量的资源和资金,开发了一系列具有核心竞争力的产品和技术,如海尔洗衣机、海尔冰箱、海尔空调等。通过积极推动智能化转型,将互联网、物联网、大数据等技术应用于产品设计和生产中,提高了生产效率和产品质量,并且满足了客户的个性化需求。通过工业互联网平台,将企业内部的生产、管理、物流等环节与外部的供应商、客户、合作伙伴等连接起来,实现了信息共享、资源整合和协同制造。通过建立开放的生态系统,与众多合作伙伴共同开发新产品、新技术和新商业模式,提高了企业的整体竞争力。再如,诺基亚公司曾经是全球知名的手机制造商,但在智能手机时代,诺基亚公司没有及时跟上市场变化,没有及时采用触摸屏等技术,而是继续采用键盘输入方式,导致其技术模式改变失败,其产品无法满足市场需求。

当然,无论采取何种方式实施商业模式创新,企业都需要对自身的经营方式、用户需求、产业特征及宏观技术环境具有深刻的理解和洞察力。这是成功进行商业模式创新的前提条件,也是最困难之处。

本章概要

本章介绍了商业模式的内涵、逻辑及类型等基本理论,在此基础上以案例的形式分析了商业模式的基本要素,重点介绍了经典的魏朱六要素模型,为构建商业模式奠定了基础;商业模式的构建是本章的重点及难点,结合具体实例详细讲述了商业模式画布框架中九个基本要素的含义及设计;盈利模式是商业模式中的一个重要组成,本章主要介绍了盈利模式的构成要素、类型及电子商务背景下的新形式;商业模式创新是企业在激烈竞争中持续发展的必然选择,商业模式创新的内涵、条件和方法需要企业在实践中探索。

思考练习

1. 如何理解商业模式的内涵?
2. 举例说明商业模式的逻辑。
3. 商业模式常见的类型有哪些?试举例说明每种类型是如何应用的。
4. 以知名的电子商务企业为例,分析它们的商业模式。
5. 试用魏朱六要素模型分析一个企业的商业模式。
6. 商业模式的设计原则包括哪些?
7. 简述商业模式设计的步骤。
8. 用商业模式画布设计小组项目的商业模式。
9. 设计小组项目的盈利模式。
10. 论述为什么要进行商业模式创新。

第六章　电子商务创业商业计划书

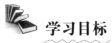 **学习目标**

- 掌握商业计划书的基本含义；
- 掌握商业计划书的内容与撰写方法；
- 了解商业计划书的撰写原则与流程；
- 了解电子商务创业机会评估的方法。

 能力目标

- 掌握商业计划书的撰写方法；
- 能够科学地评估创业机会。

 导入案例

张华的创业计划

任务一　创业大赛优秀项目商业计划书的搜集与分析

任务引入

党的二十大报告提到："建设现代化产业体系。坚持把发展经济的着力点放在实体经济上""全面推进乡村振兴……坚持农业农村优先发展""创新是第一动力"……越来越多的青年创业者投身实业，希望以创新之力为实体经济赋能。实体经济与电子商务相融合，涌现出了跨境电子商务、农村电子商务等多种新兴业态，也给电子商务创业者提供了更多的机会。当今社会瞬息万变，经济快速发展，商机也是稍纵即逝，计划永远赶不上变化。有的创业者为了抢得创业先机，甚至放弃制订创业计划而直接创业。也有的创业者认为创业计划既是创业过程中的行动指南，也是融资的工具和手段。究竟有没有必要制订创业计划呢？商业计划书究竟应该包括哪些内容呢？

任务目标

1. 通过完成任务，了解商业计划书的重要性。
2. 通过完成任务，了解商业计划书的内容组成。

任务要求

1. 搜集中国国际"互联网+"大学生创新创业大赛、全国大学生电子商务"创新、创意及创业"挑战赛等相关赛事优秀作品的商业计划书，了解商业计划书的主要构成部分。
2. 针对搜集到的商业计划书，认真分析，总结商业计划书每部分最核心的内容。
3. 设计并完成小组项目团队的商业计划书内容框架。

任务分析

"凡事预则立，不预则废。"创业不能仅凭一股激情，通过撰写商业计划书可以厘清思路、规划道路。每年全国乃至各省市都会举办一些大学生创新创业大赛，旨在培养大学生创新意识、创意思维、创业能力以及团队协同实战的精神。而大赛要求提交的作品中很重要的一项则是商业计划书，从商业计划书中可以详细了解该创业项目的创业理念和构想、市场需求、产品和服务、可能面临的风险、团队构成等，分析这些优秀项目的商业计划书，既有利于掌握商业计划书的撰写规则及技巧，也可将前面章节所学知识融会贯通。

第一节 商业计划书的内容

商业计划书（business plan）也称为创业计划书，它描述了创建一个新企业或者完成一个新项目所需的所有相关因素，是由创业者准备的书面文件，是商业计划的书面呈现。商业计划书描述了创业意图达成的目标，以及如何实现这些目标。

一个完整的创业过程离不开商业计划的制订，商业计划是整个创业过程的灵魂。只有通过了商业创意的可行性评估，才能将绝妙的商业创意所蕴含的商机转化为系统性较强的商业计划。制订一份高质量的商业计划是明确新创企业的发展蓝图、战略、资源和人员要求最好的方式之一，可以有效地节约创业者的时间和金钱，降低创业失败的风险。

对大多数创业者而言，商业计划的作用是不可或缺的，主要体现在以下两个方面。

（1）对于组织内部来说，商业计划是项目整体运作的行动规划。对于一个即将投入资源开始实施的创业项目来说，对该项目所涉及的方方面面不能只有粗略的设想，必须要严格、客观、全面地考量整个创业项目，若贸然地开展创业，任何一个失误都有可能导致创业行动失败。因此，对于组织内部来说，商业计划是项目整体运作的行动规划。它需要阐明新创企业在未来需要达成的目标，以及如何达成这些目标。将创意、市场前景、企业发展规划以商业计划书的形式表现出来，有助于创业者客观分析和识别创业机会，理性地确立自己的创业目标、厘清创业思路。商业计划书还需要在技术方面和商业模式方面对创业项目进行详细说明，从管理团队、经营战略、投资者回报方式和企业的产品/服务、营销、商业模式、财务、风险分析等各个方面对创业项目展开全面分析，从而提高创业项目的可行性和成功概率。

（2）对于组织外部来说，商业计划书是投资者做出投资决策的重要参考。从融资的角度来看，商业计划书是创业者自我推销的重要工具，它为新企业提供了一种向潜在投资者、供应商、商业伙伴和关键职位应聘者展示自我的机制。尽管创业始于创意而不是资源，但当创业者的创业意愿和能力很强，捕捉的创业机会又具有很高的潜在价值时，资金缺乏往往成为创业过程中最大的瓶颈。商业计划书涵盖了投资者所需的各种信息，是投资者对创业项目决策投资的重要参考。一份精心准备的商业计划书不但可以使企业在众多融资申请中脱颖而出，从而达到筹集资金的目的，还可以帮助创业者寻求其他资源要素，包括网罗高素质的人才，构建核心创业团队。

商业计划书没有严格一致的格式与体例，对于电子商务创业项目的商业计划书，通常应该包括以下内容。

一、执行摘要

执行摘要是整个商业计划书的第一部分，是对整个商业计划书最简练的概括，其主要作用是让阅读者在较短时间内评审计划并做出判断。首先，创业者在撰写前要明确阅读者是风险投资者，还是潜在合作伙伴，抑或是供应商，不同的阅读者，感兴趣的重点是不同的。其次，执行摘要的撰写应该表述清晰，措辞客观真实且富有感染力，让阅读者在短时间内对创业项目产生浓厚的兴趣，篇幅通常以两三页为宜。执行摘要一般放在商业计划书主体完成后撰写，因为商业计划书往往边写边不断改进，等其他部分定稿后再着手写执行摘要会比较全面且准确。

执行摘要一般包括以下内容：产品（服务）简介、市场分析、商业模式、营销策略、经营现状、团队介绍、财务分析等。执行摘要应尽量展现创意的独特性、产品/服务的市场潜力，以及创业者/团队的优势和亮点。

二、项目背景

项目背景主要介绍项目产生的原因，即项目解决的市场痛点是什么、还有多大的市场没有被满足。应通过对项目背景的介绍，让投资人认可这个市场痛点是合理且迫切需要解决的，让投资人了解这个市场的前景很好。项目背景主要包括以下三个方面的内容。

1. 市场痛点描述

市场痛点是指用户常常面对、难以忍受却可以被明显改善的问题，也可以理解为客户的需求。问题是客观存在的，谁能最先发现并解决它，谁就能在市场上获得先机，赢得优势。例如，餐厅门口排队时间长、大城市找停车场非常困难等都是客观存在的问题，这些问题由一些特定的因素造成（有可能是设计缺陷，有可能是效率低下，等等），给用户造成了极大的不便。市场痛点可以通过案例、报道或故事引入，结合数据进行描述。此外，还需要对市场痛点产生的原因做出根本分析，为后面提出自己的产品（服务）能够很好地解决市场痛点埋下伏笔。

2. 市场分析

市场分析主要包括行业概述、目标市场及市场预测三部分。行业概述主要包括行业的发展历程、现状以及未来的趋势，在撰写过程中要注意结合创业项目的产品进行论述。目标市场应该是具有一定规模、需求旺盛且有一定购买力的。企业对目标市场的描述实际上就是创业者就自己的产品（服务）如何在市场中立足的详细分析，如产品（服务）的目标人群（性别、年龄、职业、收入、消费习惯等）、使用场景、市场容量等。市场预测可以帮助创业者了解市场的潜在机会和发展趋势，从而更好地制订商业计划。市场分析应尽可能客观真实，应该基于市场调查、统计数据等信息，这些信息可以通过查阅行业报告、统计数据等途径获取。此外，市场调研最好有实地调查和实践检验，这样才能得到可靠的一手资料，使商业计划书更具有说服力。

3. 其他利好

国家及各级地方政府会阶段性地从不同领域、不同角度出台各类针对性扶持政策，如针对跨境电子商务、农村电子商务、大学生创业等。每一个政策的出台都包含着深层次的含义并反映了不同趋势，牵涉社会利益的调整、产业发展的方向、政府的规划与目标等，因此在商业计划书中可重点阐述与自己的项目相关的扶持政策等。

三、产品（服务）

产品（服务）是商业计划书的核心部分，无论创业团队搭配如何合理、创业想法如何新颖有趣、团队资源如何丰富充足，若没有能够满足市场需求的主营业务，创业构想就无法转化为创业活动。因此，创业者需要用一定的篇幅详细介绍创业企业提供的产品（服务）的具体情况，让投资人清楚了解产品（服务）是什么，如何解决市场痛点，优势是什么。

产品（服务）介绍应包括以下内容。

（1）产品（服务）的基本情况：技术介绍、功能介绍、服务介绍等。

（2）产品（服务）的市场价值：要体现产品（服务）解决市场痛点的方式，如功能的展示、服务方案、使用场景展示等。

（3）产品（服务）的优势：技术壁垒、工艺流程、应用场景、社会价值等，一定要体现创新性。

（4）发展新产品（服务）的计划和成本分析、产品的市场前景预测、产品的品牌和专利等。

撰写产品（服务）介绍时，应注意以下三个方面的内容。

（1）应根据实际需求取舍内容，不要追求面面俱到，重点突出产品（服务）的优势及独特价值，突出影响产品和服务的关键要素，如研发能力、原材料供应、质量控制、售后服务体系等。

（2）重点阐述产品（服务）的特性、竞争优势及其独特的客户价值。企业的产品、技术或服务能否以及能在多大程度上解决现实生活中的问题，或者风险企业的产品（服务）

能否帮助客户节约开支、增加收入。

（3）创业者对产品（服务）做出详细的说明时，要注意措辞准确、通俗易懂，让非专业的投资者也能看明白。通常，产品介绍都要附上产品原型、照片及其他介绍信息。

四、商业模式

对于一个电子商务创业项目来说，把商业模式介绍清楚是重中之重。商业模式分析实际上就是解决三个问题：① 项目是做什么的？即业务定位。② 生产的产品（服务）是怎么到达客户手中的？即运营模式。③ 盈利来自哪里？即盈利模式。这部分需要围绕产品（服务）的利益相关方面构建一个完整、可行的运营模式图，阐述清楚商业模式的逻辑，让投资者详细了解该项目的商业模式并认可该商业模式的可行性。

1. 业务定位

业务定位就是企业应该做什么，它决定了企业应该提供什么样的产品和服务来实现客户的价值。业务定位是企业战略选择的结果，也是商业模式体系中其他部分的起点。

2. 运营模式

运营模式主要从客户、产品、生产、销售、成本、利润、渠道、资源等多个角度阐述，需梳理清楚企业的运营流程，并保证利益相关方的关系结构完整可行，具备盈利能力或潜力。

3. 盈利模式

盈利模式主要介绍该创业项目实现盈利的方式以及稳定、持久可增长的收益模型。例如，哪些产品能让用户付费，有几种产品模式，他们是如何支付费用的，每种收入来源占总收入的比例是多少，主流产品和标杆产品的盈利安排是怎样的。

对于商业模式的撰写内容没有严格的要求，可以按目标用户、用户获取渠道、客户关系、盈利模式、核心资源、关键伙伴六个方面来写。在撰写商业模式过程中可以采用文字配图的方式，尤其是运营模式和盈利模式，可以配图说明。这两部分的说明图可以分别呈现，也可以合而为一。

> 案例
>
> **商业模式介绍**
>
>

五、营销策略

营销策略的制定是企业经营中最富挑战性的环节，需要向商业计划书的阅读者阐述清楚该项目的目标客户是谁，如何让更多客户知道你，如何挣到更多的钱。这部分主要包括目标客户、客户推广、产品推广三个部分。

1. 目标客户

客观分析项目的目标客户，如他们的地域、年龄、性别、职业、偏好、来源、需求程度、购买力等属性。这里要与市场分析模块里面的应用场景做好区别，前者是为了证明市场具有广阔的前景，而这里是分析谁才是目标客户及他们的属性。客户画像要清晰、准确。

2. 客户推广

确定好目标客户后，要介绍通过哪些方法、手段、渠道让客户知道该项目的存在。分析客户属性，针对不同的客户群体采用精准的推广方式是获取客户最有效的方式。客户推广手段有很多，如搜索引擎推广、社交媒体推广、广告投放、电话推销、线下渠道、客户推荐等。详细内容可参考第七章"电子商务创业营销"相关内容。

3. 产品推广

当客户推广奏效后，接下来需要让客户信任我们，购买我们的产品或服务，这就是产品推广。这部分包括产品或服务的设计及促销策略、价格策略等多种营销策略。产品设计包括功能设计、包装设计、组合设计等；服务设计包括服务范围、服务时间、定制化服务等；营销可以采用4P组合理论，即产品策略、价格策略、渠道策略和促销策略。对于电子商务创业项目来说，应更多地会应用新媒体营销，如社群营销、微信营销、短视频营销等。

六、运营现状

该部分在商业计划书中属于可选项。如果项目处在种子轮或天使轮，基本上没有运营数据，那么这部分可以忽略不写。如果已经完成融资，并已经取得了不错的运营成绩，则需要认真撰写运营现状，建议多用图表、数据直观展示，但必须实事求是，不可弄虚作假。良好的运营现状会让投资人对创业项目的未来发展更有信心。

可以围绕运营关键数据，结合自身考虑的保密性要求予以适当披露，主要可以从以下几个方面进行展示。

（1）用户相关数据：成本客户、试点客户、意向客户、注册用户、激活用户、日活/月活用户、日活/月活率、留存率、回访率、转化率、复购率、使用时长、用户评价等情况。

（2）销售相关数据：产品销售量、日常订单量、产品单价、毛利率、往年及本年销售收入、增长情况、市场份额等。

（3）增长趋势数据：总资产增长率、固定资产增长率、主营业务收入增长率、主营利润增长率、净收入增长率等。

（4）专利、奖项、政府专项扶持基金、知识产权申请进度及相关数据。

（5）带动就业人数、解决市场问题的成效（前后对比，突出社会价值）。

（6）媒体报道、领导肯定、行业认可、相关获奖等。

如果在阶段性数据中存在较大的波动，要在商业计划书中说明原因，如在节假日进行了商品促销、开展用户测试或者出现了阶段性小失误。在商业计划书中分析企业增长趋势的目的是让投资人观察公司一段时间内业务能力的发展。

而对于初创项目来说，现阶段如果没有成熟的数据表现，可以把运营现状理解为发展现状和发展里程碑展示，即从成立到现在取得的重大进展。例如，起始时间、团队组建时间、产品研发重要进程、预计产品投放市场的时间、什么时候产生数据、什么时候开始营业收入、什么时间开始盈利等关键节点。

七、竞争分析

竞争分析是商业计划书中非常重要的一部分内容。创业者需要对竞争对手进行详细的分析，包括其产品、定价、销售渠道、品牌形象等。通过竞争分析，创业者可以了解竞争对手的优势和劣势，从而制定更加科学合理的竞争策略。同时，要聚焦本项目的核心竞争力，让商业计划书的阅读者了解并对该项目充满信心。这部分需要重点介绍如下内容。

1. 竞争对手

具体包括直接竞争对手、间接竞争对手、潜在竞争对手，分析其核心优势、业务方向，对比自己的优势和差异性。

2. 产品对比

产品对比主要包括功能对比、技术对比、服务对比、价格对比、市场份额对比等。要介绍清楚自己与竞争对手的相同点和不同点在哪里、自己的优势在哪里、如何与竞争对手形成有力竞争。

3. 竞争优势

竞争优势也指竞争壁垒，指的是企业在市场竞争中，基于自身的资源与市场环境约束，构建的有效的针对竞争对手的"竞争门槛"，以达到维护自身在市场中的优势地位的市场竞争活动，如技术壁垒（专利、技术创新、工艺水平、领先程度）、资源壁垒、许可壁垒等。

八、团队介绍

企业的管理从来都不是一个人的事。对于创业者来说，整个团队的成功才是真正的成功。虽然和投资人面谈的可能只有一两个创业合伙人，但必须在商业计划书中介绍整个创业团队的业务能力，如创始团队的背景、经历，领导人的行业影响力。一个具有较强实力的创业团队更容易赢得投资人的青睐。

这部分需要描述的主要内容有以下几个方面。

1. 创始团队的背景与从业经历

大多数投资者认为"投资就是投人"。商业计划书需要对创办者和早期关键成员加以介绍，内容包括他们所具有的能力、他们在企业中的职务和责任，以及他们的经历和背景。

2. 团队配置分工介绍

科学合理的配置分工可以增强团队的战斗力。创业者要在商业计划书中让投资者看到创业团队的职务和业务分配，以及创业团队有哪些值得赞赏的任职经历和行业成果。

3. 组织架构

组织架构关乎企业后续的发展，是投资人的重要关注点之一。合伙制的初创企业在前期就要建立稳定的组织架构，避免日后产生利益纠纷。在商业计划书中可重点体现公司的组织结构图、各部门的功能与责任、各部门的负责人及主要成员、公司的报酬体系、公司的股东名单（包括认股权、比例和特权）、公司的董事会成员、各位董事的背景资料等。

风险投资家会特别注重对管理队伍的评估。企业的管理人员应该是互补型的且要有团队精神。一个企业必须具备负责产品设计与开发、市场营销、生产作业管理、企业理财等方面的专门人才。

九、财务规划

商业计划书中的财务规划是创业企业根据发展情况而制定的一套真实、客观和全面的财务规划。创业团队应对财务规划部分给予足够的重视，投资者需要知道投入多少资金及创业公司将会取得多大规模的成功，进而判断自己的投资能否换来理想的回报。因此，创业者科学制定财务规划，对于整个项目获得足够的资金、确保融资成功具有十分重要的作用。

财务规划部分一般要包括以下内容。

1. 融资说明

制作商业计划书的重要目的之一就是获取融资，因此在财务规划部分，创业者应当清楚表明自己的融资需求。这部分应该重点写明：创业企业的资金需求，包括融资金额、资金用途以及使用资金后预期达到的目标；融资方式、资本结构、融资抵押与担保以及融资条件等问题；融资后的所有权分配问题，如股东持股数量、风险投资者在投资后的持股数量，如果风险投资者要求在企业董事会中占有席位，创业者还应就获取席位的条件和要求做出详细说明。

2. 历史经营状况及未来财务预测

创业者应提供过去三年的现金流量表、资产负债表和损益表。在此基础上，还要论述未来3~5年的生产经营费用和收入状况，将具体的财务状况以财务报表的形式展示出来。预计财务报表同样包括预计收益表、预计资产负债表和预计现金流量表。

3. 基本财务指标

基本财务指标具体包括偿债能力指标、运营能力指标和盈利能力指标。这些指标可以将创业企业的经营业绩和财务状况以直观的方式呈现出来，为风险投资者提供决策依据。

十、风险分析

风险分析的目的并不是消灭风险，而是帮助创业者更有准备地、理性地创业，减少风险带来的损失。而且如果潜在投资者发现创业计划中没有提到风险所导致的负面情况，会使他们对企业的可信度产生怀疑并因此危及企业的融资。主动指出并讨论风险，提出相应的合理有效的规避方案，有助于向投资者表明，你已经清楚地考虑过它们并且能够处理和控制这类风险，这不仅能减轻投资者的疑虑，让他们对企业有全方位的了解，更能体现管理团队对市场的洞察力和解决问题的能力。这些风险主要表现为：公司在市场、技术、资金、管理及其他方面有哪些基本的风险？如何应对这些风险？有怎样的解决方案？你的公司还有哪些额外机会？

十一、附录

附录中主要放一些正文当中不便过多叙述，但又需要呈现给商业计划书阅读者的内容，是正文的重要补充，如高层管理团队简介、合同资料、有关专利、商标、版权的复印件、市场调研数据、影响本业务的有关法律、法规文件复印件等。

一份标准的商业计划书，除上述基本内容外，还应有一个精心设计的封面和规范、清晰的目录。封面应包括公司名称、地址、创业者姓名、电话、传真和网站地址（如果有），对公司和企业性质的简单描述，资金需求量，关于报告的保密声明等。这些信息应集中放置于封面的上半部分。若企业已有徽标或商标，应把它置于封面正中间。目录紧随封面，应列出商业计划书的主要章节、附录和对应页码，其目的是便于读者查找计划中的相应内容。

案例

2014年创青春全国大学生创业大赛金奖商业计划书执行摘要

——浙江科技学院 杭州执到宝环保科技有限公司

任务二 小组讨论并完成商业计划书的撰写及演示

任务引入

撰写一份商业计划书能迫使创业者做出冷静、系统、缜密的思考。有些创意可能听起来很棒、很诱人，但是，当你把所有的细节和数据写下来时，可能会发觉创业活动与创业者的个人目标和期望并不一致。那么，此时做出放弃创办新企业的决定应被看作一种明智的选择。所以，当我们有了创业想法，明确了创业目标，规划了创业路线以后，还要进行更深入的思考，把它撰写成商业计划书，让创业变得更清晰、更明确，评估它是否符合预期。最后演示给朋友、同学或专家等，请大家给出意见和建议，再做进一步完善。

任务目标

1. 通过完成任务，深刻理解商业计划书的内容，掌握商业计划书的写法。

2. 通过完成任务，掌握商业计划书的演示技巧，锻炼语言表达能力。

任务要求

1. 根据本团队的创业构想，进一步开展市场调查，并撰写市场调查报告。
2. 围绕本章所介绍的商业计划书的基本结构，撰写一份完整的商业计划书。
3. 将商业计划书制作成PPT（幻灯片或演示文稿）进行演示。

任务分析

创业团队想要让商业计划书的阅读者全方位地了解创业项目，必须要有一份高质量的商业计划书。商业计划书的撰写有一定的技术方法。创业团队在完成本节学习后，根据本团队的创业构想，进一步开展市场调查，并撰写市场调查报告，结合商业计划书的基本结构与写作技巧，撰写一份完整的商业计划书。将商业计划书制作成PPT进行讲解，认真倾听专家、老师等浏览者对商业计划书的真实想法和建议，进一步对商业计划书进行完善。

第二节　商业计划书的撰写

一、商业计划书的撰写原则

1. 观点客观，内容真实

商业计划书作为一种商务文书，在语言表达和措辞选择上应体现出商业领域的专业特色，行文中应尽量避免主观猜测和想法，即尽量避免"我认为……""我觉得……"等语句。要使用客观的方式表达，所有的内容应该实事求是，力求依据科学的分析和实地调查来表达观点和看法。在商业计划书中可加入大量且充分的市场调研数据和分析结果，以增强商业计划书的客观性和专业性。对于市场占有率、销售收入、利润率等指标的预测要做到科学合理，最好不要做粗略估计。

2. 语言简洁，详略得当

一份成功的商业计划书应让阅读者在最短的时间内看到这个创业项目最吸引人的地方。所以，在撰写过程中，应避免出现与主题无关的内容，要开门见山、直入主题，语言应该简洁且通俗易懂，尽量避免使用专业术语。同时，在撰写过程中，不必追求篇幅的平均，要有侧重点地对内容进行表述和安排。如果创业者希望阅读者看到某些关键点，如项目的创新之处、团队的核心竞争力或某些先进技术等，可以在商业计划书中反复强调。需要注意的是，反复强调不是啰唆，而是恰当地安排内容结构，使其出现在合适的位置。

3. 逻辑严谨，结构完整

商业计划书是一种正式的规范性文件，在结构和内容上都有规范要求，即必须结构完整、要素齐全。除此之外，各部分并非完全独立，而是有逻辑联系的，应该用连贯且具有因果关系的表述，将商业计划书的各个构成部分串联起来。其中的逻辑线就是这个创业项目如何能取得成功。围绕这个基本逻辑撰写的商业计划书就会形成一条清晰的脉络，当创业者在带着这样的商业计划书与风险投资者面谈时，无论对方就商业计划书中的哪个部分提出问题，创业者都能够从容自如地回答，如果没有成熟的思考脉络，则很可能无法回答投资者提出的问题。

二、商业计划书的撰写流程

商业计划书的撰写是一个复杂的过程，一般可分为以下几个阶段。

1. 创业构思阶段

创意并不都是创业机会，当有了新的创意后，首先要对创意进行评估，并讨论判断该创意是不是一个好的创业机会，主要从效益、市场、风险、资源以及竞争五个角度进行评估，详细内容可参考本章第三节。如果经过全面严谨的评估后，认为该创意可行或微调后可行，就可以进入创业构思阶段。在创业构思阶段中，首先需要探讨的问题是创业项目的商业模式和发展规划；其次，要讨论创业公司的发展战略，即如何把公司发展构想阶段化，明确在每一个阶段需要关注哪些核心问题；最后，要构建出商业计划书的整体思路大纲，建议用思维导图辅助完成，由概括到具体，具体内容可参照本章第一节商业计划书的内容。

2. 市场调研和资料获取阶段

当完成对整个创业项目从整体到细节的构思后，就可以进入市场调研和资料获取阶段。该阶段的主要工作是获取市场信息。从商业计划书的角度看，市场信息主要是指新产品或新服务所针对目标市场的相关信息。能否清晰地界定目标市场是衡量商业计划书是否规范的重要准则。市场调研的主要内容包括：① 市场环境调研：对产品与服务拟进入的行业和市场进行初步研究，即调研拟进入行业的市场结构、政策支持、技术水平等相关问题。② 市场需求调研：接触潜在的顾客和销售商，了解现有市场的需求和趋势。③ 竞争对手调研：主要是对同类产品信息、竞争环境、竞争对手、竞争态势、竞争目标和竞争策略进行综合调研。④ 销售渠道和销售策略调研：主要是对产品渠道、广告策略、经销商及产品销售策略进行调研。市场调研阶段一般可采用观察法、询问法、抽样法、实验法等。对于资料获取，创业者可以亲自对目标顾客开展市场调研，也可以从与自身行业相关的报纸、杂志、电视报道中获取信息，同时要关注权威部门的信息披露或互联网上公开发布的信息，还可以与业内权威人士保持沟通。

3. 商业计划书撰写

在商业计划书的撰写阶段中，首先要撰写市场模块。在市场调研的基础上，把问题量化为一份3~5页的文档，尽量附上一些市场预测数据、客户证明、调查数据、产品描述或市场营销资料等，确保客观真实，有数据支撑。其次，要撰写公司运营模块，这是阅读者重点关注的内容，要详细介绍保障公司顺利运营的关键要素、产品开发的方法流程、销售队伍与分销伙伴的建立、地址的选取、知识产权的保护以及财务估算等。简而言之，要详细描述企业从现在到三年或五年后的运作方式。再次，团队建设是商业计划书中的核心内容之一，要说明公司发展过程中的主要人员分工情况。可以用单独一页纸阐述公司创业团队中每个成员所拥有的资产、股份和职位。此外，针对外来风险投资，可以用一段话说明本公司将出让多少股份来换取多少额度的风险投资。同时，在公司的完整财务计划中，要把公司的价值评估、收益率、三大报表等表述清楚。最后，撰写摘要并设计封面，完善和统一商业计划书的全部内容。在初稿完成后，要不断修改完善，力求定稿的商业计划书能打动阅读者（投资者），让他们支持创业项目。

4. 答辩陈词和反馈

建议创业者用PPT与投资者沟通商业计划，这样能更好地推销自己的创业项目。PPT的篇幅不要太长，尽量不超过20页。尽量用一两句话把各部分内容阐述清楚，避免使用过多的专业用语，控制文字数量，多用图表，保证PPT有较强的可视性。每页PPT要有重点，越重要的内容越靠前。在答辩陈词时，要用一套容易理解的逻辑和简洁明了的语言把商业计划书的核心内容和各种关键信息传递给投资者，力求打动投资者。

三、商业计划书的撰写技巧

创业者应掌握必要的撰写技巧，这样才能用篇幅有限的商业计划书更有效地呈现、传达创业项目的关键信息。撰写商业计划书时应注意以下技巧。

1. 要始终关注产品（服务）

在商业计划书中，应强调与企业的产品或服务有关的细节，如每件商品及其属性的定义，产品（服务）所处的发展阶段，产品的独特性，分销产品的方法，企业产品的消费群体、消费原因，产品的生产成本、售价，企业未来发展的后续产品计划，等等。这样有助于激发投资者对企业的产品或服务产生浓厚的兴趣，进而出资扶持。

2. 要呈现竞争优势与投资利益

在商业计划书中，应细致分析竞争对手的情况，包括竞争对手都有谁；它们的产品如何；与本企业的产品相比，它们的产品有哪些相同点和不同点；竞争对手所采用的营销策略是什么；竞争对手的销售额、毛利润、收入及市场份额如何；等等。然后，要指出本企业所具有的竞争优势，表明本企业不仅是行业中的有力竞争者，将来还会是确定行业标准的领先者，让投资者看到利益所在。

3. 要提供深入细致的市场分析

要充分显示企业的利润来自市场需求，没有明确的市场分析作为依据，所撰写的商业计划书将是空泛的、没有说服力的。因此，商业计划书要向投资者展示本企业对目标市场的深入分析和理解，包括经济、地理、职业以及心理等因素对消费者选择购买本企业产品这一行为的影响，以及各个因素所起的作用。

4. 要有完善的企业行动计划

有了明确的行动计划，才能真正体现创业项目的可实施性。行动计划应该重点阐述下列内容：① 营销计划，应列出企业打算开展营销、促销以及公共关系活动的地区，明确每一项活动的预算和收益。② 运营计划，不同创业项目的运营计划写法不同，对于电子商务项目来说，需要重点阐述商业模式、盈利模式、销售模式。

5. 要有出色的执行摘要

商业计划书中的执行摘要十分重要，这是投资者首先要看的内容，因此必须以强大的吸引力让投资者有兴趣且渴望了解更多的信息。具体应包括以下信息：公司内部的基本情况、公司的能力以及局限性、公司的竞争对手、营销和财务战略、公司的管理队伍等情况。

6. 要有形象生动且严谨的表达

在撰写商业计划书时，除文字、数据以外，可以穿插一些展现产品外观、设施场地或证明材料的图片，如此既能有效地传递信息，吸引阅读者的注意力，又能避免形式单调。需要注意的是，图片不要过多地出现在正文中，可以放在附件部分。企业在推荐自己的产品或服务时，应该把握好分寸，尽量客观地描述，不要出现过于自夸的词语，如"最好的""了不起的""完美的"等，否则可能会引起风险投资者的反感或质疑。一个较好的策略就是通过引入第三方的评价来提升可信度。例如，媒体报道、权威机构验证、知名合作伙伴评价等。这类内容既能让创业企业的实力和产品形象得到更好的展示，也能极大地增强风险投资者的投资信心。

四、商业计划书的检查和修改

完善的商业计划书不是写出来的，而是修改出来的。在检查和修改商业计划书时需要注意以下问题。

1. 团队能力的完整性

创业团队是投资者关注的重点，要检查商业计划书中是否体现了人员配置的合理性。创业项目的成功需要各个领域的专业人才，如市场营销人才、财务报表分析人才等。如果企业缺乏某一类人才，可以留出相应的岗位去聘请相关领域的专业人士参与其中，以弥补知识和经验的不足。

2. 市场分析的充分性

产品只有满足消费者需求，才能给公司带来利润，这就需要创业者展开市场调研，熟悉市场，设计合理的市场营销方案。要认真检查商业计划书中的市场分析报告是否完备，完备的市场分析报告会让风险投资者相信企业阐明的产品与服务需求是确实和可行的。

3. 产品或服务的独特性

产品或服务具有独特性、新颖性、完备性是风险投资者决定投资的前提，如果不能阐述清楚产品或服务的功能特点、技术的优越性，会使风险投资者举棋不定，可以适当准备一件产品模型或几张图片予以详细说明。

4. 章节内容的逻辑性

商业计划书需要具有较强的逻辑性，要认真检查各章节内容的安排是否合理，是否具备索引功能和完整目录，方便风险投资者查阅各个章节。此外，还应保证目录中的信息传递具有逻辑性。

5. 战略规划与运营计划的一致性

商业计划书通常都会提出公司在未来 3~5 年的发展战略规划，而后续的营销计划、生产运营、人力资源、财务计划都应该与之相匹配，切忌出现前后相矛盾的地方，如市场需要在第三年向全国扩张，而在具体的人员配置和成本中却不体现出销售人员和营销费用的增加。

6. 语言文字的规范性

语言文字的正确规范是基本要求。文如其人，如果有较多文法方面的低级错误，那么很难让风险投资者相信创业者能够成功地运行商业计划。

> **阅读材料**
>
> ### 360 的 CEO 周鸿伟在内训会上分享"如何打造一份完美计划书"
>
>

五、商业计划书的演示

由于商业计划书演示能在较短时间内传递大量信息，因此，它已成为创业者用来与风险投资者交流的主要工具。

具体来说，商业计划书演示的过程就是把静态的商业计划书内容制作成可视化文档（如 PPT、活动挂图、视频等），并通过演示者充满自信和感染力的展示，把复杂的问题变得通俗易懂，旨在增强交流、引起共鸣，给风险投资者留下深刻的印象，从而对项目产生兴趣，产生进一步深入沟通和合作的意愿。

（一）商业计划书演示的过程设计

商业计划书演示的时间非常短，在各种创业项目推荐会和创业大赛中一般为 8 分钟、10 分钟或 15 分钟，最长不超过 30 分钟。要在如此短的时间内阐述清楚几十页的商业计划书内容并不简单。一次完美的商业计划书演示，需要一系列准备和演练过程。一般需要经历三个步骤，即理解内容与梳理逻辑、构思版面和主题思路、PPT 制作和修改完善、现场演示与沟通交流。

1. 理解内容与梳理逻辑

一个演示 PPT 的各个逻辑点在起始阶段由负责商业计划书各个制作部分的人员分工完成。商业计划书演示者一定要把握总体，和各个逻辑点的负责人员深入沟通，按照商业计划的总体逻辑完成商业计划书的演示。切忌不要把商业计划书的演示理解成对商业计划书的简单提炼和总结展示，而是要将商业计划书的各个部分按照"为什么干→干什么→怎么干"的逻辑思路，重新梳理商业计划书中的各部分内容，对关键问题的核心内容进行汇集，然后传递给投资者。

2. 构思版面和主题思路

在商业计划书演示 PPT 逻辑梳理后，就进入构思版面环节。构思时要注重拿捏详略、把握图文比例。例如，是只放文字还是放一些图片，抑或是图文结合，文字和图片的使用需要保持精练简单，演示 PPT 是为演示者服务的，而不是为演示者提供讲解读本。这个环节可以在脑海里完成，也可以借助草图。此外，还需要构思如何运用图表和数据去表达每一页演示 PPT 的主题。

3. PPT 制作和修改完善

制作演示 PPT 可以分为三个小步骤：搜集并提取图文素材、制作 PPT、调整 PPT。根据公司 logo 风格和团队偏好，选取或制作一个有主要色调的偏商务型的演示 PPT 模板，然后搜集适当的图文资料进行制作。将演示 PPT 整体结构分为封面、目录、导入、内容和结尾五大部分。调整和完善耗时最长，要对演示 PPT 的逻辑、内容、字体、表格线条不断地进行修改完善。最后，针对演示 PPT 和讲解内容进行磨合，不断地调整直到达到合适的详略比例。

4. 现场演示与沟通交流

现场演示是既能体现出创业者的精神面貌，也能直接触动演示对象的环节。某些时候风险投资者的投资依据也许就是演示过程中演示者对某个细节的把握和创业者在过程中体现的某种品质，所以需要反复演练，建议撰写核心内容讲稿。核心内容讲稿能帮助演示者确定和固定每一页 PPT 需要表达的核心内容，避免每次表达的内容不一致。经过大量训练后，演示者将讲稿内容深深印入大脑后就可以抛开讲稿。演示后的沟通交流环节也属于商业计划书演示的一部分，它是答疑解惑和展示创业者个人魅力的绝好机会。

（二）商业计划书演示的注意事项

风险投资者或评审者至少参与过上百场创业项目推荐会，具有丰富的评审经验，如果仅有演示技巧，很难征服他们。演示者一定要把握商业计划书演示与普通演讲的区别，更多关注以下要点。

1. 站在"他"的角度设计演示内容

许多创业者在演示商业计划书时喜欢站在"我"的角度表达观点。例如，具有技术专业背景的创业者喜欢花大量的时间讲解技术原理和先进性，而市场部门出身的创业者喜欢把市场营销环节放大说明。想说什么就说什么，而不去考虑"他"的感受，这是错误的，正确的做法是关注演示对象，把握演示对象的需求，这是演示的基础和起点。一般来说，演示对象包括大学教师、风险投资者、企业家、行业专家等，他们关注的重点有所不同：大学教师更加关注商业计划书演示的逻辑、演示者的个人魅力、PPT 的内容设计和美观性等；风险投资者则更加关注投资的回报和风险等；企业家更加关注项目的可信性和可实践性等；行业专家会更多地考虑项目的竞争力和存活期。因此，要依据不同演示对象的身份和特点，充分考虑商业计划书的演示内容、风格和演示的着力点。

2. 多从"钱"的角度设计演示

商业计划书演示不同于一般的演示，它是涉及"钱"的演示。演示过程设计者要多考虑风险投资者的利益和风险，所阐述的每个观点和主题必须连接风险投资者的利益，否则演示者说的就都是正确的废话。例如，许多创业者非常关心在融资过后如何形成生产力、扩大营销队伍等，但是很少有人去正面回答这些投入如何获取回报、能获取多少回报，而这正是风险投资者非常关心的问题。

3. 演示必须以"简"为目标

商业计划书的演示时间非常短暂，如果创业者不能简单快速地说清楚创业项目的商业思路，风险投资者会认为创业者还没有完全吃透该创业项目，投资这个项目会非常危险。所以，要想获得风险投资者的青睐，商业计划书演示必须删繁就简、惜字如金，让听者无须过多地思考，即听即懂。例如，在创业项目推荐会和创业大赛现场经常会出现这种情况，在指定时间内，演示者由于说得过多导致不能完成演示的全部内容，只好放映完 PPT。究其原因，还是创业者不能以"简"为目标去阐述项目，最终让评审者无法做出客观评价。

4. 正确应对投资者的提问与点评

投资者可能会对创业者的项目提问，也可能会对创业者的项目做点评，给予或高或低的评价，表明是否投资。他们会指出创业项目的不足和缺陷，可能还带着质疑和挑剔的语气。创业者在应对时一定要心态平和，要清楚地知道他们并不是真正的裁判，真正的裁判是市场。切忌立即反驳甚至强力反击，这会显得创业者缺乏气度和修养。要做足功课，预测投资者可能提出的问题并准备好应对策略。同时在投资者提问或点评时，需要认真聆听，了解投资者的真正需求，这样才能制定最佳应对策略。当创业者可以做出有力的回答时，才可以帮助企业取得更好的融资，推动企业实现发展目标。在面对投资者提出的问题时，需要学会提问，更好地理解投资者的疑问和关注点。提问也是一个展示创业者对投资项目敏锐度和创造性的机会，可以通过有针对性的提问来进一步深化投资者的理解和对企业的认知。

阅读材料

"挑战杯"创业计划竞赛决赛陈述与答辩评审标准

任务三 分析中国国际"互联网+"大学生创新创业大赛评审规则

任务引入

党的二十大报告指出，要加快建设网络强国、数字中国。习近平总书记深刻指出："加快数字中国建设，就是要适应我国发展新的历史方位，全面贯彻新发展理念，以信息化培育新动能，用新动能推动新发展，以新发展创造新辉煌。"中国国际"互联网+"大学生创新创业大赛是由中国教育部、工业和信息化部、中国科学院等主管部门主办的大赛，旨在激发大学生的创造力和创业精神，促进大学生创新素质、实践能力和创新创业意识的提高，进一步促进数字化经济和互联网产业的发展。大赛自 2016 年 3 月启动以来，共有来自国内外 111 个国家和地区、4554 所院校的 340 万个项目、1450 万名学生报名参赛，参赛人数首次突破千万。截至 2023 年 4 月，已举办 8 届。在 2021 年 10 月，国务院办公厅发布的《关于进一步支持大学生创新创业的指导意见》中，明确指出要办好中国国际"互联网+"大学生创新创业大赛，全国各高校鼓励学生积极参赛。那么，通过研究中国国际"互联网+"大学生创新创业大赛的评审规则，我们能学到什么呢？

任务目标

1. 通过完成任务，了解创新创业大赛的评审规则。
2. 通过完成任务，掌握商业计划书的创业机会评估方法。

任务要求

1. 搜集中国国际"互联网+"大学生创新创业大赛近几年不同赛道的评审规则，了解大赛评审中重点关注的要素以及近几年的变化与趋势。
2. 结合评审规则，对应创业机会评估的五个评估维度，总结商业计划书撰写的注意事项，并对自己项目团队的创业机会进行评估。

任务分析

自李克强总理提出"大众创业、万众创新"的号召以来，我国掀起了一股创新创业的热潮，以青年大学生为主体的高校更是创新创业的一片热土。众多大学生（青年）创新创业比赛层出不穷。不同的大赛评审规则略有不同，每年也略有变化。例如，第八届中国国际"互联网+"大学生创新创业大赛的高教主赛道的创意组的评审要点围绕教育、创新、团队、商业、社会价值五个维度展开，那么，认真分析评审细则，结合创业机会评估方法，是不是可以对应总结出商业计划书撰写的注意事项呢？

阅读材料

第八届中国国际"互联网+"大学生创新创业大赛评审规则

第三节　创业机会评估

创业是建立在机会的基础之上的。机会被定义为与现状不同的且被视为是可行的

（feasible）、渴望的（desired）未来状态。斯蒂文森等强调了机会在创业过程中的核心地位："创业是一个人，不管是独立的还是在一个组织内部，追踪和捕获机会的过程，这一过程与其当时控制的资源有关。"他还进一步指出：有三个方面对创业是特别重要的，即觉察机会、追逐机会的意愿、获得成功的信心和可能性。创业过程总是表现为一个机会识别、机会评价、决定开始并以资源获取而结束的连续过程。从商业创意转变为创业商机的过程往往充满着不确定性，需要对创业机会进行可行性评估，最后才能将其付诸实践。

一、效益评估

创业机会经济效益分析是决定项目可行性和成功与否的重要因素之一。通过全面、准确的分析，可以得出项目是否具有经济效益、是否值得投资、能否可持续发展的结论，为决策提供有力依据。谁能够持续获得比同行更高的利润，谁能够设计出适合而且有效的盈利模式，谁就是真正的赢者。

1. 合理的税后净利

一般而言，具有吸引力的新创业机会至少要创造 15% 的税后净利。如果新创业预期的税后净利是在 5% 以下，那就不是一个好的投资机会。

2. 达到损益平衡所需的时间

合理的损益平衡应该在两年以内达成，如果三年还达不到，则可能不是一个值得投入的新创业机会。但是，有的新创业机会确实需要经过比较长的耕耘时间，经由这些前期投入，能够保证后期的持续获利。在这种情况下，可以将前期投入视为一种投资，而较长的损益平衡时间就是可以获得容忍的了。

3. 投资报酬率（ROI）

考虑到创业开发可能面临的各项风险，合理的投资报酬率应该在 25% 以上。一般而言，15% 以下的投资报酬率预示着这不是一个值得考虑的新创业机会。

4. 资本需求

资金需求量较低的新创业机会，一般比较受投资者的欢迎。事实上，许多个案显示，资本额过高其实并不利于创业成功，有时还会带来稀释投资报酬率的负面效果。通常越是知识密集的新创业机会，对于资金的需求量越低，投资报酬率反而越高。因此在创业开始时，不要募集太多的资金，最好通过盈余积累的方式来创造资金。而比较低的资本额将有利于拉高每股收益（EPS），并且还可以进一步提高未来上市的价格。

5. 毛利率

毛利率高的新创业机会，相对风险较低，也比较容易达成损益平衡；反之，毛利率低的新创业机会，风险则较高，遇到决策失误或当市场产生较大变化时，企业很容易遭受损失。一般而言，理想的毛利率是 40%，当毛利率低于 20% 时，这个新创业机会就不值得考虑。

6. 策略性价值

能否创造新创业机会在市场上的策略性价值也是一项重要的评价指标。一般而言，策略性价值与产业网络规模、利益机制、竞争程度密切相关，而新创业机会对于产业价值链所能创造的价值效果，也与所采用的经营策略和经营模式密切相关。

7. 资本市场活力

当新创业机会处于一个具有高度活力的资本市场，它的获利回收机会相对也会比较高。但是资本市场的变化幅度极大，因此在资本市场高点时投入，资金成本较低，筹资相对容易。在资本市场低点时，投资新创业机会开发的诱因则较少，好的新创业机会也相对较少。但是对投资者而言，资本市场低点的取得成本较低，有时反而投资报酬率会更高。一般而言，新创企业在活跃的资本市场上比较容易创造增值效果，因此资本市场活力也是一项可以被用来评价新创业机会的外部环境指标。

8. 退出机制与策略

所有投资的目的都在于回收，因此退出机制与策略就成为评估新创业机会的一项重要指标。企业的价值一般也要由具有客观鉴价能力的交易市场来决定，而这种交易机制的完善程度也会影响新创业机会退出机制的弹性。由于退出的困难度普遍高于进入，所以一个具有吸引力的新创业机会，应该要为所有投资者考虑退出机制及退出的策略规划。

二、市场评估

首先要确定项目所针对的市场需求是否存在。通过市场调研和分析，了解市场定位、市场结构、市场规模、市场渗透力、市场占有率等，从而判断项目是否有足够的市场空间。

1. 市场定位

首先要明确目标市场及其客户，如年龄、性别、地域、职业等。其次要了解客户需求及其接触通道是否流畅、产品是否持续衍生等。

2. 市场结构

市场结构包括进入障碍，供货商、顾客、经销商的谈判力量，替代性竞争产品的威胁，以及市场内部竞争的激烈程度，等等。

3. 市场规模

市场规模大小与成长速度，也是影响新创企业成败的重要因素。一般而言，市场规模大者，进入障碍相对较小，市场竞争激烈程度也相对较低。如果要进入的是一个十分成熟的市场，那么纵然市场规模很大，由于已经不再成长，利润空间必然很小，因此这个新创业机会可能就不值得投入。反之，一个正在成长中的市场，通常也是一个充满商机的市场，所谓水涨船高，只要进入时机正确，必然会有获利的空间。

4. 市场渗透力

对于一个具有巨大市场潜力的新创业机会，市场渗透力（市场机会实现的过程）评估将会是一项非常重要的影响因素。聪明的创业者知道选择在最适合的时机进入市场，也就是当市场需求正要大幅增长时，就已经将产能备好，准备迎接订单。

5. 市场占有率

从创业机会预期可取得的市场占有率目标，可以显示新创企业未来的市场竞争力。

三、风险评估

创业本质上就是一项高风险投资,波折与挫折是创业者一直要面对的现实。因此,创业项目中的风险评估显得尤为重要。风险评估的目的在于识别项目存在的潜在风险,评估风险对项目的影响及其发生概率,并且制定一些有效的管理策略以减少风险的影响。在进行风险评估时,必须首先确定风险的来源。常见的创业风险来源包括市场风险、资金风险、技术风险、环境风险等。风险评估的作用在于预测未来可能出现的风险,从而可以对发生的风险进行监控和控制,以减少其对项目的影响。

(1)市场风险,包括产品创新性、价格竞争能力、消费者的需求程度、产品生命周期等。

(2)资金风险,包括资金预算是否准确、资金补给能否胜任后续需求、不同来源的资金的回报要求与项目是否匹配、来自具有资金优势的同行的威胁等。

(3)技术风险,包括技术的可替代性、技术的先进性、技术的适用性和技术的可靠性等。

(4)环境风险,包括经济环境、创新项目与政策法规的相容度等。

四、资源评估

创业资源是企业创立及成长过程中所需要的各种生产要素和支撑条件。创业本身也是一种资源的重新整合。本书第四章第三节提到电子商务创业需要创业资源思维,但仅有一个基本的创意就要开创企业,难免有些草率,创业成功的概率也相对较小。把商业机会变成商业现实,需要由创业者或创业团队在运用一定的资源下完成,在机会培育和资源获取不再有障碍时才完全开创企业,成功的概率会比较高。因此,评估创业团队是否具有创业过程中的关键性资源、是否具备整合资源的能力是非常有必要的。

1. 自有资源

过去所累积的知识能够转移的比率越高,则成功的概率越高;自有资金或外部获得的资金需能支持本身价值单元的门槛规模。

2. 整合资源

要与其他互补资源的拥有者维持良好的关系。越重要的互补资源拥有者,越应与其维持更强的联结;若与原有"东家"若产品相似,则应有不同的市场(或地区)或提供不同的产品,以有利于过去网络关系的转移;若以原有"东家"为客户,为其提供服务是有效策略。

五、竞争评估

创业企业必须保证持续的、稳定的竞争力。

(一)成本竞争力

一个好的新创业开发方案,通常具有可以经由持续降低成本来创造竞争优势的能力。除以发挥经济规模来降低成本之外,良好的品质管理、高效率的生产管理、优越的采购能力、快速的产品设计、比较高的自制率等,也都是有助于降低成本的有效手段。因此,具有吸引力的新创业机会应该能够对物料成本、制造成本、营销成本等拥有掌控与持续降低成本的能力。总之，新创业机会所呈现的成本竞争力，将是评价这项创业最后能否获得成功的重要指标。

（二）市场控制力

对于市场的产品价格、客户、渠道、零件价格的控制力，攸关企业的竞争优势，因此市场领导厂商通常都具有比较高的市场控制力。因此，一个缺乏市场控制力的新创业机会，它的投资吸引力也一定比较低。如果一个新创业机会对于关键零件来源与价格缺乏控制力，对于经销渠道与经销商也缺乏控制力，同时订单几乎完全依赖少数的一两个客户，那么这个创业机会面临的经营风险一定很高，要想持续获利也会非常困难。但是，如果新创业机会具有持续推进产品创新的能力，那么就比较有机会摆脱这种被他人所控制的市场困局。

（三）进入障碍

高进入障碍的市场对于新创业开发的吸引力较小。同样，新创业机会如果无法制造进入障碍，也不是一个好的投资机会。制造进入障碍的方式包括申请专利、打造核心能力、发展规模经济、提高声誉、保持高品质低成本、掌握稀有资源、快速创新缩短生命周期等。在一个处处存在障碍的市场中，发掘好的创业机会通常比较困难。缺乏进入障碍的新市场往往容易吸引大量的竞争者，而使毛利润快速下降。因此，所谓具有吸引力的新创业机会进入的应该是一个障碍还不太高的新市场，但进去以后就需要具备制造进入障碍的能力，用来保护自身的市场利益。

综上所述，可从五个维度对各个创业机会进行评估，如果设置每个维度的分值为1~5分，则不同项目的评估设计表如表6-1所示。

表 6-1 创业机会评估表

评价维度	分值（1~5）			
	创业机会一	创业机会二	创业机会三	创业机会四
效益评估				
市场评估				
风险评估				
资源评估				
竞争评估				
总分				

对不同的创业机会可按照评价分值由高到低进行选择。

本章概要

本章着重介绍了商业计划书的内容，以及商业计划书撰写的方法、技巧和注意事项，接着分析了商业计划书创业机会的评估。

一般而言，商业计划书大致包括如下基本内容：执行摘要、项目背景、产品（服务）、商业模式、营销策略、运营现状、竞争分析、团队介绍、财务规划、风险分析和附录。同时，写好商业计划书要从如下六个角度着手：要始终关注产品（服务）、要呈现竞争优势与投资利益、要提供深入细致的市场分析、要有完善的企业行动计划、要有出色的执行摘要和要有形象生动且严谨的表达。

思考练习

1. 简述商业计划书的内容。
2. 简述商业计划书的撰写流程。
3. 如何将商业计划书分别讲述给员工、投资人和合作伙伴？侧重点有什么不同？
4. 如何评估创业机会？

第七章　电子商务创业营销

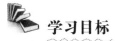

学习目标

- 掌握创业营销的含义和基本内容；
- 理解互联网环境下的创业营销要素；
- 熟悉电子商务创业营销策划；
- 掌握新媒体营销的概念和策略。

能力目标

- 掌握电子商务创业营销策划的思维逻辑和方法；
- 具备开展新媒体营销策划的能力。

导入案例

郑毓煌：营销，创业者的第一课

任务一　收集电子商务创业项目营销案例

任务引入

党的二十大报告指出："必须坚持科技是第一生产力、人才是第一资源、创新是第一动力，深入实施科教兴国战略、人才强国战略、创新驱动发展战略，开辟发展新领域新赛道，不断塑造发展新动能新优势。"纵深推进"大众创业、万众创新"是深入实施创新驱动发展战略的重要支撑，互联网+创业营销成为发展的最大增量。

一句"小罐茶，大师作"让 2016 年上市的小罐茶火遍了大江南北，同时小罐茶的创始人杜国楹也开始进入公众视野。1973 年出生的杜国楹一直很低调，很多人此前都没听说过他。在一般人眼里，创业是人生的重大时刻，而杜国楹几乎把创业当成了一种职业，连续5次创业，先后创立了背背佳、好记星、E人E本、8848钛金手机、小罐茶这五个家喻户晓的品牌。虽然说这些品牌在经营的过程中，在不同层面、不同时期也出现过一些争议，但是从市场的角度来看，杜国楹创立的这些品牌都成功地生存下来且目前还活跃在市场上。20年成功创立五个知名品牌，这样的人生经历可谓一个传奇，而在这个传奇的背后必然蕴含一定的商业逻辑和思维方式，下面我们就通过杜国楹的创业故事，分析其创立的每个品牌背后的营销之道。

任务目标

1. 了解这五个创业项目的基本情况。
2. 思考电子商务创业项目的营销思维方式。

任务要求

1. 搜集这五个创业项目的相关资料，并分析各个创业项目的特征。
2. 分析这些创业项目运用了哪些营销策略。
3. 讨论并思考自己的项目团队可以运用哪些营销策略。

任务分析

在互联网经济下，新一轮科技革命的快速发展推动了电子商务的高速发展。在"大众创业、万众创新"的国家战略大背景下，电子商务创业成为当下创业的热潮。要想创业成功，创业者就需要精心做好电子商务创业的相关准备。创业营销是创业者必须了解和掌握的相关知识，通过相关案例的分析，初学者能够掌握创业营销的策略和方法，理解创业营销的内涵。

第一节 电子商务创业营销概述

一、营销的基本理论

市场营销是市场经济的产物。企业通过市场来交换产品和服务，国家通过市场来发挥资源配置的基础性作用，都离不开市场营销活动。人类社会在工业革命之后一段漫长的时间里，没有出现现代意义上的市场营销。20世纪以来，市场营销才在英国、美国等国家有了迅猛发展，并且形成了市场营销理论与学科。营销实践和理论相互交织发展、共同促进。

（一）营销的核心概念

在早期社会，人类的生产是为了消费的自给自足，没有大规模的交易。在这一时期，剩余产品的物物交换、简单贸易是市场营销的起源。从19世纪开始，工业革命带来了机械化、大规模生产方式，制造业得到了飞速发展，日益提高的生产力使社会商品供应日益丰富，部分产品出现供过于求。1825年，欧美爆发了第一次以"生产过剩"为特征的大规模经济危机，之后每隔大约10年就会出现一次周期性经济危机，产品推销、销售成为企业关心的问题。企业纷纷成立了销售部门，雇用销售人员，一些企业还成立了市场营销的研究机构，开始实施理性的市场营销活动。

要全面系统地掌握市场营销学的基本理论，必须掌握如下核心概念。

1. 需要、欲望和需求

市场营销人员思考问题的出发点是消费者的需要和欲望。所谓需要，是指没有得到某些基本满足的感受状态。所谓欲望，是指想得到基本需要的具体满足物的愿望。所谓需求，是指对于有能力购买且愿意购买的特定产品的欲望。人类为了生存，需要食品、衣服、住所、空气、水等，还有更高一层的对娱乐、教育、感情和其他服务的需要。这些需要可用不同方式来满足，人们对满足需要的产品和服务的形式与品牌有着强烈的偏好。人类的需要有限，但其欲望很多。当具有购买能力时，欲望便转化成需求。

2. 产品与市场

人类靠产品来满足自己的各种需要和欲望。因此，可将产品表述为能够满足人类某种需要或欲望的任何东西。人们通常用产品和服务这两个词来区分实体产品和无形产品。实体产品的重要性不仅在于拥有它们，更在于使用它们来满足我们的欲望。人们购买小汽车不是为了观赏，而是因为它可以提供出行服务。所以，实体产品实际上是向人们提供服务的工具。人们不是为了产品的实体而购买产品，而是因为产品实体是服务的外壳，即通过购买某种产品实体能够获得自己所需要的服务。

由交换的概念会引出市场的概念。在经济学领域，狭义的市场是指买卖双方进行商品交换的场所；广义的市场是指为了买卖某些商品而与其他厂商和个人相联系的一群厂商和个人。在市场营销学领域，市场是指一切具有特定需求和欲望，并且愿意和能够通过交换的方式来满足需求和欲望的顾客。这个概念的核心就是需求和欲望，市场规模实际上是指那些希望被满足的需求和欲望所形成的消费金额总量。因此，简而言之，市场就是需求。

3. 市场营销与网络营销

市场营销也称作营销、行销、市场学，它的基本含义是人们在市场中进行商品交换活动。菲利普·科特勒给市场营销下的定义是："企业为从顾客处获得利益回报而为顾客创造价值并与之建立稳固关系的过程。"这是狭义商业环境中市场营销的定义。从广义上讲，"市场营销是一种通过创造和与他人交换价值实现个人及组织的需要与欲望的社会和管理活动"。

网络营销也称作网上营销或者电子营销，指的是以现代营销理论为基础，借助网络、通信和数字媒体技术等实现营销目标的商务活动。为用户创造价值是网络营销的核心思想，基于互联网工具的各种方法是开展网络营销的基本手段。

4. 创业营销

创业营销是指创业者或初创企业在产品或服务推广过程中采用的一系列市场营销策略和方法。创业营销注重创新性、灵活性和效益性，需要根据实际情况进行调整和优化，以满足创业企业在资源有限的情况下实现市场竞争的需求。

营销的核心工作是传递价值给客户以换取金钱的回报,换言之,营销工作就是传递产品的价值以满足客户的需求。

(二)营销组合理论

营销组合是企业的综合营销方案,即企业针对目标市场的需要,对自己可控制的各种营销因素(产品质量、包装、服务、价格、渠道、广告等)的优化组合和综合运用,使之协调配合、扬长避短、发挥优势,以便更好地实现营销目标。

自 20 世纪 50 年代初形成市场营销组合理论以来,随着互联网的应用及人们生产生活方式的变化,市场营销组合理论也在研究领域、研究重点和研究方法上不断发展。

1. 4P 营销理论

4P 营销理论产生于 20 世纪 60 年代的美国,随着营销组合理论的提出而出现,在成熟发展后被引入我国,对市场营销理论及其实践产生了深刻的影响,被称为经典的营销理论。

4P 营销理论被归结为四个基本策略的组合,即产品(product)、价格(price)、渠道(place)、促销(promotion)。

(1)产品(product):注重开发的功能,要求产品有独特的卖点,把产品的功能诉求放在第一位。

(2)价格(price):根据不同的市场定位制定不同的价格策略,产品的定价依据是企业的品牌战略,注重品牌的含金量。

(3)渠道(place):企业并不直接面对消费者,而是注重经销商的培育和销售网络的建立,经销商是联系企业与消费者的桥梁。

(4)促销(promotion):包括品牌宣传(广告)、公关等一系列营销行为。

4P 营销理论是站在企业的立场,比较注重对产品的推销,是从管理的角度处理市场营销问题。

2. 4C 营销理论

1990 年,美国学者罗伯特·劳特朋提出了与传统营销的 4P 相对应的 4C 营销理论,4C 营销理论以消费者需求为基本导向。

(1)消费者的需要与欲望(customer's needs and wants):强调企业应该把追求顾客满意放在第一位,产品必须满足消费者需求。

(2)消费者获取满足的成本(cost and value to satisfy consumer's needs and wants):充分考虑消费者的购买力,降低消费者的购买成本。

(3)购买的方便性(convenience to buy):充分注意到消费者购买过程中的便利性。

(4)与消费者沟通(communication with consumer):以消费者为中心实施有效的营销沟通。

4P 营销理论和 4C 营销理论是存在着关联的,从消费者对产品的需求角度思考如何制造商品,从消费者花费成本的角度考虑定价,从如何为消费者提供更大的便利的角度确定企业的各项服务,从与消费者的沟通中考虑企业促销的方法。

3. 4R 营销理论

21 世纪初,艾略特·艾登伯格在《4R 营销》一书中提出了 4R 营销理论。4R 营销理论以关系营销为核心，重在建立顾客忠诚。它既从公司的利益出发，又兼顾顾客的需求，是一个更为实际、有效的营销制胜术。4R 理论认为，随着社会的发展，公司需要在更高层次上，以更有用的方式在公司与顾客之间建立起有别于传统关系的新型互动型关系。

（1）relevancy（关联），是指企业以各种方式在供需之间形成价值链，与顾客建立长期的、较为固定的互需、互助、互求的关系。

（2）reaction（反应），即市场反应速度，是指企业对瞬息多变的顾客需求迅速做出反应，快速满足顾客需求的营销策略与能力。

（3）relation（关系），指关系营销，它是以系统论为基本思想，将企业置身于社会经济大环境中来考虑企业的营销活动，认为企业营销是一个与顾客、竞争者、供应者、分销商、政府机构和社会组织发生互动作用的过程。通过建立、维护和巩固企业与顾客及其他利益群体的关系的活动，以诚实的交换及履行承诺的方式，使企业的营销目标在与各方的协调关系中得到实现。

（4）reward（回报），是指企业通过贯彻营销思想，以满足顾客需求为前提，在顾客满意、社会满意和员工满意的基础上实现企业满意，企业满意在很大程度上取决于企业的回报。

4R 营销理论在新的平台上构筑了营销的新框架，其优点是以竞争为导向，体现并落实了关系营销的思想。4P、4C、4R 这三种营销理论不是互相替代的关系，而是完善与发展的关系。

4. 4D 智慧营销理论

在移动互联时代，人们的认知和行为逐渐发生改变，媒体多元化、信息碎片化、活动社群化。4D 智慧营销理论是在传统营销模式面临多重挑战的大背景下提出来的，通过人的创造性、创新力及创意智慧，将大数据、物联网、区块链、虚拟现实等新技术融合应用于营销领域的新思维、新理念、新方法和新工具，其本质是用新兴科技的手段提升营销的精准度和转化效率。

（1）demand（需求），聚焦用户需求，利用网络环境搜集和整理消费者信息，了解、预测和创造消费者需求。其特征是以"我了解消费者"为核心竞争力。

（2）data（数据），充分挖掘分析网民的网络痕迹、行为数据、交易数据等，预测消费者行为。data 强调通过大数据挖掘分析，为了解、预测和创造用户需求提供支撑。

（3）deliver（传递），将产品的各项价值更加便利地传递给客户，要求企业以消费者为中心，在有效识别消费者需求的基础上，快速响应，将产品价值传递给消费者。

（4）dynamic（动态），适应多对多、立体化的动态沟通机制。随着社交网络的出现，沟通已不再是企业与消费者之间一对一、点对点的静态沟通机制，转而演变为多对多、立体化的动态沟通机制。

新营销的本质是沟通，以需求为核心。传统营销注重的是规模经济，卖得越多越好，而新的营销强调的是社群经济，卖给对的人，而不是所有人，不求大而全，但求小而美。在传统营销体系中，消费者只能使用和消费，而在互联网时代下，消费者向用户转变，个体的智慧得到培养，并对其"创造和分享"的能力进行无限次的释放，出现既是生产者又是消费者的产消者。

二、传统营销与创业营销

创业营销是营销与创业交互融合的结果,营销职能在创业过程中发挥着举足轻重的作用。但多数研究者认为,创业营销并不完全等同于传统的市场营销。

(一)创业离不开营销

1. 营销是企业经营管理的核心职能

彼得·德鲁克认为,企业的目的只有一个,就是创造顾客。顾客所购买并认为有价值的绝非商品本身,而是商品之于顾客的效用。在微信诞生之前,人们有便捷、移动交流的需要,微信使其成为现实;在搜索引擎诞生之前,人们有更便捷地获得信息的需要,百度使其成为现实;在肯德基诞生之前,人们渴望有更实惠、快速且环境舒适的餐饮服务,肯德基使其成为现实。

为了实现创造顾客的目的,德鲁克认为企业有且只有两个职能,即营销和创新,而这两个职能正是创业者所应具备的。在企业中,只有营销和创新才能够产生经济成果,其余的一切都是成本。德鲁克强调的重点是市场营销所提出的问题,不是"企业要销售什么",而是"顾客想购买什么",追求的不是企业的供给,而是顾客的需要。它不强调"企业的产品或服务有这样一些效用",而是强调"这些就是顾客所追求、所重视和所需要满足的"。

营销的目标就是对顾客有充分的了解,确保产品和服务完全满足顾客的需要,从而很自然地将产品和服务销售出去。每一个创业者都应该明白,营销不应该是有了产品才开始,而是在产品研发之前,从调查顾客需求时就已经开始了。初创企业的重心应放在顾客的身上,所有的员工都需要去了解顾客,让营销贯穿于企业整体经营过程。

彼得·德鲁克说过:营销的目的是让推销变得多余。营销的目的在于深刻认识和了解顾客,从而使产品和服务更加符合顾客的需要而形成产品自我销售,理想的营销会产生一批准备来购买的顾客,剩下的事情就是如何使顾客更方便地得到这些产品和服务。

概括起来,营销是持续交易的基础,是企业的一项核心职能。

2. 营销能力是创业者的基本能力

对于创业者来说,营销能力就是基本功。事实上,大部分成功的创业者的共通点就是想办法将产品卖给顾客,营销正是创业成功的关键。创业者本人往往就是初创企业最好的销售人员,如果客户喜欢见到你,愿意听你的故事、讨论你的商业模式、详谈你的建议、了解你产品的功能,就很可能爱屋及乌,从喜欢你的人到喜欢你的产品。"销售能力,创业之本"这句话道出了营销在创业过程中的重要性。创业者必须积极培养自己的创业营销能力并掌握相关的技巧,以提升自己的创业情商和创业成功率。国际商用机器公司(IBM)创始人托马斯·约翰·沃森曾说:"一切始于销售,若没有销售就没有美国的商业。"毫无疑问,对于销售的推崇是 IBM 成功哲学最重要的一部分。事实上,对于创业者而言,不仅仅是"一切始于销售",甚至可以说"销售就是一切"。营销能力的锤炼是培养创业情商的一门必修课,也是创业者打开成功大门的钥匙。

（二）创业营销不是初创企业的市场营销

1. 创业营销不仅仅存在于初创企业活动中

创业企业包括新生企业和二次创业企业，越来越多的研究显示，成功的企业都非常注重创业活动，这类企业同样需要在新进入一些领域开拓市场时开展创业营销。因此，创业营销由于融合了创业思维与营销理论和方法，不仅适用于初创企业，也适用于那些预备在市场投入新产品、新服务的成长型企业，同样适用于需要转型的成熟型企业。

2. 创业营销还存在于种子期企业中

种子期是企业发展的一个阶段。在这个阶段，企业只有想法却没有具体的产品或服务，创业者只拥有一项技术上的新发明、新设想以及对未来企业的蓝图，缺乏初始资金投入。种子期企业还没有成立真实的企业实体，还没有现成的产品，只有商业计划书，这时它需要通过创业营销吸引创业伙伴、寻找资金、营造合适的经营环境等，以便尽快把创意产业化，创建实体企业。

（三）创业营销与传统营销的比较

创业营销既是营销和创业的联结，也是营销整体层面和创业整体层面的联结，它充分融合了营销与创业理念。创业营销基于机会视角，营销者主动寻求新手段为目标顾客创造价值，从而建立顾客忠诚。营销者不受当前的资源限制，产品或市场创新是建立核心营销职责和维持竞争性优势的关键手段。创业营销与传统营销的对比如表 7-1 所示。

表 7-1 创业营销与传统营销的对比

	传 统 营 销	创 业 营 销
基本假设	市场控制与交易简单可行	通过价值创造获得持续竞争优势
导向	是一门客观、中性的科学	激情、热忱、持久和创造力发挥了主导作用
背景	相对稳定的确定市场	设想中的、新兴的、经过细分的市场，带有高度不确定性
营销者的角色	营销组合的协调者；品牌的建造者；通过低程度的创新被动适应市场	内外部变化的媒介；新品类的创立者
营销手段	通过调研识别并清楚地说明顾客需求；最小化营销风险	积极主动地通过动态创新激发顾客潜在需求
顾客需求	能清晰表达、设想和描述	通过领先用户发现，识别顾客需求
风险视角	把营销活动风险最小化	风险评估，减少风险；利用或分散风险
资源管理	有效利用现有的物质资源和稀缺的智力资源	创造性使用他人资源：以较少的投入获取较多的产出；活动不受当前资源限制
新产品或服务开发	由研发部门联合其他技术部门支持新产品或服务开发	营销是创新的主体；顾客是积极的共同创造者
客户的角色	是提供知识及反馈的外在资源	是企业营销决策过程的积极参与者，共同议定产品、价格、分销和传播策略

资料来源：辛德胡特，等. 创业营销：创造未来顾客[M]. 金晓彤，译. 北京：机械工业出版社，2009.

传统营销的理论与方法有两个基本假设：一是市场稳定性假设；二是资源有限性假设。

市场稳定性假设是指企业面临的市场具有相对的稳定性，企业常常需要通过市场细分、目标市场选择与产品定位等方法来确定市场营销战略以抢占现有的市场；而创业营销理念则认为市场是不断变化的，识别与开发新的机会比抢占现有市场更加重要。资源有限性假设是指传统的市场营销理论常常关注如何在既有资源的前提下，通过合理的安排使整体营销活动的效率最高；而创业营销则关注通过杠杆作用充分利用可以利用的资源，特别是他人的资源来达成自己的营销目的。

创业营销企业能够不断地审视环境，发现和创造机会，评估机会，并且成功地开发机会以创造或者复兴企业的竞争优势。传统营销是从生产者和产品的视角，强调将产品提供给更多的顾客的一种交易营销。创业营销则强调市场机会和创业机会，要求主动识别市场机会，并积极地引导消费者参与市场。

三、电子商务创业营销的内涵与构成要素

在互联网经济时代，信息、人才、资金快速流动，创业者面临的竞争环境变得非常复杂。今天的创业环境已经发生了巨大的变化。在创业阶段，企业的主要顾客不是狭义的顾客——购买产品的消费者，而是广义的顾客，包括创业团队、投资者以及政府和其他公共机构。一个企业的成功需要各种资源的整合，作为创业者，为了减少营销投入，常常以创新型、非尖端的营销战术和个人网络进行营销活动。沃顿商学院的伦纳德·洛迪什（Leonard M. Lodish）说过："创业公司成功或失败的原因通常是市场而非技术。"创业营销与技术、运营是创业企业的"三驾马车"，是决定创业企业生存与发展的关键。对于创业企业，只有找准价值主张，定好营销战略，才能在市场中站稳脚跟。创业阶段要处理这些复杂关系，以交易为主导的传统营销模式显然不太适应，应该寻找并采用营销新模式——创业企业营销活动所进行的理论总结。

（一）电子商务创业营销的内涵

创业营销是一个新的研究领域，有关创业营销的研究起源于西方，杰拉尔德·希尔斯（Gerald Hills）在1982年召开的首次关于创业与营销的学术会议上提出了融合"创业"与"营销"两个概念的"创业营销"一词，标志着学术界对创业与营销的研究的开始。Duus（1997）将创业营销定义为：一种能够通过创业活动挖掘、满足顾客未来潜在需求的能力。

20世纪90年代以来，以互联网为代表的数字技术的迅猛发展给企业的市场营销带来了又一次革命。通信技术彻底改变了人们的生活方式，覆盖购物、沟通、娱乐、学习、医疗等。在亚马逊、eBay、百度、阿里巴巴、腾讯、京东等电子商务企业的探索下，人类社会进入了数字化营销时代，社交媒体营销或新媒体营销等都成为企业营销的新利器。

电子商务创业营销就是网络营销和创业的结合，是创业者利用互联网等新型信息技术进行创业项目策划、宣传、推广的一种新方式。网络营销与创业主要是针对并结合新的资源、网络环境、网络消费者行为、新型客户关系等，不断地通过整合互联网市场资源、营销策略、创业管理方面，让新型营销与创业相关联。

新型电子商务创业营销是基于以往的营销模式发展起来的一种新模式，网络营销和创业之间的联系主要体现在以下几个方面。

（1）网络营销给予创业机会驱动。随着互联网和移动通信技术的发展，各产业的电子

商务发展迅速。互联网+产业、互联网+项目理念的提出，就是对于经济全球化的强有力挑战以及提高整体的国际竞争力的必经之路。因此，在创业上，网络营销作为经济建设与划分的重要指标和指导方针，加快了我国网络营销的发展，提供了多重的创业机会。

互联网环境不受时间、区域、技术等限制的全新创业经营管理模式，在全新的网络营销中逐步体现，经过互联网的连接，消除了距离的阻隔、市场范围的限制等。

（2）网络营销加速创业行动的步伐。高科技网络的飞速发展丰富与完善了创业的所需资料与信息，让创业者能够以最快的时间、速度和最便捷的方式等了解所要进行创业营销的商品情况与整体市场需求和评价，让产品信息、生产信息和营销策略、方针等尽可能广泛地传播出去，力争让所有的人能够接收到并且因此受到影响。通过互联网的信息传输与处理，让创业变成一件比较容易的事情，不再为开业难、经营烦琐等所困扰。网络营销刷新了创业的模式与速度，为创业者开展营销活动提供了极大的便利。针对创业与网络营销间的关系，让其创业的整体过程都能够加速运行，始终占领市场先机。

（3）创业需求创新的网络营销资源。创业的灵魂可以说是创新性的具体体现。它不是单一的营销方式、方法，更多的是对原有模式的更新、创新，以此保障网络营销的资源始终具有能够辅佐创业的动力。

网络营销，往大了说是网络市场，它的个性化正在逐步地凸显，它不以固有模式与样式发展，每一步都是新的开始与新的发展，在满足消费者、创业者的个性化需求方面有着传统营销方式不可比拟的优越性。

（4）网络营销能够提供低成本的创业资源。在创业之初，以往的开办模式与程序需要房屋、存货等。但是，现代的网络营销所运用的多半是网络虚拟空间，将装修、房屋租金等完全省掉了。网络营销创业只需要一台能上网的计算机就可以开展经营与管理，方便、高效、节约。

对于创业之初所需的产品、定价、渠道、品牌、促销等营销服务，网络营销能以最大限度的营销支出予以满足。相对于以往的市场营销，互联网环境下的创业营销可以直接降低成本，很多的支出费用与开销可以完全避免，并且在互联网上宣传品牌、投放产品广告等的价格仅为传统媒体价格的十分之一，效果却是成倍增长的。

（二）电子商务创业营销的构成要素

米内特·辛德胡特（Minet Schindehutte）等在 *Rethinking Marketing: The Entrepreneurial Imperative* 一书中指出：互联网条件下的创业营销包括先发制人、执着于机会、亲近顾客、创新、风险评估、资源利用和价值创造七个构成要素。

（1）先发制人。传统营销的作用是通过评估现存及可预期的环境情况，对改变营销组合提出建议，使企业更高效地利用环境创造价值。而创业营销认为外界环境是不确定的，但这并不是说企业只能被动地响应或适应。先发制人是基于人们对影响环境的程度来关注他们之间的差异需求，这被看作"有目标地采取行动"。基于机会的视角，营销者正努力通过降低不确定性、减少企业的依赖性和脆弱性来重新定义外部环境，这时的营销变量被用作创造变化和适应变化的手段。

（2）执着于机会。机会代表了未被注意的却可带来持续利润的市场，营销者既要主动探索和发现机会，又要重视对现有资源的有效利用，加强对营销活动的有效管理，这样才能创造市场。对机会的认知和寻求是创新的基本面,也是创业营销的核心维度。

(3) 亲近顾客。超越传统的顾客导向,创业营销强调营销活动要与顾客资产、内在关系和情感维度相关联。创业营销将新型手段应用于赢得客户和维系客户关系,通过评估顾客终生价值和顾客资产来指导企业制定客户投资和客户定制等方面的决策。而亲近顾客维度创造出的正是处于变化中的客户情况、客户需求的动态知识。关系营销的关注点在管理现有关系,而创业营销则集中于通过探索创新营销新手段来建立新关系或应用现有关系开创新市场。

(4) 创新。在组织层面上,不懈、持续地创新意味着要在内外部环境的刺激下源源不断地产生新鲜创意,这些创意可以转化成新的产品、服务、过程、技术或市场。创业营销的营销部门在持续创新的过程中发挥着极大的整合作用,营销者的角色也有所增加,除管理创新组合外,还包括机会识别、创意产生、技术支持和利用企业资源基础实现创新型增长。与传统营销强调的跟随客户、持续改进和延伸生产线类似,创业营销在极力思索动态持续的创意以激发消费者需求。

(5) 风险评估。无论是在资源分配的过程中,还是在产品、服务或市场的选择过程中,企业的运营都存在着风险。在创业过程中,需要采取一定的措施以识别风险因素,进而减少或分散风险,这要求营销者不断减小环境的不确定性,并进行灵活的资源管理,如与其他企业合作项目或共同开发项目、创新市场测试、分阶段推出产品、联合主要客户、建立战略联盟、外包关键营销活动、资源支持与绩效挂钩等,所以创业营销者也是风险管理者。

(6) 资源利用。资源利用是指以最少的投入获取最大的产出。创业营销者不受当前资源的限制,他们可以通过各种途径实现对资源的利用,包括将过去的资源延伸利用、挖掘被他人忽视的资源用途、利用他人或其他企业的资源实现自身的利益、将一种资源补充至其他资源中以创造出更高的组合价值、以某一种资源换取另一种资源等。创业营销者具备创造性的资源利用能力,能够识别出未被最佳利用的资源,并懂得如何以非常规的方式使用资源,他们还具备控制某些资源所需要的洞察力、经验和技能,当然,其中最为关键的还是利用他人资源实现自己意图的能力。

(7) 价值创造。基于"价值创造是实现交易和建立关系的前提"这一假设,创业营销聚焦于创新型价值创造,营销者的任务是发现未经开发的客户价值,建立独一无二的资源组合,最终实现价值创造。在动态发展的市场中,价值等式不断被重新定义着,新价值的创造数量成为企业创新能力的判定标准,营销者通过分析营销组合中的四种因素,试图从中发现新的客户价值。这就要求营销者必须以不同于其他竞争对手的眼光看待客户,尤其要与众不同地看待产品。

任务二 7天连锁酒店的 IT+营销策划分析

任务引入

2020年《中共中央 国务院关于构建更加完善的要素市场化配置体制机制的意见》明确将数据作为一种新型生产要素,提出加快培育数据要素市场,提升社会数据资源价值。

企业利用数字技术和数据资源提升传播力和影响力成为重点。

7天连锁酒店是锦江酒店（中国区）旗下经济型酒店品牌，成立于2005年，经过快速发展，7天连锁酒店拥有"7天酒店""7天优品""7天优品Premium"等住宿系列，分店已覆盖全国370个城市，规模达到3000家。

其创始人郑南雁最初是携程网的一位高级IT技术人员，后来IT基因便成为这家公司的典型特征。在7天连锁酒店创立之初，郑南雁发现，市场上原有的其他经济型酒店缺乏IT应用，而年轻人更乐于使用计算机和手机预订客房。于是，他利用自身优势，针对年轻人希望经济型酒店更舒适、更方便的独特需求，带领团队开发出了一套基于IT技术的系统平台，将互联网、客服中心、短信和店务管理系统集于一体，实现了即时预订、确认及支付功能，同时提炼出了7天连锁酒店的USP（独特的销售主张）："三星级酒店、五星级大床"，并策划出了"五合一"的盈利模式：① "核心城市率先"的开店模式；② "放羊式管理"的推广模式；③ "会员制+电子商务"的营销模式；④ "IT化+低成本+扁平化"的管理模式；⑤ "顾客参与式"的服务模式。

酒店迅速形成强大的市场竞争力，于是，7天连锁酒店在三年之内跻身国内经济型酒店的一线阵营，比肩如家、锦江之星、格林豪泰等老牌经济型酒店。

请问：7天连锁酒店仅用三年就跻身一线阵营是如何做到的？

任务目标

1. 了解7天连锁酒店互联网营销策划的具体运作方案。
2. 了解互联网环境下营销策划的原理及应用。

任务要求

1. 查看相关资料，熟悉营销策划的方法。
2. 结合7天连锁酒店的策划方案，分析互联网环境下的营销策划有何优势。
3. 思考自己团队项目可以运营哪些互联网环境下的营销策划，如何应用。

任务分析

案例关键词是"互联网+创新"，它首先对客户需求痛点和现有竞争对手的劣势进行了分析，然后分析了自身拥有的资源是否能够形成超越对手而解决客户独特需求痛点的创新，最终用创意的智慧提炼能传播这个独特卖点的广告口号。在案例中，采用了经典的定位技巧："人有我优"！当你发现竞争对手无法满足某一个细分客户群的独特需求，你的资源却能形成一款新产品超越对手满足客户这个需求而形成创新优势，这个优势就是你的独特卖点，就此定位，以目标客户乐于接受的语言和文化，创意一个能够体现独特卖点的USP独特销售主张，以此形成的广告口号就是最伟大的创意，并借助互联网技术进行传播。

第二节　电子商务创业营销策划

古人云："凡事预则立，不预则废。"这里的"预"是指预备、策划。可以说，事事需要策划，时时需要策划，人人需要策划。成功的企业需要成功的营销，成功的营销需要成功的策划。著名的市场营销大师艾伯特·W. 埃默里曾经说过："市场营销只不过是文明化了的战争冲突，在这场战争中，绝大多数战役的胜利是依靠文字、创意和严谨的思维取得的。"而文字、创意和严谨的思维就是进行营销策划的过程，营销策划是企业营销活动中不可缺少的一个环节。简单来说，营销策划是企业的策划，人员根据企业现有的资源状况，在充分调查、分析市场营销环境的基础上，激发创意，制定出有目标、可能实现的解决问题的一套策略规划。它主要包括营销目标、市场机会分析、营销定位、营销战略及策略、营销评估等内容。简单地说，营销策划就是在市场营销中为某一企业或某一产品或某一活动所做出的策略谋划和计划安排。

一、电子商务创业营销的关键点

创业策划是创业者为达到创业目标，精心构思、设计和制作策划方案的过程，是一项系统性工作。而创业项目是指创业者为了达到商业目的具体实施和操作的工作。创业项目策划是创业者对创业项目从市场宏观和微观环境、市场服务需求、市场竞争态势、创业项目筛选、服务产品研发、商业盈利模式、公司发展战略、市场营销策略、创业团队建设、项目融资筹划、项目财务分析、项目风险分析与控制等方面的全面描述、分析、思考和规划。创业策划既是创业项目策划，也是创业商业策划；既是公司战略策划，也是营销策略策划。本部分主要阐述营销策略策划。

创业项目策划方案是创业者的创业指南和实施路径，也是打动投资者的关键。创业项目方案计划书向投资者描述清楚该创业项目的未来发展前景和营利性，邀约对方加盟一起创业，争取创业融资。

目前，我国绝大多数的创业者都没有接受过创业策划的专业培训，创业者不知道该如何进行创业策划，不了解创业策划的过程，不清楚创业策划的重点，不明白创业策划的重要性。在成功的创业项目营销中，需求、客户、定位、产品、价格、渠道、推广都是创业项目营销策划中的关键点。

1. 抓住真实的用户需求

用户愿意购买的需要就是需求。一种需求可以构造一个市场，一个市场可以形成一个行业。新产品和服务的一个基本要求就是满足用户的一种新需求。创业者必须牢记：无论在什么情况下，都是为了满足用户的需求做产品，而不是为了自己的理想创意或竞争需求而做产品。因此，创业者要从分析用户需求开始，紧紧抓住他们的需求，尤其是那些强需求，一定要尽力满足。要抓住用户需求，就必须想清楚什么人在什么情况下需要我们的产品。

无论是做产品，还是做服务，创业者必须清楚用户是谁。如果只是少数人在少数时候才需要，那叫作概念而不叫作产品。如果是大多数人在大多数情况下必需的，那就是创业机会。

2. 选择有利的目标市场

目标市场的规模决定了创业企业最终能够达到的高度。在一个规模很大的市场中占有一点份额，就意味着巨大的销量，所以创业者在选择目标市场时，应尽可能选择那些规模大、利润率高的市场。在一个大市场中占有10%的份额,要比在一个小市场中占有50%的份额有价值得多,大市场意味着大的成长空间。

3. 有清晰的市场定位

企业要生存或者提高成功率,无一例外地要在用户心中占据一个位置。这个定位只能是独一无二、差异化的东西。有了这个定位,用户头脑里就会对一个企业产生深刻对象。没有定位,哪怕企业暂时是盈利的,业务是增长的,都非常危险。

4. 有过硬的产品

产品是创业的根本,决定了目标市场是什么、使用人群在哪里、范围有多大等,这些决定性因素将会直接决定产品能否在市场上持续发展。

5. 制定合理的价格

价格是产品最终价值的体现,也是企业命门之所在。在创业初期,除了打磨产品,企业还要根据目标市场特点、产品定位及发展战略制定有效的产品价格策略,这将直接关系未来的产品推广、客户服务、竞争策略,以及企业的盈利能力,影响谁会使用你的产品以及他们会怎么使用你的产品,更重要的是,决定着他们会不会购买你的产品。

6. 选择有效的销售渠道

成功销售离不开销售渠道。创业者要做的一个关键决策就是选择产品的销售渠道。尽管可供选择的销售渠道有很多,但是并不是所有的销售渠道都可以为创业者带来收益。一旦选择错误,很有可能会让一款好产品夭折。当然,如果成功,那么所获得的收益将是巨大的。

7. 有精准的宣传推广

"酒香也怕巷子深",你的产品再好,如果不去宣传推广,不让大家知道你的产品好,终将被埋没。

电子商务创业通常是指通过使用计算机互联网和移动互联网赚钱的一种方式,是创业者通过互联网对他们拥有的资源或通过努力对能够拥有的资源进行优化整合,从而创造出更大的经济或社会价值的过程。电子商务创业项目是在互联网上创业的载体。电子商务创业项目的营销策划主要包括创业项目产品策划、网络定价策划、网络分销渠道策划、网络促销策划。

二、电子商务创业产品策划

产品是创业的根本,它决定了你如何确定目标市场人群,决定了你能否在市场上获得长久竞争优势。产品是市场营销诸因素中最重要的因素。因为产品是营销活动的中间媒体,通过它才能使生产者和消费者双方实现交换的目标。消费者的需要必须通过对各种产品或各项服务的消费来满足。企业只有提供满足顾客需要的产品和服务并使消费者满意,才能实现获取利润的目标。

产品是市场营销组合的基石,也是企业营销策划的起点。产品策划是一种理性的思维活动,它是对产品开发、生产和经营所进行的一系列策划活动。

1. 产品的基本内涵

对于产品的含义，人们有各种不同的看法，最为一般的是从狭义和广义两个角度来阐述。

狭义的产品是指生产者通过生产劳动而生产出来的、用于满足消费者需要的有形实体。这一概念强调产品是有形的物品，在生产观念盛行的时代极为流行。

广义的产品不仅是指基本的产品实体这一物质属性，还包括产品的价格、包装、服务、交货期、品牌、商标、企业信誉、广告宣传等一系列有形或无形的特质。广义的产品是从满足消费者需要出发的，是为顾客提供某种预期效益而设计的物质属性、服务和各种标记的组合，是适应现代市场经济发展要求的。

从市场营销学的角度出发，产品的概念是一个整体概念。产品的整体概念是由以下三个层次的产品所构成的。

（1）核心产品。核心产品是指产品能给购买者带来的基本利益和效用，即产品的使用价值，是构成产品最本质的核心部分。消费者购买某种产品并不是为了获得产品的本身，为了占有某种产品，而是通过对产品的消费来满足某种需要。人们购买产品都是为了实现自己的需求。某一种产品以自己的物质形态存在着，但在实质上是为了满足消费者的欲望而提供的一种服务。营销人员的任务是从满足消费者的需求出发，揭示出消费者购买每一种产品的真正目的。

（2）形式产品。形式产品是指消费者需要的产品实体的具体外观，是核心产品的表现形式，是市场提供的实体和劳务可以为顾客识别的面貌特征。形式产品是呈现在市场上可以为顾客所识别的，因此它是消费者选购商品的直观依据。产品的基本效用必须通过形式产品有效地实现，才能更好地满足消费者的需求。

（3）附加产品。附加产品是指消费者购买产品时所能得到的附加服务和附加利益的总和。

核心产品、形式产品、附加产品作为产品的三个层次是不可分割和紧密相联的，它们构成了产品的整体概念。其中，核心产品是基础，是本质；核心产品必须转变为形式产品才能得到实现；在提供形式产品的同时，还要提供更广泛的服务和附加利益，形成附加产品。由此可见，产品的整体概念以核心产品为中心，也就是以顾客的需求为出发点。企业在充分考虑消费者需要的前提下，做出实现这一需要的产品决策，将核心产品转变为形式产品，并在此基础上附加多种利益，进一步满足消费者的需求。

2. 创业项目产品整体策划

产品整体策划是指企业在准确定位产品的基础上，运用产品整体概念，对产品三重内涵（核心产品、形式产品、附加产品）的各项指标进行设计，以使产品更能符合其整体概念。因此，产品整体策划应包括产品整体所涵盖的一切内容，如产品的核心效用、质量、服务、品牌、包装等。

（1）基于需求的产品功能卖点策划。消费者购买的实际上是产品的功能效用和利益，消费者的根本需求是对功能效用和利益的需求，这是产品策划的基本出发点，就此而言，消费者的需求是产品整体策划的唯一源泉。在电子商务思维模式下，消费者的需求尤为重要。一个产品的功能或利益点可能有多个，企业需要慎重选择哪一点作为诉求和宣传点，其根本原则是一定要让企业的产品利益点得到广大消费者的认可。

（2）产品网络品牌策划。形式产品是指核心产品借以实现的形式，即向市场提供的实体产品和服务的形象。形式产品由五个基本要素构成，即品质、式样、特征、商标及包装。电子商务创业项目的产品更注重网络品牌的塑造，因此，本部分主要阐述产品网络品牌策划。

"品牌"一词来源于古斯堪的纳维亚语"brandr"，原意为燃烧，原指在马、牛等动物身上打上烙印，以表明其所有者。20世纪50年代，美国著名的广告大师大卫·奥格威（David Ogilvy）第一次提出了品牌的概念。品牌是市场竞争的产物，是企业及其产品与顾客之间建立起的桥梁。

20世纪90年代，随着互联网应用的深入和我国电子商务的快速发展，营销迎来了网络品牌时代。网络品牌就是企业在国家工商总局注册的商标在互联网上的应用场景延伸。广义的网络品牌是指一个企业、个人或者组织在网络上建立的产品或者服务在人们心目中树立的形象。网络品牌有两个方面的含义：一是通过互联网手段建立起来的品牌；二是互联网对线下既有品牌的影响。

产品网络品牌策划就是使企业品牌或产品品牌在网络消费者脑海中形成一种个性化区隔，并使消费者与企业品牌或产品品牌之间形成统一的价值观，从而建立起自己的品牌声誉。企业网络名片包括名称、logo、网站域名、移动网站域名、第三方平台形象等。产品网络品牌策划主要包括品牌命名策划、品牌标识（logo）策划和品牌定位策划。

① 品牌命名策划。品牌名称是品牌的代表，是品牌的灵魂，体现了品牌的个性和特色。好的品牌名称既能引起消费者的独特联想，又能反映产品的特点，有强烈的冲击力，可增强消费者的购买欲望。在命名品牌时，营销策划人应当遵循以下几个主要标准：易于识别，便于记忆；新颖独特，富有个性；突出功能，暗示利益；寓意深刻，引发联想；遵循规则，避免歧义。

阅读材料

宏碁电脑的品牌命名

② 品牌标识（logo）策划。品牌标识是构成品牌的视觉元素，它包括文字标识和非文字标识，一个品牌可以包含两者或其中之一。例如，由卡罗琳·戴维森设计的耐克标识logo是世界上最具标志性的标志之一，它看起来像一个复选标记，表示完成任务，换句话说，"就做吧"，流畅的轮廓唤起运动和速度，如图7-1所示。又如，麦当劳的logo也被称为"金拱门"，灵感来自于作为快餐连锁店原始餐厅设计一部分的真正的金色拱门。logo设计将装饰连锁餐厅的两个拱门结合在一起，并将其变成一个字母logo，一个"M"，如图7-2所示。

营销策划人在进行品牌标识设计时，应当遵循以下几个原则：简洁明了，新奇独特；易懂易记，引发联想；形象生动，美观大方；功能第一，传播便利；适时微调，紧跟潮流。

图 7-1 耐克的标识

图 7-2 麦当劳的标识

③ 品牌定位策划。品牌定位不是针对产品本身，而是针对消费者下功夫，力求在顾客的心目中占据最有利的位置，塑造良好的品牌形象。因此，品牌定位就是努力使企业的品牌在目标顾客心智中占据一个有利位置的竞争战略。主要有差异化定位策略、优越化定位策略、低廉化定位策略三种品牌定位策略供企业选择。

- 差异化定位策略：在同质化的时代，差异化成为企业制胜的法宝，如果品牌定位不能凸显品牌的差异性特征，甚至跟随着其他品牌的特征描述，在众多竞争对手中就无法区别于竞争对手。例如，农夫山泉积极寻找不同于其他企业的新卖点，在 1998 年，提出了"农夫山泉有点甜"的广告语，清晰直白地向消费者传递农夫山泉区别于其他竞争对手的产品价值和特色。

- 优越化定位策略：在同质化的时代，在发现和满足消费者需求的基础上，还应该创造需求，通过更优越的产品性能、设计等超越竞争对手。在这一方面，苹果公司的做法很值得学习。面对种类繁杂的电子产品市场，消费者多数时候并不知道自己真正需要什么，苹果公司在满足消费者对电子产品基本需求的基础上，去创造那些用户需要但是表达不出来的需求，然后通过优越的产品设计、研发，增加产品的功能性，为消费者创造更多的价值。这样，苹果公司不但提升了产品的溢价能力，还为企业创造了更丰厚的利润。

- 低廉化定位策略：低廉化定位就是采用相对于商品质量和服务水平较低的价格，突出品牌与众不同的定位策略。在同一质量和服务水平上，价格低廉是吸引顾客的有力武器。这是因为市场上存在着一大群普通的顾客，他们的购物行为呈理性状态，希望用更低的费用得到同样的满足或用同样的费用得到更多的满足。戴尔电脑的"物超所值，实惠之选"和雕牌的"只买对的，不买贵的"就是这种定位思想的体现。

阅读材料

互联网时代品牌打造的 5 个步骤

（3）产品服务策划。产品服务就是有形产品销售后提供的附加服务。产品服务策划就是通过附加服务为有形的产品提升价值或者通过附加内容为核心服务提供价值。企业在进行产品服务策划时，应注意三个方面：一是确定目标市场对服务的具体预期，以实现或超出该预期为基础；二是设计一个良好的甚至追求卓越的服务战略；三是在与消费者打交道时，要始终如一地提供承诺的服务水平。

电子商务创业项目的产品服务策略主要从售前服务、售中服务和售后服务三个方面着手。创业项目产品的售前服务是指企业把新开发的、详细的、能够代表优良的企业文化的产品信息通过互联网推销给网络目标消费者。售中服务主要包括针对消费者在施行购买行动进程中存在的疑难，企业在线服务人员通过专用的实时聊天工具与消费者进行沟通，就消费者提出的疑问做出解答，以帮助消费者消除疑虑，完成订购。在消费者确定购买后，服务人员还要辅助消费者方便地完成网上下订单、付款等流程。售后服务是指企业于消费者收到货品后的一系列行动，如当订购完成后，消费者可以通过订单了解货品的即时状况等。对于所购买的产品不满意的，可协助消费者在规定时间内退换货。

三、电子商务创业定价策划

产品定价是企业营销组合策略的一个重要内容，也是不断开拓市场的重要手段。产品价格合理与否在很大程度上决定了购买者是否接受这个产品，直接影响产品和企业的形象，影响企业在市场竞争中的地位。从营销角度出发，企业应尽可能合理地制定价格，并随着环境的变化，及时对价格进行修订和调整。

1. 产品定价的战略视角

价格形成及变化是商品经济中最复杂的现象之一，除价值这个形成价格的因素外，现实中的产品价格的制定和实现还受多方面因素的影响，主要有市场需求及变化、市场竞争情况、政府的干预程度、产品特点、企业状况、成本因素、定价的目标。

实质上，价格管理包括许多决策，难点在于将这些决策以系统的方式组织起来。米内特·辛德胡特（Minet Schindehutte）等在 *Rethinking Marketing：The Entrepreneurial Imperative* 一书中指出：具有战略性的价格管理方式在以下五个关键领域进行决策。

（1）价格目标——公司努力实现顾客愿意为产品支付的价格。这些目标应该是可衡量的绩效水平，其内容可以涵盖以下方面：公司想要实现的具体的利润水平、想要在市场中树立何种形象、为潜在竞争者设置进入壁垒。

（2）价格战略——公司定价工作的主题和方向。这种战略为将独立的定价决策联系起来提供了思路。其具体内容包括撇脂战略、平价战略、渗透战略和成本领先战略。

（3）价格结构——公司制定价格组合所围绕的架构，是最具创造力空间的领域。这种结构详细解释了价格是如何随着产品或服务（如捆绑或非捆绑）、顾客群（如根据不同的细分市场制定不同的价格）以及支付时间及手段（如折扣结构）等变化的。

（4）价格水平——各种产品或服务实际制定的价格（包括基数定价），以及在既定标准下确定的不同产品间的价格差距。

（5）价格促销——在不同的情况下使用不同的价格促销方式，以及类似于打折优惠券、买一赠一或者回扣之类的特殊打折计划。

一系列创造性选择存在于上述的每个方面。战略性定价的关键在于以系统方式做出决策，反映了公司整体的营销战略、竞争定位和目标市场。

2. 产品定价的基本步骤

（1）选择定价目标。定价目标是创业企业在对生产或经营的产品制定价格时要达到的目的和标准。定价目标是指导企业进行价格决策的主要因素，取决于企业的总体目标。创业企业的定价目标包括获取理想利润目标、投资利润率目标、维持和提高市场占有率目标、稳定市场价格目标和应对竞争目标。

（2）确定需求水平。明确定价目标之后，创业企业需要考察具体的需求水平。企业制定的每一种价格都可能导致一个不同水平的需求，以及由此对营销目标产生的不同效果。一般情况下，需求和价格是反向关系，即价格越高，需求越低；反之，价格越低，需求越高。但对某些高档产品，需求曲线有时是呈正斜率的。

（3）估算成本。任何企业都不能随心所欲地制定价格，制定的最高价格取决于市场需求，最低价格取决于成本费用。从长远来看，任何产品的销售价格都必须高于成本费用，唯有如此，才能以收入抵偿成本，否则无法经营。因此，创业企业制定价格时必须估算成本。

（4）分析竞争者的价格。创业企业制定价格时，必须了解竞争对手的价格，通过与竞争对手比质比价，从而更准确地制定本企业的价格。

（5）确定最终价格。创业企业在确定了定价目标、明确了需求水平、估算了成本和分析了竞争对手的价格后，就可以确定最终价格。

3. 产品定价的基本策略

通过产品定价的五大步骤，创业企业确定了产品的基础价格，但创业企业在营销过程中，还必须考虑或利用灵活多变的定价策略，修正和调整产品的基本价格。产品定价策略有很多，其中新产品定价、折扣定价（如现金折扣、数量折扣、季节折扣等）、心理定价（如声望定价、尾数定价和招徕定价）、差别定价（如需求差别定价、产品形式差别定价、产品部位差别定价和销售时间差别定价）是用得比较多的定价策略。下面主要介绍新产品定价策略和需求差别定价策略。

（1）新产品定价策略。新产品定价策略是企业创业营销中一个十分重要的策略，关系新产品的开发和发展。目前对新产品的定价主要有如下三种策略。

① 撇脂定价策略。撇脂定价策略是指在将新产品投放市场之际，把产品价格定得很高，以尽快取得最大利润，犹如从鲜奶中撇取奶油。

采用这种定价策略是利用顾客的求新心理，通过高价刺激需求，适合全新、受专利保护、需求弹性小、产品生命周期短、未来市场形势难以测定的产品。从根本上看，撇脂定价策略是一种追求短期利润最大化的定价策略，若处置不当，则会影响企业的长期发展。因此，在进行新产品价格策划时，特别是在消费者日益成熟、购买行为日趋理性的今天，必须谨慎采用这一定价策略。

② 渗透定价策略。渗透定价策略即"低价"策略，与撇脂定价策略相反，它是把产品上市初期价格定得低于预期价格，在互联网环境下往往会采取低价低利策略。采取此策略的目的是力求使新产品迅速、深入地打进市场，快速吸引大量消费者，夺取占有市场的先机，并最大限度地占领市场，取得较大的市场占有率，从而企业也可以因产销量的扩大而降低成本。

阅读材料

常见的互联网创业项目免费定价策略

③ 平价定价策略。平价定价策略又称为满意定价策略。当不存在适合撇脂定价策略或渗透定价策略的环境时，公司一般可采取平价定价策略。这是一种介于撇脂定价策略和渗透定价策略之间的折中定价策略，其新产品的价格水平适中，同时兼顾生产企业、消费者和中间商的利益，能较好地被各方面所接受。正是由于这种定价策略既能保证企业获得合理的利润，又能兼顾中间商的利益，还能被消费者所接受，所以被称为满意定价策略。这种定价策略的基础是产品质量高于其价格，可被所有参与竞争的企业利用。

这种定价策略的优点是：平价定价策略对企业和顾客都是较为合理公平的，由于价格比较稳定，在正常情况下可按期实现盈利目标。其缺点是：价格比较保守，不适用于竞争激烈或复杂多变的市场环境。这一定价策略适用于需求价格弹性较小的商品，包括重要的生产资料和生活必需品。

（2）需求差别定价策略。从消费者需求的角度来考虑制定价格的方法，称为需求导向定价法。网络的独特性为网络营销的发展带来了新的机遇与挑战，需求差别定价策略也已成为网络营销的一种基本定价策略。在网络营销中，从消费者需求出发成为最有效的定价策略。

需求差别定价策略是指企业根据消费者对同种产品的不同需求强度，制定不同的价格。根据需求特性的不同，需求差别定价策略中常见的定价方式有以下几种。

① 以用户为基础的差别定价。它是指对同一产品针对不同的顾客制定不同的价格。例如会员等级差别定价，根据用户的会员等级，给予不同的价格优惠，以激励用户提高购买频率和金额。

② 以时间为基础的差别定价。它是指同一种产品虽然成本相同，但价格会随着季节、日期，甚至钟点的不同而变化。在网络营销中，节假日促销、闪购限时特价等就属于这种定价模式。例如，在线教育机构在学生考试前推出限时折扣活动，吸引更多的学生在特定时间集中购买等；亚马逊公司根据对配送时间更敏感的消费者推出不同配送时间收取不同的价格。

③ 以产品为基础的差别定价。它是指产品由于在外观、花色、型号、规格、标准等上有所不同，而制定不同的价格。例如，戴尔公司根据不同的维修合同对产品收取不同的价格，这种维修合同的差别体现在维修内容和完成修理所用的时间不同。

由于需求差别定价策略针对不同的需求而采用不同的价格，实现顾客的不同满足感，能够为企业谋取更多的利润，因此，在实践中得到广泛运用。

四、电子商务创业分销渠道策划

如何把自己生产出来的产品销售给消费者，这是摆在每一个生产者面前的重要问题。

谁能在最短的时间内以最适当的方式，将自己的产品呈现在消费者最愿意去购买的地点，谁就能在激烈的竞争中取得主动地位。

1. 分销渠道的含义

美国市场营销学家菲利普·科特勒认为，分销渠道是指某种产品和服务在从生产者向消费者转移的过程中，取得这种产品和服务的所有权或帮助所有权转移的所有企业和个人。

分销渠道的起点是生产者，终点是消费者或者用户，中间环节包括各种类型的批发商、代理商、零售商和商业服务机构等。只要是从生产者到最终用户或消费者之间，任何一组与商品交易活动有关并相互依存、相互关联的营销中介机构均可称为一条分销渠道。

总的来说，分销渠道也称为销售渠道或者渠道，是指产品从生产者转移给消费者或用户所经过的由企业和个人连接起来形成的通道。

2. 分销渠道的结构

分销渠道的结构主要包括长度结构和宽度结构。

（1）分销渠道的长度结构。按有无中间商，可将分销渠道划分为直接渠道与间接渠道。按渠道长短，可将分销渠道划分为长渠道与短渠道。

① 直接渠道和间接渠道。直接渠道是指生产企业不通过中间商环节，直接将产品销售给消费者。直接渠道是工业品分销的主要类型，如大型设备、专用工具以及技术复杂需要提供专门服务的产品。消费品中有一部分也采用直接渠道，即企业自己派人推销，或以邮购、电话购货、自建网上平台等形式销售本企业的产品。这种类型的渠道由生产者把产品直接销售给最终消费者，没有任何中间商的介入，是最直接、最简单和最短的分销渠道。

阅读材料

戴尔电脑的成功——网络直销

间接渠道是指生产企业通过中间商环节把产品传送到消费者手中。一般生产企业可以通过在超市、商城等零售商处售卖企业产品，如超市售卖的牙膏等日用消费品。间接渠道是消费品分销的主要类型，在工业品中有许多产品（如电子设备等）采用该种渠道。

② 长渠道和短渠道。长渠道是经过两道以上中间环节后到达消费者手中的渠道。短渠道是指产品直接到达消费者或只经过一道中间环节的渠道。分销渠道的长度取决于商品在整个流通过程中经过的流通环节或中间层次的多少，经过的流通环节或中间层次越多，分销渠道就越长；反之，分销渠道就越短。通常情况下，根据包含渠道层级的多少，可以将一条分销渠道分为零级渠道、一级渠道、二级渠道和三级渠道等，如图 7-3 所示。

（2）分销渠道的宽度结构。分销渠道的宽度是指渠道的每个层次使用同种类型中间商数量的多少。多者为宽渠道，意味着销售网点多，市场盖面大；少者则为窄渠道，市场盖面小。

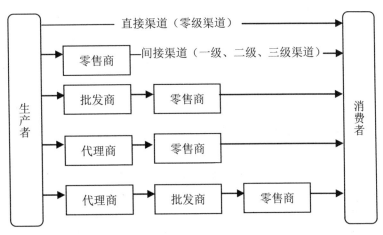

图 7-3 传统的分销渠道

宽渠道是指企业使用的同类中间商多、产品在市场上的分销面广。例如，一般的日用消费品，像毛巾、牙刷、开水瓶等，由多家批发商经销，又转卖给更多的零售商，能大量接触消费者，大批量地销售产品。

窄渠道是指企业使用的同类中间商少、分销渠道窄。它一般适用于专业性强的产品或贵重耐用的消费品。它使生产企业容易控制分销，但市场分销面受到限制。

根据不同的渠道宽度，通常分为三种分销策略：广泛式分销、独家式分销和选择式分销。

3. 网络分销渠道

传统营销体系的成功在很大程度上依赖于分销渠道建设，再加上大量人力和广告的投入来占领市场。而这些在网络时代将成为过去，功能强大的互联网不仅是一种拥有巨大优势的传播媒体，也是一种产品或服务的通道，它由此改变了产品和服务的分销渠道。

网络分销渠道就是借助互联网将产品从生产者转移到消费者的中间环节。

网络分销渠道也可分为直接分销渠道和间接分销渠道。但与传统的分销渠道相比较，网络分销渠道的结构要简单得多。网络的直接分销渠道和传统的直接分销渠道都是零级分销渠道，这方面没有太大的区别；而对于间接分销渠道而言，网络分销渠道中只有一级分销渠道，即只有一个信息中间商（商务中心）来沟通买卖双方的信息，而不存在多个批发商和零售商的情况，所以也就不存在多级分销渠道，如图 7-4 所示。

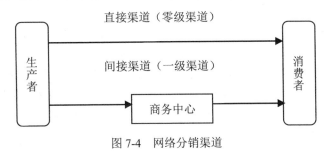

图 7-4 网络分销渠道

（1）网络直接销售。网络直接销售是指生产者通过互联网直接把产品销售给顾客的分销渠道，一般适用于大宗商品交易和产业市场的 B2B 交易模式。

目前通常有两种做法：一种做法是企业在互联网上建立自己的站点，申请域名，制作主页和销售网页，由网络管理员专门处理有关产品的销售事务；另一种做法是委托信息服务商在其网点发布信息，企业利用有关信息与客户联系，直接销售产品。

在网络直接销售渠道中，生产企业可以通过建立企业电子商务网站，让顾客直接从网站上订货，再通过与一些电子商务服务机构，如网上银行合作，直接在网上实现支付结算，简化了过去资金流转的问题。在配送方面，网络直接销售渠道可以根据产品的特性选择是利用互联网技术来构造物流系统，还是通过与一些专业物流公司进行合作，建立有效的物流系统。

（2）网络间接销售。网络间接销售是指生产者通过融入了互联网技术后的中间商机构把产品销售给最终用户，一般适合小批量商品和生活资料的销售。

网络间接销售克服了网络直接销售的缺点，使网络商品交易中介机构成为网络时代连接买卖双方的枢纽。网上零售商（如零售业巨头沃尔玛）、行业在线分销商（如慧聪网）、商务商品交易中心、全球商品交易中心等都属于此类中介机构。

阅读材料

国商商品交易中心

（3）双道法。所谓双道法，是指企业同时使用网络直接销售渠道和网络间接销售渠道，以达到销售量最大的目的。在买方市场条件下，通过两条渠道销售产品比通过一条渠道销售产品更容易实现"市场渗透"。

五、电子商务创业促销策划

现代市场营销不仅要求企业开发适销对路的产品，塑造良好的形象，制定吸引人的价格，使目标顾客易于取得他们所需要的产品，还要求企业通过各种方式和目标市场之间进行有关信息的双向传递，进行必要的促销活动。

1. 促销的内涵

促销是指企业通过人员和非人员的方式把产品和服务的有关信息传递给顾客，以激起顾客的购买欲望，影响和促成顾客购买行为的全部活动的总称。促销活动实际上是一种与目标受众沟通的过程。促销是为了提高沟通的有效性，它的主要任务是将有关企业和产品的信息传递给目标市场上的顾客，以达到扩大销售的目的。促销工作的核心就是沟通信息。

2. 传统促销的基本方式

（1）人员推销。所谓人员推销，是指推销人员在一定的推销环境里，运用各种推销技巧和手段，说服用户接受企业的商品，从而既能满足用户需要，又能扩大企业销售的活动。人员推销活动就是企业通过派出推销人员或委托推销人员向顾客介绍、推广宣传，以促进产品的销售。具体的方法可以是面对面交谈，也可以通过电话、信函交流。人员推销是最传统的、最不可缺少的促销方式。

（2）广告促销。广告即广而告之，是指向大众广泛告知某种信息，以达到促进某种观念或信息的交流或传递、引起注意、启发理念、指导行为的目的。广告既是一种信息传播活动，也是一种经济活动，它既具有信息传播活动的一般性，又具有作为经济活动所具有的投入产出的特征。经济性广告或商业性广告一般是指企业以付费的形式，通过一定的媒介向广大目标顾客传递信息的有效方法。

（3）公共关系。公共关系是指企业为使自己与公众相互了解、相互合作而进行传播活动的行为。公共关系并不是要推销某个具体的产品，而是企业利用公共关系，把企业的经营目标、经营哲学、政策措施等传达给社会公众，使社会公众对企业有充分的了解，从而与社会公众建立密切关系，树立企业整体形象和声誉，为开拓目标市场创造更好的条件和环境，从而间接地促进产品的销售。

（4）营业推广。营业推广是指除人员推销和广告促销、公共关系以外，所有旨在短期内迅速刺激消费者冲动性购买、促成中间商与厂家达成交易及促进推销工作的非常规的优惠性促销活动。

3. 网络促销

网络促销是指利用现代化网络技术向虚拟市场传递有关产品和服务的信息，以启发需求，引起消费者购买欲望和购买行为的各种活动。

网络促销有三个突出特点：通过网络技术传递信息；在虚拟市场上进行；互联网虚拟市场是全球性的。

与传统促销方式不同，网络促销是在网上市场开展的促销活动，也有四种，分别是网络广告、销售促进、站点推广和关系营销。

（1）网络广告。网络广告是以互联网为媒体发布、传播的商业广告。网络广告发源于美国。1994年10月14日，美国著名的杂志 *Hotwired* 推出了网络版的 *Hotwired*，并首次在网站上推出了网络广告，这立即吸引了 AT&T 等14个客户在其主页上发布广告。我国的第一个商业性网络广告出现在1997年3月，传播网站是 China Byte，广告主是 Intel，广告表现形式为468×60像素的动画旗帜广告。

网络广告有以下四个基本任务。

① 准确表达广告信息：广告设计有明确的目的性，准确表达广告信息是广告设计的首要任务。在现代商业社会中，绝大多数商品和服务信息都是通过广告传递的，平面广告通过文字、色彩、图形将信息准确地表达出来，而二维广告则通过声音、动态效果表达信息，通过以上各种方式，商品和服务才能被消费者认识和接受。

② 树立企业的品牌形象：企业的形象和品牌决定了企业和产品在消费者心中的地位，这一地位通常靠企业的实力和广告战略来维护与塑造。

③ 引导消费：平面广告一般可以直接送到消费者手中，而且信息详细、具体，因此，如购物指南、房产广告、商品信息等都可以引导消费者去购买产品。二维广告则可以受动态效果的影响，因其更生动、更有冲击力，所以能更好地激发消费者的消费欲望。

④ 满足消费者的审美要求：一幅色彩绚丽、形象生动的广告作品，能以其非同凡响的美感力量增强广告的感染力，使消费者沉浸在商品和服务形象给予的愉悦中，使其自觉地

接受广告的引导。

阅读材料

网络广告的常见类型

（2）销售促进。网上销售促进主要是用来进行短期的刺激性销售。网上销售促进的形式有有奖促销、节庆大优惠、活动式促销、拍卖促销、降价促销、免费促销等。

（3）站点推广。站点推广就是通过对企业网络营销站点的宣传吸引用户访问，同时树立企业品牌形象，为企业营销目标的实现打下坚实的基础。

站点推广主要有两大类方法：一类是通过改进网站内容和服务，吸引用户访问，起到推广效果；另一类是通过网络广告宣传推广站点，主要方法有搜索引擎注册、建立站点链接、发送电子邮件、发布新闻、提供免费服务、发布网络广告、使用传统的促销媒介。前一类方法的费用较低，而且容易稳定顾客访问流量，但推广速度比较慢；后一类方法可以在短时间内扩大站点知名度，但费用不菲。

（4）关系营销。关系营销是通过借助互联网的交互功能吸引用户与企业保持密切联系，培养顾客忠诚度，提高企业收益率。

公共关系是一种重要的促销工具，它通过与企业利益相关者，包括供应商、顾客、雇员、股东、社会团体等，建立良好的合作关系，为企业的经营管理营造良好的环境。

网上公共关系的目标是：通过与网上媒体建立良好关系，树立好的社会形象；通过互联网宣传和推广产品；通过互联网建立良好的沟通渠道。

网上公共关系实施方法主要有：与网络新闻媒体合作；宣传和推广产品；建立沟通渠道。

4. 网络促销的策划步骤

（1）准备阶段。在这一阶段，策划者要明确企业的经营宗旨和促销意图；初步熟悉市场和企业的基本情况，并初步搜集有关市场、产品和行业的资料；成立网上促销策划小组。

（2）确定网络促销对象。进行环境分析、产品分析；根据分析，寻找出现的和潜在的目标消费群，对其消费行为特征进行有针对性的分析。也就是说，明确产品的使用者、产品购买的决策者、产品购买的影响者。

（3）设计网络促销内容。网络促销的最终目标是希望引起购买。目标要通过设计具体的信息内容来实现。根据目标需求确定本次促销活动诉求与创意策略，提炼并确定促销活动所传达的中心思想，针对诉求的对象、内容、要点和方法，提出创意的概念和具体的操作要求。其中，诉求点即企业产品产生的"卖点"，"卖点"要能给消费者带来实际利益。

（4）决定网络促销组合方式。网络广告促销主要实施"推战略"，其主要功能是将企业的产品推向市场，获得广大消费者的认可。网络站点促销主要实施"拉战略"，其主要功能是将顾客牢牢地吸引过来，保持稳定的市场份额。企业应当根据自身网络促销的能力配合使用两种网络促销方法。

（5）**制定网络促销预算方案**。在明确网络促销的方法及组合的基础上，确定促销活动费用预算。根据促销策略的内容，详细列出媒体选用情况及所需费用、每次活动的价格，最好能制成表格，列出调研、设计、制作等费用明细。

（6）**衡量网络促销效果**。促销效果是指促销活动及信息在各种媒体上传播之后，在社会上、在消费中所产生的效应及对社会、企业带来的变化的总和。促销效果主要体现在三个方面：一是信息的传播效果，主要评估是否将信息有效地传递给目标顾客。这是最基本的效果，是前提和基础。二是促销的销售效果，主要测定促销活动所引起的产品销售额及利润的变化状况，一般可以采用比较的方法。它是促销活动的直接目的，是促销效果的核心和关键。三是促销的社会效果，主要评定促销活动的合法性以及促销对社会文化价值观念的影响，它是促销影响作用的延伸。

评估网络促销的效果是一项非常重要的工作，也是总结经验、找出差距、提高企业经营水平和经济效益的必要环节。

任务三　短视频营销平台的调研

任务引入

自 2021 年 3 月全国两会通过的国家"十四五"规划提到"推进媒体深度融合，做强新型主流媒体"以来，新媒体平台在促进电子商务创业营销中的作用越来越重要。2023 年 3 月 2 日，中国互联网络信息中心（简称 CNNIC）在北京发布第 51 次《中国互联网络发展状况统计报告》。报告显示：截至 2022 年 12 月，短视频用户规模首次突破十亿，用户使用率高达 94.8%。短视频平台持续拓展电子商务业务，"内容+电子商务"的"种草"变现模式已深度影响用户消费习惯。2022 年 6 月，抖音短视频播放量同比增长 44%；用户通过内容消费产生商品消费，短视频带来的商品交易总额同比增长 161%。2022 年第三季度，快手电子商务商品交易总额达 2225 亿元，同比增长 26.6%。短视频平台不断加大直播内容供给，拓展直播边界，直播多元化趋势进一步显现，非遗传承、知识普惠、助农惠农、线上招工、线上相亲等直播类型不断成熟。

任务目标

1. 了解不同短视频平台的特点及其提供的服务。
2. 了解短视频内容营销、直播营销的类型及应用场景。

任务要求

1. 了解两个短视频平台，熟悉短视频平台的注册及功能应用。
2. 针对一个短视频平台的要求，制作短视频内容，包括前期短视频策划、拍摄短视频、剪辑短视频等。

> **任务分析**
>
> 短视频即短片视频，是一种互联网内容传播方式，一般是在互联网新媒体上传播的时长在 5 分钟以内的视频。随着移动终端的普及和网络的提速，短、平、快的大流量传播内容逐渐获得各大平台、粉丝和资本的青睐。短视频的制作主要分为前期策划、中期制作、后期发布三大步骤。前期策划主要是确定选题和剧本，包括内容定位、软文策划等；中期制作包括拍摄、剪辑制作；后期发布包括根据平台规则优化内容、编辑并发布。

第三节 新媒体营销

随着数字经济的快速发展和 5G 技术的商用与普及，互联网营销领域的营销方式与模式发生了巨大变革。社交平台、在线视频平台、短视频平台、数字报纸杂志等不同类型的新媒体平台迅速成长和壮大，尤其是以视频为主的内容营销与传播已成为网络营销领域的主阵地。如何开展新媒体营销，成为新一轮市场竞争中创业企业面临的关键问题。

一、新媒体概述

（一）新媒体的概念

媒体是传播信息的媒介。它是指人借助用来传递信息与获取信息的工具、渠道、载体、中介物或技术手段，也是指传送文字、声音等信息的工具和手段。传统的四大媒体分别为电视、广播、报纸、期刊（杂志），此外，还应有户外媒体，如路牌灯箱的广告位等。

随着科学技术的发展，逐渐衍生出新的媒体，如 IPTV（交互式网络电视）、电子杂志等，它们在传统媒体的基础上发展起来，但与传统媒体又有着本质的区别。

新媒体（new media）的概念是 1967 年由美国哥伦比亚广播公司（CBS）技术研究所所长戈尔德马克率先提出的。新媒体是相对于传统媒体产生的定义，到目前为止，没有一个绝对的概念。随着科技的进步，新媒体的概念也在进一步延伸变化。

关于新媒体的定义，业界目前有以下一些主流观点。

（1）美国《连线》杂志：新媒体是所有人对所有人的传播。

（2）清华大学新闻与传播学院熊澄宇教授：在计算机信息处理技术基础之上出现和影响的媒体形态。

（3）新传媒产业联盟秘书长王斌：新媒体是以数字信息技术为基础、以互动传播为特点、具有创新形态的媒体。

（4）阳光文化集团首席执行官吴征：相对于旧媒体，新媒体的第一个特点是它的消解力量，消解传统媒体（电视、广播、报纸、通信）之间的边界，消解国家与国家之间、社群与社群之间、产业与产业之间的边界，消解信息发送者与接收者之间的边界，等等。

综上所述，新媒体是在报刊、广播、电视等传统媒体以后发展起来的新的媒体形态，是利用数字技术、网络技术、移动技术，通过互联网、无线通信网、有线网络等渠道及计算机、手机、数字电视等终端，向用户提供信息和娱乐的传播形态和媒体形态。

广义的新媒体包括两大类：一是基于技术进步而产生的媒体形态，尤其是基于无线通信技术和网络技术出现的媒体形态，如数字电视、IPTV、手机终端等；二是随着人们生活方式的转变，以前已经存在，现在才被应用于信息传播的载体，如楼宇电视、车载电视等。

狭义的新媒体仅指第一类，即基于技术进步而产生的媒体形态。

（二）新媒体的特征

新媒体是在新的技术支撑体系下出现的媒体形态，如数字杂志、数字广播、手机短信、移动电视、网络博客等，相对于报纸、杂志、广播、电视这四大传统意义上的媒体，新媒体被形象地称为"第五媒体"。第五媒体是以手机为视听终端，以手机上网为平台的人性化即时信息传播载体，这是以大众为传播目标、以定向为传播目的、以及时性为传播效果，以互动性为传播应用的大众传播媒体平台。新媒体具有如下特征。

1. 传播方式双向化

传统媒体是单向传播，无论是广播、电视还是报纸，都是单向传送信息，媒体处于强势地位，决定着受众接收什么样的信息，用户很难进行信息反馈，交互性很差。新媒体传播方式是双向的，每个受众既是信息的接收者，也是信息的传播者，进而互动性很强，传播效果明显。例如，用户不仅可以在微信、微博、短视频平台上关注各种新闻消息、社会热点，也可以就新闻消息直接发表自己的观点，还可以通过发布短视频分享自己的感悟。

2. 资源具有共享性

新媒体的资源具有共享性，在互联网上，人们可以下载自己需要的资源，也可以上传自己拥有的资源。例如，百度文库、优酷视频是一种不限地域、行业、年龄等的资源共享平台，用户可以上传和下载互联网资源。

3. 传播行为更加个性化

新媒体实现了信息传播与收阅的个人化。以网络环境为基础，基于用户的信息使用习惯、偏好和特点，向用户提供满足其各种个性化需求的服务。这种新媒体提供的个性化信息服务，令信息的传播者针对不同的受众提供个性化服务。

4. 内容形式多样化

新媒体内容的表现形式丰富多样。从文本、图片、音频、视频、互动到虚拟现实等多个方面，新媒体为人们提供了更加广阔的表达空间。新媒体内容的表现形式还在不断涌现出新的领域和形式，丰富了人们表达自己的观点和沟通的方式。

二、新媒体营销的概念、类型及方法

（一）新媒体营销的概念

新媒体营销是随着信息技术的革新、互联网技术的进步、企业传统营销模式多样化态势的出现而发展起来的一种全新理念的营销方式。

新媒体营销是指利用新媒体平台，如门户网站、搜索引擎、微博、微信、博客、论坛、抖音等，基于特定产品的概念诉求与问题分析，对消费者进行针对性心理引导的一种营销模式，也可理解为企业通过新媒体平台和渠道所开展的营销活动，是企业在信息化、数字化、网络化背景下开展的一种营销活动。新媒体营销属于营销战略的一种，是企业不可忽视的一种网络营销活动方式，也是一种基于现代营销理论、利用新技术的新型营销方式，能够最大限度地满足企业及顾客的需求，从而实现利益的最大化。

新媒体营销与传统媒体营销之间在传播媒介、传播方式、用户管理等方面的差异产生了两种不同的营销法则。

1898年，由美国广告学家E.S.刘易斯提出的AIDMA法则一直沿用至今，AIDMA的含义为：A（attention）—引起注意、I（interest）—产生兴趣、D（desire）—培养欲望、M（memory）—形成记忆、A（action）—促成行动。AIDMA法则是指：首先，消费者注意到该广告；其次，对广告感兴趣而阅读下去；再次，产生想买来试一试的欲望；从次，记住该广告的内容；最后，产生购买行为。AIDMA法则很好地反映了传统媒体环境下的营销关系。新闻、娱乐、广告等信息经过编辑后，以图片、文字、视频等形式发布在电视、广播、报纸、杂志上，信息接收者甚至无法选择或筛选自己接收到的信息，同时信息接收者并没有及时的、畅通的渠道与信息发布方产生连接。这种一对多、集权式的传播技术，形成了消费者对于营销信息的AIDMA反应模式，从而形成了以"媒体"为核心、以"引起注意"为首要任务的营销策略。这种策略在对媒体的使用上要求内容刺激性强、覆盖传播范围广、多次重复等，通过"引起注意"来打开消费者消费意愿的大门。

2005年，国际4A广告公司日本电通广告提出了AISAS营销法则。AISAS的含义为：A（attention）—引起注意、I（interest）—产生兴趣、S（search）—主动搜索、A（action）—付诸行动、S（share）—口碑分享。AISAS营销法则是指通过引起消费者的注意，使消费者对信息产生兴趣，消费者开始主动搜索产品的其他信息，进而付诸行动产生购买行为，并通过网络进行分享。但分享的结束并非意味着营销的结束，通过消费者的网络分享，可以影响其他潜在消费者，引起对方的注意，进而使其产生兴趣，主动搜索甚至购买后再分享。

在全新的营销法则中，两个具备网络特质的"S"——search（搜索）、share（分享）的出现指出了互联网时代下搜索（search）和分享（share）的重要性，而不是一味地向用户进行单向的理念灌输，充分体现了互联网对于人们生活方式和消费行为的影响与改变。

（二）新媒体营销的类型

新媒体营销在传统营销模式的基础上，得益于互联网以及各类手机App的帮助，衍生出了许多新型的类型。常见的新媒体营销类型主要有以下五种。

1. 微信营销

微信营销是网络经济时代企业或个人营销模式的一种，是伴随着微信的火热而兴起的一种网络营销方式。微信营销从最初的公众号软文到微店，再到现在的微信小程序，无一不体现出了微信营销的强大。把内容做得有创意，微信营销就会有生命力。

2. 微博营销

微博营销是指个人或商家通过在自己的微博上宣传的方式来进行营销的手段。依托于微博较为开放的平台特性，许多企业和微商都会在微博上进行营销，再结合热搜、话题等手段，使得自己的产品能被更多的消费者搜索查询到。

3. 直播营销

直播营销就是主播通过直播平台近距离展示产品，和消费者互动，引导消费者购买产品。例如，抖音直播、百度直播、视频号直播、快手直播等。

4. 短视频营销

短视频营销就是借助于短视频平台，创造优质的短视频内容，以宣传产品或服务。例如，抖音、好看视频、快手、西瓜视频、腾讯微视、微信视频号等。短视频营销已经成为新媒体营销中的一匹黑马，用户和商家通过在视频里植入产品内容进行营销。部分粉丝量、点赞量高的用户还可以在视频下方插入商品链接，消费者可以直接点击链接跳转到购物网站进行购买，交易过程十分便捷。

5. 自媒体营销

自媒体营销就是把自己作为媒体人，发布自己的观点，也就是说，打造个人IP，利用自媒体平台来发布自己的观点，进而展开营销的方式，如公众号、头条号、百家号、大鱼号、搜狐号、一点资讯、企鹅号等。

（三）新媒体营销的常见方法

1. 事件营销

事件营销就是借势或者制造新闻价值事件，通过把握新闻的规律，制造具有新闻价值的事件，并通过具体的操作让这一新闻事件得以传播，从而达到广告的效果。事件营销是当下非常流行的新媒体营销方式，能够迅速地提升产品的品牌知名度。抖音就是通过事件营销迅速地占据网络份额的。

2. 饥饿营销

饥饿营销是指商品或服务提供者有意降低生产量，制造紧俏"错觉"，进而达到保持较高毛利率和品牌增加值的目的。例如，2019年6月3日，优衣库和KAWS的最新联名UT线上线下同步发售。这次营销不只是在网上拼手速的竞争，人们直接"杀"到了优衣库的各大门店抢购。

3. 知识营销

知识营销就是挖掘产品的文化内涵，和用户形成价值共鸣。通过增加知识含金量，让用户同样的付出收获更多。企业通过有效的散播方式和适合的传播渠道，将公司所拥有的对客户有市场价值的基础知识传送给潜在客户，包括产品知识、技术专业科研成果、经营管理理念、管理方法观念和出色的企业文化。要让客户在消费的同时学到新的知识，用基础知识来促进营销推广，能够协助客户获得其他层面的基础知识。

4. 会员营销

运用互联网媒体背后的互联网大数据，针对客户、潜在用户的信息内容发掘来细分客户类型，并对相应的客户采用更加合适的营销手段。在传统营销方法中，会员营销也是应用得最多的一种，它能够让每一项工作都达到更高的指标值，实现公司经济效益的最大化。

5. 病毒式营销

运用大众的积极性和网络，让营销推广信息内容像病毒感染一样开展传播和向外扩散。营销推广信息内容能够迅速地像病毒感染一样深入人的大脑，获得客户的广泛传播，将信息内容在短期内散播给大量的人，这类方法常常用于品牌宣传和公众号推广等。

> **阅读材料**
>
> **2023年新媒体行业发展呈现哪些趋势**
>
>

三、新媒体平台营销策略

（一）社交平台营销

在互联网时代，在线社交平台迅速成为一种流行的虚拟交流空间，对人们之间的互动方式产生了根本的影响。面对这样一种新趋势，社交平台营销持续稳定增长，实现了泛社交化，在企业网络营销推广中发挥越来越重要的作用。

1. 社交平台营销的概念

社交平台（social media）又被称作社交媒体，是一个以用户为中心，由BBS（电子公告板）、微信、微博等移动互联技术的应用发展而来的，反映社会群体交往的，能够分享个人兴趣、爱好和活动等信息的移动互联在线平台。社交平台起源于社交网站（social networks site），早期的社交网站是由社交群体和社会组织关联而成的一种社会组织形态。通过社交网站，用户可以实现相互联系与密切沟通，并在用户之间逐渐建立起一种彼此关联的联系网络。随着Web 3.0技术的不断发展，社交网络已拥有多元化功能，如支付、定位、购物和游戏等。

社交平台营销是指借助于社会化平台、意见领袖、在线社区等开展市场营销活动。从消费者的角度出发，在营销活动中，消费者的决定过程往往在很大程度上受到别人的影响，而这种影响是建立在人际关系网络上的。因此，社交平台用户通过分享感受所带来的影响效果最为显著。

2. 社交平台营销的工具

常见的社交平台营销工具有推特（Twitter）、博客、微博、微信、脸书（Facebook）、YouTube等。如企业可以利用微博和微信等进行产品推广、客户关系管理与维持、市场分析与调研等。它通常集中于创造有价值的、引起用户共鸣的、具有吸引力的信息，进而激发用户的转发、分享行为。信息按照从用户到用户的传播路径，帮助企业建立良好的品牌形象以及优良的信誉。随着用户转发次数的增多，社交平台上获得企业信息的用户也成倍增长，这可能为企业带来更多的销售机会。由于人们倾向于信任朋友，进而会关注并购买朋友分享的品牌。

1）微博营销

微博，是一个基于用户关系信息分享、传播以及获取信息的平台，以 140 字左右的文字更新信息，并实现即时分享。Twitter 是 2006 年 3 月由 Blogger 的创始人埃文·威廉姆斯（Evan Williams）推出的，英文原义为"小鸟的叽叽喳喳声"，用户能用手机短信更新信息。Twitter 的出现把世人的眼光引入了一个叫作微博的小小世界里。2009 年 8 月，我国门户网站新浪推出了"新浪微博"内测版，成为门户网站中第一家提供微博服务的网站，微博正式进入中文上网主流人群的视野。2013 年上半年，新浪微博注册用户达到 5.36 亿，腾讯微博注册用户也超过 5 亿，这些数字之间当然是有交叉的。微博已经成为我国网民上网的主要活动之一。

微博营销以微博作为营销平台，每一个听众（粉丝）都是潜在营销对象，每个企业都可以在新浪、网易等网站注册一个微博账号（也称作官微），然后通过更新自己的微型博客向网友传播企业、产品的信息，树立良好的企业形象和产品形象。可以就每天更新的内容跟网友交流，或者讨论网友所感兴趣的话题，这样就可以达到营销的目的。

微博营销的主要步骤及技能如下。

（1）建立企业微博账号。第一步，注册微博账号。如果企业没有开通微博账号，首先要注册一个企业微博账号。例如，注册新浪微博的相关账号，则需要登录该网址：https://weibo.com/进行账号注册，如图 7-5 所示。

图 7-5　新浪微博注册界面

第二步，微博资料设置。主要包括微博名称、微博头像、微博简介、设置背景模板。个人微博名称应尽量使用能表明个人身份的名字，企业微博名称则尽量使用品牌或者企业名称。个人微博头像可以设置成真人照片,也可以使用个性化头像、其他特殊标志等。企业微博头像可以使用企业 logo、企业名称或者具有代表性的产品照片等。微博简介内容要包含能吸引用户的信息,要求简明扼要。个人微博简介可以表达个人的身份、特长和能力,也可以用有趣的句子来展现自身的个性。企业微博简介可以用一句话介绍企业的主要业务、提供的产品或服务等。设置背景模板是指对微博背景图片和头像后的封面墙进行自定义。个人微博的背景模板可以是生活照、美景图等体现个人喜好的图片,而企业微博的背景模板应尽量使用产品或者营销口号,突显企业文化。

(2)企业微博定位。企业微博定位是指确定企业微博的形象及功能。确定企业微博的定位后,就要根据具体的定位要求发布微博内容来开展微博营销活动。企业微博的定位是企业实施微博营销的前提,定位清晰与否将直接影响微博营销活动的效果。

企业微博的定位主要体现在功能定位和角色定位两个方面。其中,功能定位是指确定微博营销的目标,而角色定位是指确定微博在企业营销中充当的角色。

微博定位的第一要务是标签,要根据不同时期设置不同的标签,力争永远让搜索结果处在第一页。微博定位的第二要务是互动,创造有意义的体验,促使粉丝积极交流、主动搜索。微博定位的第三要务是话题,即主动利用大众热门话题。

(3)撰写微博营销软文。在微博营销中,软文是一个必备要素,只有用心撰写的微博软文才能获得高人气,才能帮助营销者实现其目标。在不同的平台上需要考虑不同的软文类型,从平台用户的习惯和喜好出发,微博软文也是如此。

(4)微博营销的流量导入。定位明确是基础,软文是内容、是载体,流量导入是关键。企业通过微博获取了一批目标受众粉丝后,可直接做引流销售,为企业带来直接的收益。微博营销引流的主要技巧包括以下几个。

① 利用微博热门话题引流。在微博的热门话题页任意选择一个阅读量高的话题,利用热门话题的平台发布相关内容。

② 关键词引流。根据目标客户,指定关键词搜索。通过搜索关键词,找到所发微博提到关键词的所有人,搜索寻找到这部分人,加她/他为微博好友。

③ 评论引流。找一些热门的明星微博等,根据需求做出高质量的评论。

④ 发布头条文章引流。发布热点文章或情感、时尚类头条文章,这类文章一般阅读受众较多,可在文章的末尾加上联系方式。

⑤ 发布秒拍视频引流。视频更容易引起传播,可以在视频里添加微博号水印。

⑥ 打赏引流。对一些流量比较高的文章进行打赏。

⑦ 竞争主持引流。寻找一些阅读量高的热门话题,竞争成为话题主持,并在导语中添加广告。

⑧ 活动转发引流。参与博主发起的话题,如"总结一下最满意的五次消费",点赞最多的参与者可以得到一件奖品。博主的其他粉丝看到也会相互交流,参与者的粉丝看到这个话题,也有可能被话题吸引。

(5)微博营销效果分析。要做好微博营销,不仅要能灵敏地感知消费者的需求以及需求的变化,还要学会数据采集与分析。常见的数据分析指标分为以下两种。

① 运营型通用数据指标:包括微博粉丝数、二级粉丝数、活跃粉丝数比例、粉丝性别比例、粉丝的地区分布、粉丝流失率、粉丝增长率、每日发微博数、微博阅读数、微博转

发数、平均转发数、新老粉丝访问率等。

② 效果型特定数据指标：包括销售量、网站流量、客单价、搜索结果数等。

微博营销团队应通过对微博信息的分析，及时将对微博的洞察力转化为行动，进而转化为销售收入的提高。企业可以通过消费者的反馈反思产品和企业的品牌形象，进而重新设计品牌的宣传方式，使之符合企业战略发展的趋势。

2）微信营销

微信营销是网络经济时代企业对营销模式的创新，是伴随着微信的火爆产生的一种网络营销方式。微信不存在距离的限制，用户注册微信后，可与周围注册微信的"朋友"形成一种联系。因此，微信营销是用户订阅自己所需的信息，商家通过提供用户需要的信息，推广自己的产品的点对点的营销方式。

微信营销主要有微信社群营销、朋友圈营销、公众号营销、小程序营销、视频号营销等形式。

（1）微信社群营销。微信群是微信平台提供的一种群聊功能，可以允许非好友在一个群里进行沟通。作为多人聊天交流平台，群成员可以通过网络快速发送语音、视频、图片和文字，微信好友之间的信息传播方式都能在微信群中进行。

企业创建微信社群的最终目的是"变现"，也就是获得具体的收益。主流的社群变现渠道有广告收入、知识付费和社群电子商务三种。

① 广告收入是指在社群内发布产品广告，收取一定的广告费。

② 知识付费是用户对专业知识和价值观的消费行为。

③ 社群电子商务是指以内容连接用户和产品的电子商务模式。

（2）公众号营销。微信公众平台，简称公众号。微信公众号营销就是企业利用公众账号平台开展自媒体活动，简单来说，就是进行一对多的媒体性行为活动，如企业通过申请公众微信服务号，经过二次开发展示商家微官网、微会员、微推送、微支付、微活动、微报名、微分享、微名片等。这已经形成了一种主流的线上线下微信互动营销方式。

公众号有三种类型：订阅号、服务号、企业号。

① 订阅号：公众平台订阅号旨在为用户提供信息，适合企业组合和个人。订阅号每天可以群发一条信息，具备信息传播、媒体资讯传播、品牌宣传的作用，开放部分高级接口。

② 服务号：公众平台服务号旨在为用户提供服务，适合于企业以及组织，并且需要具备开发能力。服务号每月只能群发 4 条信息，具备客户管理功能，提供强大的产品功能服务，支持微信支付，构建电子商务体系，拥有微信全部高级接口。

③ 企业号：公众平台企业号是公众平台的一种账号类型，旨在帮助企业、政府机关、学校、医院等事业单位和非政府组织建立与员工、上下游合作伙伴及内部 IT 系统间的连接，并能有效地简化管理流程，提高信息的沟通和协同效率，提升对一线员工的服务及管理能力。

公众号的运营流程具体如下。

① 精准定位。微信公众号的定位要从企业自身或个人为出发点，企业或个人是做什么产品的，个人微信公众号自媒体能提供哪些支持，覆盖用户的哪些特征，企业当下的规模后续的发挥如何规划，等等，都需要考虑。

② 构建功能框架。微信公众号提供了丰富的开源接口，企业或个人可以在微信上开发

各种各样有趣的功能，主要包括关键词回复、首次关注回复、消息回复和自定义菜单四种基础栏目。

③ 内容策划。根据精准定位商家的产品的消费群体，分析产品的消费群体的特征，进而有针对性地设置软文的方向。

- ❑ 精心策划标题。一个好的标题可以让用户毫无抵抗力地点击阅读，在微信公众号的推送信息或者是朋友圈里，用户最先看到的是标题，因此一篇文章的成功在很大程度上取决于标题。
- ❑ 制作优质内容。文章内容是间接影响用户基本意愿的重要方面，提供优质的内容尤为重要，应遵循一定的用户习惯特点，站在用户的感受上写文章，引发用户的认同和分享。
- ❑ 合理排版。对外展示的是自身品牌的形象，所以公众号排版也是很重要的，需要贴用户的阅读习惯。

④ 推广渠道的建设。微信公众号是闭环生态，所以对于微信公众号来说，渠道推广甚至更为重要。可以先根据微信公众号来选择社区或者以网络推广为核心的一些社区论坛，而后可以考虑选择社交媒体及自媒体，以衔接公众号进行具体推广渠道的建设。当然，还有资源分享等其他渠道可以帮助推广。

⑤ 数据分析与总结。企业要不断对公众号运营的各种数据进行分析，进而优化营销策略，如微信公众号的粉丝增长或流失情况、粉丝属性特征以及来源分析、粉丝互动分析/活动统计分析、图文推送统计分析等。

3）小程序营销

微信小程序于2017年1月上线，被称为"移动互联网的下一站"。小程序是一种不需要下载和安装即可使用的应用，它实现了应用"触手可及"的梦想，用户扫一扫或者直接搜索就可打开应用，也体现了用完即走的便捷。

（1）通过小程序进行客户引流。小程序拥有二维码扫描、关键词搜索、微信群分享、朋友聊天分享、附近的小程序、公众号关联等入口。利用小程序，企业可以通过多种方式展示想要传递的内容、提供的服务，甚至可以通过小程序商城完成商品售卖、服务预订等。基于微信庞大的用户流量，企业通过小程序的开发与运营，能够便捷地获得更多的用户资源。

（2）小程序的流量变现。在现阶段，小程序以二维码为主要入口，用户通过微信扫一扫进入应用，享受随时随地的"即时"服务。因此，将会有更多用户通过不同的服务场景进入小程序，体验企业提供的线上服务和产品。有了流量，企业考虑的就是流量变现的方法。

① 构建线下和线上会员制度，为流量转化奠定基础。对于企业来说，实现客户的引流是第一步，紧接着就是要维护客户。有很多方法可以聚集客户，其中会员制度是一个更好的策略。也就是说，无论是在线客户，还是线下客户，都可以成为商家的会员，并利用会员的身份参与商家的活动，这将有助于提高客户忠诚度，然后实现客户扩张。无论是在线会员，还是离线会员，都可以通过进入小程序注册会员来获得会员身份。无论是网上购物，还是线下购物，都是基于这个唯一的会员标志来消费的。这个完整的会员系统基于小程序系统，为流量转换奠定了基础。

② 内容+小程序，促进客户流量的转化。在运营过程中，商家也可以通过内容来促进客户流量的转化。商家根据客户的痛点设计出优秀的内容，所以这些内容对客户来说是非

常有价值的。有些内容甚至会引起客户的共鸣,所以在这些内容中加入商家小程序可以更好地达到吸引客户的目的。

③ 设计优惠营销活动,提升客户转化积极性。客户都喜欢优惠活动和优惠商品。企业通常可以通过设计优惠营销活动吸引更多的客户流量。企业借助微信小程序设计各种新的营销活动,不仅可以激起每个人的好奇心,还可以刺激顾客的购物行为。

(二)短视频平台营销

视频营销是指主要基于视频网站为核心的网络平台,以内容为核心、创意为导向,利用精细策划的视频内容实现产品营销与品牌传播的目的。视频按载体形式分为短视频、电视广告、网络视频、宣传片、微电影、电影等。短视频即短片视频,是一种新型互联网内容传播方式,一般是指在网络新媒体上传播的时长在 5 分钟以内的视频。与短视频相比,长视频是时长超过半个小时的视频,以影视剧为主。随着 5G 时代的到来,短视频绝对是当下和未来的主力风口,抖音、快手、美拍、微视、秒拍等短视频平台受到了广大用户的欢迎。

短视频平台营销是指以短视频平台作为载体的所有营销活动的总称,随着玩法的探索和创新呈现出越来越多的形式和特征,主要包括硬广告投放、内容植入、内容定制、网红活动、账号运营和跨平台整合等营销形式。

短视频平台营销的具体步骤如下。

1. 找准用户群体,提炼卖点

首先,从企业未来发展规划和自身产品或服务倒推账号定位,明确用户群体的定位和需求(兴趣点)。随着精准营销的普及使用,用户画像能准确描述用户的全貌信息,呈现用户的需求与兴趣变化。企业应基于精准的用户画像,重点分析用户兴趣动态变化,为用户智能匹配有效的信息资源,有针对性地推送用户想看到的营销广告。

其次,提炼出自身产品和服务的卖点或优势,也就是差异化,能够刺激用户的痛点,有针对性地进行制作视频内容。

2. 短视频内容设计

(1)明确视频营销的主题内容。数据调查显示,短视频平台超过一半的用户倾向点击幽默搞笑和年轻活泼的营销广告,这表明优质且具有创意内容的营销广告越来越能吸引用户,激发用户的兴趣,同时这种内容的短视频也最容易形成病毒式传播。

(2)撰写文案和脚本。在电影和广告、视频制作中,脚本是众所周知的工具,是用短视频讲故事的重要媒介。一般来讲,影视脚本主要分为拍摄提纲、分镜头脚本和文学脚本。短视频往往要用最短的时间将所要表达的内容用画面展示出来,并且视频的制作需要团队配合。

(3)拍摄和剪辑。短视频拍摄所需的器材包括手机、照相机、摄影机、稳定器材、三脚架、LED 灯光。使用手机摄像时,尽量在相机的设置里面选择 1080 P 的超清格式,三脚架的作用是固定手机,防止画面抖动。在剪辑时,选用合理的转场方式,场景切换要考虑两段内容之间的关系,巧妙地切换画面会使观众眼前一亮,对情绪的引导也起着很大的作用。

3. 选择视频平台并定向投放

传播渠道是短视频平台营销中非常重要的一环，单一的传播渠道往往无法取得良好的营销效果，需要采取多渠道、多链接的形式，打造具有连续性和连锁性的传播方式，扩大短视频的影响范围。视频平台有很多种，分为短视频、电视广告、网络视频、宣传片、微电影、电影等。企业应根据目标用户特征和做好视频内容选择性投放或者根据不同的平台制作相关的视频。

4. 短视频引流

短视频的引流转化形式包括硬转化、活动转化、内容延伸转化和内容软植入转化。硬转化，即二维码、口播转化，如在短视频中间穿插二维码或者主播口头介绍；活动转化，如关注公众号送礼品等；内容延伸转化，即利用用户的渴望心理，引发其好奇心，关注企业公众号；内容软植入转化，即利用好片尾关注引导用户关注。

5. 及时跟踪数据并做好优化

通过各项数据及时调整和优化，如完播率、评论互动情况、分享数量、点赞和收藏等。

本章概要

本章首先讲述了创业营销的内涵、构成要素、与传统营销的异同等创业营销的基本内容；其次，从营销策划视角讲述了创业项目的产品、定价、分销渠道、促销的营销策划；最后，阐述了新媒体营销的基本内容。

思考练习

1. 如何理解创业营销？如何理解电子商务创业营销？
2. 电子商务创业项目如何进行网上促销？
3. 新媒体营销有哪些类型？
4. 社交平台营销的营销策略有哪些？

第八章 电子商务创业风险

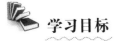

学习目标

- 了解电子商务创业风险的概念、来源及其识别与评估;
- 熟悉电子商务创业风险的类型;
- 掌握电子商务创业风险的防范方法。

能力目标

- 正确认识电子商务创业的风险;
- 根据不同的电子商务创业风险类型,能够在实际创业过程中进行防范。

导入案例

跨境电子商务创业成功案例

任务一 新电商赋能经济发展的价值与贡献

任务引入

党的二十大报告指出:"加快发展数字经济,促进数字经济和实体经济深度融合。""非接触经济"的繁荣、新一代数字技术的突破创新、消费者需求和行为模式的变化,推动电子商务行业从传统电商向"新电商"升级,新形态、新模式不断涌现,技术层面的广泛渗透和应用层面的深度融合催生出社交电商、直播电商、兴趣电商、信任电商、共享经济、反向定制等新模式。

"新电商"是随着新一代信息技术发展,以用户为中心,对传统电商"人""货""场"进行链路重构而产生的电商新形态、新模式。新电商是相对以货架电商为代表的传统电商而言，以平台货架的形式呈现商品和服务。新电商是一个总称，泛指电子商务领域出现的各类创新模式和业态，如直播电商、内容电商、社交电商、移动电商、新零售、兴趣电商、信任电商、C2M（用户直连制造）、即时零售等。

任务目标

1. 通过调研，了解近年来我国新电商企业创业的基本情况。
2. 通过调研，了解我国新电商企业创业的一般流程及其面临的风险。

任务要求

1. 通过网络查找近三年新电商企业创业的基本情况，创业成功与失败的企业各有哪些？这些企业在创业过程中面临什么样的风险？
2. 针对某一新电商企业创业成功案例，分析成功的原因。

任务分析

新电商作为数字经济和实体经济深度融合的产物，借助新一代数字技术赋能，引发了生产模式、流通模式和消费模式的深刻变革，在推动经济社会高质量发展、带动产业转型升级、释放消费潜力、创造高品质生活等方面发挥着不可替代的作用。新电商以需求端为入口驱动企业数字化转型，赋能中小微企业更好地适应数字经济。《"十四五"数字经济发展规划》指出，"到2025年，数字经济迈向全面扩展期，数字经济核心产业增加值占GDP比重达到10%"。这一战略指引加速了各个行业数字化转型的步伐。那么，新电商与传统电商相比，新在何处？新电商对经济发展有何贡献？

阅读材料

新电商的内涵及其商务模式

第一节 电子商务创业风险概述

一、电子商务创业风险的概念

电子商务创业风险是指在创业过程中，由于互联网创业环境的不确定性，创业机会与创业企业的复杂性，创业者、创业团队的能力与实力的有限性，而导致电子商务创业活动偏离预期目标的可能性及后果。

二、电子商务创业风险的来源

电子商务创业环境的不确定性,创业机会与创业企业的复杂性,创业者、创业团队与创业投资者能力与实力的有限性,是创业风险的根本来源。创业的过程往往是将某一构想或技术转化为具体的产品或服务的过程,这一过程中存在几个基本的、相互联系的缺口,它们是上述不确定性、复杂性和有限性的主要来源,也就是说,电子商务创业风险在给定的宏观条件下,往往直接来源于这些缺口。

(1)互联网融资缺口。互联网融资缺口存在于学术支持和商业支持之间,是研究基金和投资基金之间存在的断层。其中,研究基金通常来自个人、政府机构或企业研究机构,它既支持概念的创建,也支持对概念可行性的最初证实;投资基金可将概念转化为有市场的产品原型(这种产品原型有令人满意的性能,投资者对其生产成本有足够的了解,并且能够识别该产品是否有足够的市场)。创业者可以证明自身构想的可行性,但往往没有足够的资金实现其构想的商品化,从而引发一定的创业风险。通常,只有极少数基金愿意鼓励创业者跨越这个缺口,如富有的个人专门从事针对早期项目的风险投资、政府资助计划等。

(2)研究缺口。研究缺口主要存在于仅凭个人兴趣所做的研究判断和基于市场潜力的商业判断之间。当一个创业者最初证明一种特定的科学突破或技术突破可能成为商业产品的基础时,他仅仅停留在令自己满意的论证程度上。然而,要将预想的产品真正转化为商业化产品(大量生产的产品),需要具备有效的性能、低廉的成本和高质量的产品,这样才能从市场竞争中生存下来,为此需要开展大量复杂且耗资巨大的研究工作,从而形成创业风险。

(3)信息和信任缺口。信息和信任缺口存在于技术专家和管理者(投资者)之间。也就是说,在创业过程中存在两种不同类型的人:一类是技术专家;另一类是管理者(投资者)。二者对创业有不同的预期、信息来源和表达方式:技术专家知道哪些内容在科学上是有趣的、哪些内容在技术层上是可行的、哪些内容是根本无法实现的。在失败案例中,技术专家要承担的风险一般表现为在学术、声誉上受到不良影响,得不到金钱的回报。管理者(投资者)通常比较了解将新产品引进市场的程序,但当涉及具体项目的技术内容时,他们不得不依赖技术专家。如果技术专家和管理者(投资者)不能充分信任对方或者不能有效交流,那么这一缺口将变得更大,引发更大的风险。

(4)网络资源缺口。资源于创业者就如颜料、画笔于画家,没有了颜料和画笔,画家即使有了构思也无从表达。在电子商务创业过程中,没有所需的资源,创业者将一筹莫展,创业也就无从谈起。在大多数情况下,创业者不可能拥有所需的全部资源,这就形成了资源缺口。如果创业者没有能力弥补相应的资源缺口,则创业无法起步或在创业中受制于人。

(5)管理缺口。创业者并不一定是出色的企业家,不一定具备出色的管理才能。例如,创业者是某个技术方面的专业人才,他想利用某一新技术创业,但他不具备专业的管理才能,由此就形成了管理缺口。

三、电子商务创业风险的识别

风险识别是风险管理的第一步。关于风险识别,有一个很好的方法叫作情境计划法(scenario planning)。它是指对电子商务企业的整个经营过程进行情境化描述,在描述情境的同时对企业面临的风险进行识别。创业初期可能面临的风险如表 8-1 所示。

表 8-1 创业初期可能面临的风险

法律、法规政策：所开展业务是否被允许	生产力：是否达到目标
区域文化、风俗：所开展业务是否被接受	行政：过程或程序是否运行良好
运营：主要活动是否受控	品牌识别：是否已成立
竞争者：竞争者在做什么	知识产权：是否安全
竞争优势：是否已经被侵蚀	技术：技术变化如何影响你
市场：市场情况如何变化	投资：需要更多投资吗
用户价值主张：是否已实行	利润：是否达到目标
产品（服务）质量：是否足够好	网络营销：是否在控制之内
用户服务：用户满意吗	债务人/应收款项：是否在控制之内
现金流量表：是否足够	利率：变化将如何影响你
网络销售：是否达到目标	兑换率：变化将如何影响你
管理：团队组织得好吗	

电子商务创业风险识别是风险管理过程的开始，并非所有的风险都是一样的，风险的出现是有概率的。如果发生概率十分低，在准备应急预案方面是否可以忽略？如果风险真的发生了，会对企业产生多大的影响？如何降低或避免风险？如何对风险进行检测？有效的风险管理过程主要分为以下四个步骤。

（1）风险识别（内在风险和外在风险）。

（2）评估风险出现的概率和影响。

（3）决定采取什么措施应对风险（避免或降低风险影响）。

（4）制定什么检测预警信号以辨别风险的出现。

四、电子商务创业风险的评估

作为电子商务创业者，势必要在风险和收益之间进行抉择和权衡，既不能为了收益而不顾风险，也不能因害怕风险而错失良机，要在争取实现目标的前提下，管理风险、控制风险、规避风险，这才是创业者对待风险的正确态度。

创业风险评估是事前考虑创业过程中的负面因素。很多创业机会不能得到投资者的青睐或者虽然获得投资但最终依然失败，就是因为事先没有考虑创业机会里潜在的风险。等这些隐藏在创业过程中的风险暴露出来，再采取措施应对，可能为时已晚。因此，在创业前就需要对创业风险进行识别、评估和管理。

创业不可避免地要承担风险。面对风险，创业者应明确做出判断，这是否是可以承担和应对的风险。很多人都说创业者就是冒险家，有着较高的风险偏好。但是，真正的创业者并不喜欢风险，而且会尽量避免风险并把风险降至最低。风险和回报往往是成正比的，风险越高，回报越大。创业者在创业开始阶段会对要承担的风险和可能获得的利益做出评估，只有面对的风险是他们所能够承担的，他们才会投入创业实践。投资者在评估创业项目时，一方面是对创业机会本身是否具有潜力进行评估，另一方面也是对创业者识别风险、评估风险，以及解决风险的能力进行评估。

风险管理的优先级是先处理出现概率高、造成损失最大的风险,而出现概率低、造成损失小的风险是最后处理的。图 8-1 展现了识别风险的三个维度,分别是风险的影响力、发生概率和可控性。任何风险如果对企业发展造成重大影响都是一件令人不快的事情。一旦风险发生,就可能带来极大的危害,对企业发展是十分不利的。相比之下,影响小又极少出现的风险显示为风险最小。对于风险的可控性,有些风险可能在企业的控制或影响范围之内,而有些风险则完全不受控制。风险的分类不是重点,重点在于如何才可以更好地控制和缓和风险。

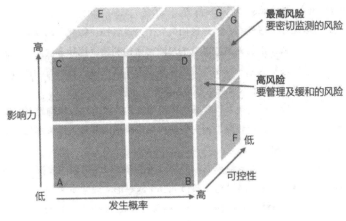

图 8-1 风险的分类

一般来说,越不受控制、影响越大、发生概率越高的风险越危险。如图 8-1 所示,应用以上三个维度对风险进行分类形成一个像魔方一样的模型,其中方块 G 即影响最大、发生概率最大、最不受控制的风险。这样的风险是很难避免或予以缓和的,一定要密切监测。对企业发展有重要影响却可控的风险,即方块 D,应该在企业风险管理中集中关注并尽量避免。

通过上面的分析,将风险发生概率(P)、风险影响力(I)和风险可控性(C)分成低(1)、中(2)、高(3)三个级别。这三个维度是风险分类最为重要的三个方面,若三个因素组合在一起,风险事件的影响会有倍增的效果。通过对三个因素的评分可以计算出事件的风险指数(RI),计算公式为

$$\mathrm{RI} = \frac{P \times I}{C}$$

风险指数越高,说明该事件对企业构成的风险越大。在风险防范和管理中要着重监测风险指数高的风险事件,并准备好应对措施。

任务二 180 家公司倒下,背后的原因到底是什么

任务引入

2018 年 5 月 28 日,习近平总书记指出:"要加强人才投入,优化人才政策,营造有利

于创新创业的政策环境，构建有效的引才用才机制，形成天下英才聚神州、万类霜天竞自由的创新局面！"

在经历了 2020 年、2021 年互联网行业加速洗牌后，2022 年行业洗牌趋缓，但依然不乏老牌创业公司失败出局。

新年伊始，不堪运营压力重负的成人学历培训机构虎硕教育应声倒下，在其微信公众号发布《致虎硕学员书》，称其已于 2022 年 1 月 8 日起停止营业。1 月 20 日，虎硕教育再度发布公告称，根据虎硕教育目前经营情况，已无法继续维持相应的运营服务与课程服务，经多方协调，将由教育同行默森、度摩两家公司做公益承接，为虎硕学员提供后续的学员服务与课程提供。

与此同时，在线少儿音乐教育品牌海豚音乐 vipSing 发公告称，由于新一轮投资人最终未能完成交割，导致公司现金流断裂，迫于无奈，只能于 2022 年 1 月 20 日零时起暂停所有线上课服务。在经历了两年的疫情反复后，资本变得更为谨慎。没有了资本的支持，创业公司深陷现金流断裂困境，逐渐走向关停边缘。

任务目标

1. 通过调研，了解近年来我国电子商务企业创业失败的基本情况。
2. 通过调研，了解我国电子商务企业创业失败的主要原因。

任务要求

1. 通过网络查找近三年农村电子商务创业企业有哪些，这些企业中有多少创业成功、多少创业失败。
2. 分析 2020—2022 年企业创业失败的不同原因，并分析能够带给我们哪些启示。

任务分析

据时代数据创业公司数据库统计，截至 2022 年 12 月 31 日，全年一共有 180 家创业公司关闭，较 2021 年同期的约 800 家已减少近八成。从各月来看，3 月、4 月关闭的公司最多，均为 39 家，占比 21.67%；其次是 1 月，关闭 31 家；随后是 2 月和 5 月，均为 24 家。2022 年前五个月累计关闭创业公司 157 家，占全年的 87.22%。

分析总结这 180 家创业公司在创业过程中面临什么类型的风险，倒闭的原因是什么。

第二节　电子商务创业风险的类型

按电子商务创业的影响因素划分，可分为电子商务创业管理风险、电子商务创业市场风险、电子商务创业资金风险、电子商务创业技术风险、电子商务创业环境风险、电子商务创业平台风险、电子商务创业物流风险。

一、电子商务创业管理风险

电子商务创业管理风险包括行业与政策风险、管理者风险、决策风险、组织和人力资源风险、创业团队风险、关键员工离职风险。

（一）行业与政策风险

假如你要开展电子商务创业，一定要考虑行业的风险，要选择一个市场前景好的行业，这样成功的概率更大。即使你已经在电子商务行业从业多年，也要时刻关注着行业的走势，当呈下坡趋势时，就要慎重决策了。政策风险主要是指平台的政策风险，如刷单会面临商品下架、整个店铺被屏蔽的风险。

（二）管理者风险

绝大多数电子商务公司一开始都是由一两个人发展起来的，初期情况通常很好。然而，当发展到一定阶段后，销售规模往往有所增加，利润却急剧下降，出现了各种各样的问题，这很可能是公司的一些制度限制了公司的发展。一个优秀的创业者可以不具备精深的技术、知识，但必须具有强烈的创新精神与创业意识，不能墨守成规、人云亦云；要富有冒险精神、献身精神和忍耐力；要具有敏锐的机会意识和高超的决策水平；要善于发现机会、把握机会和利用机会；具有强烈的责任感和自信心，敢于在困境中奋斗、在低谷中崛起。

（三）决策风险

电子商务创业管理者决策水平的高低对创业企业的成败影响巨大。例如，成立于1865年的诺基亚，诞生之初主要从事造纸生意，伴随企业的不断扩大，其业务类型不断增多，最终定位于移动服务。诺基亚从1996年开始在长达14年的时间里始终占据着世界手机份额第一的位置，在其巅峰时期（2000年），市值达2500亿美元。遗憾的是，从2011年起，诺基亚手机销量全球第一的地位被苹果和三星超越，自此诺基亚的手机销售额开始下滑，短短两年后，诺基亚就被微软收购，当年占据全球市场近一半份额的手机巨头退出了历史的舞台。

分析诺基亚失败的原因可以看出，该公司主要有以下几项决策失误：① 对新技术的敏感度不够，缺乏创新意识，由此错过了利用安卓操作系统崛起的机会。智能手机改变移动互联网生态系统的速度远远超过这位"智能手机先河开拓者"的想象，智能手机争夺战的焦点不在手机质量上，而在操作平台和应用上。② 对用户需求变化的反应不及时。诺基亚一直固守从通信功能出发的思路，丧失了当今客户对娱乐功能的需求更大的把握。③ 对新的市场业态投入不足。产品的品牌有一大部分是由产品质量与外观决定的。事实上，诺基亚在手机外观设计上连续十几年都采用其固化的经典直板机，不得不承认，诺基亚是靠着强大的品牌美誉度延长着用户审美疲劳来临的时间的。④ 战略上选错操作系统。诺基亚在苹果iOS系统和安卓系统迅猛发展的时候，选择收购塞班公司，采用塞班操作系统。在塞班操作系统劣势越来越明显时，本可与已经相当成熟的安卓操作系统合作，努力挽回颓势，诺基亚公司却出人意料地选择与微软合作。

(四)组织和人力资源风险

组织和人力资源风险是由创业企业的组织结构不合理、用人不当所引发的。从本质上来说,电子商务企业人力资源管理和内部管理与其他企业并没有太大的不同,都是结合企业的战略规划,有效地运用企业内外的人力资源,融合招聘、培训、绩效等管理形式,推进企业更好地发展。

人力资源管理流程就是对企业人力资源的需求进行预测,制订人力需求计划,合理地进行人员的招聘和组织,结合激励措施、考核绩效支付报酬等方式,实现有效的组织绩效开发。企业内部管理是依托企业的制度为原则,以推进企业的研发和产品创新为目标,凸显 B2C 电子商务的高科技企业特征。

中国企业家调查系统第十届企业家成长与发展调查对 3539 位企业经营者问卷调查结果表明:在"企业经营者最容易出现的问题"中,"用人不当"仅次于排在第一位的"决策失误"。用人不当已经成为制约企业发展的重要因素。用人不当有多种形式:不任人唯贤而任人唯亲、缺乏信任而疏于选人、激励机制落后导致人才流失。

摩托罗拉是一家技术主导型公司,工程师文化非常浓厚,这种公司通常以自我为中心,唯"技术论",从而导致摩托罗拉虽然有市场部门专门负责搜集消费者需求的信息,但在技术导向型的企业文化里,消费者的需求很难被研发部门真正倾听,研发部门更愿意花费大量精力在那些复杂系统的开发上,从而导致研发与市场需求的脱节。摩托罗拉资深副总裁吉尔莫曾说:"摩托罗拉内部有一种亟须改变的'孤岛传统',外界环境的变化如此迅捷,用户的需求越来越苛刻,现在你需要成为整个反应系统的一个环节。"这反映出摩托罗拉组织结构不能支持战略的发展需要。

(五)创业团队风险

电子商务创业团队风险主要包括以下几个方面的内容。

(1)人员流失风险:团队成员离职或流失可能对团队的稳定性和运营造成影响,需要注意人员流失的原因并采取措施留住核心成员。

(2)合作关系风险:团队成员之间的合作关系可能出现问题,如沟通不畅、分工不明确、权力争斗等,导致团队协作效率下降或产生内部冲突。

(3)技术能力风险:团队成员的技术能力可能不足以应对市场竞争和业务需求,需要确保团队具备必要的专业知识和技能。

(4)决策风险:团队内部的决策过程可能存在问题,如决策不科学、缺乏数据支持、过于保守或冒险等,导致错误的战略选择和决策。

(5)管理能力风险:团队中的管理者可能缺乏必要的管理经验和能力,无法有效地组织和管理团队成员,影响团队的运作和发展。

(6)文化差异风险:团队成员之间可能存在文化差异,包括价值观、工作习惯、沟通方式等,需要妥善处理文化差异,以确保团队的和谐和协作。

(六)关键员工离职风险

关键员工离职风险指的是组织中重要职位或关键技能的员工离开所带来的潜在风险,

可能对组织的运营和业务发展造成负面影响，包括以下几个方面的内容。

（1）知识和经验流失风险：关键员工通常具有独特的专业知识、经验和技能，一旦他们离职，组织可能面临重要的知识和经验的流失，导致业务运营中断或效率下降。

（2）业务延误和质量下降风险：关键员工离职可能导致项目、任务或业务流程的延误，进而影响产品或服务的交付时间和质量。

（3）团队稳定性受损风险：关键员工离职可能对团队的稳定性产生冲击，影响团队合作和工作氛围，甚至引发其他员工的流失。

（4）客户关系风险：如果关键员工与客户有密切的合作关系，他们的离职可能导致客户关系的中断或转移，进而对组织的客户满意度和业务发展产生不利影响。

（5）品牌声誉风险：关键员工离职可能对组织的品牌声誉产生负面影响，特别是在外部市场上，因为员工的离职可能被视为组织内部问题或不稳定因素。

（6）招聘和培训成本风险：当关键员工离职后，组织需要进行新员工的招聘、培训和适应期投入，这可能会增加人力资源的成本。

（7）保密和知识产权风险：如果关键员工离职后带走了重要的商业机密、客户信息或知识产权，组织可能面临保密和知识产权风险。

二、电子商务创业市场风险

电子商务创业市场风险是电子商务企业创业中最大的风险之一，具体包括以下几个方面的内容。

（一）市场需求量的不确定性带来的风险

在创业之初，企业多推出新技术、新产品，其市场多是潜在的、待成长的，消费者多持观望态度，很难被市场接受，有可能造成创业夭折。产品的市场容量较小或者短期内不能被市场接受，那么产品的市场价值就无法实现，投资就无法收回，从而造成创业夭折。

（二）市场接受时间的不确定性带来的风险

一个全新的产品，打开市场需要一定的过程与时间，若创业企业缺乏雄厚的财力投入到营销广告中，产品被市场接受的过程就会更长，因而不可避免地出现产品销售不畅，前期投入难以收回，从而给创业企业资金周转带来极大困难。

（三）市场价格的不确定性带来的风险

产品价格超出了市场的承受力，就很难被市场接受，技术产品的商业化、产业化就无法实现，投资也就无法收回。当某种新产品逐渐被市场接受和吸纳时，其高额的利润会吸引来众多的竞争者，可能造成供大于求的局面，导致价格下跌，从而影响高技术产品创新的投资回报。

（四）市场战略的不确定性带来的风险

一项好的高技术产品，如果没有好的市场战略规划，在价格定位、用户选择、上市时机、市场区域划分等方面出现失误，就会给产品的市场开拓造成困难，甚至功亏一篑。

（五）营销模式不转变所带来的风险

新创企业在市场开发初期，往往沿用原先的思维方式和营销模式，没有针对市场的变化选择新的营销模式，可能会导致企业经营上的失败。

（六）盲目依赖广告带来的风险

毫无疑问，能看到一种趋向就是，在整个电子商务行业"不差钱"的情况下，行业进入了大"烧钱"的行列。还有一个事实也不容忽视，在电子商务同行们的争抢下，网络广告的价格飙涨，B2C 企业获得一个购买用户的成本大大提高，在过去的一年中，门户网站的广告涨了 40%以上。导航网站的价格则是一年翻四番，搜索引擎也涨了一倍。虽然像早期凡客，以及再早的电子商务先烈 PPG，都可以作为广告帮助企业获得飞速发展的例证，但是光烧钱是烧不出来一个好的电子商务企业的，而在这个碎片化的时代，依靠广告一招制敌的可能性几乎没有了。

（七）营销过程中缺乏危机管理带来的风险

新创企业缺乏危机意识和危机管理，缺乏突发事件处理能力，导致企业经营上的失败。

社区电商包括社区零售电商、社区生鲜电商与社区团购电商，立足社区，服务"最后一公里"本体生活服务市场，为顾客提供多品类、多品种自购自提或配送服务。社区电商提供即时到家服务，轻资产运营与重资产运营皆有，行业属性为重度服务行业，高频次接触顾客，各种顾客投诉与危机频发。并且，社区团购顾客属于密集接触群体，彼此存在于社区"团长"私域微信群或 QQ 群里，相互连接程度高，口碑互动频繁。一旦出现服务问题并演变成危机，对品牌的影响甚至致命，使"社区团"变成"死团"。

而社区生鲜电商呈社区网格化存在，同样密切接触社区居民。社区居民自治与联络已经延伸至社区的每一栋楼，微信群、QQ 群把顾客圈在一起，有个风吹草动，群里便炸开了锅。因此，顾客口碑成为社区电商胜出的关键点。然而，多数社区生鲜或团购电商都时刻被投诉，口碑堪忧。

因此，对于一个企业来说，做好危机公关也是一件必修之课。当你的受众群体在使用产品的时候出现了问题，首先应该做的就是及时解决问题，做好危机公关。

三、电子商务创业资金风险

电子商务创业资金风险是指因资金不能适时供应而导致创业失败的可能性，资金风险涉及广告成本、设计成本、拿货成本、物流成本等。

对于电子商务新创企业，资金缺乏是最普遍的问题，如果创业者不能及时解决这个问题，非常容易造成创业夭折。对于互联网技术驱动的创业活动，由于资金不能及时供应，导致技术成果迟迟不能产业化，其技术价值随着时间的推移不断贬值，甚至很快被后来的竞争对手超出，而使初始投入付之东流。

民营企业融资困难，比国企更加深刻地体会到资金缺乏的苦楚，它们无法涉足一些先期投入大的项目，错失发展机会；企业加速扩张时，往往因为遭遇资金瓶颈，影响整个企业协作；而当企业拥有融资渠道时，往往热衷做项目，铺张无度，资金绷得像一条橡皮筋，一旦一个地方断裂，不但无从补救，而且往往殃及整个企业。这样的典型案例比比皆是。

（一）筹资风险

互联网金融的发展是全球大势所趋，也必将在我国获得蓬勃的发展。然而，正如当年的 IT 革命引发了网络泡沫，当年的证券化革命引发了次贷危机一样，如果在一个新生的金融创新发展初期，不充分重视该行业发展蕴藏的潜在风险，并采用有效的方式进行治理，造成市场主体蜂拥而上，以至于形成了互联网金融泡沫，那么这最终将阻碍该行业的可持续发展。电子商务创业筹资风险是指与电子商务企业筹资相关的风险，一般是指由于资金供需情况、宏观经济环境等因素的变化，企业筹集资金给财务成果带来的不确定性。

创业企业筹资风险主要来源于以下几个方面。

（1）资金来源不稳定：筹资过程可能面临资金来源不稳定的风险，如投资者撤资、贷款被拒绝或延迟等。

（2）高昂的筹资成本：不同筹资方式可能伴随不同的成本，如发行债券需要支付利息、股权融资需要分红等。高昂的筹资成本势必增加企业财务负担。

（3）融资条件限制：筹资过程可能面临一些条件和限制，如抵押品要求、担保人要求、财务指标要求等，这些条件可能对企业的筹资能力造成限制。

（4）市场不确定性：筹资时市场情况可能发生变化，如市场波动、利率变化等，这些因素可能影响筹资的成功和成本。

（5）法律和合规风险：在筹资过程中，必须遵守相关的法律和合规要求，如证券法规、融资监管等，如果不符合相关规定，可能面临法律风险和罚款等后果。

（6）投资者关系风险：筹资涉及与投资者的关系，如果与投资者沟通不畅或存在纠纷，可能影响筹资的进程和企业的声誉。

互联网金融是一种新型融资方式，是直接通过互联网进行融资，与实体融资有一定的差别。互联网融资需要一定的条件，同时，因为内容不同，所以互联网融资与实体融资的方式也不同，具体有以下几种。

1. 众筹融资方式

众筹融资是指项目发起人借助网络众筹平台向大众投资人公开发出的融资申请，并承诺项目成功后向投资人提供产品或服务、股权、债权等回报的一种新型互联网融资模式。众筹融资的分类有捐赠众筹、回报众筹、债权众筹和股权众筹。

（1）捐赠众筹。捐赠众筹是指投资者对发起人进行无偿投资的模式，主要用于公益事业，捐赠众筹的投资者几乎不会在乎自己最终能获得多少资金回报，更注重的是精神层面的满足。

（2）回报众筹。回报众筹是指投资者对发起人进行投资，以获得产品或服务的模式。

（3）债权众筹。债权众筹是指发起人以出让一定比例的债权形式，通过互联网向大众融资的模式。

（4）股权众筹。股权众筹是指一家公司让出一定比例的股份，面向众筹平台投资者，众多投资者通过互联网渠道出资入股这家公司，从而获得未来收益。

2. 点对点融资方式

点对点融资（peer-to-peer），简称 P2P，就是小微企业以点对点的方式来达到融资的最终目的，要借款的小微企业能够借助网站平台挖掘出相应的借贷的用户，从而成功融资。点对点融资的分类有以下几种。

（1）纯线上融资渠道，在小微企业融资渠道中，资金的借贷资金活动都将在线上进行。

（2）线上线下结合的融资渠道，具体地说，就是在线上进行申请，而在线下进行审核处理，最终完成融资的整个过程。

（3）债权转让融资渠道，是企业以中间人的角色来寻找最佳借款人，通过个人进行借贷资金行为之后，在此基础之上，将债权向理财投资者进行转让的活动。

3. 电子商务平台融资方式

以电子商务平台为基础，利用商家在线交易信息和客户支付信息形成大数据金融平台的一种模式。

4. 供应链融资方式

电子商务企业与其他金融机构合作，利用电子商务平台积累和掌握的供应链上下游的大数据金融库，向其他金融机构提供融资所需客户信息和技术支持，为自身平台内注册商户提供贷款，因为是在产、销、贷这个链条上运营的，也被称为互联网供应链借贷。

（二）现金流风险

电子商务创业现金流风险是指互联网平台在经营过程中由于现金流量的不确定性而导致的潜在风险。以下是一些常见的现金流风险。

（1）销售收入不稳定：如果组织的销售收入出现波动或下降，可能导致现金流入量减少，从而影响组织的日常经营和资金周转。

（2）高额应收账款：若组织存在大量未收回的应收账款，导致现金回流缓慢，可能使组织面临现金流压力。

（3）高额存货：若组织库存过高或过期、滞销的存货积压，可能导致资金被困，影响现金流的流动性。

（4）高额负债或短期债务压力：若组织负债过高或存在短期债务过多，偿还债务所需的现金流可能加重财务压力。

（5）不合理的成本和费用管理：若组织的成本和费用管理不合理，导致经营支出超出预期或资金被浪费，可能影响现金流的稳定性。

（6）偿付能力不足：若组织无法按时偿还应付款项，可能导致信誉受损，进而使得未来的现金流来源受到限制。

（7）外部环境变化：外部环境的变化，如经济波动、市场竞争加剧、政策调整等，可能对组织的现金流产生不利影响。

对于电子商务创业，平台进驻、产品库存、日常运营、活动策划、物流支出、后续问题处理等，如果在创业前没有做好这些分析和预算，走一步算一步的思维很容易造成资金的过渡投入，经营难度随之增大，创业灵活性降低，摆脱困境将变得难上加难。

例如，2022 年 9 月 26 日，据媒体报道，国美电器债务和现金流危机已严重影响日常运营，并未按时支付员工薪资。国美电器方面回应媒体，国美电器确实遇到了前所未有的巨大困难和严峻挑战，企业转型进程受阻，现金流承压明显，尽管国美电器正在通过持续聚焦主业、推进战略转型等手段做出最大程度的努力，但高企的经营成本依然是目前最沉重的包袱。为保证公司正常运营，本月公司内部对薪酬发放做了一些临时、应急调整。同时，公司不排除将继续实施减员计划以进一步缩减运营成本。

四、电子商务创业技术风险

电子商务创业技术风险是指在企业技术创新过程中，因技术因素导致创业失败的可能性。对于电子商务创业，技术风险是一种需要重点关注的风险。在电子商务企业创业之前，创业者需要了解电子商务平台的技术要求和技术趋势，选择适合自己的技术方案，重视技术创新和更新。

1. 数据安全风险

电子商务要处理大量的用户数据和交易信息，如果数据安全出现问题，用户隐私可能会被泄露，对电子商务平台和商家的信任度产生负面影响。

2. 支付风险

电子商务交易需要在线支付，如果支付系统出现问题，可能会导致交易失败、物流延误、用户投诉等问题，影响用户体验和口碑。

3. 技术前景、技术寿命的不确定性

如果赖以创业的技术创新不能实现工业化，或不能在高技术寿命周期内迅速实现产业化，收回初始投资并取得利润，必然造成创业夭折。一项高技术产品即使能成功地开发和生产，但若达不到创业前所预期的效果，结果也会造成大的损失甚至创业夭折。

五、电子商务创业环境风险

电子商务创业环境风险是指互联网创新创业活动由于所处的社会、政治、政策、法律环境变化，或由于意外灾害发生而造成失败的可能性。因此，必须重视环境风险的分析和预测，把环境风险降到最低限度。

例如，2023年6月，印度向小米印度分公司发出通知，"依法"对小米印度分公司开出了天价罚单。在印度投资创业，由于印度的投资环境十分复杂多变，可能遇到的问题不局限于经济损失，信誉、口碑可能面临风险。到印度投资创业，资产被没收的可能性非常大，甚至会被诬陷，遭受民粹主义的攻击。与此同时，投资者也可能因遭遇种种困难而"被全国人民嘲讽"，这种情况在世界各地都是普遍的现象。这对于企业家来说是个摧毁个人的打击。投资创业是一项风险驱动的活动，任何投资者（无论是国内还是国际）都必须掌握企业行事的基本准则，对国家和政府的相关法律条款有基础的了解，这样才能够尽量避免风险。

六、电子商务创业平台风险

电子商务是一个竞争激烈的行业，目前市场上已经有很多的平台和商家，新进创业者要承受巨大的竞争压力，需要想办法创新，提高自己的竞争力。例如，拼多多出生在一个"桌子已经比较拥挤"的时期，从一开始就面临激烈的竞争及各种竞争压力的异化。作为互联网新模式下的电子商务企业，拼多多被顶到风口浪尖。随着逐渐成熟与壮大，它得到越来越多消费者、投资方的认可，但这也动了其他同行的"蛋糕"，引起了它们的警惕。在三周年之际，拼多多就收到了来自同行的"二选一"大礼包。当时，拼多多主会场几乎所有品牌的商家都被要求强制"二选一"，也就是说，如果商家选择拼多多就要放弃其他电子商务平台。迫于无奈，许多商家只能提前退出拼多多三周年庆主会场活动，下架热销产品，关闭拼多多店铺，甚至有品牌商家被强势电子商务平台逼迫发微博，声称拼多多上该品牌的商品不是正品，否则就不让商家上电子商务消费节的资源位。从外部环境来讲，"二选一"确实是拼多多碰到的最恶劣的情况之一。

拼多多身为国内电子商务的一匹"黑马"，给竞争对手带去了太大压力，也遭到了竞争对手的猛烈攻击。但这些竞争并没有遏制拼多多成长，相反，激发了团队的创造力，实现了平台的持续发展。

七、电子商务创业物流风险

电子商务企业要依靠物流来确保商品的质量和供货。由于各种原因，如天气、交通拥堵、船舶或飞机故障等，货物可能会发生运输延迟，这会导致订单不按时到达客户手中，影响用户体验和企业声誉。在运输过程中，货物可能会丢失或受到损坏，这可能是由于装卸不当、意外事故、盗窃或错误操作造成的，丢失或损坏的货物可能需要补偿，这对于电子商务企业来说，可能会带来财务损失和客户投诉的风险。

2023年7月，由于强降雨和上游河道泄洪等因素，涿州作为出版业的库房重镇，在此次灾害中损失惨重，如图8-2所示。以位于河北省涿州市的北京西南物流中心为例，其占地面积400亩，有近百家出版社及出版商及中盘的库房安家于此处及周边地区。据2018年数据统计，西南物流中心及周边仓库的年发货码洋超100亿元。但因为此处地势低洼，成了该次强降雨的重灾区。

图 8-2　2023 年涿州出版业库房受灾图

位于河北省涿州市西南物流库区东区的北京时代华语所在的库房受灾严重，水电中断，道路不通，进水深度高达 2 米，所有图书被泡水，损失惨重。科学普及出版社也全部被淹，因水深人无法前往，损失不可估量。而与西南物流中心一墙之隔的主做馆配的北京天问求索文化发展有限公司库房，库房整个被淹，其负责人袁女士称损失上亿元。其负责人称："库房全淹了，什么都不剩了。"

对于跨境电子商务物流来说，面临的风险来自以下几个方面。

1. 海关问题

由于不同国家和地区的法律法规与海关要求存在差异，跨境物流在海关清关环节可能会面临挑战。货物可能被扣留、延误或要求进行额外的清关手续，例如申报文件、税费支付等。此外，如果出现纠纷或违规行为，可能会导致罚款或其他法律后果。

2. 信息不透明问题

跨境物流涉及多个环节和各个参与方，信息的流通和可追踪性可能会受到限制。这可能导致难以及时获取货物运输状态、同步更新库存信息等问题，给供应链管理带来一定困难。

3. 跨境回报问题

由于跨境物流的复杂性，退货和售后服务可能面临更高的风险。例如，客户可能需承担退货运费、清关手续费、订单取消费用等额外负担，这可能影响客户对电子商务平台的满意度和忠诚度。

任务三　创业是一段孤独而充满压力的旅程

任务引入

党的二十大报告指出："我们必须增强忧患意识，坚持底线思维，做到居安思危、未雨绸缪，准备经受风高浪急甚至惊涛骇浪的重大考验。"在新时代新征程，世界百年未有之大变局与中华民族伟大复兴战略全局交织作用日益加剧的大背景下，我国发展进入战略机遇和风险挑战并存、不确定难预料因素增多的时期，必须增强忧患意识，弘扬斗争精神，打好防范化解风险挑战的战略主动战，保持经济持续健康发展和社会大局稳定。

2022 年 3 月 17 日起，纽诺教育创始人王荣辉的一篇朋友圈独白，在创投界激起了很多讨论与感慨。纽诺教育创始人王荣辉发长文回忆自己的创业历程。她表示，创业 10 年，自己将婴幼儿托管服务品牌"纽诺教育"做成了全国最大的托育直营连锁品牌，奈何最终创业失败。"我'赌完了'全部家产，负债累累。"王荣辉将网友的情绪带到了高潮，"我不会跑路，不会躲避。只要我活着，我就会承担起一切我该承担的责任，努力偿还一切我该偿还的债务。"对于王荣辉的创业历程，扼腕叹息者有之，支持鼓励者有之，理性分析、主张创业需做好风控者也有。

如果王荣辉所说的事属实，那么，一个残酷的现实是，此时任何口头儿上的支持与鼓励、批评或反思都是无力的。创业不相信眼泪，身为创业者总要负起应负的责任。因此，抛开事件本身，我们想借此机会提醒所有创业者们：失败，是悬在创业者头顶的达摩克利斯之剑，剑落的瞬间，压垮的不单单是那些创业公司，还有其背后不堪重负的创始人、团队以及他们的亲人们。

雷军曾这样形容创业者："一旦选择创业，就选择了一个无比痛苦的人生，压力、困惑、别人的不理解甚至是看不起，真正能走向成功的只是极少数，绝大部分创业者都成了铺路石。"创业从来不是伴着鲜花和掌声，而是一段孤独而充满压力的旅程。

任务目标

1. 通过调研，搜集近三年来我国企业创业失败的 10 个案例。
2. 通过调研，分析这些初创企业面对风险所采取的措施。

任务要求

1. 通过网络查找近三年我国互联网企业创业情况，这些企业有多少创业成功，多少创业失败。
2. 分析 2020—2022 年企业面对不同类型的创业风险所采取的不同措施，并分析能够带给我们哪些借鉴作用。

任务分析

创业也从来不是一条不归路，创业者要做的是回归商业本质，先让自己活下来。在变化多端的今天，我们也许应该重新理解创业，重新理解风险，定期做好企业每个阶段的"压力测试"，识别风险和防范风险。面对至暗时刻，不要固执，而应该朝着微弱的光的方向走去，直至穿越至暗。

分析总结在初创企业创业过程中一般会面临什么类型的风险，应该采取什么样的防范措施。

第三节 电子商务创业风险的防范

一、电子商务创业管理风险的防范

（一）电子商务行业与政策风险的防范

对于主要的目标市场，电子商务企业需要充分了解相关国家的互联网、知识产权、关税、外汇等政策；应建立完善的互联网政策风险管理机制，制定相应的政策风险管理制度和流程，明确政策风险管理的责任人，及时发现和评估政策风险，制定应对措施；应加强对电子商务与互联网政策的研究，及时了解政策变化的动态，分析政策变化对企业的影响，制定相应的应对措施。

短期内，国际贸易通关政策因国而异，跨境电子商务创业企业难以左右其变动趋势，但可采取一定措施以应对通关、检验检疫、正面清单等难题。

一方面，跨境电子商务企业应当努力制定新型动态通关战略，以缓和政策监管风险带来的负面影响。具体举措包括以下几种。

（1）形成战略合作联盟。针对跨境电子商务中小企业，在进出口通关方面可以形成一定层级的一体化战略合作联盟，彼此整合资源、共担风险、提高通关效率。针对出口电子商务企业与目标市场服务商，应当形成本土化战略合作联盟。针对跨境电子商务企业、平台与跨国公司，可以在适当层面形成全球化战略合作联盟，借力后者资源与全球影响力，降低政策监管风险。

（2）成立本土化品检小组。不同目标市场对跨境电子商务的通关政策各不相同，尤其表现在检验检疫环节。例如，不同关境对部分化学成分含量上限的规定不同，当目标市场标准不同时，跨境电子商务企业应形成可调整的产品质检制度，以适应不同关境检验检疫规则的差异，降低通关风险。

（3）实时跟进最新正面清单。正面清单在各发布国具有严格执行力，跨境电子商务企业战略涉及扩展目标市场或扩展经营品类时，有必要实时跟进最新正面清单。例如中国进口电子商务禁止进口牛肉，跨境电子商务平台和企业在确定经营品类时应避免牛肉类业务的开展。

另一方面，跨境电子商务企业也应当通过强化跨境权责意识来提高政策变动响应速度与预防风险的能力，从而降低跨境电子商务政策监管风险。具体举措包括以下几种。

（1）强化权益意识。企业应全面了解己方享有的权益，在质量溯源等追责冲突发生时依法维护自身权利，有效降低跨境追责难度，消除跨境追责风险。

（2）强化义务意识。跨境电子商务企业要主动承担国际贸易法律规定的相关义务，从根本上避免未尽义务和不作为责任的产生，降低跨境经营风险。

（3）强化责任意识。国际贸易法规的责任主体不尽相同，而跨境电子商务企业应承担的责任范围则相对较广。跨境电子商务企业应以承担法定责任为首要原则，强化跨境责任意识，制定管理经营策略，降低跨境追责风险。

（二）管理者风险的防范

为保证电子商务企业创业成功，企业必须以良好的道德品质为前提条件，其中以对电子商务企业高级经理人的道德风险预防为重点，规范这些高级经理人的道德意识和市场行为，加强高级经理人的道德教育，建立长效的约束机制，完善法律制度和规范商业道德要求。

（1）建立规范的互联网职业经理人市场。通过市场化的运行，使互联网职业经理人自觉地按市场规则从事经营活动，以取得市场的信誉和地位。通过市场的竞争机制、价值机制和激励机制，使那些出类拔萃、德正业精的高级职业经理人脱颖而出，受到企业的青睐和争相聘用，而那些经营不善、决策失误、毫无业绩、惧怕风险、品德不端的经理人自然受到企业的冷落，以至于被淘汰出市场。

（2）组建互联网行业道德委员会，定期对高级职业经理人进行道德评价。道德委员会可以通过对其婚姻及家庭道德、社会公德和职业道德等三个方面表现出来的道德理念和道德行为来判别其善恶功过、道德良心和道德修养等状况，进行专业评价，并将评价的结论告知公司的董事会，以让其决定取舍。道德委员会要定期对高级职业经理人进行道德教育，促使其注重平时的道德修养，严守道德规范，提高其道德思想素质。只有如此，才能建立起道德约束机制，维护社会道德秩序，维系家庭和睦、社会稳定、经济持续发展。

（3）完善监督机制，加大监管力度。电子商务初创企业既要放手让高级职业经理人发挥聪明才智去开拓市场，创造经济效益，又要使其处在严密的监督体系之中，包括社会舆论监督、群众监督、法律监督、银行监督，更要依靠公司监事会的专业化监督。要善于识别高级职业经理人道德风险的苗头，及时采取有效的措施，防患未然。

(4) 加强最新网络知识的学习与教育，提升道德素质和社会责任感。互联网企业管理人员要富而思进，加强学习，把企业办成学习型组织，建设一支优秀的员工队伍，并要把培养人才作为企业的第一要务。高级管理者要不断提升自身的素质，加强其经营行为的自律，树立良好的形象，履行社会责任，树立正确的利益观、财富观，不炫富，不摆阔，不挥霍，积极回报社会，推动共同富裕。高级管理者要志存高远，与时俱进，努力涉猎新领域、新知识，使自己成为"有理想、有知识、有才干、有作为"的建设者。

（三）决策风险的防范

（1）搜集和分析电子商务平台数据：搜集和分析与决策相关的电子商务平台的消费数据和信息，包括各平台市场占有率、消费者年龄特征、职业特征等。通过数据分析，可以提供决策所需的准确和全面的信息，减少决策的盲目性和风险。

（2）制定风险管理策略：建立互联网决策风险管理框架，包括电子商务市场风险识别、网络交易评估和控制等方面。制定相应的风险管理策略，针对不同的风险类型和程度制定相应的措施，以降低风险对决策的影响。

（3）建立多方参与决策机制：通过多方参与决策，包括电子商务企业管理人员、网络消费者、物流企业管理人员等，获取更多的意见和建议。多方参与可以增加决策的多元性和准确性，减少个人主观判断所带来的风险。

（4）建立监测和反馈机制：建立有效的决策监测和反馈机制，及时了解消费者的购物需求，并根据消费者反馈的意见进行调整和改进。监测和反馈可以帮助及时发现和纠正决策中存在的问题，减少风险的扩大和影响。

（5）持续学习和改进：不断学习和改进决策能力，了解互联网行业的最新动态和趋势，调研网络消费者的最新需求，保持敏锐的洞察力和适应能力。通过持续学习和改进，可以提升决策的质量和准确性，降低风险的发生和影响。

（四）组织机构风险的防范

电子商务企业组织机构风险的防范是指为了保护电子商务初创企业的利益和稳定运营而采取的措施和策略。以下是一些常见的组织机构风险防范措施。

（1）建立健全的组织结构：确保电子商务企业组织内部的职责和权限明确，并建立适当的层级结构和工作流程，这样可以减少组织内部的混乱和冲突，提高各类人才（主要是网络技术与营销管理人才）的工作效率和责任明晰度。

（2）健全内部控制制度：制定和执行内部控制制度，包括审计、风险管理、财务管理等方面的制度和程序。通过内部控制的有效实施，可以减少内部欺诈、错误和失误的风险，保护组织的资产和利益。

（3）网络与营销人才管理和培训：建立健全的网络技术与营销管理人才资源管理制度，包括招聘、培训、激励和绩效评估等方面的措施，确保组织拥有合适的人才，并提供必要的培训和发展机会，以提高员工的专业能力和素质，减少人员风险。

（4）互联网平台系统安全：加强对互联网平台系统的安全管理，包括数据保护、网络安全、访问控制等方面的措施。确保组织的信息资产得到保护，防止信息泄露和被恶意攻击，降低信息安全风险。

（五）团队风险的防范

电子商务创业企业的团队风险是创业过程中需要面对的重要挑战之一，以下是一些团队风险的防范措施。

（1）专业人才的招募与筛选：在招募团队成员时，需要考虑其网络技术专业能力、销售经验和团队合作能力。要进行面试、测试和背景调查，确保成员的素质与团队目标相匹配。

（2）明确角色与责任：明确团队成员（主要是技术与营销人才）的角色与责任，避免职责不明确或重叠，确保每个团队成员清楚自己的工作职责，减少沟通和协调的困扰。

（3）建立激励与奖励机制：建立合理的激励与奖励机制，激励团队成员积极投入工作中并取得成绩；对于营销类人才，可以根据其销售额设定一定的提成比例；对于技术与管理类人才，可以设置绩效奖金、股权激励、晋升机会等，以提高团队成员的动力和凝聚力。

（4）沟通与协商解决冲突问题：建立良好的沟通渠道和团队协作机制，促进团队成员之间的有效沟通和协作；定期开展团队会议、项目评估和反馈，解决问题并保持团队的凝聚力；及时发现和解决团队内部不同类型人才的问题，如营销管理与网络技术人才因理念差异导致的冲突问题，避免其对团队合作和目标的影响；采取适当的冲突管理方法，鼓励团队成员积极参与问题解决和合作。

（5）多元化团队：建立多元化团队，包括来自不同国家、不同生活背景、不同经验和专业知识的成员；多元化团队能够带来更广泛的观点和创新思维，减少团队思维的局限性。

（6）持续热爱学习、持续进步与合作共赢的团队文化：网络技术知识日新月异，自媒体的应用也已渗透进了人民的日常生活中，团队成员需要持续不断地学习，因此应鼓励网络技术与营销管理人才进行持续学习和专业发展；企业应提供培训和学习资源，以保持团队的竞争力和适应能力；建立积极向上、合作共赢的团队文化。通过团队建设活动、培训和工作氛围营造，增强团队凝聚力和成员归属感。

（六）关键员工离职风险的防范

对于电子商务初创企业来说，关键员工离职对企业可能是致命的，为减少这种风险，可以采取以下防范措施。

（1）及时发现并解决关键员工需求：及时发现关键员工的需求和问题，积极采取措施解决他们的工作困扰和职业发展瓶颈，使他们对企业保持高度的忠诚度和满意度。

（2）建立良好的工作制度，减少员工加班频率：互联网企业的薪资待遇较好，但是工作时间一般较长，网络技术人员一般加班时间较长，因此，初创企业应建立很好的工作制度，使员工能够劳逸结合，增强员工的忠诚度和归属感。

（3）制订完善的员工激励计划：电子商务初创企业的主要人才一般分为两类：营销类人才和技术与管理类人才。对于营销类人才，可以根据其销售额设定一定的提成比例；对于技术与管理类人才，可以设置绩效奖金、股权激励、晋升机会等，以提高团队成员的动力和凝聚力，增加他们留在企业的意愿。

（4）提供个人发展机会：为主要核心技术员工与其他员工提供培训和发展的机会，帮助他们提升专业技能和职业能力,增加他们在企业内部的成长空间。

(5)建立人才储备计划:制订人才储备计划,对于一些关键岗位,例如技术部门负责人或营销部门负责人,要设立备选人选,并进行适当的培养和培训,以确保企业在员工离职时有可替代的人选。

(6)建立知识管理系统:对于电子商务初创企业来说,建立一个知识管理系统是非常必要的。知识管理系统是一个企业所有员工知识分享的平台和知识库,能够将员工的专业知识和经验进行集中管理,以减少关键员工离职对企业知识流失的影响。

(7)利用关键员工流失风险表(见表8-2)识别风险。

表8-2 关键员工流失风险表

风险类别	风险分析内容	拟采取措施
待遇	对待遇是否满意	
工作成就感	是否有工作成就感	
自我发展	是否工作中提高了工作能力	
人际关系	在公司是否具有良好的人际关系	
公平感	是否感到公司对他与别人是公平的	
地位	是否认为他在公司的地位与他对公司的贡献成正比	
信心	是否对公司的发展和个人在公司的发展充满信心	
沟通	是否有机会与大家沟通交流	
关心	是否得到公司和员工的关心	
认同	是否认同企业的管理方式、发展战略	
其他	是否会因为结婚、出国留学或继续深造等原因离职	

总之,电子商务企业关键员工离职风险的防范需要企业在人力资源管理方面做好规划和执行,注重员工的发展和满意度,同时建立相应的制度和流程,保持与员工的良好沟通和关系,以降低关键员工离职对电子商务初创企业的影响。

二、电子商务创业市场风险的防范

(一)建立电子商务市场监测及策略调整机制

建立电子商务市场监测及策略调整机制是为了及时了解互联网与电子商务市场的变化,针对市场动态做出相应的策略调整,从而降低经营风险并提高企业竞争力。以下是建立电子商务市场监测及策略调整机制的主要步骤。

(1)设定监测指标和目标:确定关键的市场指标和目标,如网络销售额、市场份额、利润率、顾客满意度等,以便评估企业在市场中的表现。这些指标和目标应与企业的战略目标相一致。

(2)搜集电子商务市场数据:建立有效的数据搜集渠道,包括电子商务网络销售市场调研、竞争平台情报分析、顾客反馈等方式,搜集与企业产品、目标市场和竞争平台相关的数据和信息。

(3)网络销售市场分析:对搜集到的网络销售数据进行分析,了解同类型电子商务市场的现状、竞争状况、顾客需求等。通过市场分析，可以识别潜在的机会和风险，并为制定相应的策略调整方案提供依据。

（4）制定策略调整方案：根据互联网市场分析的结果，制定相应的策略调整方案，包括调整网络产品定位、定价策略、网络营销渠道、推广活动等方面，以适应市场变化并提高企业的市场竞争力。

（5）定期评估和调整：定期评估市场策略调整的效果，并根据互联网市场的变化情况进行必要的调整。市场监测应是一个持续的过程，需要不断地评估和调整策略，以适应互联网与电子商务市场的变化和发展。

建立电子商务市场监测及策略调整机制，可以帮助企业及时获取市场信息、识别机会和风险，从而及时调整企业的经营策略，提高企业在竞争激烈的市场中的竞争力和适应能力。

（二）与电子商务头部平台联合，规避市场风险

与电子商务头部平台联合（如 B2C 模式下的天猫或京东），规避市场风险是一种常见的风险防范策略，通过与具有强大实力和资源的合作伙伴建立合作关系，可以共享资源、降低风险并获得市场竞争优势。以下是一些与强者联合以规避市场风险的方式。

（1）合作伙伴选择：选择与具有稳定实力和声誉良好的电子商务企业进行合作，可以减少合作风险和信任问题。优先考虑与电子商务巨头或有经验的企业建立合作伙伴关系。

（2）资源共享：与强者合作可以实现资源共享，包括技术、供应链、市场渠道、品牌等方面的资源，通过共享资源，可以降低自身的投资成本和市场进入门槛，提高市场竞争力。

（3）网络市场拓展：与电子商务头部平台合作，可以借助其在市场上的影响力和渠道优势，实现更快速的市场拓展。

（4）技术合作与创新：与电子商务头部平台合作，可以进行技术合作与创新，共同开发新产品或提升现有产品的竞争力，借助强者的技术实力和研发能力，可以加快产品创新和市场应用，降低技术风险。

（5）获得加盟与授权：通过与电子商务头部平台进行合作，可以选择加盟或者获得对方授权方式，降低市场风险，借助其强大的品牌影响力，可以吸引更多消费者和建立信任，提高市场竞争力。

与电子商务头部平台联合，可以帮助企业规避市场风险，共享资源和风险，提升市场竞争力和可持续发展能力。

三、电子商务创业资金风险的防范

（一）筹资风险的防范

电子商务创业筹资风险防范措施是指为了确保电子商务初创企业筹资活动的顺利进行以及保护投资者和债权人的利益而采取的措施。以下是一些常见的筹资风险防范措施。

（1）多元化筹资渠道：互联网企业创业，更要重视融资渠道的安全性，应寻找多种安全筹资渠道，包括银行贷款、股权融资、债券发行、风险投资等，减少对单一筹资渠道的依赖。

（2）建立健全的财务规章规划与制度：制定详细的财务规划和预测，包括前期资金需

求、筹资额度、还款计划等方面的内容，通过合理的财务规划，可以预测筹资需求，并合理安排筹资活动，降低筹资风险。

（3）重视电子商务企业信用系统的建设：对于电子商务企业来说，信用就是企业的生命，必须维护和建立良好的信用记录，与银行、投资机构建立稳定的合作关系。良好的信用记录可以提高筹资的成功率，并获得更好的筹资条件，降低筹资成本和风险。

（4）管理债务风险：电子商务企业网络虚拟资产较多，对于企业的债务风险更要重视，要合理规划债务结构，避免过度借债和过高的债务负担，确保偿还能力和还款能力，减少债务违约风险。

（二）现金流风险的防范

电子商务创业现金流风险防范是指为了确保电子商务企业运营和满足支付能力而采取的措施。以下是一些常见的现金流风险防范措施。

（1）财务规划和预测：建立健全的财务规划和预测，包括电子商务平台现金流预测、资金需求分析、费用预算等，通过合理的财务规划，可以提前预测和规划现金流，及时发现潜在的现金流问题，做出相应的调整和安排。

（2）管理应收账款和供应商应付账款：采取措施加快账款回收周期，例如提供优惠政策、设立奖惩机制、加强客户信用评估等；同时，合理管理供应商应付账款，确保按时支付电子商务平台供应商和合作伙伴的款项，维护良好的商业关系。

（3）控制成本和费用：审查和优化各项费用，寻找节约成本的机会，例如与供应商谈判获得更高优惠、优化物流和运营流程、控制人力成本等，以减少对现金流的压力。

（4）预留充足的平台现金储备：建立充足的现金储备，以应对突发情况和不可预测的风险。确保企业有足够的流动性和应急资金，以满足日常运营和支付能力，降低现金流断裂的风险。

（5）定期监测与分析电子商务平台现金流：定期进行现金流分析和监测，及时发现和解决现金流问题。建立有效的财务报告和监控机制，及时获取和分析现金流数据，及时采取必要的措施调整经营策略，保持良好的现金流状况。

四、电子商务创业技术风险的防范

在电子商务创业中，技术风险是一项关键考虑因素。以下是一些常见的电子商务创业技术风险防范措施。

（1）技术调研和规划：在电子商务创业前进行充分的技术调研和规划，了解电子商务市场的发展现状、竞争对手的技术应用、用户需求等，基于市场需求和商业模式，制定明确的技术规划和发展策略。

（2）构建可靠的电子商务平台基础技术设施：确保拥有稳定可靠的技术基础设施，包括服务器、网络连接、数据库等，采用高可用性和冗余设计，以确保系统的稳定性和可靠性。

（3）加强数据安全保护措施：在电子商务企业中，企业与消费者的数据安全必须做到万无一失，采取必要的安全保护措施，包括数据加密、身份验证、防火墙、安全审计等，定期进行安全漏洞扫描和渗透测试，修补系统漏洞，防止黑客入侵和数据泄露。

（4）重视支付安全体系建设：为了防止支付安全问题，电子商务初创企业应选择可信赖的支付平台（例如微信与支付宝），使用安全的支付通道，如 HTTPS 协议等，同时应尽量使用多种支付方式，以分散支付风险。

（5）选择可靠的技术合作伙伴：评估合作伙伴的技术实力、信誉度和服务水平，与可靠的技术合作伙伴合作，签订明确的合作协议和服务级别协议，确保技术支持和服务的可靠性和稳定性。

（6）平台数据定期备份策略：在电子商务企业中，企业与消费者的数据一旦丢失，对于企业来说是致命的，必须制定技术风险管理策略，包括备份数据、灾备恢复计划、紧急修复措施等，定期进行数据备份，确保数据的安全性和完整性。

五、电子商务创业环境风险的防范

电子商务创业环境风险是指在创业过程中可能面临的各种外部因素和环境变化所带来的风险，以下是一些常见的电子商务创业环境风险防范措施。

（1）电子商务市场调研和分析：在电子商务创业前进行充分的市场调研和分析，了解目标市场的需求、电子商务平台当前的竞争格局、趋势等，通过市场调研，准确把握市场需求，避免盲目进入市场或与市场需求脱节。

（2）主要电子商务平台竞争对手分析：认真研究竞争对手的优势和劣势，了解其市场策略、产品特点等，例如，要创建一个 B2C 平台，必须对该类型的主要平台（如天猫、京东、拼多多）进行系统分析，制定相应的竞争策略，包括差异化定位、创新产品、市场推广等，以应对激烈的竞争环境。

（3）了解电子商务与跨境电子商务相关的法律与政策：确保电子商务初创企业在法律框架内运营，如有跨境业务，还必须遵守当地相关的法规和行业规范，及时了解和适应政府政策的变化，与政府通关、税务等相关部门保持良好的沟通和合作。

（4）谨慎选择电子商务平台供应链合作伙伴：选择具备供货能力和质量保证的电子商务平台优质供应商，与物流公司建立稳定的合作关系，保证电子商务平台商品物流运输的安全与高效，共同应对供应链的风险和挑战。

（5）建立灵活的战略调整机制：保持电子商务企业的灵活性和敏捷性，能够根据电子商务市场反馈和数据及时调整经营战略和业务模式以应对市场变化，不断学习和改进，避免僵化和过度执着于原有计划。

六、电子商务创业平台风险的防范

电子商务创业企业在各电子商务平台之间应该有所侧重地进行经营，毕竟企业的资源是有限的，在跨平台经营时不可能做到面面俱到，如何确定自己的主战场以及辅助战场，是跨境电子商务跨平台经营企业需要关注的核心问题。选择入驻平台涉及两个方面的考核：一方面需要从单个平台入手；另一方面应该注意各平台之间的配合，即多平台的整体效果。

此外，企业还需要关注平台的客户群体以及知名度，例如俄罗斯、巴西等新兴国家的客户大多数属于价格敏感型客户，欧美客户则大多数对产品的质量以及产品的运输时效较为看重。此外，目前各类跨境电子商务平台的收费模式各不相同，因此还需要考虑平台入驻成本。

在多平台经营中，企业选择入驻平台时，最为重要的是应充分结合各平台的优势、地理位置等，根据企业的整体发展战略来制定入驻平台的方案。首先需要考虑的是产品和平台的匹配，根据自身产品的价格特征、目标消费者群体等筛选合适的平台。例如，当企业产品较为大众化时，可偏向于注重价格优势的平台与客户群体，而走高端路线的产品战略则正好相反。

七、电子商务创业物流风险的防范

为了降低电子商务创业物流风险，企业可以采取以下措施。

（1）选择信誉良好的物流合作伙伴，选择具备丰富物流经验和良好声誉的物流公司，确保能提供可靠的运输和清关服务。

（2）做好包装和标识：使用合适的包装材料和标识，保护货物免受损坏，并确保产品信息清晰可辨，以减少误操作和海关审核的风险。

（3）考虑保险和合规性：购买适当的货物运输保险，以覆盖潜在的丢失或损坏情况。此外，了解并遵守国际贸易和海关法规要求，降低违规风险。

（4）提供良好的售后服务：建立完善的退货和售后服务政策，提高用户的满意度，增强用户对品牌的信任。

（5）对于跨境运输，要加强信息共享和沟通：与物流供应商、海关以及其他参与方建立紧密的沟通合作机制，确保信息畅通和问题及时解决，减少不确定性。

（6）了解相关税费政策：及时了解相关税费政策，合理缴纳相关税费，避免被海关扣留。

（7）了解当地文化和法律法规：在跨境电子商务物流中，应了解当地的文化和法律法规，避免因文化差异或法律问题引发纠纷。

通过有效管理和应对这些风险，电子商务创业企业可以确保顺畅的物流运作，提供优质的服务，从而获得更大的发展机遇。

本 章 概 要

本章首先介绍了电子商务创业风险的概念、来源、识别与评估；其次，对不同类型的电子商务创业风险进行了详细介绍；最后，对不同类型创业风险的防范措施进行了系统分析。

思 考 练 习

1. 电子商务创业风险与一般的创业风险有什么区别？
2. 电子商务创业风险包括哪些类型？都有哪些防范措施？

第九章 电子商务创业融资

 **学习目标**

- 了解我国小微企业融资现状；
- 理解并掌握电子商务创业融资的内涵及作用；
- 理解并掌握估算创业所需资金的方法；
- 熟悉创业融资的渠道；
- 掌握债权融资和股权融资的不同之处。

 能力目标

- 正确认识电子商务创业融资的作用；
- 能够结合小组创业项目分析并设计出合理的创业融资方案。

 导入案例

小微企业融资现状

任务一 创业融资现状概述

任务引入

2022年4月19日，习近平在主持中央全面深化改革委员会第二十五次会议时强调，要聚焦金融服务科技创新的短板弱项，完善金融支持创新体系，推动金融体系更好适应新时代科技创新需求。党的二十大报告指出："完善中国特色现代企业制度，弘扬企业家精神，加快建设世界一流企业。支持中小微企业发展。""营造有利于科技型中小微企业成长的良好环境，推动创新链产业链资金链人才链深度融合。"感悟并理解金融手段对于创业企业生存与发展的重要性。

《管子·牧民》中有这样一句话:"天下不患无财,患无人以分之."大致的意思是:不用担心天下没有财富可用,需要担心的是没有人去经营、管理这些财富,致使财富不能被人们所用。企业的运营需要资金支持,创业者需要认识到融资的重要性,并学习基本的融资知识,为高效的筹集资金奠定基础。

文天祥的《邹仲翔墓志铭》有这样一句话:"君虽亦赤手起家",大致的意思是:邹仲翔君在没有外界帮助或资助的情况下,白手起家,通过自己的努力创立家业。也就是说,在没钱的情况下创业。

以上两种说法是否矛盾?为什么?

任务目标

1. 通过完成任务,了解融资的作用。
2. 通过完成任务,了解并掌握企业融资的基本原则和条件。
3. 通过完成任务,能结合团队项目特点较为清晰地明确所需资金数量。

任务要求

自行分组,各小组内自行分工,完成以下任务。

1. 搜集两个企业融资案例,通过对比的方式分析融资对企业的影响有哪些,两个企业的融资金额分别是多少,资金的用途是什么。
2. 以列举的方式,讨论自己团队项目的资金需求情况。

任务分析

国内外各类型的企业都有着各自不同的融资历程,有积极融资克服困难取得成功的案例,也有因不具备各种内外部因素导致融资失败的案例,还有完全依靠自有资金发展壮大,不参与任何融资活动的案例。融资很重要,因为融资是解决企业资金困难的一个路径,但并不是所有企业都具备融资条件或者具有融资需求。因此,理解融资的作用、基本原则及条件,明确资金需求量尤为重要。

第一节 电子商务创业融资概述

一、创业融资的内涵

《新帕尔格雷夫经济学大辞典》对融资的解释是"为支付超过现金的购货款而采取的货币交易手段,或为取得资产而集资所采取的货币手段"。从狭义上讲,融资是指一个企业筹集资金的行为与过程,也就是说,企业根据自身的生产经营状况、资金拥有状况以及企业未来经营发展的需要,通过科学的预测和决策,采用一定的方式,从一定的渠道向企业的投资者和债权人筹集资金,组织资金的供应,以保证企业的正常生产和经营管理活动需要的理财行为。企业筹集资金应该遵循一定的原则，通过一定的渠道，采取一定的方式。从广义上讲，融资既包括资金的融入，也包括资金的融出，是企业通过一定的方式在金融市场上筹措资金或贷放资金的行为。

创业融资是创业者在创业过程中的资金筹措行为和过程。具体而言，创业融资是创业者为了将某种创意转化为商业现实，满足企业的生存和发展需求，通过多方渠道，采取不同方式筹集资金，以建立企业的过程。创业企业在不同的发展阶段有不同的资金需求，需结合创业计划和企业发展战略，合理制订资金需求计划和创业融资方案，以确定资本结构以及资本需求数量。

本书认为，电子商务创业融资是指创业者在电子商务创业过程中，借助互联网方式向大众（可以是企业，也可以是个人）筹措创业所需资金的行为和过程。

二、创业融资的重要性

创业融资的成功对于企业，尤其是对于初创企业来说至关重要，企业需要寻找合适的投资者，通过合适的渠道开展融资活动，以实现其业务和成长目标。

1. 有利于满足企业日常运营的现金流需求

现金流是企业在一定时期内实际收入和支出的现金流动情况。现金流可以用来衡量一个企业的财务状况和经营能力。通常，现金流越充裕，企业的财务状况就越好。如果现金流出现负数，即现金流出大于现金流入，企业可能会面临资金链断裂的风险，甚至可能导致破产。

在创业过程中，现金流尤其重要，因为创业企业需要大量的资金来支持其运营和发展。如生产、办公设备的购置与维护，员工的雇佣与培训，市场的推广与巩固等都需要持续的资金支持。创业融资可以为企业提供资金支持，帮助企业维持稳定的现金流，从而确保企业能够持续运营和发展。

在竞争激烈的环境下，创业企业还要不断开发新产品或新服务，挖掘新需求，扩大市场范围，以实现持续成长。因此，随着市场范围持续扩大，创业企业需要不断增加的现金流以更好地服务持续增加的顾客群体。创业企业在完全盈利之前，通常会采取不断融资的方式，以持续补充企业生存和发展对现金流的需求。

2. 有利于满足企业建立和扩张的资产投资需求

在创业初期、快速成长期，创业企业都需要大量的资金支持。在创业初期，企业需要大量资金购买机器设备、兴建厂房和办公场所，以及用于其他固定资产投入。绝大部分创业企业的建立都需要最低限度的资产投入，如购买计算机、办公桌等办公基础设备。随着企业规模的持续发展，创业企业需要扩大运营规模以满足扩张的市场需求，或需要实现专业化资产投入以应对竞争形势，这时企业会产生更大的资产投资需求。因此，融资可以帮助企业获得所需的资金，满足其资产投资需求，从而推动企业的成长和发展。

3. 有利于满足企业开发产品的持续研发投入需求

在竞争激烈的市场中，企业需要不断进行技术创新和产品研发，以保持竞争力，而这些需要大量的资金支持，包括研发人员工资、实验器材、专利费用等。

4. 有利于企业提高知名度

创业企业可以通过参加投资洽谈会、路演等活动，向投资者展示自己的实力和优势，吸引投资者的关注和信任；可以通过融资活动，获得媒体的关注和报道，从而增加企业的曝光度和知名度；还可以与投资者建立合作关系，利用投资者的资源和影响力，扩大企业的市场份额和影响力，提高企业的知名度和信誉度。

5. 有利于帮助企业与投资者建立信任关系

通过融资活动，企业不仅可以向投资者展示有价值的产品或服务，还可以展示自身的实力和诚信，以及企业的经营能力和管理能力。这些信息可以帮助投资者了解企业的真实情况，为对方建立信任关系奠定基础。在合作过程中，企业能按时偿还融资款项，可以进一步展示企业的诚信和责任感。通过与投资者建立合作互动关系，可使企业获得更多的支持和资源，从而推动企业的成长和发展。

三、估算创业所需资金

每个创业者在融资前都要明确资本需求量，资本需求量的估算是融资的基础。创业者首先要清楚创业所需资本的用途。任何企业的经营都需要一定的资产，资产以各种形式存在，包括现金、材料、产品、设备、厂房等。创业所筹集的资金就是用来购买企业经营所需的这些资产，同时要有足够的资金来支付企业的运营费用，如员工工资、水电费等。

创业资金估算主要包括启动资金和运营资金。启动资金用于创立企业和开始运营所需的一次性投入，主要是指固定资本，包括用于购买设备、建造厂房等固定资产的资本，这些资本被长期占用，要考虑资本的长期性。运营资金是用于维持企业日常运作所需的资金，包括购买材料、员工薪资、库存管理、租金、水电费等，这些资本在短期内可以收回，可以考虑用短期资金解决。

初创企业还需要立足市场调查，对营业收入、营业成本和利润进行估算。创业企业的成长面临着各种问题，单靠初始启动资本和企业盈利不能满足企业成长需求，还要从外部筹集企业发展资金。

融资需求量的估算不是一个简单的财务测算问题，而是一个综合考虑现在与未来的决策过程，需要在财务数据的基础上，全面考查企业经营环境、市场状况、企业战略等内外部资源条件。

> **阅读材料**
>
> **不同类型的企业资金估算表**
>
>

对于创业企业来说，在初期资金不充足的情况下，为节约开支应注意以下几个问题。

（1）初期固定资产的投入越低越好。

例如，办公设备可以选择租赁等方式，目前的办公设备租赁公司有很多，采取租赁的方式也能更好地降低风险。

（2）投入固定资产里面的设备要计提折旧。

（3）流动资金在总投入中的占比要保持合理。

（4）最少预留 3 个月的员工工资资金。如果需要赊账给下游，那需要预留更多的流动资金。

（5）合理地拖延上游账期和提前预收下游资金，延长自己的资金周期、加速资金的流动。

（6）估算成本的最大头，实体公司在于设备和房租，互联网公司在于人力。

一般来说，如果创业企业的资金在 1 万元以下，可采取电子商务模式或者借助互联网开展业务，如通过 1688 拿一件代发开立淘宝店、拼多多店面等。

如果创业企业的资金在 1 万～10 万元，可以在小城市开立小服装店、炸鸡店、水果店等小型店铺。

如果创业企业的资金在 10 万～30 万元，可以开立小餐馆、小便利店等。

如果创业企业的资金在 30 万～100 万元，可以开立一个小型互联网公司或者小中型超市。

阅读材料

开网店的资金预算

四、创业融资的基本原则

筹集创业资金时应遵循既定的原则，尽可能以较低的成本及时获得足额创业资金。一般来说，创业融资应遵循以下原则。

1. 合法性原则

创业融资作为一种经济活动，影响着社会资本及资源的流向和流量，涉及相关经济主体的经济权益，创业者在融资过程中必须遵守相关法律法规、履行信息披露义务、不得欺诈、遵守合同条款和行业规范、维护相关融资主体的权益、避免非法融资行为的发生等，以确保融资活动的合法性和合规性。

2. 合理性原则

合理性原则是指创业企业在融资过程中应该考虑多方面因素，确保融资的合理性和有效性。这些因素包括资金需求量、融资成本、融资风险、融资效率、股权结构。具体来说，① 企业需要根据自身的需求量来融资，避免过多或过少融资。过多融资可能会导致资金浪费，增加成本和风险；过少融资则可能无法满足企业需求，影响企业发展。② 企业需要考虑融资成本，包括资金成本、交易成本、机会成本等，尽可能选择成本较低的融资方式。低成本的融资可以降低企业的财务压力，提高企业的盈利能力和竞争力。③ 企业需要考虑融资风险，包括市场风险、信用风险、流动性风险等，尽可能选择风险可控的融资方式。避免因融资风险导致损失，保证企业的稳定性和可持续性发展。④ 企业需要选择融资效率较高的方式，尽快获得资金，满足企业需求。高效的融资可以加快企业的成长和发展，提高企业的市场竞争力。⑤ 企业需要考虑股权结构，避免因融资导致股权过度分散，影响企业的控制权。合理的股权结构可以保证企业的管理效率和稳定性。

3. 及时性原则

及时性原则是指及时融资可以满足企业的资金需求，支持企业的经营和发展。如果企业没有及时融资，可能会导致资金链断裂，影响企业的正常经营和运营。激烈的市场竞争可能会导致企业资金需求的变化，及时融资可以应对市场变化。另外，及时融资可以增强企业的竞争力，支持企业的扩张和市场份额的增加。

4. 效益性原则

效益性原则是指企业应该通过融资活动获得最大的经济效益，提高企业的竞争力和市场占有率。创办和经营企业的根本目的是获得一定的经济利益，创业者应在进行成本效益分析的基础上决定资金筹集的方式和来源。创业企业遵循效益性原则，可以支持其持续经营、提高企业财务状况、增加企业价值、提高企业知名度和竞争力，促进企业的长期发展。

5. 杠杆性原则

杠杆性原则是指创业企业应该通过融资活动获得最大的杠杆效应，以尽可能少的资金取得尽可能大的成果。创业者在筹集创业资金时，应选择有资源背景的资金，以便充分利用资金的杠杆效应，在关键时为企业发展助力。大多数优秀的风险投资人往往在企业特殊时期会与企业家一起，对有效的资源进行整合，甚至还参与到企业的经营决策中。

五、创业融资的条件

通常情况下，具备以下条件才能促使创业融资成功。

（1）项目本身已经经过政府部门批准立项。
（2）项目可行性研究报告和项目设计预算已经政府有关部门审查批准。
（3）引进国外技术、设备、专利等已经政府经贸部门批准，并办妥相关手续。
（4）项目产品的技术、设备先进适用，配套完整，有明确的技术保证。
（5）项目的生产规模合理。
（6）项目产品经预测有良好的市场前景和发展潜力，盈利能力较强。
（7）项目投资的成本以及各项费用预测较为合理。
（8）项目生产所需的原材料有稳定的来源，并已经签订供货合同或意向书。
（9）项目建设地点及建设用地已经落实。
（10）项目建设以及生产所需的水、电、通信等配套设施已经落实。
（11）项目有较好的经济效益和社会效益。
（12）其他与项目有关的建设条件已经落实。

如果是大学生创业融资，还需要具备以下条件。

（1）大学专科及以上毕业生。

（2）申请人年龄在18～35周岁，能提供有效身份证明及居住证明。

（3）有固定营业场所。

（4）申请人须持有工商管理部门颁发的营业执照和经营许可证，从事正当合法的生产经营活动。

（5）申请人有一定的创业自有资金。

（6）具有稳定的收入和到期还款能力。

（7）信用记录良好，无不良征信记录。

（8）贷款用途符合相关规定。

阅读材料

2023年3月及一季度ToB数字化产业投融资分析

案例

《逻辑思维》与众筹

任务二　融资渠道选择

任务引入

习近平总书记强调，做好金融工作要把握好以下几项重要原则：第一，回归本源，服从服务于经济社会发展。金融要把为实体经济服务作为出发点和落脚点，全面提升服务效率和水平，把更多的金融资源配置到经济社会发展的重点领域和薄弱环节，更好满足人民群众和实体经济多样化的金融需求。第二，优化结构，完善金融市场、金融机构、金融产品体系。要坚持质量优先，引导金融业发展同经济社会发展相协调，促进融资便利化，降低实体经济成本，提高资源配置效率，保障风险可控。第三，强化监管，提高防范化解金融风险能力。要以强化金融监管为重点，以防范系统性金融风险为底线，加快相关法律法规建设，完善金融机构的法人治理结构，加强宏观审慎管理制度建设，加强功能监管，更加重视行为监管。第四，市场导向，发挥市场在金融资源配置中的决定性作用。坚持社会主义市场经济改革方向，处理好政府和市场的关系，完善市场约束机制，提高金融资源配置效率。加强和改善政府宏观调控，健全市场规则，强化纪律性。可见，金融方式服务于经济社会发展的重要性不言而喻。了解并思考金融方式对创业的影响有哪些。

通过阅读上面两个案例，请思考钱从哪里来，从案例中你学到了什么。

任务目标

通过完成任务，掌握融资渠道的类型及各自的优缺点。

任务要求

1. 继续分析上一节小组找到的两个案例企业分别采取了哪些融资渠道，效果如何。
2. 思考自己团队项目可以采用的融资渠道有哪些，并说明理由。

任务分析

创业过程、企业运营过程都需要资金支持，所有可以获取资金的途径都可以成为企业的融资渠道，企业发展的不同阶段，应根据实际资金需求量采取合适的融资渠道。

第二节 电子商务创业融资渠道的类型

融资渠道是协助企业获取资金的来源与通道。了解融资渠道的种类、特点和适用性，有利于创业者充分利用和开拓融资渠道，实现各种融资渠道的合理组合，更快筹集所需资金。

（1）按照融资对象，创业融资渠道可分为私人资本融资、机构融资和社会融资。私人资本融资是指由私人投资者提供资本支持，向企业或个人提供融资服务的一种融资方式，主要包括创业者自有资金、向亲朋好友融资、天使投资；机构融资是指企业向相关机构融资，主要包括银行贷款、信贷融资、融资租赁、创业投资等；社会融资是指针对创业企业的各种扶持基金和优惠政策，主要包括政府专项基金、财政补贴、贷款援助、税收优惠等。

（2）按照融资来源，创业融资渠道可分为内部渠道和外部渠道，也叫作内源融资和外源融资。内源融资主要是指企业的自有资金和在生产经营过程中的资金积累部分，资金来源有企业自有资金、企业应付税利和利息、企业未使用或未分配的专项基金三个方面。一般在企业并购中，企业都尽可能选择这一渠道，因为这种方式保密性好，企业不必向外支付借款成本，因而风险很小，但资金来源数额与企业利润有关。外源融资是指企业通过一定方式向企业之外的其他经济主体筹集资金，主要包括专业银行信贷资金、非银行金融机构资金、其他企业资金、民间资金和外资。企业外部融资具有速度快、弹性大、资金量大的优点，但其缺点是保密性差，企业需要负担高额成本，因此产生较大的风险，在使用过程中应当注意。外源融资又可分为直接融资和间接融资两类。直接融资是指企业直接从市场或投资方获取资金；间接融资是指企业通过银行或非银行金融机构渠道获取资金。直接融资与间接融资的区别主要在于是否存在融资中介。

不同的创业融资渠道具有各自的特征与功能，但都能够为创业企业的建立和成长提供资金支持。电子商务创业企业可以结合自身项目特点，从线上线下多角度、多方面比较选择适宜的融资渠道或者融资渠道组合。下面从传统融资渠道和电子商务背景下的融资渠道两个角度介绍常见的几种创业融资。

一、传统融资渠道

1. 创业者自有资金

自有资金是创业者及其团队成员将个人储蓄投入创业企业的建立和发展活动。这种方式是绝大多数创业者最先运用的创业资金解决方案，是创业融资最根本的渠道，也是最便捷的融资渠道，具有重要意义。

（1）运用个人储蓄进行创业，是创业者及团队成员对创业活动的最大承诺，也展示了创业者对实现创业前景充分信心，创业者愿意以自己的金钱和时间来承担初创企业的风险，对创业融资具有重要的示范作用。创业者及其团队成员的自我融资能够为其他投资者提供积极的信号和暗示，增加吸引外部资金的可能性。

（2）创业企业的建立和发展，本质上是价值持续创造的过程，也是创业者及其团队成员增加个人财富和社会经济价值的过程。创业者及其团队成员将自有资金投入创业活动，能够使其占据更多的股份，充分主导企业的发展方向，为将来获取更大的社会经济回报提供潜在可能。企业能够筹集到的债务资金一般以投资者的投入为限。创业者前期向初创企业投入的资金越多，最终获取创业投资的分红越多，对企业的控制权越大。

需要注意的是，运用创业者自有资金既是创业企业的首要融资渠道，也可能是在难以获取外部资金情况下的不得已选择，但它终究不是最根本的解决方案，特别是创业企业选择进入的行业和市场前期投入很大时，伴随创业企业的持续成长，依赖创业者及其团队成员的个人储蓄远不能满足创业企业发展的资金需求，还需要借助其他渠道来满足企业发展所需资金。

2. 向父母、亲朋好友融资

向父母、亲朋好友融资也是初创企业比较常见的融资渠道。父母、亲朋好友融资是建立在亲情和友情的基础之上，而不是单纯为了获得高额利润回报。

向父母、亲朋好友融资的优势体现在以下几个方面。

（1）父母、亲朋好友对创业者或创业团队成员的操守德行、专业素养等综合情况比较了解，有助于克服创业融资中的信息不对称问题。

（2）一般不需要任何抵押资产和实物担保，融资效率非常高，资金成本也相对较低，是创业企业建立初期常见的融资渠道。

向父母、亲朋好友融资需要注意以下几个方面的问题。

（1）在向父母、亲朋好友融资时，创业者必须遵循契约原则，用法律形式来规范融资行为，保障各方利益，减少不必要的纠纷。

（2）创业者一定要明确所筹集资金的性质是投资还是借款。据此确定父母、亲朋好友的权利和义务,并以书面形式确定下来。若筹集的资金属于父母、亲朋好友对企业的投资,则属于股权融资的范畴,双方共同承担企业经营风险,享有企业经营获利;若资金属于借款,需以书面的形式明确借款金额、利息、偿还日期、偿还方式等内容。

（3）借款前务必全面准确地告知父母、亲朋好友创业企业后面可能存在的各类风险与不确定性,尤其是创业风险,以便将来创业出现问题时,将对父母、亲朋好友之间关系的不利影响降到最低限度。

3. 天使投资

天使投资是指自由投资者出资帮助具有前沿技术或独特创意,但缺乏创业资金的创业者或创业企业,同时承担创业活动的潜在高风险和获取创业活动的潜在高收益的投资活动。一般而言,天使投资是富有的个人直接对有发展前途的创业初期小企业进行权益资本投入,在体验创业乐趣的同时获得投资增值。天使投资是潜在高风险高收益创业项目或创业企业初期的重要权益资金来源。

"天使投资者"这个概念在1978年被正式提出,源于纽约百老汇的演出捐助,以此来形容百老汇演出的富有资助者为创作演出进行了高风险的投资。现在的天使投资既可以是个人投资行为,也可以是机构投资行为。

天使投资的资金来源主要有以下三个。

（1）已经取得成功的创业人士。

（2）传统意义上的富翁。

（3）大型跨国公司或高科技企业的高级职业经理人。

天使投资人既拥有富余的资金,又具有一定的专业知识或行业经验;他们不仅希望在自己熟悉或感兴趣的领域进行投资并获得超额回报,还希望以自己的资金和经验帮助更多具有创业精神和创业能力的人实现创业梦想。此外,随着我国创新创业发展战略的逐步深入,政府或高校在一定范围内也扮演着天使投资人的角色。

创业企业通过天使投资渠道实现创业融资,具有以下优点。

（1）天使投资人大多具有比较丰富的行业和管理经验或比较成功的创业经验,因而天使投资人不仅能提供创业资金,还能为创业企业提供专业知识和社会资源方面的支持。

（2）天使投资因其个体化和非组织化特征,投资程序简单,资金在短期内便可到位。

（3）天使投资更看重创业企业的发展潜力,以及创业者或创业团队成员的专业知识和职业素养、创业热情和诚信水平、过往创业经历或行业履历等无形资产或因素,因而成为缺乏有形资产的创业企业的最佳融资渠道。

阅读材料

传统融资渠道

4. 风险投资

风险投资（venture capital，VC）也称为创业投资，是指向不成熟的初创企业提供资金支持，并为其提供管理和经营服务，获取初创企业股权，以期望企业发展到相对成熟后，通过股权转让收取高额中长期收益的投资行为。风险投资的经营方针是在高风险中追求高回报，特别强调初创企业的高成长性。

风险投资的实质体现在以下三个方面。

（1）以参股方式投资具有高成长潜质的未上市创业企业。

（2）积极参与创业企业的经营管理，以降低投资风险。

（3）不经营具体产品，而是把整个创业企业当作主要经营对象。

风险投资多来源于金融资本、个人资本、公司资本以及养老保险基金和医疗保险基金等。它的投资领域主要是高新技术产业，包括计算机、网络和软件产业，医药、医疗保健产业，通信产业，生物科技产业，航天科技产业，等等。它的投资方式可分为一次性投入和分期分批投入，分期分批投入比较常见，既可以降低投资风险，又有利于加速资金周转。

风险投资的投资对象是不具备上市资格、处于起步和发展阶段的企业。它的投资目的是希望取得企业的少部分股权，通过资金和管理等方面的援助促进初创企业发展，使资本增值。当企业发展起来，股票可以上市后，风险投资家便通过在股票市场上出售股票，获取高额回报。

风险投资的类型包括独立风险投资、公司风险投资、银行风险投资、政府风险投资和风险投资机构的内部部门。风险投资业务过程包括选择投资项目、签署投资协议、投后管理与退出。

风险投资与天使投资的区别是：风险投资是外部资金拥有者将资金汇集起来，交由专业人士管理的专业投资机构。天使投资是风险投资的一种形式，多是个人投资者利用个人资金的投资行为，现在也有投资机构从事天使投资业务，二者的投资和获利方式基本相同。天使投资相较风险投资而言，介入企业的时间更早一些，投资规模较小，决策速度快，承担风险较大。风险投资机构所选择的投资项目主要集中在高新技术产业，项目具有高成长性、发展速度快、"高风险、高回报"等特点。

风险投资渠道与其他机构融资渠道的区别是：它是以获取创业企业股权为核心的创业融资方式。

风险投资对标的公司具有一定的选择标准。风险投资者会关注创业者及其团队的经验、背景等，如教育背景、管理经历、技术水平、行业经验，以及创业企业的产品和服务、业务可行性、财务预期等。此外，风险投资与创业企业之间的匹配程度和社会关系也是投资的关键影响因素。风险投资与创业企业之间的匹配程度指的是在学科背景、思维方式和技术创新能力等方面的相似性，以及在资源和技术运用上的互补性，而双方关系反映在诸如种族、地域的共同背景和相互信任关系上。

风险投资者在投后管理上将为创业企业提供增值服务，并发挥监督作用，助力企业成长。风险投资者通常具有丰富的商业经验和管理诀窍，能够为创业企业提供战略决策建议。其技术背景和专业经营管理知识基础雄厚，拥有较为详尽的市场、技术和用户信息，在识别市场商业机会方面处于优势地位，能够协助企业优化投资行为。凭借强有力的资源整合与覆盖能力，风险投资者能够动用其关系网络，为创业企业争取重要的核心资源。

风险投资主要的增值服务包括战略指导、决策协助和人际关系扩展服务等，具体表现为提供战略分析与咨询、支持创业企业后续轮次的融资、帮助招聘人才和拓宽供应商及客户渠道。但与此同时，由于风险投资者与企业之间存在信息不对称，创业企业可能产生侵害投资人利益的动机，如利用资源进行机会主义操纵。因此，风险投资者会通过引入监督活动以及奖励与惩戒制度，实现对创业企业的经营行为进行监控的目的。风险投资需要通过从企业的成功退出来实现投资回报。风险投资有多种退出途径，包括创业企业清算、回购、被收购和 IPO（首次公开募股）等。其中，IPO 是普遍认可的风险投资退出的最佳方式。在退出时机的选择方面，行业不确定性越低，风险投资越倾向于选择退出。

5. 商业银行贷款

商业银行贷款是指商业银行有偿将资金借贷给资金需求者，并与资金需求者约定还本付息期限的一种经济行为。贷款可用于借款人的生产经营，也可用于补充企业的流动资金，但不能用于股票、期货等投资。目前，我国各类商业银行针对创业企业和创业者开发了多种信贷产品，如个人生产经营贷款、个人创业贷款、个人助业贷款、个人小型设备贷款，以及下岗失业人员小额贷款等。

商业银行贷款的风险主要来自于借款人的信用风险和还款能力风险。为了降低风险，商业银行需要对借款人的信用状况、还款能力等进行充分的评估和审查，并采取相应的风险控制措施。同时，借款人也需要认真履行还款义务，避免逾期和违约，保持良好的信用记录。

例如，"e借"是中国工商银行推出的个人网络贷款产品。客户可以通过中国工商银行网上银行、手机银行等渠道申请"e借"贷款，最高可获得 30 万元的借款金额，借款利率根据客户的信用状况和还款能力等因素综合评估。"快贷"是中国建设银行推出的个人网络贷款产品。客户可以通过中国建设银行网上银行、手机银行等渠道申请"快贷"贷款，最高可获得 20 万元的借款金额。中国农业银行推出了小微企业互联网金融综合服务平台，提供网商贷、卡 e 贷等专业产品。

另外，纯网络银行也可为创业者提供贷款业务。如网商银行是由蚂蚁金服作为最大股东的民营银行，贷款产品主要有微贷和网商贷，其中微贷是针对小微企业和个人消费者的，网商贷则是针对小微企业和个体工商户。申请网商银行贷款要求企业注册时间满 1 年、个人信用记录良好等。贷款额度根据个人信用状况和借款用途等因素进行评估，最高可达 200 万元，最低可达 1 万元。微众银行是腾讯作为最大股东的互联网银行，贷款产品主要有微粒贷和微业贷，其中微粒贷是针对个人消费者的，微业贷是针对小微企业和个体工商户的。申请微业贷要求企业注册时间满 1 年、企业纳税记录良好、企业主有稳定的还款能力等。同时，贷款额度根据企业的信用状况和经营情况等因素进行评估，最高可达 500 万元。

6. 商业信用融资

商业信用融资是指企业通过商业信用关系取得借款的融资方式。商业信用是指企业在正常的经营活动和商品交易中，由于延期付款或预收账款所形成的企业常见的信贷关系。商业信用融资的具体形式包括应付账款、应付票据、预收账款等。

相对于银行贷款，商业信用融资更加便利和快捷。企业可以在需要资金时直接向供应商或客户寻求商业信用，无须经过复杂的审批程序和等待时间。商业信用融资可以在一定期限内分期偿还，不需要企业在规定时间内一次性偿还本金，通常不需要支付利息或只收取较低的利息,还可以通过滚动的方式长期使用。这为企业提供了更多的还款缓冲时间,减轻了还款压力。

商业信用融资通常基于企业之间的商业合作关系,供应商或客户在提供商业信用时会考虑企业的信用状况和还款能力。因此,商业信用融资具有一定的风险控制作用,可以避免过度借款或不良借款的风险。

商业信用融资只能提供一定规模的资金;期限较短,一般为30~90天,难以满足企业长期筹资的需求。

7. 融资租赁

融资租赁是国际上最普遍、最基本的非银行金融形式,指出租人根据承租人的请求,与第三方供应商(通常是一家设备制造商或供应商)签订一份购买合同,购买承租人所需的设备,并将其出租给承租人使用。

融资租赁涉及设备的购买和租赁,出租人购买设备,并将其出租给承租人使用;承租人在租赁期间拥有设备的使用权,但设备的所有权属于出租人。

融资租赁是长期租赁,期限通常在数年至数十年。

承租人按照租赁合同约定的分期付款方式支付租金,包括首付款、每月或每季度付款等。租金支付方式可以灵活设计,可以根据承租人的财务状况和需求进行调整。例如,可以允许承租人在一定期限内支付固定的租金金额,或者根据设备的实际使用情况计算租金金额。

出租人会对承租人的信用状况和还款能力进行评估,以确保承租人有足够的还款能力和意愿。承租人通常需要提供担保或抵押物,以降低出租人的风险。

8. 担保机构融资

担保机构融资是指企业通过向担保机构申请融资来获取资金的一种方式。在这种方式中,担保机构会为企业提供担保,帮助企业获得银行或其他金融机构的贷款。担保机构融资提供方便、快速的融资渠道,企业可以获得资金支持,降低自身的财务压力,提高企业的经营和发展能力。

为充分发挥政府性融资担保机构的作用,大幅拓展政府性融资担保覆盖面并明显降低费率,我国先后发布了《国务院关于促进融资担保行业加快发展的意见》《国务院办公厅关于有效发挥政府性融资担保基金作用 切实支持小微企业和"三农"发展的指导意见》,并发布了政府性融资担保机构名单,为该业务发展提供了保障。

担保机构融资也存在一定的风险和成本。担保机构通常会收取一定的担保费用,如果企业无法按时还款,担保机构可能会承担还款责任,导致企业信用记录受到影响。因此,在选择担保机构融资时,企业需充分考虑自身的财务状况和还款能力,并选择信誉良好的担保机构进行合作。

9. 首次公开募股

首次公开募股(initial public offerings,简称IPO)是指企业首次向公众出售其股票,以获得资金用于公司发展。首次公开募股的过程较为复杂,通常包括以下步骤。

(1)企业需要准备好财务报告、公司章程、募股说明书和其他相关文件,以便向投资者和监管机构展示其业务和运营情况。

（2）企业通常需要聘请投资银行、律师事务所和其他专业机构来协助其进行首次公开募股过程。这些机构提供一系列服务，包括帮助企业准备募股文件、定价、路演和承销等。

（3）企业需要确定其股票的发行价格。这个价格通常通过市场需求和公司的财务状况来确定。定价过程可能包括向潜在投资者推销股票，以了解他们对价格的看法。

（4）在路演期间，企业高级管理者会向潜在投资者介绍公司的业务模式、市场前景和未来战略。这是一个展示公司优势和吸引投资者的机会。

（5）一旦定价和路演完成，企业将向公众发行股票，发行方式可能因国家而异，但通常包括公开发行和私募发行。

（6）一旦发行股票完成，企业将被认为是公开上市。这意味着其股票将在证券交易所上市交易，投资者可以通过购买这些股票来成为该公司的股东。

首次公开募股的时间和成本因公司而异，取决于公司的规模、行业和市场条件等因素。因此，企业在进行首次公开募股之前应该充分了解市场和自身情况，并寻求专业机构的建议和支持。

二、电子商务背景下的融资渠道

1. 众筹融资

众筹（crowd funding）起源于美国，最早是由美国学者迈克尔于2006年在他的博客中提出的。2009年，美国众筹融资平台Kickstarter诞生，并在很短的时间内帮助几个创业者实现了筹资梦。它的出现给处于融资困境中的创业企业带来了希望，迅速在创业领域得到了极大的追捧，同时也引起了各方的关注和重视。2009年至今，众筹融资市场呈现爆发式增长，Kickstarter是国外最具代表性的众筹平台，发展速度相当快，是目前全球最大的众筹平台。2011年，众筹融资正式进入中国。笔名为"寒雨"（2011）的中国作家在其文章中首次将crowdfunding翻译为"众筹"。随后，我国的众筹融资网站开始出现。2011年7月，我国第一家众筹融资网站点名时间（Demohour）正式上线，被称为"中国的Kickstarter"。

众筹融资是指项目发起人（企业或者个人创业者）借助网络众筹平台向大众投资人公开发出的融资申请，并承诺项目成功后向投资人提供产品或服务、股权、债权等回报的一种新型互联网融资模式。众筹融资通常是借助互联网低交易成本的优势，筹集个人闲置或项目支持者的零散资金。众筹融资额度偏小，渠道来源宽广，事实上，是打通了"长尾"投资者与股权融资者的通道，为小微企业和个人项目活动提供更宽广的融资渠道。小微企业众筹融资可以从两个方面理解：一方面，作为项目发起人，小微企业为解决发展过程中的融资需求，通过在线平台发布融资计划，并制定多种回报形式；另一方面，作为投资者，大众投资人可以根据自己的个人偏好和自主判断选择不同的创意项目与投资额度。

众筹融资的参与者一般是发起者、投资者和平台。其中，平台作为连接发起者和投资者的媒介，借用互联网搜索技术和数据分析技术，将众筹发起者和投资者相互匹配，从而更好地确保投资者或支持者便捷地搜寻到投资标的。平台的主要职责是撮合发起者和投资者，消除信息不对称，促进项目成功。

众筹融资通常通过"团购+预购"的形式向网友募集项目资金。众筹融资利用互联网和SNS（即社会性网络服务）传播的特性，让小企业、艺术家或个人向公众展示他们的创意，争取人们的关注和支持，进而获得所需要的资金援助。群众募资被用来支持各种活动，包括灾后重建、竞选活动、创业募资、艺术创作、设计发明、科学研究以及公益慈善等。

众筹融资要遵循一定的规则：筹资项目必须在发起人预设的时间内达到或超过目标金额才算成功；在预设天数内，达到或者超过目标金额，项目即成功，发起人可获得资金；筹资项目完成后，支持者将得到发起人预先承诺的回报，回报方式可以是实物，也可以是服务，如果项目筹资失败，那么已获资金将全部退还支持者；众筹融资不是捐款，支持者的所有支持一定要设有相应的回报。

众筹融资具有多个优点，如它能够在一定程度上解决投资者与融资者之间的信息不对称问题。创业企业容易遇到资金缺乏问题，但是由于企业规模小，发展前景不确定性高，往往难以获得一些诸如银行贷款之类的外部融资。而对于投资者来说，他们非常希望找到一些有价值的投资项目，但好项目往往可遇不可求，一些看似很好的项目最后却有可能不被大众认可。通过众筹融资，投资者寻找项目所花费的时间、金钱等资源大大减少，而创业企业可以在众筹融资的过程中充分展示自己的创意，赢得更多潜在的机会。更重要的一点是，创业企业也可以在推广自身创意的同时测试大众喜好。如果产品能够被大众接受，则众筹融资既可以帮助创业企业找到合适的投资者，也是对产品的有力宣传。倘若产品不太能被大众接受，即使没能获得投资，创业企业也能及时转变创新方向，避免把过多时间浪费在不被认可的项目上。

2. 电子商务平台贷款

电子商务平台贷款是指电子商务平台为商家提供的信用贷款服务，以帮助他们解决资金问题，提高业务规模。

电子商务平台贷款的优点包括以下几个。

（1）贷款流程简单：只需要填写一些基本资料，进行信用评估，就可以快速获得贷款。

（2）贷款利率低：电子商务平台通常会与银行合作，提供较低的贷款利率，帮助商家降低财务成本。

（3）贷款额度高：电子商务平台对商家的经营状况和信用状况比较了解，能够提供较高的贷款额度。

（4）服务费用低：电子商务平台通常会提供较低的服务费用，帮助商家降低成本。

电子商务平台贷款的缺点包括以下几个。

（1）平台费用较高：相较于传统贷款渠道，在申请电子商务贷款时，平台会收取一定的服务费用，这一费用相对较高。

（2）风险成本较高：由于电子商务贷款平台授信标准较为宽松，导致部分商家存在一定的违约率。因此，电子商务贷款平台在借贷过程中，为了控制风险需要通过提高费率等方法来弥补风险成本。

（3）商家信用影响经营：如果商家在电子商务贷款平台的借贷行为存在问题，反而会对商家形象和声誉造成不利的影响。

适合电子商务创业者贷款的主要电子商务平台有以下两个。

（1）阿里巴巴金融：阿里巴巴集团旗下的金融科技公司提供小微贷款、供应链金融、保险等业务。它的贷款服务主要面向中小企业和个体工商户，根据企业在阿里巴巴平台上的交易记录和信用评价，提供快速、简便、低成本的贷款服务。

（2）京东金融：是京东数字科技集团旗下的个人金融业务品牌，以京东金融 App 为载体，为用户提供个人理财、消费分期、保险保障等金融服务。提供数字资产、消费金融、工薪贷款等多种贷款产品。申请京东金融贷款需要满足一些基本条件，包括在京东平台上有良好的信用记录、稳定的经济收入和还款能力等。贷款额度根据个人信用状况和借款用途等因素进行评估，最高可达 20 万元。

适合电子商务创业者贷款的主要电子商务贷款产品有以下几种。

（1）抖音商户贷，是面向抖店商家的线上经营性贷款，最高可借 50 万元，期限为 1 年，月利率为 0.9%，可循环申请。申请条件包括企业在抖音上有营业资质且账号活跃度达到一定要求。此外，企业需要有良好的信用记录，并有能力按期还款。贷款用途主要是用于抖店经营。

（2）拼多多电子商务贷，是拼多多平台联合银行为平台商家提供的一种贷款服务，具体利率根据贷款类型和期限而有所不同。根据拼多多官网的信息，拼多多电子商务贷款的月利率为 1.95%，额度为 3 万~5 万元，期限为 1 年，可循环申请。贷款用途限于在拼多多平台上进行商品采购和销售。申请拼多多电子商务贷款需要满足一些基本条件，包括商家在拼多多平台上的店铺状态正常、无不良记录、店铺活跃度达到一定要求，以及具有营业执照和良好的信用记录等。具体利率和贷款额度会根据商家在平台上的经营状况和信用评价等因素进行评估。

（3）淘宝订单贷款，是一种通过淘宝平台提供的贷款服务，主要针对淘宝店铺的卖家。订单贷款是一种基于订单作为抵押物的方式，为卖家提供一定额度的贷款资金，用于进货、备货、广告推广等环节。申请淘宝订单贷款需要满足一些基本条件，包括淘宝店铺状态正常、订单真实有效、卖家信用记录良好等。贷款额度根据店铺经营状况、订单类型和数量等因素进行评估，额度最高为 50 万元，期限为 31 天，月利率为 1.5%，可循环申请。淘宝订单贷款的优点包括贷款额度高、放款快速、还款灵活等。同时，贷款资金只能用于进货、备货、广告推广等与订单相关的经营环节，不能用于其他用途。

（4）淘宝信用贷款，是一种基于淘宝店主的信用度评估基础上的贷款服务，无须任何抵质押和担保，手续简便快捷。申请淘宝信用贷款需要满足一些基本条件，包括年满 18 周岁、具有完全民事行为能力的淘宝卖家，淘宝店铺经营时间满 6 个月，以及诚实守信、店铺信用记录良好的店主等。淘宝信用贷款的额度根据店主的信用状况和店铺经营情况等因素进行评估，最高可达 100 万元，期限为 180 天，月利率为 1.8%，可循环申请。贷款资金可以用于进货、备货、广告推广等与订单相关的经营环节，但不能用于其他用途。

（5）拍拍贷款，是腾讯旗下的贷款服务，为商家提供流动资金贷款、信用贷款等多种产品。通过互联网和手机 App 等渠道向用户提供借贷服务。申请拍拍贷款需要满足年满 18 周岁、具有完全民事行为能力、有稳定的收入和还款能力等。贷款额度根据个人信用状况和借款用途等因素进行评估，最高可达 20 万元。

（6）美团贷款，是美团旗下的贷款服务，为商家提供快速、灵活的贷款产品。通过互联网和手机 App 等渠道向用户提供借贷服务。申请美团贷款需要满足一些基本条件，包括在美团平台上注册并活跃、无不良记录等。贷款额度根据个人信用状况和借款用途等因素进行评估，最高可达 20 万元。

（7）58 金融，是 58 同城旗下的金融科技公司，提供个人消费贷款、商业贷款等多种产品。58用户可以通过58金融App进行贷款、理财等操作，非常方便快捷。申请58金融贷款需要满足年龄在18～55周岁、有稳定的收入和还款能力等。贷款额度根据个人信用状况和借款用途等因素进行评估，最高可达20万元。

（8）平安小橙花，是平安消费金融有限公司推出的一款针对22～45周岁消费者的个人信用贷款产品，无须担保和抵押，可以快速放款。申请平安小橙花需要满足年龄在22～45周岁、有稳定的收入和还款能力、个人信用记录良好等。贷款额度根据个人信用状况和借款用途等因素进行评估，最高可达20万元，最低可达100元。

无论选择商业银行贷款还是选择电子商务平台贷款，初创企业在申请贷款时都需要了解产品的贷款额度、贷款利率、还款期限等相关信息，并根据自己企业的贷款需求选择合适的产品。初创企业还需要考虑贷款的还款计划，并根据企业的运营情况合理规划资金的运用和还款计划，以确保贷款的顺利还款。

3. 大学生融资渠道

随着我国高校毕业生人数的不断增加，大学生就业形势日益严峻，自主创业正逐渐成为解决就业难题的最佳途径之一。很多大学生的融资渠道都是通过父母或亲朋好友，如此获得的资金没有利息或者利息很低。但创业家亚当·切耶尔（Adam Cheyer）认为，融资的来源一开始最好不要是亲人和朋友，因为他们出钱的原因往往是对创业者本人的信赖或看好，对于产品本身的创新创意或者市场前景会判断不足，亚当·切耶尔鼓励创业者通过融资走向市场，从第一步就开始走向市场，探究产品的认知度，那么获得的融资会更有针对性。大学生需关注适合自己的融资方式，选择适合自己的融资渠道至关重要。除上述介绍的融资渠道外，专门针对大学生的渠道还有以下几个。

（1）高校创业优惠政策。高校在大学生创业期间起到一种鼓励、促进的作用，大多数高校都设立了相关的创业基金、创业培训、场地支持等支持政策以鼓励本校学生进行创业尝试。如清华大学设立了"清华创业者联盟"，为清华大学生提供创业资金、场地、导师等支持。各地对大学生创业的优惠政策都较多，创业者可以申请相应的税收、工商注册、贷款、场地、培训、创业指导、路演等创业扶持政策，从而降低创业成本。另外，很多高校也出台了大学生创业扶持政策，有的搭建了孵化平台，为大学生创业提供了便利的支持，有创业意愿的大学生，可以提前关注学校招生就业办公室的有关政策，关注最新政策的变化，了解政策要点及申报要求和条件。

（2）创业大赛。目前我国比较有影响力的创业大赛有"挑战杯"中国大学生创业计划竞赛、"创青春"全国大学生创业大赛、全国大学生电子商务"创新、创意及创业"挑战赛、全国大学生创新创业训练计划、国际大学生ICAN创新创业大赛、中国创新创业大赛、军民融合创新创业大赛。另外，各类机构组织，包括行业代表也会有各种针对大学生的创新创业大赛，一方面是响应国家的政策号召，另一方面是实现资源对接，特别是通过学校的推荐渠道，或者是学校引入的赛事，从资质、资源和质量上都有保障。

大赛一般会设置奖项，有的金融机构对符合要求的获奖项目提供创业基金与贷款授信。组委会也会帮助大赛获奖项目团队中小微型企业免费入驻孵化基地，享受风险投资等。大学生参加大赛可以模拟演练，提前体验创业的历程，还可能与投资者对接，孵化出成功的创业项目。

中国杭州大学生创业大赛自2008年起每两年举办一届，前七届大赛共吸引海内外1.8

万余个大学生创业项目、7万余名大学生报名参赛，共吸引600余个优秀项目在杭州落地转化，注册资本近11亿元，工商在册率78%以上。2023年第八届大赛，组委会评选产生400强项目入围赛区决赛。据悉，本次大赛共收到海内外4655个项目参赛，经初赛评审，共有800强项目入围复赛。赛后一年内，400强项目在杭州落地可申请最高100万元的落地扶持资金。

阅读材料

电子商务下的融资渠道

任务三　有效的融资方法

任务引入

2023年6月16日，总部位于美国加利福尼亚州弗朗西斯科的人工智能和机器学习公司Primer Technologies宣布完成了6900万美元D轮融资。

本轮融资由Addition领投，由Thomas Tull创立的美国创新技术基金（USIT）跟投。

该公司打算利用这笔资金加速其生成式人工智能和机器学习模型的研发、人才培养和继续完善其产品。

Primer Technologies由首席执行官Sean Moriarty领导，通过利用人工智能来"保障客户的情报安全和决策周期"。Primer Technologies的安全产品中集成了定制的大型语言模型功能，使分析师、运营商和决策者能够理解大量的开源和专有数据，并缩短决策时间。

该公司最近还推出了Primer Delta平台，这是一个可以实现自我管理的知识库，可以在几秒钟内分析数百万份文档，并在几小时内部署到本地和云中，从而使分析师可以安全地搜索大规模文档缓存和数据库，以提取重要信息。

希望试用少量文档的企业现在可以直接从AWS Marketplace购买Delta Lite。Primer的原生AI（人工智能）平台Primer Delta和Primer Command由其专有的自然语言技术提供支持，该技术建立在基于大语言模型的神经网络上。

目前Primer Technologies在弗吉尼亚州的阿灵顿和加利福尼亚州的旧金山设有办事处，为美国政府、战略盟友和财富100强公司提供技术服务。

资料来源：https://column.iresearch.cn/b/202306/962517.shtml。

上述案例中Primer Technologies是通过怎么的方式获得融资的呢？

任务引入

2022年11月22日，国务院促进中小企业发展工作领导小组办公室发布的《关于印发提升中小企业竞争力若干措施的通知》提到："（六）加强直接融资支持……完善创业投资发展和监管政策，畅通私募股权和创业投资基金'募投管退'各环节，促进中小企业创新创业创造。发挥国家中小企业发展基金、国家新兴产业创业投资引导基金、国家科技成果转化引导基金等作用，带动社会资本扩大直接融资规模。"

2018年，上海证券交易所设立科创板并试点注册制，注册制改革进入启动实施阶段。2023年2月17日，中国证券监督管理委员会发布全面实行股票发行注册制制度规则，自发布之日起施行。我国证券发行制度先后经历了从行政主导的审批制转变为市场化方向的核准制，再到注册制的探索与改革。

理解并思考企业融资的重要性及新时代多种融资方式并存的合理性与必要性。

融资方式是指企业融通资金的具体形式。融资方式越多意味着可供企业选择的融资机会就越多。

任务目标

1. 通过完成任务，掌握债权融资的内涵、特点及风险。
2. 通过完成任务，掌握股权融资的内涵、特点及风险。

任务要求

1. 通过网络查找债权融资和股权融资的企业案例，对比分析两种融资方式的不同之处。
2. 思考自己团队的项目可以采用的融资方式有哪些，并说明理由。

任务分析

在创业中，债权融资和股权融资两种方式都能够在一定程度上为企业解决资金难题，但是，二者存在诸多差异，熟悉它们的特点及不同之处，有利于企业在不同发展阶段做出合理的融资选择。

第三节　融资方式的类型及其选择

根据资金来源不同，融资方式可以分为债权融资和股权融资两类。

一、债权融资

债权融资是企业通过举债方式进行融资，以解决企业营运资金短缺的问题。债权融资所获得的资金属于借款性质，企业首先要承担资金的利息，另外，在借款到期后要向债权人偿还本金。债权融资的特点包括以下几点。

（1）获得的只是资金的使用权，而不是资金的所有权。负债资金的使用是有成本的，企业必须支付利息，并且在债务到期时必须归还本金。

（2）能提高债权人的资金回报率。债权融资具有财务杠杆作用，可以通过利息的支付获得更高的回报率。

（3）债权人不会产生对举债企业的控制权问题。但在一些特定的情况下，可能带来债权人对企业的控制和干预问题。

常见的债权融资形式有以下几种。

（1）银行信用。这是债权融资的主要形式，但对许多中小民营企业来说，获得银行的贷款可能是一个挑战。

（2）项目融资。项目融资是为大规模项目采取的金融活动，借款人原则上将项目本身拥有的资金及其收益作为还款资金的来源，并且将其项目资产作为抵押条件来处理，该项目事业主体的一般信用能力通常不被作为重要因素来考虑。

债权融资的风险有以下几种。

（1）经营风险。企业的经营活动对公司的偿债能力有重大影响，如果企业的经营状况出现问题，可能会影响债务的偿还。

（2）财务风险。如果企业的财务状况出现问题，如现金流短缺或资产价值下降等，可能会影响债务的偿还。

（3）经济风险。宏观经济环境的变化可能会影响企业的经营和财务状况，从而影响债务的偿还。

二、股权融资

股权融资是企业通过发行股票或者非公开发行股票的方式筹集资金的一种融资方式。在股权融资中，投资者购买企业的股票，成为企业的股东，从而获得企业的股权。企业则可以通过股权融资筹集资金，用于扩大生产、研发、市场营销等方面。

股权融资的特点包括以下几点。

（1）无须还本付息。股权融资所获得的资金是企业所有者的投入，企业无须偿还本金和支付利息，但需要按照公司章程和股东协议分配红利。

（2）所有权变化。通过股权融资，企业的股东结构会发生变化，新股东会拥有相应的股份，从而获得企业的所有权。

（3）降低财务杠杆率。股权融资可以降低企业的财务杠杆率，因为股权融资不会增加企业的债务负担，同时可以优化企业资本结构。

（4）风险分散。股权融资使得企业的风险分散到多个股东手中，每个股东承担的风险相对较小。

（5）提高企业形象。股权融资通常需要在公开市场上进行发行，有助于提高企业的知名度和形象。

常见的股权融资形式有以下几种。

（1）在公开市场上发行股票或债券。这是最常见的股权融资方式之一，通过在公开市场上发行股票或债券，企业可以吸引大量投资者并筹集所需资金。

（2）私募股权融资。私募股权融资是通过私募基金对企业进行的权益性投资，主要是以股权转让、增资扩股等方式定向引进新股东，从而获取资金的股权融资行为。

（3）风险投资。风险投资是一种专门投资于初创企业的股权融资方式，通常以长期投资的形式出现，期望通过企业未来的成长和成功获得回报。

（4）股权质押。股权质押是企业股东将自己的股权作为质押标的物出质给银行或其他金融机构，从而为债务提供担保，获取资金的融资方式。

（5）股权转让。股权转让是企业股东按照相关法律法规将手中部分股份转让给他人，使他人成为企业股东的民事法律行为。

（6）增资扩股。增资扩股是企业根据自身发展的需要，向社会募集股份、发行股票，提高企业资本金的融资方式。

股权融资的风险有以下几种。

（1）市场风险。股票或债券的价格受到市场供求关系的影响，如果市场环境发生变化，可能会影响股权融资的顺利进行。

（2）信息风险。由于公开市场信息披露的要求，企业需要向投资者提供详细的财务和经营信息，这可能会带来信息泄露或被竞争对手利用的风险。

（3）控制权风险。通过股权融资，企业的控制权可能会发生变化，原有股东可能会失去部分或全部的控制权，这可能会影响企业的战略决策和管理层的稳定性。

对创业企业而言，股权融资方式的优点体现在：① 创业企业能够与资金提供方共同承担各类经营风险，在企业发展过程中共同进退。② 创业企业不仅能够拥有资金提供方所提供的财务资源，还能够间接获得资金提供方所拥有的社会资源和管理经验等。③ 创业企业通过出让股权方式所获得的资金，不会提高企业的资产负债率，使企业的财务状况保持健康，为后续融资提供更好的经营数据支持。

三、创业融资方式选择

创业活动千差万别，所涉及的行业、初始资源禀赋、面临的风险、预期收益等有较大不同，其所要面对的竞争环境、行业集中度、经营战略等也会不同，因此，不同初创企业选择的资本结构会有所不同。对于高科技产业或具有独特商业价值的企业，经营风险较大，预期收益也较高，创业者有良好的相关背景，较多采用股权融资的方式；对于传统企业，经营风险较小，预期收益较容易预测，比较容易获得债权融资。在实践中，初创企业在初始阶段较难满足银行等金融机构的贷款条件，较多采用民间融资的方式。初创企业的类型、特征和融资方式如表9-1所示。

表9-1　初创企业的类型、特征和融资方式

初创企业的类型	初创企业的特征	初创企业的融资方式
高风险、预期收益不确定	弱小的现金流 高负债率 低、中等成长能力 未经证明的管理层	渠道：个人储蓄、亲友资助、天使投资 方式：债权融资和股权融资
低风险、预期收益好预测	一般是传统行业 强大的现金流 低负债率 优秀的管理层 良好的资产负债表	渠道：机构融资渠道 方式：债权融资

续表

初创企业的类型	初创企业的特征	初创企业的融资方式
高风险、预期收益较高	独特的商业创意 高成长 利基市场 得到证明的管理层	渠道：风险投资 方式：股权融资

资料来源：李巍，吴朝彦. 创业基础[M]. 2版·数字教材版. 北京：中国人民大学出版社，2021.

四、融资方式选择策略

根据优序融资理论，企业在融资策略选择方面可以遵循先"内部融资"后"外部融资"的顺序。企业首选内部资金，例如留存的税后利润；在内部融资不足，要进行外部融资时，可以先选择低风险类型的债务融资，后选择发行新的股票。这样更能提高资金使用效率，强化财务杠杆作用。

企业应充分考虑外部环境变化，并根据自身的经营及财务状况、需求和目标、风险和成本等。通过深入了解各种融资方式的优缺点，选择适合当下发展的融资方式。创业企业的融资不仅仅是筹集创业的启动资金，还包括整个创业过程中所有的融资活动。因此，在选择融资策略时，需要结合创业所处阶段、创业企业的特征、融资成本以及对控制权的态度等多个方面进行综合考量，这样才能选择出适合企业不同发展阶段的融资策略，促进创业企业更好地发展。

本 章 概 要

通常情况下，初创电子商务企业都是从经营小企业或者小店开始的。本章以我国小微企业融资现状为开篇案例，让拟创业者能清晰了解初创企业融资难的现状及解决办法，为本章后面内容的学习奠定基础。本章内容主要分为三个部分：第一部分介绍了创业融资的内涵与重要性、估算创业所需资金、创业融资的基本原则及条件。这一部分是本章的基础知识，也是创业者在进行创业融资前需要了解的知识。第二部分主要介绍了创业融资的渠道，并着重针对大学生创业者分析了适宜的渠道选择方案。第三部分主要结合案例介绍了债权融资和股权融资两种方式，以及选择融资方式的注意事项和策略。

思 考 练 习

1. 没钱怎么创业？
2. 结合本章开始的案例及所学知识，论述融资的作用及原则。

3. 如何进行初创企业融资估算？
4. 初创企业的融资渠道有哪些？试举例说明各种融资渠道的含义。
5. 试分析如何选择融资渠道。
6. 比较分析债权融资和股权融资的不同之处。
7. 如何选择融资方式？
8. 应用本章所学知识，分析自己小组的创业项目融资需求、融资渠道、融资方式如何设计。

实 践 篇

第十章　行业电子商务创业案例

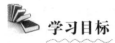 **学习目标**

- 了解不同行业电子商务企业的发展历程；
- 把握不同行业电子商务企业模式创新的方向与趋势。

 能力目标

- 正确认识不同行业电子商务企业的商业模式创新；
- 能够结合案例分析不同行业电子商务企业创业成功的密码。

 **导入案例**

垂直电商"寒气"中仍存机会

任务一　发展农村电子商务，有效助力乡村振兴

任务引入

全面建设社会主义现代化国家，最艰巨、最繁重的任务仍然在农村。实施乡村振兴战略，总目标是农业农村现代化，这是全面建设社会主义现代化的必然要求，是新时代"三农"工作的重要抓手。

党的二十大报告指出："坚持农业农村优先发展，坚持城乡融合发展，畅通城乡要素流动。"近年来，我国农村电子商务发展如火如荼。一根网线，连通城乡，让分散的小农户对接大市场，打通农产品销售及进城通道，催生出致力于产销无缝对接的新电商，实现农产品"前端"与消费者"末端"快速对接。流量变成"新农资"，直播成了新农事，电子商务销售成为农产品销售的重要渠道，也成为农民增收的新支撑，助力巩固拓展脱贫攻坚成果与乡村振兴有效衔接，为农村经济和产业发展持续注入活力。

任务目标

1. 通过调研，了解近年来我国农村电子商务行业的基本情况。
2. 通过调研，了解我国主要的农村电子商务企业是如何有效助力乡村振兴的。

任务要求

1. 通过网络查找近三年农村电子商务平台有哪些，这些平台各占据多少市场份额。
2. 针对某一农村电子商务平台，分析其营销的创新点，并分析能够带给我们哪些借鉴作用。

任务分析

北京一亩田新农网络科技有限公司（以下简称"一亩田"），是一家基于移动互联网技术、深耕农产品产地、促进农产品流通效率的互联网公司。该公司成立以来，着眼于全品类农产品，打造了全国领先的农业互联网综合服务平台。平台定位于推动"农产品进城"，致力于"让每一亩田更有价值"。截至 2022 年 4 月，一亩田平台已经覆盖全国 2800 个县的 1.5 万种农产品品类，用户数量达到 4000 万，是移动端 App 用户数量最多的农业电子商务平台。

第一节　农村电子商务创业

一、农村电子商务行业的市场发展现状分析

（一）农村电子商务的发展背景

农村电子商务已成为农产品流通的重要渠道，成为发展农村数字经济的突破口、领头羊，为脱贫攻坚取得全面胜利发挥了重要作用。在全面推进乡村振兴、加快建设农业强国的新征程中，农村电子商务还有巨大的发展空间，需要政府部门、广大经营主体、社会各界进一步聚力推进，不断创新，实现农村电子商务高质量发展。

近年来，农村电子商务的蓬勃发展为农产品架设了流通新平台。2022 年 1 月，《中共中央　国务院关于做好 2022 年全面推进乡村振兴重点工作的意见》要求"发挥脱贫地区农副产品网络销售平台作用"。用好网络销售平台，有助于进一步拓宽农民增收路径。

中研普华研究院发布的《2023—2028 年农产品电商行业深度分析及投资战略研究咨询报告》显示：电子商务服务网点在全国大量建立，农产品商贸流通渠道得到畅通，将为农业农村现代化和乡村振兴贡献力量。电子商务进农村示范等项目已收尾，政府部门应继续推进农产品电子商务发展，增强乡村振兴促进作用，有必要明确农村电子商务在乡村振兴战略中的重要作用，树立"抓电商就是抓产业、抓发展"的思维，把农村电子商务作为乡村大产业来培育，加大政策支持和引导力度，健康有序发展各类电子商务新模式，充分发挥电子商务渗透融合作用，助力乡村全面振兴。

《中共中央 国务院关于做好 2022 年全面推进乡村振兴重点工作的意见》提出实施"数商兴农"工程，推进电子商务进乡村。"数商兴农"是发展数字商务振兴农业的简称，包括引导电子商务企业发展农村电子商务新基建，提升农产品物流配送、分拣加工等电子商务基础设施数字化、网络化、智能化水平，发展智慧供应链，打通农产品上行"最初一公里"和工业品下行"最后一公里"等。

对于农产品电子商务来说，有保障的供应链渠道和高质量的资源配置才能吸引消费者买到具有高性价比的商品。然而，众多农产品电子商务平台在产品种类、服务体验以及配送方面的特点并不突出，这种没有独特发展特点、缺乏核心竞争力的模式，无法在竞争激烈的电子商务市场上持久延续。到 2025 年，农村电子商务业态类型不断丰富；农产品网络零售额达到 1 万亿元；新增乡村创业带头人 100 万人，带动一批农民直播销售员。

（二）2023 年农产品电子商务行业的深度分析

过去几年，虽受新冠疫情影响，但农产品网络零售依然超过预期。"2022 年我国农产品电商超额完成《2022 年数字乡村发展工作要点》的目标，特别是超额完成'农产品电商网络零售额突破 4300 亿元'的目标，达到 5313.8 亿元，同比增长 9.2%。"中国食品（农产品）安全电商研究院与北京工商大学商业经济研究所联合发布了《2023 中国农产品电商发展报告》，报告显示，2022 年我国经济发展的不少亮点为农村电子商务创造了发展条件，2023 年农产品电子商务进入中高速发展时期。

农产品电子商务迈入高质量发展阶段，呈现出三大趋势：一是数字化从餐桌延伸到土地，数据成为新型农业生产要素。二是数字技术弥合东西部差距，西部农产品电子商务搭乘新基建进入"快车道"。三是近场电子商务改造农产品供应链带动鲜花首次进入销售品类前十。"一带一路"倡议实施以来，已经具有较大的影响和初步效果，大量的农产品通过网上"走出去"，通过网上"走进来"，农产品中欧班列、中欧冷链班列相继开出，"网上一带一路"效应逐渐显现，农产品电子商务国际化将呈现常态化趋势。

2023 年 3 月，《中共中央 国务院关于做好 2023 年全面推进乡村振兴重点工作的意见》（简称《意见》）发布。这是 21 世纪以来，中央连续出台的第 20 个指导"三农"工作的一号文件。《意见》强调加快发展现代乡村服务业，推动农村客货邮融合发展。目前来看，农产品电子商务多种模式创新发展，直播电商、预制菜电商将进入升级发展阶段，农产品电子商务企业和平台加快数字化转型，农产品电子商务上行呈网上网下融合发展趋势，农产品跨境上行量将越来越大，农产品标准化促进农产品电子商务品牌化发展，绿色化促进农产品电子商务生态化发展，"无接触性"交易模式再趋流行，农产品供应链数字化控制塔成时尚。值得一提的是，农产品跨境电子商务继续保持高速增长。

（三）农村电子商务的发展趋势

随着互联网的普及和电子商务的发展，农村电子商务已经成为一个备受关注的领域。在过去的几年里，农村电子商务已经取得了一定的成绩，但是仍然面临着一些挑战。在未来，农村电子商务将会面临哪些趋势和挑战呢？

（1）随着互联网技术的不断发展，农村电子商务将会越来越普及。目前，农村电子商务的普及率还比较低，但是随着互联网技术的不断发展，农村电子商务的普及率将会不断提高。未来，农村电子商务将成为农村经济的重要组成部分，为农民提供更多的商业机会和就业机会。

（2）随着消费升级的趋势，农村电子商务将会面临更多的机遇和挑战。随着消费升级的趋势，消费者对商品的质量和品牌的要求越来越高。未来，农村电子商务将面临更多的竞争，需要不断提高商品的质量和品牌的知名度，才能在市场上获得更大的份额。

（3）随着物流技术的不断发展，农村电子商务的物流问题将得到更好的解决。目前，农村电子商务的物流问题还比较突出，但是随着物流技术的不断发展，农村电子商务的物流问题将得到更好的解决。未来，农村电子商务的物流将会更加便捷和高效，为消费者提供更好的服务。

（4）随着政策的不断支持，农村电子商务将会得到更好的发展。目前，政府已经出台了一系列的政策来支持农村电子商务的发展，未来政府将会继续加大对农村电子商务的支持力度，为农村电子商务的发展提供更好的环境和条件。

总之，未来农村电子商务将会面临更多的机遇和挑战，需要不断提高自身的竞争力，才能在市场上获得更大的份额。同时，政府和企业也需要加大对农村电子商务的支持力度，为农村电子商务的发展提供更好的环境和条件。

二、案例分析：一亩田

任务二　化妆品电子商务的营销模式

任务引入

随着互联网的不断发展，化妆品行业搭上了电子商务的快车，在各大平台直播间中都能看到化妆品的营销。有那么一个模式，让一个小团队在短短一个月内就做到了上千万元的营业收入，就只靠499元一盒的面膜。但是这个小团队做的是一个商城，里面还有很多其他的商品，加起来的话，他们总共做到了3000多万元，这样的成绩还算是不错了吧？

单单只靠卖产品是不可能达到的，所以需要分析他们所采用的商业模式了，他们经营的商城不单只有面膜，还有化妆品、护肤品等，还对接了很丰富的供应链。

他们采用的就是拼购的模式，为什么消费者愿意在他们的商城里购买商品，就是因为在他们的商城里购买商品，价格要比其他的地方便宜一些，而且最重要的是在他们的商城里购买商品可以赚钱。

为什么在他们的商城里消费还能赚钱呢？给你们举一个简单的例子就懂了，他们卖的面膜也不是什么杂牌，而是某知名品牌，在各个主流电子商务平台都有卖，都在554元左右一盒。

随着互联网经济的发展，人们对生活质量的要求越来越高。人们常说："作为女人，我们应该优雅。从外到内，给人一种舒适典雅的感觉。"化妆品美妆已成为女性的热门话题。化妆品作为快消品，是现代人必不可少的生活必需品，有着无限的市场。人们对化妆品的需求日益增长，化妆品行业也随着国民经济的增长高速发展。化妆品行业空前火爆，多元化发展是大势所趋！"多品牌"属性是其重大特色。全方位聚集了数百个品牌的数千款热门产品，涵盖了基础护理、高端化妆品、香水香精、美妆工具等多个系列。这对于想要创业、想要投资的人来说，也是一大投资契机。在满足现代消费者多样化需求的同时，也能够更轻松便捷地一站式购物，对于当代女性来说，没有比这更方便齐全的模式了，消费者能够享受更优质的服务体验。

任务目标

1. 通过调研，了解近年来化妆品行业电子商务的基本情况。
2. 通过调研，了解化妆品行业电子商务企业创业成功的因素。

任务要求

1. 通过网络查找近三年化妆品电子商务平台有哪些，这些平台各占据多少市场份额。
2. 针对某一化妆品电子商务平台，分析其营销的创新点，并分析能够带给我们哪些借鉴作用。

任务分析

2010年，踩着垂直电子商务和团购的风口，聚美优品仅用了四年时间就坐上了"中国美妆电商第一"的位置。2014年，聚美优品在纽约证券交易所成功上市，市值最高曾达到57.8亿美元，当时年仅32岁的陈欧也成为纽约证券交易所历史上最年轻的CEO，这是聚美优品和陈欧最为高光的时刻。

但是从高处摔下来，聚美优品用的时间更短。上市后没不久，聚美优品就被爆出假货的问题，从"我为自己代言"到"我为假货代言"，陈欧以及聚美优品的声誉可谓一落千丈。2014年年底，聚美优品市值已不足13亿美元。

就在聚美优品走下坡路时，淘宝、京东等综合电子商务平台逐渐崛起，垂直电子商务的生存愈发艰难。随着市场竞争加剧，聚美优品面临着越来越多的冲击。

2016年2月，聚美优品上市还不到两年的时间，陈欧以"聚美优品在美股市场被严重低估"为由，首次提出私有化方案，但是7美元的收购价格还不及发行价的三分之一，这遭到了中小股东的激烈反对，首次私有化以失败告终。

聚美优品私有化失败之后，陈欧似乎已经无力拯救陷入困境的聚美优品，开始尝试多元化转型。但无论是拍电视剧还是做短视频，陈欧也很难再有最初的运气，"风口上的猪"并不是每次都能飞起来。主业难以起死回生，副业也四处碰壁，聚美优品逐渐被边缘化。

2023年4月15日，曾经无限风光的"中国美妆电商第一股"——聚美优品完成私有化，无奈从纽约证券交易所黯然退市。持续四年，两次提出私有化要约才艰难完成的聚美优品。

> 作为曾经的化妆品行业电子商务领军企业到市场份额被蚕食，聚美优品成功的经验与衰落的原因是什么？在垂直电子商务已衰落的今天，接下来出路何在？

第二节　化妆品电子商务创业

一、中国美妆新零售店的销量现状与趋势调研

2023 年第一季度的相关数据陆续出台。据国家统计局最新发布的数据，2023 年 1—3 月化妆品零售总额达到 1043 亿元，同比增长 5.9%，回暖迹象明显。

其中"美妆潮流零售店"在过去几年整体经历了波浪式起伏。先是调色师的异军突起带动整个"美妆潮流零售店"赛道受到资本追捧，并迅速成为零售界的新宠；随后又因为新冠疫情影响导致的关店潮现象而压力大增，2022 年更是迎来了行业大洗牌。

据赢商大数据监测，虽然在 2022 年 9 个重点城市约 200 个标杆购物中心新开店 1.1 万家，关店数却达到了 1.3 万家，开关店比例为 0.85，为疫情三年来调整幅度最大的一年。而美容护理类店铺的开关店比例更是达到了 0.72，低于平均水平。这说明美妆店铺 2022 年在购物中心关旧店开新店的调整幅度要比其他类型的店铺更大。

从魔镜市场情报获取的数据显示：美妆线上销售最重要的三个平台——淘宝、天猫和抖音彩妆/香水/美妆工具类产品的销售额同比下滑了 2.26%。

来自欧特欧国际咨询公司对全网各电子商务平台的数据监测则显示，2023 年第一季度彩妆/香水美妆工具类产品的销售额同比下滑达到了 4.19%。这说明彩妆、香水在线上非核心渠道的下滑幅度更大。

抽取了部分品牌采访发现，彩妆在线下回潮明显。Mistine（蜜丝婷）、PL（恋火）、Colorkey（珂拉琪）、Pink Bear（皮可熊）等多个品牌均表示 2023 年第一季度，整个线下渠道环比和同比都有不同程度的上升。已经覆盖了线下一万多家网点的 Mistine（蜜丝婷）甚至表示："受益于疫情防控放开后线下消费复苏的加持，2023 年一季度线下渠道同比增长非常迅猛，属于整个销售战线中相当亮眼的渠道之一。"

不仅是这些"新锐"彩妆品牌在线下的销量开始增长，其他国货彩妆的销量也开始回升。据卡姿兰河北省线下代理商透露，2023 年 3 月在实体零售卖场的一档活动销售额就达到了 255 万元；而来自美得得·美妆连锁 ERP（企业资源计划）系统对线下数万家门店 POS 机收银端的数据则显示，玛丽黛佳在 2023 年 3 月 13 日至 3 月 26 日的连续两周时间里，两款美颜霜的销售额再次冲到了第一和第二的位置。但值得注意的是，在由"化妆品品牌专柜""化妆品专营店""美妆潮流零售店""百货商超"等多种业态组成的线下美妆零售生态中，由彩妆和香水打头阵，日用护肤做覆盖的"美妆潮流零售店"正成为本轮线下美妆的"领涨员"。

以其中最具代表性的 THE COLORIST 调色师为例，来尝试走进这轮线下美妆复苏大幕的背后。据 KK 集团发布的月度简报显示，2023 年 1 月，集团旗下"美妆潮流零售品牌"调色师单店 GMV 同比增长超 40%，单日业绩创 480 天新高，单月 GMV 创 23 个月新高；

2月增长持续走强，同比保持在两位数；3月更是同比大涨50%；这直接拉动调色师2023年第一季度整体GMV合计增长30%。

以下为中研普华研究院《2023—2028年中国美妆新零售行业经营模式分析及发展前景展望报告》的研究结果。

（一）国内化妆品市场势头回暖

根据国家统计局发布的数据显示，化妆品品类在2023年1—2月份同比增长3.8%，相对较为平缓，3月份则增长9.6%，而进入4月份，化妆品类同比增长则达到惊人的24.3%，增速跑赢社会消费品零售总额大盘的18.4%，零售总额达到276亿元，并在增速和数值上均超过疫情前。

在全面回暖的化妆品市场中，线下渠道的复苏更快，在2023年前四个月的社会消费品零售总额数据中这一点有明显呈现。

2023年前四个月，化妆品社会消费品零售总额数据总额的增长大于多个三方数据机构所统计的主流电子商务化妆品类总销售额的增速。尤其是在第一季度，线上化妆品类增速为负，这意味着线下渠道承担了这期间化妆品增长的大头。

根据《中国化妆品》从多位业内人士处了解，线下化妆品零售的普遍性复苏是从2023年3月下旬开始，并充分体现在4月的数据中。多个专柜、线下美妆集合店、美妆品牌在4月的销售额均出现了同比较高的增长。

（二）线下渠道成为重要增长点

线下美妆渠道主要由品牌专柜及门店、美妆集合店（包括传统CS渠道、新兴集合店等）、百货商超等业态构成。

先看美妆集合店，新国产美妆的崛起给了新渠道机会，从2019年下旬开始，在KK集团的THE COLORIST调色师与"小样经济"代表话梅（HARMAY）走红后，一批新兴美妆集合店如雨后春笋般扎堆冒头。但在过去几年线下遇冷的情况下，几乎所有美妆集合店门店数量均有收缩。

而一些积攒了一定品牌力且有足够资金加持的美妆集合店"熬"过了寒冬，迎来了春天。它们在2023年重新开始扩张且同店销售额重回正向增长。

以THE COLORIST调色师为例，据品牌介绍，其门店已经连续4个月实现同店同比2位数高增长，其中4月店均GMV同比增长超46%，3月更是同比增长超50%。同时，其在武汉、柳州、石河子、鞍山等地均有新店开业。

同为KK集团旗下的KKV，在2023年4月实现同比37%的同店GMV增长。据不完全统计，KKV 2023年已经在重庆、长沙、无锡等地开了8家新门店。

（三）在新兴美妆集合店中，仍以降本增效，闭店收缩为主

传统CS渠道一度受到新兴美妆集合店的强烈冲击，但一些具备硬实力沉淀的头部品牌依旧表现出了有韧性的抗风险能力，在2023年迎来了业绩回暖。

据久谦中台数据统计，屈臣氏、丝芙兰等CS渠道，在2023年4月的平均同店销售额均有两位数的提升。其中尤其是丝芙兰，平均同店销售额同比增长近40%，数据超越许多

新兴美妆集合店。根据屈臣氏最新规划，2023年，屈臣氏计划将开出300家以上新店。

同时得到业绩提振的还有莎莎SASA和万宁，这两个因赴港旅游人数下降，从而营业收入低迷的"难兄难弟"，2023年在中国大陆的门店销售额迎来了上升。

据莎莎SASA财报显示，其内地的同店销售额在第一季度同比上升5.1%。而在2023年4月，据久谦中台数据，莎莎SASA和万宁在4月的平均同店销售额同比均实现两位数的上涨，莎莎SASA甚至超过50%。

从品牌专柜以及门店数据来看，据久谦中台数据，多个化妆品牌同店销售额均有提升，大多同比增长超两位数。其中，兰蔻、兰芝、资生堂、欧诗漫、SK-II、香奈儿（美妆）、倩碧、M.A.C等品牌的同比增长超过100%。

大型购物中心对品类复苏的呈现则更为具体。根据银泰百货数据显示，在其2023年3月下旬至4月初的"春季美妆节"中，销售额同比增长近两成。

而在"五一"假期期间，银泰百货全国门店客流同比增长164%，防晒喷雾销量同比上涨300%，美白面膜、精华均有不同程度的增长。

线下零售市场显著的增长势头，无疑给整个化妆品行业带来了极大振奋。

二、案例分析：聚美优品

任务三　中国跨境电子商务的发展现状

任务引入

随着全球化的进程不断加速，跨境电子商务平台成为越来越多用户的首选购物方式。据统计，目前全球跨境电子商务市场规模已经达到了数万亿美元，而中国跨境电子商务市场也在迅猛发展中，成为全球最大的跨境电子商务市场。

2018—2020年，我国跨境电子商务的市场规模增速持续加快，但2020年后，由于新冠疫情防控政策使得跨境物流运输受到一定的阻碍，我国跨境电子商务的市场规模增速逐渐放缓。2021年，我国跨境电子商务市场规模上涨至14.2万亿元，较2020年度同期增长了13.6%。但2022年年底，我国放开了新冠疫情的限制政策，境内外物流运输的便捷性提高，跨境电子商务市场规模达15.7万亿元，未来我国跨境电子商务的市场规模还将迎来较大幅度的上涨。

任务目标

1. 通过调研，了解近年来我国跨境电子商务企业的现状。

2. 通过调研，了解主要跨境电子商务平台成功的主要因素。

任务要求

1. 通过网络查找近三年我国跨境电子商务平台有哪些，这些平台各占据多少市场份额。
2. 针对某一跨境电子商务平台，分析其营销的创新点，并分析能够带给我们哪些借鉴作用。

任务分析

市场研究机构 eMarketer 发布最新报告称，东南亚和拉美包揽全球电子商务市场规模增速冠亚军，是 2022 年仅有的两个电子商务销售额增幅超过 20% 的市场。相比之下，全球电子商务销售额预计增长 12.2%，东南亚和拉美将领跑全球电子商务增长。Shopee 作为东南亚领航电子商务平台，到目前为止，新加坡、马来西亚、菲律宾、泰国、越南、巴西等十余个市场都已经被这个平台所覆盖，十余个市场触达超 10 亿人口红利和超高流量支持帮助中国卖家连接东南亚和拉美市场。要知道，一个跨境电子商务平台未来的体量能够做到什么规模，是由这个平台所覆盖的市场大小来决定的。由此可见，Shopee 市场的前景十分强劲。

在谷歌应用商店全球购物类 App 中，Shopee 用户使用总时长位居第一，平均月活跃用户数位居第二。该数据说明如今的 Shopee 全球扩展势态良好，同时，Shopee 的东南亚市场也依旧处于持续完善与巩固中。有数据显示，在东南亚、印度尼西亚及巴西市场的购物类 App 中，Shopee 平均月活跃用户数及用户使用总时长均位列第一。同时，Shopee 品牌影响力广泛，入榜 YouGov2021 全球最佳品牌榜第六，为位居前列的电子商务品牌。更值得一提的是，即便是在疫情之下，Shopee 的市场业绩依旧十分亮眼。2022 年 8 月，据母公司 Sea2022 第二季度财报，电子商务（Shopee）收入为 17 亿美元，同比增长 56.2%；总订单数 20 亿，同比增长 41.6%；GMV190 亿美元，同比增长 31.4%。

第三节 中国跨境电子商务创业

一、跨境电子商务的行业现状与发展趋势分析

随着互联网的不断发展，跨境电子商务作为一种全新的商业模式已经逐渐崭露头角。跨境电子商务的出现，让越来越多的商家看到了扩大市场的机会，也为消费者提供了更加便利、更加优质的购物体验。本节将从跨境电子商务的定义、行业现状、发展趋势等方面进行探讨。

（一）跨境电子商务的定义

跨境电子商务是指通过互联网实现跨越国境的商品销售。在传统的贸易模式中，跨境贸易存在着较高的物流、关税、资金等成本，而跨境电子商务通过互联网的全球化特性，打破了这些限制。目前，跨境电子商务主要以 B2C 模式为主，即企业面向消费者的直接销售。

（二）跨境电子商务的行业现状

1. 市场规模不断扩大

据统计，2020 年全球跨境电子商务市场规模已经达到了 9.09 万亿美元，预计到 2025 年将达到 16.93 万亿美元。在中国市场方面，2020 年中国跨境电子商务市场交易额已经达到了 1.75 万亿元，同比增长了 21.3%。

2. 品类和渠道不断拓展

随着消费者需求的不断变化，跨境电子商务的品类和渠道也在不断拓展。除传统的服装、鞋帽、家居用品等商品外，化妆品、母婴用品、食品保健品等新兴品类也开始受到消费者的青睐。同时，跨境电子商务的销售渠道也从早期的自营电子商务逐渐扩展到平台电子商务、社交电子商务等多种形式。

3. 发展不平衡，竞争加剧

虽然跨境电子商务的市场规模不断扩大，但是行业内的发展不平衡。当前，美国、英国、日本等发达国家的跨境电子商务市场已经比较成熟，而发展中国家的市场还处于起步阶段。在国内市场方面，跨境电子商务的竞争也愈加激烈，各大电子商务平台和自营商家为了争夺市场份额，纷纷推出各种优惠政策和服务。

4. 政策风险

跨境电子商务市场的快速发展也伴随着政策风险。不同国家和地区的政策不同，有的国家对跨境电子商务的税收和监管非常严格，而有的国家则相对宽松。因此，跨境电子商务企业需要对相关国家和地区的政策进行了解和研究，以应对政策变化带来的风险。

5. 未来趋势

未来，跨境电子商务市场仍将继续保持快速增长的趋势。随着技术的发展，物流效率的提高，跨境电子商务将更加便捷和普及化。未来，消费者的需求将更加多元化，跨境电子商务企业需要加强自身的品牌建设和服务水平提升。

（三）跨境电子商务的发展趋势

1. 全球化趋势越发明显

随着互联网的普及和全球化的趋势，跨境电子商务的国际化程度将会越发明显。未来，跨境电子商务将更加注重跨国贸易，以提高市场占有率和降低成本。

2. 多元化的产品和服务

未来的跨境电子商务将会越来越注重产品和服务的多元化。在产品方面，跨境电子商务将会开发更多的新品类，同时提高产品质量和服务体验，以满足消费者的不同需求。在服务方面，跨境电子商务将会加强售后服务和物流配送等环节，提高消费者的购物体验。

3. 智能化和数字化的发展趋势

随着技术的不断发展，跨境电子商务将会越来越注重智能化和数字化的发展趋势。未来，跨境电子商务将会通过人工智能、大数据等技术手段，实现精准化的营销和客户管理，提高企业的效率和竞争力。

跨境电子商务作为一种新兴的商业模式,具有较大的市场潜力和发展空间。虽然行业内的竞争愈加激烈,但是未来跨境电子商务仍将会通过多元化的产品和服务、智能化和数字化的发展趋势等方式,满足消费者的需求,提高企业的效率和竞争力。

二、案例分析：Shopee 平台

任务四　2023年母婴商家如何破局精耕增长

任务引入

在母婴新消费时代下,商家面对的机遇与挑战不可同日而语。当流量红利、人口红利式微,加之大环境带来的各种挑战,以及愈发激烈的市场竞争压迫下,圈地跑马、"烧钱"换增长的时代已经过去,行业迎来比拼耐力、效率的下半场,"精耕增长"更成为企业破局的重要手段。

2023年,母婴商家究竟该如何精耕细作,才能实现增长并留在最后的牌桌上？5月25日,在由第二届 IBTE 广州童博会联合母婴行业观察共同举办的"精耕增长·未来母婴零售大会"上,多位资深从业者、专家齐聚一堂,共同解码未来母婴零售法则,探讨"精耕增长"之道。

"减肥增肌"已经成为母婴企业的必修课,但往往做减法比做加法还难,需要企业做到四个聚焦：一是产品聚焦,砍掉不赚钱的业务线,精简 SKU；二是用户聚焦,更纵深地研究用户需求,服务好特定的那波用户；三是渠道聚焦,把最核心的精力和资源投入最有竞争力的地方；四是市场聚焦,中低端、高端、超高端市场,从价值和成本角度更理性地衡量自己的定位。

面对抖音、小红书、妈妈网等众多母婴营销战场,企业唯有找准适合自己的平台,才能达到投放结果最优化。从营销端出发,各平台与机构又是如何赋能商家,助力品牌实现高效赋能与产出的？

任务目标

1. 通过调研,了解近年来我国母婴电子商务企业的现状。
2. 通过调研,了解主要母婴电子商务平台成功的主要因素。

任务要求

1. 通过网络查找近三年我国母婴电子商务平台有哪些,这些平台各占据多少市场份额。

2. 针对某一跨境电子商务平台（妈妈网），分析其营销的创新点，并分析能够带给我们哪些借鉴作用。

任务分析

随着母婴行业走进存量市场，头部母婴垂直平台将凭借专业性、服务功能多样性等优势，使其用户黏性持续提高。从当前的孕母资讯获取及选品方式看，头部母婴垂直平台的使用率明显更高，通过分龄精准场景和高频流量场景获得精准用户，对用户的全生育周期进行管理，实现分阶段的精准信息传递。

iiMedia Research（艾媒咨询）数据显示，超过七成（72.8%）的受访用户常用的母婴垂直 App 是妈妈网孕育；宝宝树孕育排在第二，占比 63.8%。艾媒咨询分析师认为，随着母婴行业进入存量时代，在用户的消费需求精品化、信息获取专业化背景下，流量、用户将进一步往头部母婴平台集中，头部母婴平台品牌效应显现。

数据显示，目前母婴行业市场中，超过千万月活人数的母婴垂直 App 分别是妈妈网孕育和宝宝树孕育，其中妈妈网的平均月活人数接近 2000 万，处于行业领先地位。艾媒咨询分析师认为，妈妈网提供了多样化功能，包括经验分享、问诊以及商城等，一站式的服务功能满足了用户需求，有效提升了用户留存。

第四节　我国母婴电子商务创业

一、母婴电子商务的市场现状

根据观研报告网发布的《中国母婴电商行业发展趋势分析与投资前景研究报告（2023—2030 年）》显示，近年来，我国母婴用品市场规模不断扩大。根据数据显示，2021 年我国母婴消费市场规模从 2018 年的 3 万亿元增长到了 4.87 万亿元，并预计到 2024 年我国母婴消费市场规模将超过 76 000 亿元。

而如今是大数据时代，不少企业借助互联网的东风抵达彼岸，消费主力和消费对象转移格局渐显，新需求变化不断，消费场域亦在变迁。当下的年轻妈妈们倾向于在备孕、怀孕以及孕后获取相关资讯，电子商务平台则是她们获取母婴信息的重要渠道。根据数据显示，2021 年有 91.9%的妈妈会在母婴垂直类 App 中获取相关资讯，这也为母婴电子商务培育了巨大的潜在消费群体。

（一）母婴电子商务市场的主要平台介绍

2023 年榜单规则依据：母婴网十大品牌榜数据由 CNPP 品牌榜中榜大数据研究院和 CN10 排排榜技术研究院通过资料搜集整理，并基于大数据统计及人为根据市场和参数条件变化的分析研究专业测评而得出，是大数据、云计算、数据统计真实客观呈现的结果，CN10/CNPP 是我国客观公正的测评研究机构/大数据云计算公司，通过广泛搜集整理汇编全球大量数据，结合专业独立调研测评，定期发布更新客观公正的排行榜，如图 10-1 所示。

目前买购品牌榜手机 App 上，已经覆盖了大部分行业的知识排行榜、品牌排行榜，在购物前先用买购网 App 查一查，知识榜、品牌榜，查排行用买购网！原始数据来源于用户企业免费自主申请申报和 CN10/CNPP 品牌数据部门主动收录研究得出的品牌信息资料库、信用指数以及几十项数据统计计算系统生成的行业大数据库，并以企业实力、品牌荣誉、网络投票、网民口碑打分、企业在行业内的排名情况、企业获得的荣誉及奖励情况等为基础，通过特定的计算机模型对广泛的数据资源进行采集分析研究，综合了多家机构媒体和网站排行数据，经人工智能和品牌研究员专业测评，根据市场和参数条件变化，计算机程序汇编生成显示在网站上，只有在行业出名、具有规模、影响力大、经济实力强的企业才会被系统收录并在网站上面展示出现。

图 10-1 我国母婴电子商务的主要平台

（二）母婴电子商务的市场规模及未来发展趋势

近年来，随着电子商务不断渗透至各类线下消费形态，我国母婴电子商务得以迅速发展。随着人们消费观念的提升以及全面"三孩政策"的实施，我国母婴电子商务市场将面临前所未有的发展机遇。具体包括以下几点。

1. 国家开放"三孩政策"，推动母婴行业不断加速

由于我国母婴消费市场主要受人口出生率变动、消费水平升级以及移动互联网的崛起等因素影响。因此，随着国家三孩政策的全面放开，母婴行业迎来了高速发展时期，产品也将日益丰富，渠道多方面拓展。虽然近年来我国新生人口数量在不断下降，但总体基数仍旧较大，每年新生儿数量达 1000 万人以上。而且目前国家已经全面放开三孩政策，在 2022 年的两会上又开始讨论起鼓励生育的政策。可以看出，未来国家的政策方向肯定是要

促进人口增长的，儿童数量会不断增加。根据数据显示，2021年我国出生人口1062万人，人口出生率为7.52‰。

2. 用户进一步年轻化，"90后"宝妈成为市场消费主力，观念转变影响消费

根据调查显示，目前母婴市场主力中，用户进一步年轻化，"90后"妈妈占比最高，正处在职业黄金期的她们消费能力最强，是婴幼儿消费的核心主力。根据数据显示，26～30岁群体占比最高，为37.8%；其次为小于26岁的群体，占比为32.5%。根据了解，与前人群不同的价值观差异，作为互联网的原住民，"90后"妈妈对社交网络的依赖性更强，爱分享，也容易被"种草"。再者，作为生活在物质生活丰富的一代，也让她们在经济上有更大的自主权，更加有对美和品位的追求，更加挑剔，重视生活的品质感与质价比。此外，一线城市妈妈们的高收入也让她们拥有了更强的消费力，在育儿花销上遥遥领先于其他城市。

3. 母婴家庭育儿人均ARPU平稳增长

近年来，我国母婴家庭育儿人均ARPU（每用户平均收入）快速增长。根据数据显示，2021年我国母婴家庭育儿人均ARPU达到5692元，同比增长9.3%。2022年我国母婴家庭育儿人均ARPU超过6250元。

4. 线上消费占比持续大幅提升

近年来，随着消费升级，育儿成本上升，母婴行业伴随着线上带货直播风口顺势而行，使得线上消费占比持续大幅提升。根据数据显示，2021年母婴线上渠道规模占比从2016年的21.2%增长到了25.9%。预计疫情后线上消费习惯得以保持，未来几年仍将保持高位，2022年我国母婴线上渠道规模占比达到26.6%。

5. 国家政策频频发力，利好我国母婴电子商务行业的发展

2021年5月31日，中共中央政治局会议审议通过《中共中央 国务院关于优化生育政策促进人口长期均衡发展的决定》，提出进一步优化生育政策，实施一对夫妻可以生育三个子女政策及配套支持措施；2021年9月，国务院印发了《中国妇女发展纲要（2021—2030年）》和《中国儿童发展纲要（2021—2030年）》，其中也提到保障女性生育权益、完善三孩生育政策配套措施等内容，总体来看，为提升全国生育水平，国家政策频频发力。

中国母婴电子商务行业的发展趋势分析表明：① 消费类型的多样化，消费者越来越喜欢通过网络购买母婴用品，未来消费者的消费观念将不断发生变化，从而推动中国母婴电子商务的发展。② 技术进步，技术的发展将使中国母婴电子商务行业更加智能化，更具有竞争力。③ 行业联盟的发展，行业联盟将通过改善行业环境，建立良好的行业标准，丰富产品种类，创新营销理念，促进中国母婴电子商务行业的发展。

随着技术的发展和消费结构的变化，中国母婴电子商务行业市场将不断扩大，前景广阔，未来发展趋势也将越来越明显。未来，中国母婴电子商务行业将继续加大对科技的投资，提高服务水平，提升消费者的满意度，促进行业的发展，实现未来更大的市场规模。

总而言之，中国母婴电子商务行业规模及未来发展趋势，受到消费者消费结构的变化、技术进步、行业联盟的发展等因素的影响，市场规模将不断扩大，前景广阔，未来发展趋势将越来越明显。

二、案例分析：妈妈网

本章概要

本章介绍了不同行业的电子商务创业案例，包括农村电子商务、化妆品电子商务、跨境电子商务以及母婴电子商务四个行业，分别以一亩田、聚美优品、Shopee、妈妈网为例，介绍了企业的发展历程、商业模式与创新之路、运营策略及创业启示。

思考练习

1. 不同行业的电子商务创业商业模式与创新之路是否存在差异？为什么？
2. 归纳总结农村电子商务、化妆品电子商务、跨境电子商务以及母婴电子商务四个行业在企业创业过程中的成功经验。

第十一章　电子商务创业案例——商业模式创新

学习目标

- 了解商业模式创新的思路；
- 把握商业模式创新的方向与趋势。

能力目标

- 正确认识电子商务创业中的商业模式创新；
- 能够结合案例分析电子商务创业中的商业模式创新的思考。

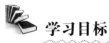
导入案例

商业模式创新能给我们带来什么？——从技术创新到商业模式创新

任务一　共享经济——街电

任务引入

2020年7月21日，习近平总书记主持召开企业家座谈会时发表讲话，指出："要勇于创新，做创新发展的探索者、组织者、引领者，勇于推动生产组织创新、技术创新、市场创新，重视技术研发和人力资本投入，有效调动员工创造力，努力把企业打造成为强大的创新主体。"

在第二届中国"互联网+"大学生创新创业大赛全国决赛上，一个共享经济项目——ofo共享单车横空出世，一举获得当年比赛季军。这个项目在参加决赛时已经让资本打得"头破血流"，真格基金的创始人徐小平甚至说："小黄车项目，我们有幸投到了一点点。"就是当年的小黄车把共享经济带到了我们的生活之中。商业模式的这一创新使众多天使投资人眼前一亮，从PPT走到现实的共享单车引来了资本的投资热潮，众多共享单车——上马。虽然当年的小黄车已经黯然落幕，但大浪淘沙留下来的共享经济项目则发展稳定。根据相关数据显示，仅2017年上半年，共享经济吸金总额即达104.33亿元。在资本的加持下，数千个共享项目在不到两年的时间内孵化产生。小到共享篮球、共享雨伞，大到共享办公室、共享车间……从衣食住行到生产制造，俨然已是一片全面共享的新态势。众多共享经济相关项目如雨后春笋般成长起来，也给我们带来了深刻思考：在商业模式创新过程中，最重要的是什么？如何从最初吸引投资走向最后的稳步发展？

任务目标

1. 通过完成任务，了解近年来共享经济的基本情况。
2. 通过完成任务，了解共享经济商业模式创新的要素。

任务要求

1. 通过网络查找过去的第八届中国"互联网+"大学生创新创业大赛资料，查找感兴趣的商业模式创新项目，分析其基本情况。
2. 针对该项目，分析其商业模式创新点，并分析能够带给我们哪些借鉴作用。

任务分析

如何通过商业模式创新产生新的项目，并真正展开项目运作，是很多创业者非常关注的话题。国家信息中心于2023年2月发布的《中国共享经济发展报告（2023）》显示，2022年我国共享经济市场交易规模约38 320亿元，同比增长约3.9%。不同领域共享经济发展的不平衡性凸显，生活服务和共享医疗两个领域市场规模同比分别增长8.4%和8.2%，增速较2021年分别提高了2.6个百分点和1.7个百分点，呈现出持续快速发展的良好发展态势。接下来，我们以街电为例，来看看共享经济是如何创新和发展的。

第一节 共享经济

一、共享经济的诞生与发展阶段

（一）共享经济的诞生

共享经济（sharing economy）或分享经济，有时也被称为合作经济（collaborative economy）或者合作性消费（collaborative consumption），最早出现在1978年美国伊利诺伊大学社会学教授琼·斯潘思和得克萨斯州立大学社会学教授马科斯·费尔逊发表的论文 *Community Structure and Collaborative Consumption: A Routine Activity Approach* 中。但是，共享经济的流行却是在最近的几年，其核心的组成是一个由商业机构、组织或者政府创建的以信息技术为基础的第三方市场平台。平台的参与个体借助于平台交换闲置物品，或者向某个创新项目和企业提供资金。合作性消费在2011年被美国《时代周刊》评为"即将改变世界的十大想法"。

哈佛大学历史学和商务管理教授南希·科恩认为，共享经济是个体之间进行的直接交换商品与服务的系统。这个商品与服务的交换系统理论可以涵盖所有方面，从简单的搭车到共享房间、闲置物品等。基于互联网和移动互联网的快速发展，实现了在任何时间将世界各地成千上万的人们连接，从而实现了这种直接交换可以发生于全球的参与到系统中的所有人。消费者通过互联网进行交换，可以享用更加舒适、快捷和实惠的商品与服务。

2008年金融危机后，受经济萧条、人口增长和资源压力等因素影响，在信息技术浪潮的推动下，共享经济得以快速发展，在全球范围内迅速崛起。共享资源既包括无形资源，也包括有形资源，共享效果在经济转型升级、生产效率提升、就业空间扩展等方面得到集中体现。共享领域、共享方式、共享资源、共享效果的全面提升与不断深化，标志着我国进入了实质意义上的共享经济时代。

（二）共享经济的发展阶段

2010年，我国共享经济开始起步，而后进入爆发增长期，共享领域逐渐拓展至出行、住宿、知识技能、生产能力等众多方面，共享方式逐渐向"线上匹配+线下实现"方向转变，其发展可分为以下几个阶段。

（1）起步阶段（2010—2014年）。一批共享经济初创企业进行了积极探索和尝试，一些主要领域的创新应用初步形成，以此推动着共享经济在我国的诞生和成长。例如，在住房共享领域，2010年以来，传统的租房信息平台开始向专业的住房共享平台转型；在汽车共享领域，移动出行技术开始在出租车上进行尝试应用；在知识共享领域，付费问答模式的出现使得知识流动方式由单向传播转向双向互动。这些领域的快速发展产生了巨大的经济社会价值，为共享经济的进一步发展创造了新活力、新动力。

（2）爆发阶段（2015年至今）。自2015年以来，我国共享经济进入高速发展期，涌现出一批市值超过10亿美元的"独角兽"企业，创新应用领域加速拓展，融资规模大幅提升。在此期间，以网约车、共享单车等"共享出行"为开端，各类创新业态不断涌现，并向住宿、生产制造、生活服务等领域快速渗透，培育出一批具有国际知名度的龙头企业，呈现出蓬勃发展的繁荣局面。

纵观整个发展历程，我国共享经济的快速发展充分调动了全社会创新创业的积极性，加速形成新产品、新市场和新业态。自2011年以来，每隔1～2年就有新的共享经济模式趋于成熟，成为创新创业的热点，吸引大量人才和资本涌入，从而孕育一批龙头企业。截至目前，全国范围内爆发了多次共享经济创新创业浪潮，分别是2011—2012年的在线短租创业潮、2012—2013年的网约车创业潮、2012—2014年的生活服务创业潮、2013—2015年的生产制造共享创业潮、2014—2015年的网络直播创业潮、2015—2016年的汽车分时租赁创业潮和共享办公创业潮、2016年的知识付费创业潮以及2016年至今的共享单车创业潮等。

二、案例分析：街电

任务二　人工智能——旷视科技

任务引入

2023年的《政府工作报告》指出："过去五年极不寻常、极不平凡……我们经受了世界变局加快演变、新冠疫情冲击、国内经济下行等多重考验……我国经济社会发展取得举世瞩目的重大成就。"聚焦到科技领域，"全社会研发经费投入强度从2.1%提高到2.5%以上，科技进步贡献率提高到60%以上。科技创新成果丰硕，人工智能领域的创新成果也不断涌现。"纵览人工智能产业近年发展，虽然在一定程度上突破了深度学习等各类算法革新、技术产品化落地、应用场景打磨、市场教育等难点，但如今也仍需致力于解决可信、业务持续、盈利、部署的投资回报率等商业问题。

任务目标

1. 通过完成任务，理解大数据与人工智能的商业价值。
2. 通过完成任务，了解大数据时代电子商务创业的特点。

任务要求

1. 根据案例分析旷视科技如何进行数据的商业价值开发。
2. 查找相关案例，分析大数据时代如何进行商业模式创新。

任务分析

人工智能产业化进程正从AI技术与各行业典型应用场景融合的赋能阶段，逐步向效率化、工业化生产的成熟阶段演进。2022年，随着预训练大模型技术研发进展和ChatGPT这一"现象级"语言大模型产品的发布，政府引导、资本入场、巨头布局、产业链企业积极投入，AI产业又呈现蓬勃发展态势，AI工业化生产进程将再次提速。据埃森哲近日发布的《人工智能：助力中国经济增长》报告预测，到2035年，AI有望将中国经济年增长速度从6.3%重新提升至7.9%。在未来，人工智能将为经济发展贡献力量。在此过程中，以旷视科技为代表的科技企业通过核心技术研发站在了技术前沿，并将为中国在人工智能领域的长足发展提供基础。

第二节　人工智能

谋求借助人工智能实现自身的转型升级，以人工智能为代表的新技术正在成为新的生产力。云计算、大数据这两大技术正在人工智能的发展过程中扮演越来越重要的角色。云计算提供计算能力，扮演着生产工具的角色；大数据提供数据基本，扮演着生产资料的角色。从技术发展的逻辑讲，人工智能从云计算、大数据的角度切入，符合基本技术逻辑；但从应用角度讲，如何通过云计算、大数据的应用实现人工智能，仍旧还需要很长的路要走。从行业应用的角度讲，那些天生对计算能力和数据规定较高的行业正在启动人工智能应用的大门，而旷视科技无疑是非常值得探究的人工智能方面的企业之一。

一、人工智能的发展现状

人工智能（artificial intelligence），英文缩写为 AI。目前人工智能的主流趋势为基于软件服务、云服务、硬件基础设施等产品形式，结合消费、制造业、互联网、金融、元宇宙与数字孪生等各类应用场景赋能产业发展。根据艾瑞咨询公司统计，2022 年我国人工智能产业规模达到 1958 亿元。

（一）国家政策

国家密集出台了一系列人工智能产业发展政策，如 2022 年 7 月出台的《关于加快场景创新 以人工智能高水平应用促进经济高质量发展的指导意见》，2022 年 8 月出台的《关于支持建设新一代人工智能示范应用场景的通知》。2022 年 12 月，最高人民法院发布《关于规范和加强人工智能司法应用的意见》提出："到 2025 年，基本建成较为完备的司法人工智能技术应用体系，为司法为民、公正司法提供全方位智能辅助支持。到 2030 年，建成具有规则引领和应用示范效应的司法人工智能技术应用和理论体系，为司法为民、公正司法提供全流程高水平智能辅助支持，应用效能充分彰显。"

（二）产业发展

AI 目前已经成为企业数字化、智能化改革的重要抓手，也是各行业领军企业打造营业收入"护城河"的重要方向。麦肯锡 2022 年对企业应用 AI 技术的调研表明：相较于 2017 年的 20%，2022 年企业至少在一个业务领域采用 AI 技术的比率增加了一倍多，达到 50%；应用的 AI 产品数量也从 2018 年的平均 1.9 个增加到 2022 年的 3.8 个。埃森哲商业研究院针对中国 250 家领先企业的调研显示，2018—2021 年，在企业营业收入中"由 AI 推动的份额"平均增加了一倍，预计到 2024 年将进一步增加至 36%。

国务院出台的《扩大内需战略规划纲要（2022—2035 年）》提出"加快建设信息基础设施""推动人工智能、云计算等广泛、深度应用""发展普惠性'上云用数赋智'"等，这些政策推动了人工智能的发展和应用。"自动驾驶""数字孪生""元宇宙"这些新的名词是人工智能在各个领域的应用，但均需要大规模算力支持。

近两年来，各地对人工智能计算/超算中心（简称智算中心）的投资在不断加大。国家信息中心和浪潮信息联合发布的《智能计算中心创新发展指南》明确提出，"智算中心是指基于最新 AI 理论，采用领先的 AI 计算架构，提供 AI 应用所需算力服务、数据服务和算法服务的公共算力新型基础设施"。目前，我国已经有超过 30 个城市建设或提出建设智算中心。

（三）创业投资方向

2017—2022 年，人工智能产业创业投资中大部分项目处于 Pre-A 至 A+轮次，而 Pre-B 轮次之后的投资方向主要是稳定发展企业。商汤科技、格灵深瞳、云从科技、创新奇智等已经上市。目前的新投资方向包括 AIGC、元宇宙、虚拟数字人、认知与决策智能类。融资的热门方向主要是智能机器人、自动驾驶。人工智能行业目前市场规模较大的包括 AI 视觉产品。根据艾瑞咨询数据显示，2022 年我国 AI 视觉产品的市场规模占整个人工智能行业的 42.4%，达到 830 亿元。

二、案例分析：旷视科技

任务三　元宇宙——魔珐科技

任务引入

党的二十大报告指出："教育、科技、人才是全面建设社会主义现代化国家的基础性、战略性支撑。必须坚持科技是第一生产力、人才是第一资源、创新是第一动力，深入实施科教兴国战略、人才强国战略、创新驱动发展战略，开辟发展新领域新赛道，不断塑造发展新动能新优势。"

"元宇宙"一词诞生于哪里？普遍认为是一部名为《雪崩》的小说。1992 年，尼尔·斯蒂芬森在他的小说《雪崩》中描述了现实世界和虚拟世界捆绑的未来世界，并且第一次提出了"metaverse"这个概念。因此，元宇宙从最开始的描述就是虚拟世界和现实世界的结合，本质上也代表了数字经济和实体经济的融合。党的二十大报告提出："加快发展数字经济，促进数字经济和实体经济深度融合，打造具有国际竞争力的数字产业集群。"近年来，我国数字经济蓬勃发展，产业规模持续快速增长，已数年稳居世界第二。统计测算数据显示，从 2012 年到 2021 年，我国数字经济规模从 11 万亿元增长到超 45 万亿元，数字经济占国内生产总值比重由 21.6%提升至 39.8%。数字经济与实体经济的结合，给商业模式的创新带来了极大的想象空间。

任务目标

通过完成任务，了解元宇宙的发展趋势——数字经济与实体经济深度融合。

任务要求

根据案例分析元宇宙的商业模式创新方向。

任务分析

如果认为元宇宙仅仅是数字技术所构建的虚拟世界，就失于片面了。实际上，元宇宙是整合了多种新技术的虚实结合的互联网应用。其应用也不仅仅限于现实世界的映射，或者在简单应用场景下的技术应用，而是融合了广泛的经济系统、社交系统、身份识别系统等的虚实结合的全新生态环境。

第三节 元 宇 宙

魔珐科技是业内唯一拥有虚拟人全栈式技术及产品服务能力的新"独角兽"，是一家为三维虚拟内容制作提供智能化、工业化基础设施的企业，为虚拟世界提供造人、育人、用人的全栈式技术和产品服务，打造虚拟世界基础设施平台，应用于泛娱乐、文旅、消费、电子商务、金融、教育、医疗、通信等领域。

一、元宇宙的概念

目前，元宇宙尚未有公认的精准定义。那么，元宇宙到底是什么？

《我的世界》这种沙盒游戏，或者《模拟城市》《模拟人生》这种模拟游戏能代表元宇宙吗？让大家沉迷料理、征服海拉鲁大陆、无心救公主的《塞尔达传说：旷野之息》，砍树、钓鱼、建岛、朋友聚会的《动物森友会》，以猎魔人身份自由搭配职业探索剧情众多结局的《巫师3：狂猎》，这些大型开放世界游戏能够代表元宇宙吗？

事实上，以上这些都仅仅是元宇宙"数字世界"的雏形，而不是元宇宙的全貌。

元宇宙是整合了虚拟现实、5G、Web 3.0、AI、云算力、大数据、区块链等多种新技术的虚实相融的社会形态和互联网应用，它与现实世界是虚实相生的关系，在空间维度上虚拟，但是在时间维度上真实。在元宇宙的世界中，通过数字孪生技术生成了现实世界的镜像，它们是现实世界的数字化复制物，同时还有原生虚拟世界的创造物。元宇宙将虚拟世界和现实世界在经济、社会等各层面进行了密切的融合，每个用户都可以在其中进行内容生产和编辑。人们在现实世界中缺失的，将努力在虚拟世界中进行补偿。

扎克伯格将"元宇宙"（metaverse）定义为移动互联网之后的下一代平台，颠覆现有互联网的使用，它建立在 Web 3.0 之上，是"穿越式"和"分布式"的互联网。人们能够通过沉浸式的影像，身临其境地完成面对面的体验，依托于 VR/AR 的虚拟现实技术进行生活体验，戴上眼镜就能进入元宇宙的世界，通过自己的虚拟身份完成自己的精神生活。此外，在元宇宙世界中，还可以开发虚拟房地产、数字货币等来建立一整套经济系统。

元宇宙的数字世界有三个层次：数字孪生、数字原生和虚实相生。相比较设计图纸，数字孪生是对实体对象的动态仿真，可以贯穿产品从设计、开发、制造到报废回收的整个周期。它和实体对象之间的映射关系具备一定的实时性且数据流是双向的。在现实世界中可以根据孪生体反馈的信息对实体对象采取进一步的行动，所以数字孪生可以理解为数字版的克隆体。数字原生是数字世界里原生的东西，它在现实世界中没有对应的实物，从一诞生就在数字世界中，是元宇宙里的原生物。当数字原生的东西强大到可以影响我们的物理世界，并且与物理世界相融合，就是虚实相生。所以，元宇宙并不是单纯的虚拟空间，它是现实世界和虚拟世界的融合。进入数字孪生模拟出来的数字世界，人们能够完成在现实世界中不能完成的实验，能够模拟过去和未来。人们坐在家里就可以和远在几千千米之外的朋友在元宇宙中相见、开会讨论工作、社交、逛街、购物、冲浪、攀岩，甚至是尝试在现实世界中无法做到的事。

因此，元宇宙并非仅仅是现实世界的虚拟镜像，而是与现实世界深度融合的虚实相生的一个互联网应用。

二、元宇宙的起源与发展

（一）元宇宙的起源

元宇宙并不是凭空出现的，如果去追溯它，会发现很多的发展轨迹，从最早的飞行模拟器到扎克伯格的元宇宙视频，其间伴随着技术的不断发展。

1929 年，美国发明家爱德华·林克设计出世界第一台飞行模拟器，称为林克机。乘坐者坐在飞行模拟器上的感觉和坐在真的飞机里的感觉一样。随着计算机图形技术发展，现在的飞行模拟器已经今非昔比，已经成为全景式情景产生器。

（二）元宇宙的发展

1. 早期的虚拟现实技术

1965 年，计算机图形学之父伊凡·苏泽兰特发表了一篇论文 *The Ultimate Display*，描述了一种把计算机显示屏作为虚拟世界窗口的设想，被一致认为是虚拟现实技术的开端。其后，他在 1968 年发明了世界上第一台头盔显示器，这是第一套虚拟现实系统，通过头盔显示器直接把人融入人脑和计算机生成的三维虚拟世界中，奠定了三维立体显示技术的基础。

1977 年，第一款有线数据手套 Sayre Gloves 诞生，手背上绑着一条条柔性管，内部通有光线，当手指弯曲时，光纤内光通量会发生变化，研究人员就能以此判断手指的弯曲程度，这为手部动作赋予了转变成输出信号的可能性，也是交互技术的巨大进步。

2. 虚拟现实技术的发展

1983 年，美国 DARPA 设计了 SIMNET 系统，首先开发了虚拟战场攻防对抗仿真系统。1984 年，NASA AMES 研究中心开发出了虚拟环境视觉显示器，用于探测火星环境。探测器发回地面的数据能够通过计算机构造出火星表面的三维虚拟环境。同年，VPL 公司创始人杰伦·拉尼尔首次提出了"虚拟现实"的概念。

1990 年，在美国达拉斯召开的 SIGGRAPH 国际会议对 VR 技术的发展进行了讨论并确定了研究方向，首次用三个构成技术对 VR 进行了定义：三维图形生成技术、多功能传感器的交互式接口技术，以及高分辨率显示技术。

2004 年，日本奈良尖端技术研究生院大学教授千原国宏领导的研究小组开发出了一种嗅觉模拟器，使用者头戴图像显示器，通过指尖把虚拟空间里的水果拉到鼻尖上一闻，模拟器就会在鼻尖处根据显示器上的水果释放出相应的香味，这是虚拟现实技术在嗅觉研究领域的一项重大突破。

2010年，Palmer Luckey发明了Oculus Rift虚拟现实头盔的第一个原型机，2014年，Facebook以20亿美元的高价收购了Oculus公司，扎克伯格表示，收购Oculus是因为它是一个全新的交流平台，推动了VR技术的发展从学术研究和高端行业应用牵引，转变为大众需求和泛行业应用驱动。

2016年，世界最大的多人在线游戏创作平台Roblox宣布将登录Oculus Rift平台，用户可以在平台上设计自己的VR游戏世界和体验。

3. 元宇宙元年

2021年，Roblox将元宇宙写入招股说明书，它是首个在招股说明书中提到"元宇宙"的公司。Roblox构建了元宇宙的雏形，提出"元宇宙"的八个关键特征：ldentity（身份）、friends（朋友）、immersive（沉浸感）、low friction（低延迟）、variety（多样性）、anywhere（随地）、economy（经济）、civility（文明）。

我国著名经济学家朱嘉明说："2021年，可以被称为'元宇宙'元年。"

三、案例分析：魔珐科技

任务四　大语言模型聊天机器人——ChatGPT

任务引入

当今时代，数字技术作为世界科技革命和产业变革的先导力量，日益融入经济社会发展各领域全过程，正在深刻改变着生产方式、生活方式和社会治理方式。

聊天机器人（chatterbot）是经由对话或文字进行交谈的计算机程序。聊天机器人可用于实用的目的，如客户服务或资讯获取。有些聊天机器人会搭载自然语言处理系统，但大多简单的系统只会撷取输入的关键字，再从数据库中找寻最合适的应答句。聊天机器人是虚拟助理（如Google智能助理）的一部分，可以与许多组织的应用程序、网站以及即时消息平台（Facebook Messenger）连接。非助理应用程序包括娱乐目的的聊天室、研究和特定产品促销、社交机器人。

任务目标

通过完成任务，了解聊天机器人的技术现状。

任务要求

根据案例分析ChatGPT的商业模式创新之处。

> **任务分析**
>
> 聊天机器人广泛运用于即时通信平台，如脸书 Messenger、WeChat、LINE 和 Kik，以娱乐、零售行销以及客服为目的。此外，即时通信平台提供易于整合的 Webhook，使得第三方开发商易于可通用于不同通信平台的聊天机器人。这些软件机器人以客服的身份出现或是成为团体聊天的一员。有些即时通信的机器人可以连接外部数据库，提供给使用者新闻、气象、导航、电影放映时间、股价等资讯。达美乐、必胜客、迪士尼、Nerdify、雅玛多 Line、全食超市都已推出各自的聊天机器人，以便与终端消费者增进交流，推销公司的产品与服务，并且让消费者订货更加方便。2016 年，观光业的一些旅行社和航空公司通过 Messenger 推出了聊天机器人的服务，墨西哥航空利用人工智能售票、回答问题，墨西哥航空和荷兰皇家航空并且提供航班资讯，处理乘客报到，发出行动登机证，推荐旅馆、餐厅、目的地行程。中国的旅行社在此之前已用 WeChat 提供这些服务。有些聊天机器人，例如 Nerdify 开发的 Nerdy Bot，针对大中小学生面对的问题，让学习更简单，又有效率。该软件利用脸书 Messenger 即时回答学生作业相关的问题以便加速学习。加大尔湾分校图书馆的聊天机器人 ANTswers，2014 年开始试用，被认为非常成功。ChatGPT（全名：chat generative pre-trained transformer），是 OpenAI 研发的聊天机器人程序，于 2022 年 11 月 30 日发布。ChatGPT 是人工智能技术驱动的自然语言处理工具，它能通过理解和学习人类的语言来进行对话，还能根据聊天的上下文进行互动，真正像人类一样聊天交流，甚至能完成撰写邮件、视频脚本、文案、翻译、代码、写论文等任务。

第四节 大语言模型

一、大语言模型简介

AI 工具在 2023 年不断爆发，大语言模型（LLM）的兴起对人工智能领域产生了深远的影响。LLM 最令人兴奋的应用之一是聊天机器人的开发。聊天机器人融合了很多先进 AI 技术。在 AI、自动化规则、自然语言处理（NLP）和机器学习（ML）的驱动下，聊天机器人能够处理更多复杂的数据以响应各种请求，理解客户问题并自动回复这些问题，模拟人类对话。

ChatGPT 是美国人工智能研究实验室 OpenAI 推出的一种人工智能技术驱动的自然语言处理工具，使用了 Transformer 神经网络架构，也是 GPT-3.5 架构。这是一种用于处理序列数据的模型，拥有语言理解和文本生成能力，尤其是它会通过连接大量的语料库来训练模型，这些语料库包含了真实世界中的对话，使得 ChatGPT 上知天文、下知地理，还能根据聊天的上下文进行互动，实现与真正人类几乎无异的聊天场景。ChatGPT 不单是聊天机器人，还能完成邮件撰写、视频脚本、文案、翻译、代码等任务。

目前，聊天机器人已经成为商业领域中非常重要的一部分。随着技术发展，其商业应用领域不断扩展，不再仅仅局限于智能客服、在线沟通等领域，还可以通过深度学习完成更为复杂的场景化任务，并广泛应用于智能金融、智能医疗、智能家居等领域。市场调研机构 Reports and Data 的数据显示，2021 年全球聊天机器人市场规模为 632 亿美元，预计到 2028 年增长到 2590 亿美元，年复合增长率（CAGR）预计为 22.9%。随着 5G 技术和 IoT（物联网）技术的不断进步和普及，聊天机器人行业将会迎来更大的发展空间，是当之无愧的蓝海市场。

截至 2023 年 2 月，全球 LLM 聊天机器人排行榜排在前列的有 ChatGPT（OpenAI）、Google Bard（Google AI）、Claude（Hugging Face）、Baidu Ernie（Baidu 文心一言）、Huawei PanGu（华为盘古大模型）、Meta Blenderbot3（Meta）、LG AI Research（LG AI Research）、nvidia NLG（nvidia Megatron-Turing NLG）。从该排名可以看出，我国的百度文心一言和华为盘古大模型位于前列。这也说明我国在聊天机器人技术领域掌握了尖端技术。百度文心一言是百度全新一代知识增强大语言模型，能够与人对话互动、回答问题、协助创作，还能够高效便捷地帮助人们获取信息、知识和灵感。而华为的盘古大模型则是一个面向垂直行业的大模型系列，目前已经迭代到 3.0 版本，运用在政务、煤矿、铁路、气象、金融领域。

可以看到，在当前的聊天机器人市场中，虽然有很多参与者，但是 ChatGPT 的特点使其脱颖而出。ChatGPT 技术可以对用户的问题进行更好的理解和归纳，给出更准确的回答。这项技术通过机器学习算法对海量数据进行训练，提高了对话质量和语义理解的准确度。ChatGPT 技术能够自动学习新的知识，并不断更新和优化知识库，保持良好的用户体验。ChatGPT 技术还可以实现多场景的对话任务。在工作场景、娱乐场景和家庭场景等不同领域，ChatGPT 都能够得心应手地完成不同的任务。

基于 LLM 聊天机器人的商业模式创新是一个值得探讨的话题，但是首先应回答是做闭源系统还是做开源系统，是做通用模型还是做垂直行业模型，然后才能进一步探讨商业模式创新的问题。简单来说，通用模型适用于容错率高、低价值的行业应用，而垂直行业模型则适用于容错率低、高价值的行业应用。一般地，对于强调数据隐私或行业壁垒的企业，如金融，适合闭源系统；对于需要快速抢占市场的创业企业，则适合开源系统。当然，选择何种系统以及何种模型不能一概而论，而受到广泛关注的 ChatGPT 是闭源的通用模型。

二、案例分析：ChatGPT

──────── 本 章 概 要 ────────

本章从四个不同的商业模式创新案例入手，通过对街电、旷视科技、魔珠科技、ChatGPT 的分析，进而认识了电子商务创业过程中的商业模式创新。通过学习能够了解在电子商务创业中如何结合新技术进行商业模式创新，尤其是如何在技术创新基础上进行商业模式创新。

思考练习

1. 结合街电、魔珐科技的案例，论述如何发现市场痛点并找到市场机会。
2. 结合 ChatGPT 的案例，分析如何在技术应用基础上进行商业化开发。
3. 结合旷视科技的案例，说明技术创新和商业模式创新有什么关联。

参 考 文 献

[1] 丁栋虹. 创业管理企业家视角[M]. 北京：机械工业出版社，2012.

[2] 孙细明. 电子商务创业[M]. 北京：化学工业出版社，2015.

[3] 吕森林. 创业从一份商业计划书开始[M]. 北京：电子工业出版社，2019.

[4] 科特勒. 营销管理：第 10 版[M]. 梅清豪，等译. 北京：中国人民大学出版社，2001.

[5] 李昆益，吴烽. 创业营销策划实务[M]. 北京：中国人民大学出版社，2020.

[6] 谌飞龙. 创业营销[M]. 北京：机械工业出版社，2021.

[7] 辛德胡特，等. 创业营销：创造未来顾客[M]. 金晓彤，译. 北京：机械工业出版社，2009.

[8] 王群. 市场营销教程[M]. 北京：电子工业出版社，2011.

[9] 姜岩. 营销策划：方法、实务与技能[M]. 北京：清华大学出版社，2020.

[10] 董志良，等. 电子商务概论[M]. 3 版. 北京：清华大学出版社，2022.

[11] 李玥，等. 新媒体营销[M]. 北京：清华大学出版社，2022.

[12] 康肖琼. 新媒体营销[M]. 北京：机械工业出版社，2023.

[13] 李凌宇，李丛伟. 新媒体营销[M]. 北京：中国人民大学出版社，2021.

[14] 赵大伟. 互联网思维独孤九剑[M]. 北京：机械工业出版社，2014.

[15] 栗继祖. 创业基础[M]. 北京：机械工业出版社，2021.

[16] 魏莺. 电子商务创业教程[M]. 北京：北京交通大学出版社，2018.

[17] 孙细明. 电子商务创业[M]. 北京：化学工业出版社，2023.

[18] 潘建林. 团队建设与管理实务[M]. 北京：机械工业出版社，2019.

[19] 张玉利. 创业管理[M]. 北京：机械工业出版社，2020.

[20] 李畅，李涛，丁国平. 我国电子商务运营模式、问题及对策[J]. 中国商论，2018（19）：29-31.

[21] 洪涛. 电子商务流通渠道模式创新与优化[J]. 商场现代化，2013（Z1）：127-131.

[22] 杨锦绣，刘杏梅，官银学. 农民工创业风险形成路径与对策研究[J]. 阜阳师范学院学报（社会科学版），2020（1）：118-124.

[23] 王硕，李研科. 浅析培训在事业单位人力资源管理中的作用[J]. 山东工业技术，2013（12）：162.

[24] 赵飞鸿，桑大鹏. 新兴产业创业成功的影响因素研究[J]. 文化创新比较研究，2017，1（23）：95-96+100.

[25] 悦雨. 电子商务环境下外贸企业的财务风险与防范措施[J]. 现代营销（经营版），2019（7）：181.

[26] 来璞. 运用互联网金融推动南阳市小微企业融资创新[J]. 商场现代化，2022（12）：136-138.

[27] 刘欣. 亚德里安·斯莱沃斯基盈利模式五要素解析[J]. 现代营销（信息版），2019

（1）：1.

[28] 吴晓义，肖伟才，何小姬，等．创业基础：理论、案例与实训[M]．2版．北京：中国人民大学出版社，2019．

[29] 巴林杰，爱尔兰．创业学：成功创建新企业：第6版[M]．北京：中国人民大学出版社，2022．

[30] 谢鸿愫．大学生创业管理[M]．北京：中国人民大学出版社，2021．

[31] 王强，陈姚．创新创业基础：案例教学与情境模拟[M]．北京：中国人民大学出版社，2021．

[32] 于晓宇．创业管理：数字时代的商机[M]．数字教材版．北京：中国人民大学出版，2022．

[33] 李巍，吴朝彦．创业基础[M]．2版·数字教材版．北京：中国人民大学出版社，2021．

[34] 贺尊．创业学[M]．3版．北京：中国人民大学出版社，2020．

[35] 魏炜，朱武祥，林桂平．商业模式的经济解释Ⅱ[M]．北京：机械工业出版社，2015．

[36] 林桂平，魏炜，朱武祥．透析盈利模式原理：魏朱商业模式理论延伸[M]．北京：机械工业出版社，2014．

[37] 魏炜，朱武祥，林桂平．商业模式的经济解释：深度解构商业模式密码[M]．北京：机械工业出版社，2012．

[38] 魏炜，朱武祥．发现商业模式[M]．北京：机械工业出版社，2009．

[39] 孙洪义．创新创业基础[M]．北京：机械工业出版社，2016．

[40] 张耀辉，朱锋．创业基础[M]．广州：暨南大学出版社，2013．

[41] 郭扬．后疫情时代中国跨境电商发展的驱动机制研究[J]．价格月刊，2023（2）：87-94．

[42] 符冰．科技创新驱动江门市经济高质量发展研究[J]．环渤海经济瞭望，2022（4）：82-84+160．

[43] 孙佳希．抖音创作者生态变化分析[J]．传媒，2022（7）：52-54．